Brandeis *Modern Hebrew*

INTERMEDIATE TO ADVANCED

Brandeis
Modern Hebrew

INTERMEDIATE TO ADVANCED

PILOT EDITION

עברית בהקשר

מרמת ביניים לרמת מתקדמים

מהדורה נסיונית

Vardit Ringvald, Bonit Porath, Yaron Peleg,
and Esther Shorr

ורדית רינגוולד ✿ בונית פורת ✿ ירון פלג ✿ אסתר שור

BRANDEIS UNIVERSITY PRESS
Waltham, Massachusetts

Brandeis University Press
© 2013 Brandeis University
All rights reserved

Manufactured in the United States of America

Pilot edition ISBN: 978-1-61168-447-6
ebook ISBN: 978-1-68458-058-3

For permission to reproduce any of the material in this book, contact
Brandeis University Press, 415 South Street, Waltham MA 02453,
or visit brandeisuniversitypress.com

"Roeh arvi mehapes gdi" from *Shalvah gedolah: Sheelot uteshuvot*,
© Yehuda Amichai, © Schocken Publishing House Ltd., Tel Aviv, Israel.

Hakhnasat kalah © S. Y. Agnon, © Schocken Publishing House Ltd.,
Tel Aviv, Israel.

"Hubeza" by Etgar Keret reprinted courtesy of Kinneret, Zmora-Bitan,
Dvir Publishing House.

The painting *Lullaby to the Valley* (Shir Eres la'Emek) reprinted courtesy of
Eli Shamir.

Material from *Arba'ah batim ve'ga'agua* reprinted courtesy of Eshkol Nevo.

Publisher's Note
We have published this pilot edition of *Brandeis Modern Hebrew, Intermediate
to Advanced* to get it into the hands of teachers and students as quickly as
possible, and to benefit from experiences using it in the classroom. Please send
your comments and suggestions to Vardit Ringvald: ringvald@brandeis.edu.

Every attempt has been made to secure the appropriate permissions for material
reproduced in this book. If you feel there has been an oversight, please contact
the publisher at the address above.

10 9 8 7 6

Introduction

Learning a language at the intermediate level is a challenge. After the first stage of language acquisition, learners experience a gap between the knowledge they accumulated and their abilities to function in the language. Learners in this level are characterised by having a relatively large vocabulary on the one hand, and a tendency to forget how to use it correctly in real time on the other. This phenomenon is defined as the "drop phenomenon," describing the sense of sliding back learners experience in their linguistic development. This is a critical time for learners, since many of them are disappointed with themselves and abandon the language altogether. Teachers in those levels have, therefore, an important role. The main concern of intermediate-level teachers is to support learners during this critical time: to reinforce their existing abilities as well as teach them the tools necessary to get them to the next level, the advanced level. This is also critical and challenging period because it requires both teachers and learners to exercise patience during this linguistic "crunch time."

This book was written as a model for both learners and teachers who face these difficulties in the intermediate level. The six units in the book are designed as model learning units, in which the various thematic foci are used as opportunities to practice and acquire new linguistic aspects and abilities.

According to the ACTFL guidelines, intermediate learners are characterised by their ability to produce direct written or spoken reports, made up primarily of a string of simple and a few complex sentences, mostly in the past tense, and related to their immediate environment. Such learners are able to understand the contents of most authentic spoken or written texts in that level, as well as understand the central idea and some details from texts in the next level, the advanced level. Advanced learners are able to compose texts

הקדמה

לימוד שפה ברמת הביניים הוא אתגר לא פשוט. אחרי השלב הראשוני של רכישת השפה החדשה, הלומדים חווים פער בין הידע שצברו בשפה החדשה ובין יכולתם לתפקד בשפה. המאפיין העיקרי של הלומדים ברמה זו הוא עושר לשוני רב מצד אחד, ומצד שני נטייה "לשכוח" כיצד להשתמש באותו ידע בזמן אמת ובצורה מדויקת. התופעה הזאת מכונה בפי אנשי המקצוע כ"תופעת הצניחה" – הלומדים חשים כאילו ההתפתחות הלשונית שלהם מצויה בנסיגה. זוהי תקופה קריטית ללומדים, שכן חלק גדול מהם מתאכזב מהיכולות שלהם, וכתוצאה מכך רבים מהם זונחים כליל את לימודי השפה. משום כך למלמדים ברמה הזאת יש תפקיד חשוב. עיקר עיסוקם צריך להיות בתמיכה ובליווי הלומדים בתהליך הרכישה. מצד אחד עליהם לחזק את היכולות העכשוויות של הלומדים, ומצד שני להקנות להם את הכלים הלשוניים שיעזרו ללומדים להתקדם לקראת הרמה הבאה – רמת המתקדמים. תקופה זו היא תקופה קריטית ומאתגרת, היות שהיא מחייבת הן את המלמדים והן את הלומדים "להמתין" בסבלנות עד אשר יחלוף אותו "משבר" לשוני.

ספר זה נכתב כמודֶל לסטודנטים ולמורים המתחבטים בשאלה כיצד לעבור "בשלום" את תקופת ההתפתחות הלשונית ברמה הזו. שש היחידות המוצעות בספר מהוות דוגמה ליחידות לימוד תימטיות, שבהן המיקוד בנושאים שונים מהווה הזדמנות לתרגול ולמידה של היבטים ויכולות לשוניים חדשים.

על פי סולם "אקטפל", הלומדים ברמת הביניים מתאפיינים ביכולתם להפיק טקסט ישיר (דיווחי) בכתב או בדיבור, טקסט המורכב בעיקרו מרצף משפטים פשוטים ומעט משפטים מורכבים, תוך שימוש נרחב בזמן עבר ובהקשר לסביבה המיידית שלהם. אותם לומדים יכולים להבין את רוב הרעיונות והפרטים בטקסטים אותנטיים דְבורים או כתובים המותאמים לרמה זו וכן להבין את הרעיון המרכזי ומספר פרטים מוגבל מתוך טקסטים ברמה הבאה – רמת המתקדמים. הלומדים המתקדמים הם אלה אשר יכולים לחבר טקסט תיאורי, וטקסט בעל אלמנטים של השוואה. טקסטים אלה הם

למעשה קטעים הקשורים זה לזה, מכילים משפטים מורכבים ונעשה בהם שימוש בכל הזמנים בהקשרים המצויים מחוץ לסביבתם המיידית של הלומדים.

הספר מחולק לשלושה חלקים: החלק הראשון (יחידות 1-2) מהווה המשך ישיר של הכרך הראשון של "עברית בהקשר". מטרתן העיקרית של יחידות אלה הינה חיזוק היכולות התפקודיות העכשוויות של הלומדים ברמת הביניים באמצעות אלמנטים לשוניים המותאמים לרמתם. הקטעים המוצעים הם ברובם אותנטיים או אותנטיים למחצה. הם מהווים מודל לשוני ללומדים ברמה זאת, שכן הם מורכבים בעיקר ממשפטים קצרים הנוגעים בנושאים הקשורים לסביבה המיידית של התלמידים. יחד עם זאת, בכל קטע נעשה שימוש גם באלמנטים המאפיינים רמה מתקדמת יותר, כגון משפטים מורכבים ושימוש בפועל בכל הזמנים במבנה סיפורי. בכך למעשה הם יוצרים סביבה לשונית המחזקת את הרמה הנוכחית ובה בעת מקדמת לרמה הבאה. כמו כן, פרקים אלה מזמנים הוראה של אותם אלמנטים בעזרת תרגול של מערכת הפועל ומבנים תחביריים.

חלקו השני של הספר (יחידות 3-5) משמש כמודל לשוני ללומדים אשר פיתחו וביססו כבר את כישוריהם ברמת הביניים, אך עדיין זקוקים לתמיכה כדי לעבור ולתפקד ברמה הבאה. במהותן, יחידות אלה נועדו לאפשר ללומדים לתפקד בשפה מול נושא תוכני הקשור לתחום ידע המצוי מחוץ לסביבה המיידית שלהם, ולאפשר להם לתרגל את השפה ולנצל הזדמנויות "טבעיות" הנובעות מההקשר לקידום הידע והיכולות. לדוגמה, יחידה שלוש הינה למעשה יחידה המדגימה ללומדים כיצד להתנהל מול טקסטים ספרותיים מסוגות לשוניות שונות. יש בה טקסט ארוך יחסית – סיפור הלקוח מהקאנון הישראלי הספרותי – וכן קטע שירה וסיפור קצר. הטקסטים עדיין אותנטיים ואותנטיים למחצה, אבל בניגוד לשתי היחידות הראשונות שבהן הדגש הוא על לימוד שפה בהקשרים נושאיים, ביחידות אלה מתבקשים הלומדים לתפקד בתוך השפה – לגייס את כל מה שרכשו על מנת לתפקד בהקשר ספרותי מקורי. כך גם ביחידה הרביעית, בה מתבקשים הלומדים לתפקד בשפה תוך צפייה ודיון בסרט אותנטי קלאסי מהתרבות הישראלית, דבר המזמן פיתוח יכולות האזנה.

that describe, narrate and to some extent also compare. These are contextual texts that contain complex sentences that make use of all tenses and relate to topics outside of the immediate learners' environment.

The book is divided into three parts. The first part (units 1–2) is a direct continuation of the first volume of "Hebrew in Context." The main purpose of these units is to strengthen the existent functional proficiencies of intermediate learners through level-appropriate linguistic elements. The suggested passages are mostly authentic or semi-authentic, made up primarily of short sentences regarding the learners' immediate environment and aimed as a linguistic model for them. At the same time, each passage also includes a few advanced elements, such as more complex sentences, and the use of all tenses in a narrative structure. This is meant to create a linguistic environment that supports one level and advances toward the next. The units also provide an opportunity to teach those elements by practicing the verb system and other syntactical structures.

The second part of the book (units 3–5) is designed as a linguistic model for learners who developed their intermediate skills but still need support in order to help them advance to the next level. Essentially, the units in this part are designed to allow learners to use a specific topic outside of their immediate environment in order to practice their language and use contextual opportunities to advance their knowledge and proficiency. For example, unit three familiarizes learners with various literary and linguistic genres. It contains a fairly long passage from the modern Hebrew canon, a poem and a short story. The texts are still authentic and semi-authentic, but as opposed to the previous units, which focus on learning language in a topical context, here learners are asked to "function in the language," to summon their knowledge in order to function in an authentic literary context. Similarly, in the fourth unit, learners are asked to function in the context of viewing and discussing a classical Israeli film by developing their listening proficiency.

החמישית, הדגש הוא על פיתוח ית מתקדמות של תיאור בעזרת טכניקת ״מדרש תמונה״, בהקשר של אומנות ישראלית. ליחידה זו הוספנו גם דוגמאות המדגימות כיצד להשתמש בשיר ישראלי כאמצעי לחיזוק מיומנויות שונות וכהזדמנות לתמיכה והוראה של אלמנטים לשוניים הן ברמת הביניים והן ברמה המתקדמת.

היחידה השישית היא למעשה הצצה אל האופן שבו יתפקדו הלומדים כאשר יחזקו את יכולתם ברמה המתקדמת. היחידה הזאת עוזרת להם לתרגל שפה בהקשרים נושאיים הלקוחים מחוץ לסביבה המיידית באמצעות קטעי עיתונות שונים, החל מידיעות קצרות ודיווחיות-אינפורמטיביות באופיין, ועד להצגת מאמרי מערכת ארוכים יותר שיש בהם הבעת דעה. ביחידה זו נעשה ניסיון להסתמך על הידע הלשוני הקודם של הלומדים בתחומים שונים ולאפשר להם להשתמש בידע זה בהקשר מתקדם ומתוחכם יותר. ביחידה זו, הלומדים זוכים גם להעשרה לשונית ובכך מובילים את יכולותיהם הלשוניות לתפקוד טוב יותר בשפה, תפקוד הדומה יותר לכישורים השפתיים של דוברים-ילידים.

תקוותנו שספר זה יתמוך הן בלומדים בכך שיאפשר להם להבין את דרך ההתפתחות הלשונית שלהם, והן במלמדים אשר ישתמשו בחומרים המוצעים בו. בנוסף לכך, אנו מקווים שהמלמדים יראו בספר מודל לפיתוח יחידות דומות המותאמות ללומדים הספציפיים שלהם.

The fifth unit focuses on developing advanced descriptive proficiencies by using contemporary Israeli visual art. The unit also includes examples for using an Israeli song to strengthen all skills and an opportunity to sustain various intermediate and advanced linguistic elements.

The sixth unit gives a glimpse into some of the ways learners will function in the advanced level. The unit helps learners exercise language contextually and outside their immediate environment by reading newspaper articles of various lengths, from news items to opinion pieces. This unit makes use of the learners' existing knowledge and allows them to use it in a more complex and advanced context. The unit also enriches learners' vocabulary and moves them closer to native linguistic proficiencies.

We hope that learners who use this book find it helpful to understand better the process of language learning. We also hope that teachers find the units in this book useful as models that can be further expanded to serve their own specific needs.

תודות

ברצוננו להודות לכל האנשים והמוסדות אשר תמכו בנו בעת כתיבת הספר ובהגשתו לפרסום. תודה מיוחדת לתלמידי התכנית לעברית באוניברסיטת ברנדייס אשר הגיבו והעירו לכתוב ועזרו לנו לדייק בכתיבתו. תודתנו לעורכת הנאמנה איילה גת אשר ליוותה אותנו בנאמנות. תודה לג׳יניס רביבו על הראיון. תודות לקוראות המיומנות עליזה ברוש ופנינה רז שעזרו בהגהתו, ולרותי כץ אשר עזרה לנו במציאת חומרים אמנותיים. תודה לסטודנטים נועם לקח ושמעון מזור שסייעו בעיבוד חומרים. תודה שלוחה לאוניברסיטת ברנדייס, ובמיוחד לג׳ון הוז, סילביה פוקס-פריד ומרים הופמן אשר האמינו בנו ועודדו אותנו להמשיך את המפעל שלנו.
וכמובן למשפחותינו אשר נתנו לנו את מרחב הפעולה ופינו לנו שעות רבות לכתיבת הספר.

תודה לכולכם!

ורדית רינגוולד, בונית פורת, ירון פלג ואסתר שור – מחברי הספר

תוכן העניינים

יחידה 1

❧

מקום אחר

תוכן העניינים

יחידה 1 ✎✎✎ מקום אחר

חובזה

אתגר קרת

אתגר קרת נולד ברמת-גן, ישראל ב-1967. הוא כותב בעיקר סיפורים קצרים. הוא כותב גם לטלוויזיה, לתיאטרון ולקולנוע. ״צינורות״ הוא ספרו הראשון.

יש מקום אחד, שקוראים לו חוּבֵּזָה, לא רחוק מתל אביב. אמרו לי שהאנשים לובשים שחור שם בחובזה ותמיד-תמיד מאושרים*. "אני לא מאמין בכל הקשקושים* האלה," אמר החבר הכי טוב שלי, ובעצם רצה להגיד שהוא לא מאמין שיש אנשים מאושרים. הרבה אנשים לא מאמינים. אז עליתי על האוטבוס שנוסע לחובזה, וכל הדרך שמעתי ב"ווקמן" שלי שירי מלחמה. האנשים בחובזה לא מתים במלחמות אף פעם. אנשים בחובזה לא הולכים לצבא. ירדתי מהאוטובוס בכיכר* המרכזית. האנשים של חובזה קיבלו אותי מאד יפה. מקרוב היה לי קל מאד להבחין* שהם באמת מאושרים. הם רוקדים הרבה בחובזה, וקוראים בספרים עבים*, ואני רקדתי לידם שם בחובזה, וגם קראתי בספרים העבים. ואני לבשתי את בגדיהם שם בחובזה וישנתי במיטות שלהם. ואני אכלתי את מאכליהם שם בחובזה, ונישקתי את התינוקות שלהם, על הפה. במשך שלושה שבועות שלמים. אבל אוֹשֶׁר* זה לא דבר מְדַבֵּק*.

*מְאוּשָּׁר/ת – happy
*קִשְׁקוּשִׁים – nonsense
*כִּיכָּר – square
*לְהַבְחִין – to notice
*עָבֶה – thick
*אוֹשֶׁר – happiness
*מְדַבֵּק – contagious

מתוך ספר הסיפורים: ״צִנורות״, מאת אתגר קרת. הסדרה הלבנה, הוצאת עם עובד, 1992.

א. שאלות הכנה

1. איפה נמצא המקום שנקרא חוּבֵּזָה?
2. מה אומרים על המקום הזה?
3. מה חושב החבר של המספר על מה שמספרים על חובזה?
4. האם המספר נוסע בתחבורה ציבורית* לחובזה?
5. מה הוא שומע בדרך?
6. מה המספר יודע על האנשים בחובזה?

* תַחְבּוּרָה צִיבּוּרִית – public transportation

ב. שאלות

1. מה המספר יודע על האנשים בחובזה – לפני שהוא הגיע למקום ואחרי כן?

לפני שהוא הגיע לחובזה	**אחרי שהוא הגיע לחובזה**

2. מה המספר עושה בחובזה?

ג. שיחה/כתיבה

1. על מה הסיפור הזה?
2. מה אתם לומדים על האושר מן הסיפור?
3. האם הסיפור מזכיר לכם סיפור אחר על ״חיפוש אחר האושר״ (pursuit of happiness)?

ד. ניתוח פעלים מן הסיפור ״חובזה״

	שורש	**בניין**	**גזרה**	**זמן**	**שם-הפועל**
יש מקום ש**קוֹרְאִים** לו חובזה	ק.רא.	פעל	שלמים (ל״א)	הווה	לקרוא
אני לא **מַאֲמִין** בכל הקשקושים האלה					
עָלִיתִי על האוטובוס					
האוטובוס ש**נוֹסֵעַ** לחובזה					
האנשים בחובזה לא **מֵתִים** במלחמות					
אנשים בחובזה לא **הוֹלְכִים** לצבא					
יָרַדְתִּי מהאוטובוס בכיכר המרכזית					
האנשים בחובזה **קִיבְּלוּ** אותי מאוד יפֶה					
אני **רָקַדְתִּי** לידם שם בחובזה					
הם **קוֹרְאִים** בספרים עבים					
לָבַשְׁתִּי את בִּגְדֵיהֶם שם בחובזה					
אָכַלְתִּי את מַאֲכָלֵיהֶם שם בחובזה					
נִישַּׁקְתִּי את התינוקות שלהם					
אושֶר זה לא דבר **מְדַבֵּק**					

קצת יחס

- "ואני רקדתי **לְיָדָם** שם בחובזה..."

עַל יַד / לְיַד (by)
עַל יָדִי / לְיָדִי
עַל יָדְךָ / לְיָדְךָ
עַל יָדֵךְ / לְיָדֵךְ
עַל יָדוֹ / לְיָדוֹ
עַל יָדָהּ / לְיָדָהּ
עַל יָדֵנוּ / לְיָדֵנוּ
עַל יֶדְכֶם / לְיַדְכֶם
עַל יֶדְכֶן / לְיַדְכֶן
עַל יָדָם / לְיָדָם
עַל יָדָן / לְיָדָן

א. השלימו עם מילת היחס ליד בנטייה:

1. אנחנו יושבים כאן. אתם רוצים לשבת לידנו?
2. אני יושבת שם. תרצֶה לשבת ________?
3. אלה השכנים שלנו. הם רוצים לשבת ________?
4. היי גליה וטליה. אפשר לשבת ________?
5. התלמידות החדשות יושבות בשולחן הזה. מי רוצה לשבת ________?
6. אתה יושב לבד? אפשר לשבת ________?
7. נעמה יושבת מתחת לעץ. אולי תשב ________ בצֵל?

דקדוק

שמות עצם ברבים בנטייה

There are two ways to indicate possession in Hebrew:

- using the preposition "**של**" after the noun: הבגד שלי, הבגדים שלי
- using the pronominal suffixes:

  (my cloth) בִּגְדִי
  (my clothes) בְּגָדַי

Note the differences between the endings to singular nouns like יָד in the chart above (יָדִי יָדְךָ...), and the endings to plural nouns like בגדים in the chart below (בְּגָדַי, בְּגָדֶיךָ...)

- "ואני לבשתי את **בגדיהם** שם בחובזה ... "
- "ואני אכלתי את **מאכליהם** שם בחובזה ... "

בְּגָדִים נטייה ברבים
בְּגָדַי
בְּגָדֶיךָ
בְּגָדַיִךְ
בְּגָדָיו
בְּגָדֶיהָ
בְּגָדֵינוּ
בִּגְדֵיכֶם
בִּגְדֵיכֶן
בִּגְדֵיהֶם
בִּגְדֵיהֶן

ב. כתבו את שם העצם ברבים בנטייה:

הילדים שלי	יְלָדַיי	הכלבים שלה	________
הילדים שלכם	________	הכלבים שלהן	________
ההורים שלו	________	החתולים שלכם	________
ההורים שלי	________	החתולים שלך	________
הבנים שלנו	________	השכנים שלכם	________
הבנים שלכם	________	השכנים שלהם	________

להיות מאושר

קטעים מתוך בלוג של ניו אייג' ורוחניות

מיהו אדם שמאושר באמת ?

אדם שמאושר באמת זה אדם שמאושר בכל מקום ובכל זמן. זה אדם שיודע להיות מאושר מכל דבר, שהוא שולט בעצמו בצורה כזו שהוא יודע להיות מאושר מכל דבר כפי שהוא. אם האושר שלך תלוי במקום או בזמן, אם משהו גורם לך להיות לא מאושר, אם אתה לא מאושר גם מהדרך כשאתה מנסה להשיג דברים אלא רק מהתוצאה – אתה עדיין לא מאושר באמת, אתה לא מאושר בשלמות.

האם אפשר להיות מאושר מידי?

יש השואלים האם ניתן להיות מאושר מידי ? האם להיות מאושר מידי יכול ליצור אצלך בעיה? התשובה על כך היא לחלוטין לא. אין שום בעיה בלהיות מאושר מידי, אין דבר כזה מאושר מידי. זה כמו לומר שלא כדאי להיות יותר מידי בריא. אין דבר כזה. אם מטרתך בחיים היא להיות מאושר, תהיה מאושר כמה שיותר.

למה כדאי להפסיק לרצות להיות מאושר? למה לא כדאי לחפש את האושר?

עליך להפסיק לרצות להיות מאושר. במקום לרצות להיות מאושר ולחפש את האושר תהיה מאושר בהווה. במקום לחפש את האושר בעתיד בכל מיני מקומות תהיה מאושר כבר עכשיו. במקום לנסות לעשות כל מיני דברים דרמטיים כדי להיות מאושר, תהיה מאושר ממה שאתה עושה. האושר נמצא כאן, ממש כאן. לא בשום מקום אחר ולא בשום זמן אחר. האושר נמצא ממש בתוך הלב שלך ממש עכשיו. לא בעוד כמה ימים, חודשים או שנים, גם לא בעוד כמה רגעים, האושר נמצא ממש כאן. תהיה מאושר כאן ועכשיו ממה שאתה עושה, מהחיים שלך כפי שהם. אם תמשיך לחפש את האושר, מובטח לך שלעולם לא תמצא אותו כי הוא פשוט לא נמצא במקומות שבהם אתה מחפש. הוא נמצא בתוכך כאן ועכשיו, ממש עכשיו.

מתוך: http://cafe.themarker.com/post/150710/

א. תגובה*

כתבו תגובה לבלוג "להיות מאושר".

* תְּגוּבָה – response

חמישה דברים שאנחנו כל הזמן מצטערים שהילדים שלנו לא עושים

❶ שהם לא משחקים בחוץ, בשכונה ❷ שהם לא קוראים מספיק ❸ שהם לא מכבדים מספיק את המבוגרים ❹ שהם לא עוזרים יותר בבית ❺ שהם לא יודעים לפעמים קצת פחות על העולם.

מתוך: "לקראת השנה החדשה", מאת ליהיא לפיד
ידיעות תל אביב, 31.8.2007

ליהיא לפיד

א. בחרו את התשובה הנכונה:

על פי הקטע, הכותבת חושבת שהילדים של היום

[ ] מנומסים מאוד.
[ ] משכילים מאוד.
[ ] נמצאים הרבה בבית.
[ ] יודעים יותר מִדי.

ב. שיחה/כתיבה

1. מדוע ליהיא לפיד כותבת את הרשימה הזאת בערב ראש השנה?
2. מדוע הכותבת רוצה שהילדים המודרניים יֵדעו פחות על החיים?
3. מה דעתכם על הרשימה של ליהיא לפיד?
   עם אֵילו נקודות אתם מסכימים, ועם אֵילו נקודות אינכם מסכימים?
4. מה עוד הייתם מוסיפים* לרשימה?

*לְהוֹסִיף – to add

ג. לפי הקטע, מה <u>כדאי</u> לילדים לעשות (זכרו: כדאי + שם פועל)?

1. כדאי לילדים לשחק בחוץ, בשכונה.
2. ______________________________
3. ______________________________
4. ______________________________
5. ______________________________

דקדוק/תחביר ➤

Many subordinate clauses in Hebrew are linked to the
main sentence by the subordinating conjunction **ש**:

...אני מצטער ש
...אני חושב ש
...שמעתי ש
...הוא אמר ש

- "אנחנו מצטערים **ש**הילדים לא משחקים בחוץ, בשכונה."
- היא חושבת **ש**הילדים יודעים יותר מדי על העולם.

✵ **ד. שיחה/כתיבה**

מצטערים ש...

1. מה אתם **מצטערים ש**לא למדתם בתיכון?

   *(דוגמה: אני **מצטער/ת ש**לא למדתי לנגן בפסנתר.)*

2. מה אתם **מצטערים ש**עדיין לא עשיתם?

3. מה אתם **מצטערים ש**אכלתם?

4. מה אתם **לא מצטערים ש**קניתם?

חושבים ש...

5. האם אתם **חושבים ש**הילדים של היום יותר חכמים מהילדים של פעם?

6. האם אתם **חושבים ש**הילדים היום לא משחקים מספיק?

7. האם אתם **חושבים ש**ילדים צריכים לקרוא עיתונים?

8. האם אתם **חושבים ש**ילדים לא מכבדים מספיק את המבוגרים?

✵ **ה. תרגמו לעברית:**

1. He thought [that] the movie was great, but I disagree with him.

   _____

2. I'm sorry [that] I did not come to class today.

   _____

3. I'm sorry [that] I thought [that] you are an idiot (אידיוט).

   _____

ליגה משלהן

כל כפר סבא מַכירה את הלִיגָה הזאת. בתי הספר רועשים וגועשים לקראת כל מִשחק, והילדים והאבות באים לעודד*, וצועקים מהיציע* בכל מִשחק. לא, לא מדובר בליגת הכדורגל של הילדים, אפילו לא בליגת הכדורגל של הילדות. הפעם השחקניות הן האִמהות.
מדובר באחת הליגות הכי מדליקות* וסוערות* בארץ: ליגת האִמהות, שמשחקות כדור רשת* (או כדורשת, כמו שהן קוראות לזה, ובמקור מָאמָאנֶט). 250 אִמהות משחקות בליגה שבה יש 20 קבוצות מ-15 בתי ספר בעיר, ובכל משחק יושבים הילדים והאבות ביציע ומעודדים את אמא. סחתיין* עליהן, והלוואי בכל עיר.
www.mamanet.org.il

לקראת השנה החדשה
ליהיא לפיד
ידיעות תל אביב, 31.8.2007

*לְעוֹדֵד – to cheer on, to encourage
*יָצִיעַ – bleachers

*מַדְלִיק – awesome
*סוֹעֵר – hype
*כַּדּוּר רֶשֶׁת (כַּדּוּרֶשֶׁת) – כַּדּוּר-עָף, volleyball

*סַחְתֵיין – bravo! Good going [slang, Arabic]

מאמאנט
ליגת האמהות בכדורשת
כפר סבא

א. שאלות

1. מדוע ליהיא לפיד חושבת שהליגה הזאת בכפר סבא היא "מַדְלִיקָה"?
2. האם אתם מכירים ליגה דומה?

ב. השורש ש.ח.ק.

1. מצאו את שלוש המילים מהשורש **ש.ח.ק.** בקטע:

______________ game /acting

______________ player /actor

______________ to play /to act

2. כתבו משפטים שלכם עם המילים בתרגיל ב'.

____

____

השלג הראשון בירושלים
אשכול נבו

הקטע הבא מעובד מתוך ספרו של אשכול נבו "ארבעה בתים וגעגוע".
בקטע הזה המספר, סטודנט לפסיכולוגיה באוניברסיטה העברית בירושלים, מספר על זיכרונות הילדות שלו.
אשכול נבו נולד בירושלים ב-1971. נבו הוא נכדו של ראש הממשלה השלישי של מדינת ישראל, לוי אשכול (1895–1969), ונקרא על שמו.

אני זוכר את השלג הראשון בירושלים. שוב הייתי הילד החדש בכיתה ולא אמרו לי שאם יורד שלג אז אף אחד, לא התלמידים ולא המורים, לא מַגיע* לבית הספר. השומר בכניסה חִייֵך* אלַיי ברחמים* כשנכנסתי פנימה. לא הבנתי למה. הלכתי במסדרונות* הרֵיקים* וחיכיתי שמישהו יבוא מולי עם כדורסל ביד, או שאחת המורות תחצה* את המסדרון. רק כשנכנסתי לכיתה הבנתי. הכיסאות היו הפוכים* על השולחנות. על הלוח היו רשומים שיעורי הבית של אתמול בתנ"ך: "הַסבֵּר את נפילתו של שאול המלך". מהחלון ראיתי שהשלג המשיך לרדת. הורדתי כיסא אחד, את הכיסא שלי, מהשולחן, והתיישבתי. כל תנועה שעשיתי עשתה רעש עצום בכיתה הרֵיקה. חיכיתי כמה דקות, אולי בכל זאת אחת מאותן התלמידות השקדניות* שיושבות בשורה הראשונה תבוא. כשזה לא קרה קמתי, הפכתי* את הכיסא על השולחן בקול רם, בכוונה*, והלכתי הביתה. בדרך מעכתי* גושֵי שלג בצִדֵּי המדרכות, עינַיי דומעות בגלל הרוח".

*לְהַגִּיעַ ל... – to arrive
*לְחַיֵּךְ – to smile
*בְּרַחֲמִים – with pity
*מִסְדְּרוֹן – corridor
*רֵיק – empty
*לַחְצוֹת – to cross
*הָפוּךְ – upside down
*שַׁקְדָן/ית – studious
*לַהֲפוֹךְ – to turn upside down
*בְּכַוָּונָה – on purpose, deliberately
*לִמְעוֹךְ – to crush

מעובד מתוך: "ארבעה בתים וגעגוע", מאת אשכול נבו. זמורה-ביתן מוציאים לאור, 2004. עמודים 90–91.

כיסאות הפוכים על השולחנות

א. **סמנו** נכון/לא נכון:

1. המסַפר* זוכר את השלג הראשון באהדה*. **נכון / לא נכון**
2. כשיורד השלג הראשון בירושלים אין לימודים. **נכון / לא נכון**
3. בשלג הראשון בירושלים נוהגים לקרוא בתנ״ך. **נכון / לא נכון**
4. למסַפר היה ברור* מה לעשות ביום הראשון של השלג. **נכון / לא נכון**
5. רק ילד אחד הגיע לבית הספר. **נכון / לא נכון**
6. המסַפר אוהב את הילדה השקדנית. **נכון / לא נכון**

*מְסַפֵּר – narrator
*בְּאַהֲדָה – fondly
*בָּרוּר – clear

ב. הבעת רגשות

סמנו אילו מַבָּעים מופיעים בקטע בהקשר חיובי ואילו בהקשר שלילי. הסבירו.
Do the following expressions appear in the text in a positive or negative context? Explain.

	הֶקשר חיובי (+)	הֶקשר שלילי (-)	הֶסבר
חִיֵּיך ברחמים			
מסדרונות ריקים			
הפכתי את הכסא בקול רם, בכוונה			
חיכיתי כמה דקות			
מעכתי גושי שלג			

ג. שאלות

1. מה קורה בירושלים כאשר יורד שלג?
2. מי האיש היחידי שהילד רואה בבית הספר?
3. תארו* את הכיתה, כאשר המסַפר נכנס אליה.
4. מה המסַפר עושֶׂה בכיתה?
5. למה המסַפר אומר בסוף הקטע ״עיניי דומעות* בגלל הרוח״.

*לְתָאֵר – to describe
*לִדְמוֹעַ – to shed tears

ד. שיחה/כתיבה

1. פעם כשהייתי חדש ...
2. ספרו את הסיפור מנקודת המבט של השומר. השומר מספר למנהל בית הספר על יום השלג הראשון בבית הספר.

ה. נתחו את הפעלים מן הסיפור:

	השורש	זמן	הבניין + הגזרה	שם הפועל	באנגלית
אני **זוֹכֵר** את השלג הראשון	ז.כ.ר.	הווה	פָּעַל, שלמים	לִזְכּוֹר	To remember
שוב **הָיִיתִי** הילד החדש בכיתה					
השומר בכניסה **חִיֵּיך**					
לא **הֵבַנְתִּי** למה					
או שאחת המורות **תַּחְצֶה** את המסדרון					
מהחלון **רָאִיתִי** שהשלג...					
ראיתי שהשלג **הִמְשִׁיךְ** לרדת					
הורדתי כיסא... **וְהִתְיַישַּׁבְתִּי**					
כל תנועה שעשיתי **עָשְׂתָה** רעש עצום					
קַמְתִּי, הפכתי את הכיסא על השולחן					

ו. השלימו עם שם התואר מהסיפור ובהקשר אחר. שימו לב להתאמה במין, במספר וביידוע.

Complete with the adjectives from the story. Make sure the adjectives agree with the noun in gender, number, and definition.

שמות תואר

שם התואר	בסיפור "השלג הראשון"	בהקשר אחר
(ראשון)	השלג הראשון	השנים הראשונות
(חדש)	הילד ______	הילדים ______
(ריק)	המסדרונות ______	הבית ______
(הפוך)	כיסאות ______	המיטה ______
(ריק)	בכיתה ______	התחנה ______
(שקדן)	התלמידות ______	העובד ______
(ראשון)	בשורה ______	בפעם ______

שיחה עם הסופר אשכול נבו

אשכול נבו מדבר עם פרופסור יורם יובל בתכנית הטלוויזיה "**שיחת נפש**"
http://hot.ynet.co.il/home/0,7340,L-7394,00.html (From 6:25–8:48 mins.)

אשכול נבו מספר שהמשפחה שלו עברה הרבה בתים. עד גיל 18 הוא גר ב 12–13 בתים.

הוא אומר:

"אבל בתור ילד לא אהבתי את זה. הקריעה* הזאת, הניתוק* הזה מהאנשים שאתה נקשר אליהם. עד שאתה מצליח לבסס לך כבר חברים וביטחון*. והילד החדש בכיתה כל פעם."

*קְרִיעָה – tearing
*נִיתוּק – separation
*בִּיטָחוֹן – confidence

מצד שני, הוא אומר שהכתיבה שלו באה מן המעברים האלה ממקום למקום. זוהי אולי "הַמַּתָּנָה" שהוא קיבל כסופר: (7:48 עד 8:48)

"בדיעבד*, כשאני מסתכל על זה, דווקא משם באה הכתיבה שלי. זאת אומרת, אני יכול להתפייס* עם העניין הזה מהמקום שבאמת משם הִגיעה הכתיבה. הפעמים הראשונות שרציתי לכתוב היו הפעמים שבהם הייתי זר* במקום חדש, והייתי עושה מה שעושה ילד במקום חדש: להתבונן* ולהקשיב לשפה החדשה שהוא צריך ללמוד. אם אתה עובר לירושלים, אתה צריך ללמוד ירושלמית. אם אתה עובר לחיפה, אתה צריך ללמוד חֵיפאית, שלא לדבר אם אתה עובר לארצות הברית. אז אתה לומד שפה חדשה ואתה לומד אנשים. אתה לומד להסתכל על אנשים וללמוד דַקויות* של מערכות היחסים* ביניהם.
אני חושב שמִשם אני כותב בכלל. זה המקום הראשון שאני חושב שממנו התחלתי לחשוב על הכתיבה. אני מסתכל על זה גם כן כמַתָּנָה שקיבלתי כְּיוצר*. היכולת לכתוב על חיפה, על ירושלים, על ארצות הברית, על חולון, על גבעתיים באותה רמה של אינטימיות. זו מתנה שקיבלתי ככותב. כילד לא אהבתי את זה. עם שני הקטבים* האלה אני בדיאלוג עד עכשיו, אני חושב."

*בְּדִיעֲבַד – in retrospect
*לְהִתְפַּיֵּיס – to reconcile
*זָר – outsider
*לְהִתְבּוֹנֵן - להסתכל
*דַקּוּיוֹת – nuance, subtlety
*מַעֲרֶכֶת יְחָסִים – relationship
*יוֹצֵר – creator
*קְטָבִים – poles

א. שיחה / כתיבה

1. מה, לדעתך, הכוונה ל"חיפאית", "ירושלמית"?
2. מה הם "שני הקטבים" שעליהם מדבר אשכול נבו בסוף הקטע?

חנוך לוין 1943–1999. נולד וגדל בתל-אביב.
מחזאי, במאי תיאטרון, משורר וסופר.
כתב מערכונים, מחזות, פזמונים, סיפורים ושירה.
מתוך 56 המחזות שכתב עלו יותר מ-30 על הבמה.

בבית המלון

מאת: חנוך לוין

[אורח ליד דלפֵּק הקבלה בבית מלון]

אורח שלום, שמי קוּפְּץ. אני פעם ראשונה בלונדון. הזמנתי כאן חדר.
פקיד בבקשה, אדון קופץ, החדר לרשותך. בילוי נעים.
אורח מה זמנֵי הארוחות בבקשה?
פקיד בוקר משבע עד תשע, צהריים משתֵים-עשרה עד שתיים, וערב משֶבע עד עשר.
אורח יפֶה. מקבלים גם משהו בחמש?
פקיד אִם מזמינים.
אורח יפה. ובעשר?
פקיד גם כן אִם מזמינים.
אורח אפילו שוקולד?
פקיד כן.
אורח יפה, ומתי הולכים כָּאן לישון?
פקיד בשעה שרוצים. כָּאן בית מלון.
אורח אני יכול לישון אפילו בשתֵים עשרה בלילה?
פקיד כן, אדוני.
אורח אפילו באחת?
פקיד בוודאי.
אורח ומתי קמים?
פקיד גם כן כשרוצים.
אורח אף אחד לא מֵעיר?
פקיד לא, אם אתה לא רוצה.
אורח אפשר אפילו לקום בשתֵים-עשרה בצהריים?
פקיד כן, אדונִי.
אורח אבל אם אני הולך לישון בתשע בערב, מה יש לי לעשות עד שתֵים-עשרה בצהריים במיטה?
פקיד זה לפי רצונךָ, אדונִי.
אורח מה גם שאז אני לא נוכָח בארוחת-בוקר.
פקיד אתה יכול להזמין ארוחה מיוחדת בשתֵים-עשרה.
אורח מה, אני יכול לא להיות בארוחת-בוקר?
פקיד כמובן.
אורח איך פה עם צִחצוח שיניים, למי אני מראֶה שצִחצחתי?
פקיד לאף אחד.
אורח אז איך בודקים?
פקיד לא בודקים, אדונִי.
אורח יפה. כאן הרבה חופש, אני רואה. ואף אחת גם לא בודקת אם ניגבתי?
פקיד לא, אדונִי.
אורח יפה. פשוט חיים משוגעים כאן בלונדון. יהיה לי גם מַפתח, או שסוגרים אותי בלילה?
פקיד יהיה לך מַפתח, אדונִי.

אורח עם מחזיק מפתחות?
פקיד כן, אדוני.
אורח ומי ישמור עלַי בחדר?
פקיד ממה?
אורח אני יודע? אולי אתעורר פתאום, באמצע הלילה.
פקיד זה עניינךָ הפרטי, אדונִי.
אורח ואם אבכה?
פקיד למה שתבכה?
אורח אם אפחד פתאום, אני יודע, חושך, לונדון...
פקיד תוכל לצלצל לַקבלה.
אורח ויענו לי בלי לצעוק?
פקיד כן, אדוני.
אורח ותגיד לי בבקשה עוד משהו, אני יכול לעלות לחדר שלי גם במעלית?
פקיד כמובן, אדוני.
אורח יפה. טוב, אז אני עולה עכשיו לעשות ישר אמבטיה, מה?
פקיד אתה שואל אותי? עשֵׂה כרצונךָ.
אורח אתה לא מחייב אותי לעשות כעת אמבטיה?
פקיד לא, אדוני.
אורח יפה. ומה תיתן לי אם אני עושה עכשיו אמבטיה?
פקיד כלום.
אורח תוֹך עשר דקות אמבטיה, צחצוּח שיניים, פיפי ופיז'מה, אה?
פקיד כרצונך, אדונִי.
אורח [בנימת השתאות וצער]
לאף אחד לא אִכפת אם אני עושה אמבטיה, או מצחצח שיניים, או בוכה, או אוכל, או קם...
מקום משונה קצת.
[לפקיד]
טוב, שאלה אחרונה, מי מְכַסֶּה אותי?
פקיד אף אחד, אדוני. מִתְכַּסִּים לבד.
אורח טוב...
[עומד רגע, ממש מאוכזב]
אז לילה טוב.
[מגיש לֶחִי לשפתי הפקיד]
נשיקה.
פקיד השתגעת?
אורח [במפח נפש]
אני מאוד מאוּכזב מהחיים בלונדון.

מתוך: "הג'יגולו מקונגו וטיפוסים אחרים", מאת חנוך לוין. הספרייה החדשה, 1994. עמודים 35–37

מילים ומבעים מ"בבית המלון"

<u>מילים</u>

לְהָעִיר את... – to wake someone up

נוֹכֵחַ ב... – to be present

לְצַחְצֵחַ – to brush

לְנַגֵּב את... – to wipe

מַעֲלִית – elevator

מְשׁוּנֶּה – strange, weird

לְכַסּוֹת – to cover

לְהִתְכַּסּוֹת – to cover oneself

מְאוּכְזָב/ת – disappointed

<u>ביטויים/צירופים</u>

הַחֶדֶר לִרְשׁוּתְךָ – the room is available

בִּילּוּי נָעִים – enjoy, have a good time!

חַיִּים מְשׁוּגָּעִים – great (crazy) life

מַחְזִיק מַפְתְּחוֹת – keychain

עִנְיָין פְּרָטִי – private matter

לְהִתְעוֹרֵר פִּתְאוֹם בְּאֶמְצַע הַלַּיְלָה – to wake up suddenly in the middle of the night

לְאַף אֶחָד לֹא אִכְפַּת ... – nobody cares

לְצַחְצֵחַ שִׁינַּיִים – to brush teeth

כִּרְצוֹנְךָ – as you wish

אֲנִי מְאוֹד מְאוּכְזָב מֵהַחַיִּים ב.... – I'm very disappointed with the lifestyle in…

א. שאלה

אילו מהשאלות ששואל האורח בבית המלון הן שאלות יוצאות דופן*?

* יוֹצֵא דוֹפֶן – unusual

ב. פעילות - קריאה בזוגות

לקרוא פעמיים עם בן/בת זוג – פעם אחת הפקיד רגוע*, ובפעם השנייה הפקיד חסר-סבלנות*.

שוחחו: איזו קריאה נראית לכם "נכונה" יותר?

* רָגוּעַ – calm
* חֲסַר-סַבְלָנוּת – impatient

ג. שיחה/כתיבה

איזה סוג של אדם מתאר חנוך לוין במערכון הזה? (משוגע / "מרובע" / נורמלי / ילדותי / אדם שבא מעולם אחר...)

ד. תרגיל כתיבה

שנו כמה שורות מן המערכון. בפעם הזאת הפקיד עונה לשאלות של קופץ בצורה יותר אֶמפתית או ביותר גסות.

Change some lines from the skit. This time, the receptionist is either more emphatic with the guest or much ruder.

ה. פעילות

קופץ חוזר מאוכזב הביתה. החברה שלו שואלת אותו על הביקור בלונדון.
כתבו לפחות 5 שאלות ותשובות.

ו. כתיבה יוצרת

לילה מוזר* מחוץ לבית

ספרו על לילה מוזר שביליתם* מחוץ לבית (אצל חבר/ה, במחנה קיץ, בבית מלון).
השתמשו במילים ובמבעים לעיל (בעמוד הקודם).

*מוּזָר – strange

*בִּילִיתֶם – you spent time

ז. ביקורת ספרותית

קראו את הביקורת על הדמויות של חנוך לוין.
האם אפשר למצוא את הרעיון הזה בדמות של האורח ב״בבית המלון״?

הדמויות* של חנוך לוין הן דמויות גְרוטֶסקיות ועלובות*. הדמויות האלה מרגישות שהן חיות בעולם רֵיק וחסר-משמעות*. לכן הן מחפשות דרכים להצדיק* את הקִיום* העלוב שלהן בעולם. הקיום הזה עושה אותן ליצורים גרוטסקיים.

לדמויות של לוין אין "עוֹמֶק"* במובן הפסיכולוגי. הדמויות הן אַלֶגוריות וגרוטסקיות. באלגוריה אין מקום לפסיכולוגיה.

*דְּמוּת – character
*עָלוּב – miserable
*חֲסַר-מַשְׁמָעוּת – meaningless
*לְהַצְדִּיק – to justify
*קִיּוּם – existence
*עוֹמֶק – depth

צ׳מבלולו

מאת: חנוך לוין

[חולדה וזאב נכנסים שלובי-זרוע ופוגשים בצ׳מבלולו הבא מן הכיוון הנגדי]

זאב [בשמחה מוגזמת] שלום צֶ׳מְבַּלוּלוּ.

צ׳מבלולו שלום זְאֵב.

זאב חוּלְדָה, זהו צ׳מבלולו, אַת זוכרת אותו?

חולדה איזו שאלה אם אני זוכרת את צ׳מבלולו, בטח שאני זוכרת את צ׳מבלולו.

צ׳מבלולו זאב ואני היינו יחד במלחמה.

זאב אני הייתי קָצין וצ׳מבלולו היה טַבָּח.

צ׳מבלולו היינו כמו אחים.

חולדה בטח שכמו אחים, צ׳מבלולו, אחד אח קצין ואחד אח טַבח.

זאב ומה שלומך, צ׳מבלולו?

צ׳מבלולו תודה, כמו שהיה, ככה, לא כל-כך...

זאב רע מאד, מה?

צ׳מבלולו [מנסה לגחך] כן, רע מאד.

זאב שלומנו,לעומת זאת, מצוין, חוץ מהדאגה לַמַצב הבִּטחוני, כַּמובן.

חולדה זאב מהַנדס ואבי קַבְּלן.

צ׳מבלולו ואני לפעמים מֶלצר, לפעמים סַנדלר ולפעמים שום-דבר.

זאב [חביב] בקיצור, זה לא זה.

צ׳מבלולו [מנסה לגחך] לא, לא בדיוק זה.

זאב אתה לא יודע בערב מה תאכל בבוקר.

צ׳מבלולו כן.

זאב אנחנו, לעומת זאת, יודעים יפה מאד מה נֹאכל בבוקר, בצהרים ובערב.

חולדה ואם אנחנו לא יודעים מה נֹאכל, אז לא נֹאכל? המקרר מִתפקעַ והמסעדות פְּתוחות.

זאב נכון מאד, ומה שלום אִשְתך, צ׳מבלולו?

צ׳מבלולו ככה... קצת...

זאב שבורה.

צ׳מבלולו לגמרי.

חולדה ככה זה, כששבורים אז שבורים. ומה שלום הילדים?

צ׳מבלולו הילדים לא...

זאב לא מפותחים.

צ׳מבלולו עוד לא.

זאב גם לא יתפתחו. משום דבר לא מתפתח שום דבר, זה חוק טֶבע. אגב, מה שלום האַנגינה פֶּקטוֹריס של אביך?

צ׳מבלולו תודה, האַנגינה מתפתחת.

חולדה משהו בכל זאת מתפתח אצלכם. ומה שלום הטַרשת של אִמך?

צ׳מבלולו תודה, אִמי מ...

חולדה מתה.

צ׳מבלולו ...מאושפזת.

חולדה עניין של זמן מזה לזה.

צ׳מבלולו ככה אומרים הרופאים. ומה שלומכם אתם?

חולדה אמרנו לך שזאב מהנדס ואבי קבלן.

זאב לנו טוב, אין מה לדבר.

חולדה ומה שלומך אתה, צ׳מבלולו?
צ׳מבלולו תודה, מושכים.
חולדה לקֶבר.
צ׳מבלולו למה, יש לי עוד שלושים-ארבעים שנה.
זאב של יֵיאוש.
חולדה באמת, מה שלום היֵיאוש?
זאב מה שלום מַפח-הנפש?
חולדה מה שלום הרגָשת חוסר-האוֹנים?
צ׳מבלולו תודה, זה כל כך יפה מצידכם שאתם...
זאב אחים או לא אחים?
צ׳מבלולו ואיך אצלכם?
חולדה כמה פעמים צריך לחזור ולהגיד לך שזאב מהנדס ואבי קבלן? קבלן!!
צ׳מבלולו סליחה, ואולי היתה לכם לפחות שַפַעַת?
זאב שום דבר. כשלמישהו טוב, אז טוב לו עד הסוף!
חולדה בלי שום חוכמות!
זאב אז זהו, צ׳מבלולו, היה נעים לפגוש. להתראות.
חולדה ואם אתה מרגיש פעם ממש רע, אז תקפוץ, באמת, למה שלא תקפוץ פעם?
צ׳מבלולו איפה אתם גרים?
חולדה התכוונתי מהגג.

מתוך: ״מלכת האמבטיה״, מאת חנוך לוין, 1970 (בספר ״מה אכפת לציפור״, 1987. עמודים 77–78)

מילים ומבעים מ״צ׳מבלולו״

קַבְּלָן – contractor
מְהַנְדֵּס – engineer
מַצָּב בִּטחוני – security situation
סַנדלר – מתקן נעליים
להתפקע – to explode
מפוּתח/ת – developed
אַנְגִינָה פֶּקטוֹריס – angina pectoris
טַרֶשֶׁת – sclerosis
מאושפז/ת – hospitalized
יֵיאוּש – desperation
מַפָּח נֶפֶש – bitter disappointment
חוֹסֶר אוֹנִים – helplessness
שַׁפַּעַת – flu

א. שאלות הכנה 💥

אספו את המידע (אינפורמציה) על צ'מבלולו ומשפחתו במערכון "צ'מבלולו" (עבודה, מצב נפשי, בריאות).

מצב נפשי, מצב בריאותי	עבודה	
		צ'מבלולו
		האישה של צ'מבלולו
		הילדים של צ'מבלולו
		ההורים של צ'מבלולו

ב. פעילות - קריאה בקבוצות 💥

קראו את המערכון בהטעמות (אינטונציות) שונות. למשל: בדאגה, באירוניה, בכעס, בתסכול, בתחינה.

Read the skit in groups of three. Try different intonations, such as concern, irony, anger, frustration, or pleading.

ג. שיחה 💥

1. מה חנוך לוין אומר לנו על החברות בצבא ("היינו יחד במלחמה", "היינו כמו אחים") ?
What does Hanoch Levin say about friendship and comradeship in the army ("We were together in the army." "We were like brothers.")?

2. מה דעתכם על השמות "זאב*", "חולדה*" ו"צ'מבלולו" ?

*זאב – wolf
*חולדה – rat

עכבר   חולדה

ד. כתבו מה עושה כל בעל מקצוע: 💥

הטבח: **(לְבַשֵׁל)** _____ ארוחות.

הסנדלר: **(לְתַקֵּן)** _____ נעליים.

המהנדס והקבלן: **(לִבְנוֹת)** _____ בתים.

המלצר: **(לָתֵת)** _____ את התפריט ואת האוכל לאנשים במסעדות.

הקצין: **(לַעֲבוֹד)** _____ בצבא או במשטרה.

קצין

ה. מבעים ומילות קישור מ"צ'מבלולו"

1. לעומת זאת*

"שלומנו, **לעומת זאת** מצוין."

"אנחנו **לעומת זאת**, יודעים יפה מאוד מה נאכל בבוקר, בצהריים ובערב."

*לעומת זאת – on the other hand

2. אגב / דרך אגב*

"**אגב**, מה שלום האנגינה פקטוריס של אביך?"

*דרך אגב – by the way

3. בכל זאת*

"משהו **בכל זאת** מתפתח אצלכם"

*בכל זאת – nevertheless, in spite of it

4. לפחות*

"ואולי היתה לכם **לפחות** שפעת?"

*לפחות – at least

כתבו 2 משפטים עם כל אחד מהמבעים:

1. לעומת זאת
2. דרך אגב
3. בכל זאת
4. לפחות

ו. כתיבה יוצרת

כתבו המשך למערכון הזה:

צ'מבלולו נפגש עם זאב וחולדה אחרי 5 שנים. עכשיו לצ'מבלולו יש עסק מצליח, וזאב וחולדה ירדו מנכסיהם.

Write an epilogue to the skit: Chambalulu meets Zeev and Hulda 5 years later. He now owns a successful business, whereas Zeev and Hulda lost everything they had.

האלמנה רובינזון

מאת: חנוך לוין

[האלמנה רוּבִּינזון מארחת את גֶרְדָה ושְׁלֶזְוִויג קוּק.]

רוּבִינזון אולי תשתו קפה?

שְׁלֶזְוִיג בְּרַצ...

גֶרְדָה תודה רבה, גברת רובינזון, אבל אנחנו כרגע שתינו. [מעיפה מבט חמור בשלזוויג.]

שלזוויג [לוחש] גרדה, אני צמא?

גרדה [לוחשת] שלזוויג, תפסיק, היא באבל!

שלזוויג [לוחש] כבר עברו חמש שנים!

גרדה [לוחשת] תהיה בשקט, אתה לא מבין בזה שום דבר! [בקול רם, לרובינזון] כן, ככה זה. [מנענעת ראשה ברחמים. פאוזה ארוכה מאד]

שלזוויג [שומע אווירון עובר, מנסה לפתוח בשיחה] אווירון.

רובינזון [מחייכת] כן, אווירון.

גרדה [לוחשת] שלזוויג, איך אתה מעז! אתה יודע שזה מזכיר לה!

שלזווי ג [לוחש] הוא היה טייס!

גרדה [לוחשת] אמרתי לך להפסיק להתחכם! [בקול רם, לרובינזון] כן, ככה זה. [ממשיכה לנענע בראשה. פאוזה]

רובינזון אז אולי בכל זאת תשתו משהו?

גרדה לא, תודה.

[תוקעת לשלזוויג מרפק בצלע]

שלזוויג [בקול חלוש] לא, תודה. בעצם אולי...

[גרדה נועצת בו מבט חד, הוא משתתק. פאוזה ארוכה. מנסה לפתוח בשיחה]

נו, עוד שבוע פסח.

רובינזון [מחייכת] כן, פסח.

גרדה [לוחשת] שלזוויג, מה איתך? אתה יודע שזה מזכיר לה!

שלזוויג [לוחש] גם פסח?

גרדה [לוחשת] שמו היה פסח!

שלזוויג [לרוביזון] סליחה, גברת רובינזון.

רובינזון על מה?

שלזוויג על...

[פוגש במבטה של גרדה]

סתם. סליחה סתם.

גרדה שלזוויג הוא איש עדין, הוא אוהב לבקש סליחה מאנשים.

[פאוזה ארוכה]

רובינזון סיפרתי לכם שאני מתחתנת בעוד חודש?

[גרדה ושלזוויג קמים]

שלזוויג מזל טוב, גברת רובינזון!

גרדה [לוחשת] איזה מזל טוב על ראשך, שלזוויג? היא באבל!

שלזוויג [לוחש] היא אמרה שהיא מתחתנת!

גרדה [לרובינזון] את ודאי עושה את זה מְסיבות כלכליות.

רובינזון לא, אני פשוט זקוקה לבעל.

גרדה אה. [פאוזה] אז את ודאי עושה את זה בשביל הילדים.

רובינזון לא, בשבילי.

[גרדה ושלזוויג יושבים. פאוזה]

אתם תבואו לחתונה, לא?

שלזוויג [נפחד] תודה, אבל אנחנו כרגע שתינו.

גרדה [מוחה דמעה] נבוא, נבוא, ודאי שנבוא! כבוד אחרון!

מתוך: ״את ואני והמלחמה הבאה״, מאת חנוך לוין, 1968. (בספר ״מה אכפת לציפור״, 1987. עמודים 22–23)

א. שאלות

1. כמה זמן גברת רובינזון אלמנה?
2. מי היה הבעל שלה?
3. מה החדשות שהאלמנה רובינזון מספרת?
4. איך שלֶזוויג מקבל את החדשות?
5. איך גֶרדה מקבלת את החדשות?

על חנוך לוין ועל "האלמנה רובינזון"

Hanoch Levin entered the Israeli theater scene in 1968, one year after the Six Day War, with his satirical play *You, Me and the Next War* (את, אני והמלחמה הבאה). In one of the play's skits, "The Widow Robinson" (האלמנה רובינזון), Levin addresses the sensitive subject of widowhood, especially those from war. At the time, many Israelis expected widows to carry on the legacy of their fallen spouses. In the skit, Levin alludes to the Israeli mentality that clings to war and bereavement and tries to immortalize it.

ב. שיחה/כתיבה

1. שמות

שמות האורחים: גֶרְדָה ושְׁלֶזְוִויג. (שימו לב: לְגָרֵד – to scratch)

האלמנה רובינזון: אנחנו מכירים אותה רק **בכינוי** "אלמנה" **ובשם המשפחה** שלה "רובינזון".

מדוע **השם הפרטי** שלה לא מוזכר?

2. איך היחס של החֶברה הישראלית לאלמנות (ובמיוחד לאלמנות מלחמה)? לפי המערכון, איך הן צריכות להתנהג?

3. מה "הכבוד האחרון"* שגֶרדה מדברת עליו בסוף המערכון? בחרו והסבירו:

[ ] כבוד לאלמנה רובינזון והבעל החדש שלה

[ ] כבוד לבעל המת, שעכשיו הוא כמו מת פעם שנייה

[ ] כבוד לאלמנה שהצליחה להקים משפחה חדשה

* הכבוד האחרון – the last honor

ג. שיחה עם מילים מהמערכונים "האלמנה רובינזון" ו"צ'מבלולו"

reminds – *מזכיר*	1. מה **מזכיר** לך חג הפסח?
to dare – *להָעֵז*	2. את/ה היית **מֵעֵז** לקפּוץ קפיצת בנג'י?
in need for – *זקוק ל*	3. האם את/ה **זָקוּק/ה לְ**שקט כאשר את/ה לומד/ת?
hospitalized – *מאושפָּז*	4. היית **מאושפָּז/ת** בבית חולים?
flu – *שפַעת*	5. היית חולה ב**שפַעת** בשנה האחרונה?
rat – *חולדה*	6. ראית פעם **חולדָה** אמיתית?
helplessness – *חוסר אונים*	7. האם הרגשת **חוסֶר אונים** כאשר טיילת במקום זר?
waiter – *מלצר*	8. האם עבדת כ**מֶלְצָר/ית** במסעדה?
status – *מעֲמָד*	9. למי יש מַעֲמָד* יותר גבוה בחֶברָה* – ל**מְהַנדֵס*** או ל**קַבְּלָן?**
society – *חֶברה*	
engineer – *מהנדס*	
contractor – *קבלן*	

ד. תרגום מבעים

Find the following expressions in the skits : מִצאו במערכונים את המבעים הבאים

בבית המלון – עמודים 14–15

1. I'm in London for the first time. _____

2. I brushed my teeth _____

3. This is your private matter _____

4. Do as you wish. _____

5. Nobody cares that … _____

6. I'm very disappointed _____

צ'מבלולו – עמודים 18–19

1. Of course I remember _____

2. I was an officer, and he was a cook. _____

3. We, on the other hand (on the contrary), know very well… _____

_____

4. This is the law of nature. _____

5. This is so nice of you _____

האלמנה רובינזון – עמוד 22

1. How dare you? ______________________

2. He is a gentle (kind) man. ______________________

3. I'm getting married in a month. ______________________

4. I need (am in need of) a husband. ______________________

ה. כתיבה יוצרת / מצגת

- כִּתבו מערכון* בסגנון* המערכונים של חנוך לוין "בבית המלון", "צמבלולו" ו"האלמנה רובינזון".
- חִשבו על שמות מעניינים ודמויות גרוטֶסקיות.
- הַציגו את המערכון.

*מַעֲרְכוֹן – skit
*סִגְנוֹן – style

נמצא ב...

אלברט אינשטיין (1879–1955)

1. הבית של אינשטיין **נמצא ב**פרינסטון, ניו ג'רסי (אבל אי אפשר לבקר בו).
2. הזכות להשתמש בשמו ובדמותו של אינשטיין **נמצאת ביד**י האוניברסיטה העברית בירושלים.
3. כתבי היד* של אינשטיין **נמצאים ב**אינטרנט.   *כְּתַב יָד – manuscript
4. המחשבות של אינשטיין **נמצאות** היום **ב**עולם הפיזיקה והמתמטיקה.

נִמְצָא - לְהִימָּצֵא (מ.צ.א.)
(to be found, to be located)

נִמְצָא
נִמְצֵאת
נִמְצָאִים
נִמְצָאוֹת

א. השלימו עם נמצא/נמצאת/נמצאים/נמצאות:

1. ספר הביוגרפיה החדש על אינשטיין _____ בספרייה.
2. הספרייה _____ במרחק שני קילומטר מפה.
3. המדפים של הביוגרפיות _____ בקומה השנייה בצד ימין.
4. הביוגרפיות החדשות _____ במדף הראשון.

ב. השלימו עם נמצא/נמצאת/נמצאים/נמצאות:

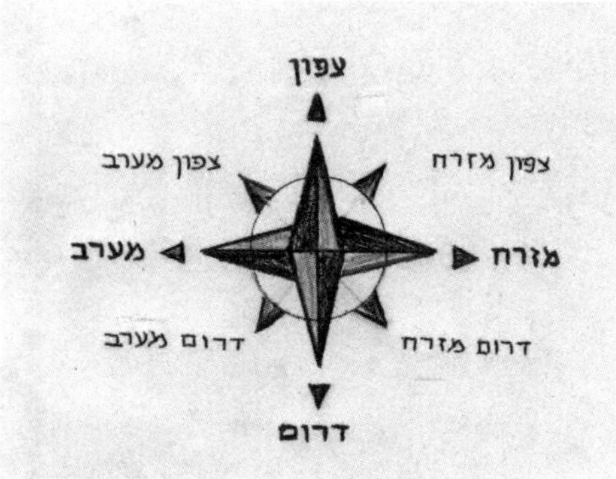

1. ישראל _____ במזרח התיכון.
2. אֵילת _____ ליד עֲקַבָּה, ירדן.
3. הנגב _____ בדרום.
4. הרי הגליל _____ בצפון.
5. חיפה _____ שעה וחצי נסיעה מתל אביב.
6. אשדוד ואשקלון _____ בדרום, על חוף הים.
7. מוזיאון הארץ, מוזיאון בית התפוצות ומוזיאון הפַּלמ"ח _____ ברמת אביב.

ג. שיחה/כתיבה

איפה הם נמצאים

1. איפה נמצאת העיר שלך?

____

2. איפה נמצא הבית שלך?

____

3. איפה נמצאת המסעדה החביבה עליך?

____

4. איפה נמצאים ההורים שלך?

____

5. איפה נמצאים החברים הקרובים שלך?

____

6. האם החדר/הדירה שלך נמצא/ת בקמפוס?

____

7. האם הכיתות שלך נמצאות קרוב לחדר/לדירה שלך?

____

ד. השלימו עם מצפון/מדרום/ממערב/ממזרח :

1. הָוַואי נמצאת **מ**מערב **ל**קליפורניה.
2. אָלַסְקָה נמצאת __________ לקליפורניה.
3. פְלורידה נמצאת __________ לג׳ורג׳יה.
4. אָריזונה נמצאת __________ לניו מקסיקו.
5. אוֹהָיו נמצאת __________ לאינדיאנה.
6. קנדה __________ __________לארצות הברית
7. מֶקסיקו __________ __________ לארצות הברית.

אתה נמצא במקום בו נמצאות מחשבותיך.
וַדֵּא* שמחשבותיך נמצאות במקום בו אתה רוצה להיות.

רבי נחמן מברסלב (לקו״א כ״א)

* וַדֵּא – make sure

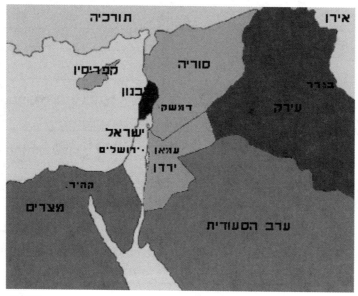

ה. השלימו עם נמצאת/נמצאות **ועם** ממזרח/ממערב/מצפון/מדרום **או** מצפון מזרח, מדרום מזרח, מצפון מערב, מדרום מערב:

המזרח התיכון (1985)

המזרח התיכון

1. ירדן ___נמצאת___ ___ממזרח___ לישראל.
2. סוריה ___________ ___________ לירדן.
3. סוריה ___________ ___________ לעירק.
4. עירק ___________ ___________ לְעֲרָב הַסָּעוּדִית.
5. סוריה ולבנון ___________ ___________ לתורכיה.
6. מצרים ___________ ___________ לישראל.
7. ירדן ___________ ___________ לסוריה.
8. ערב הסעודית ___________ ___________ למצרים.
9. לבנון ___________ ___________ לירדן.
10. סוריה ועירק ___________ ___________ לְעֲרָב הַסָּעוּדִית.

בדיחה

גבר בא לרופא ומספר לו שהיחסים שלו עם אשתו לא טובים, והוא לא אוהב להיות בבית. הוא שואל את הרופא מה לעשות.

הרופא אומר לו לרוץ כל יום 8 קילומטר.

אחרי חודש הגבר מתקשר לרופא. הרופא שואל אותו: *מה נשמע? האם הריצות עוזרות?* הגבר אומר: *תודה, דוקטור, זה עובד מצוין.* הרופא שואל: *איפה אתה נמצא?* הגבר אומר: *240 ק"מ מהבית.*

איך להגיע ל...

הוראות וכיוונים

כִּיווּן – direction
הוראות – directions, instructions
בצד יָמין, בצד שְׂמאל – on the right side, on the left side
מצפון ל..., מדרום ל... – to the north of , to the south of
לִפְנות יָמינה/שְׂמאלה – turn right/left
לַחצות את הכביש – to cross the street
יָשָר – straight ahead
יְציאה – exit
פְּנייה – a turn
כְּביש – paved road
כְּביש מהיר – highway, freeway
כתובת – address

רַמְזוֹר – traffic light
כִּיכָּר – square, roundabout
מֶחלף – interchange, junction
שֶׁלֶט – sign
צוֹמֶת – intersection, crossroads

מֶרְכַּז הָעִיר – city center
קַנְיוֹן – shopping mall
תַּחֲנַת דֶלֶק – gas station
תַּחֲנַת רַכֶּבֶת – train station
גַן חַיּוֹת – zoo
מֶרְכָּז מִסְחָרִי – commercial center

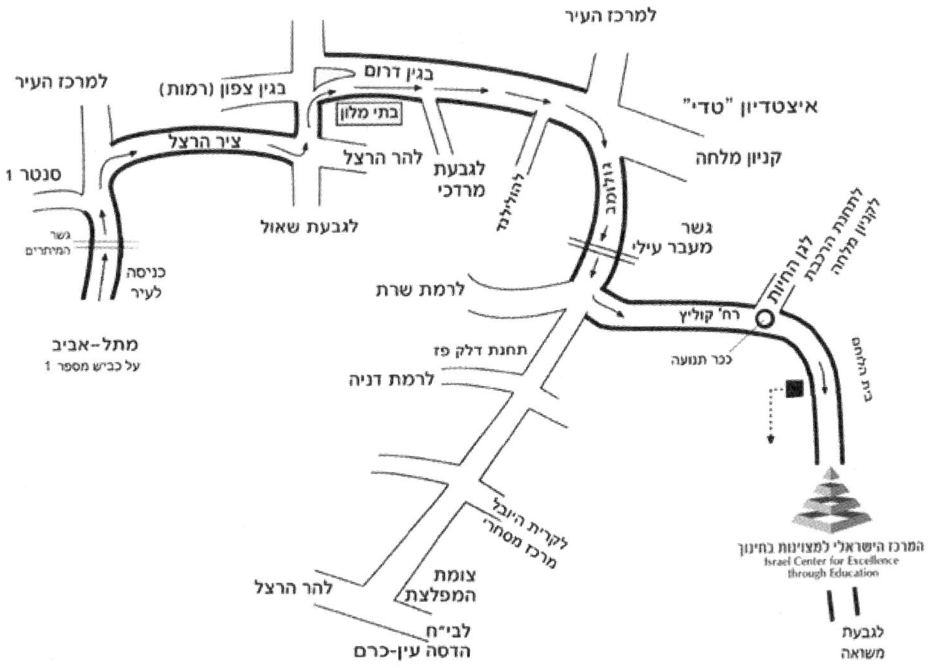

איך להגיע למרכז הישראלי למצוּיָנות בחינוך, ירושלים

הגעה במכונית פרטית:

בכניסה לעיר (רמזור מיד אחרי גשר המיתרים) לפנות ימינה.
לנסוע ישר וברמזור השני לפנות שמאלה (לכיוון בגין דרום)
מיד אחר כך לפנות ימינה לכביש בגין דרום.

לנסוע עד סוף כביש בגין וברמזור הראשון לפנות ימינה (לרח' גולומב)
לנסוע ישר וברמזור הראשון (ליד הגשר) לפנות שמאלה לרחוב קוליץ
ברחוב קוליץ לנסוע ישר עד למעגל תנועה - להמשיך ישר ומעט אחריו יש
פנייה ימינה - לשער חשמלי ואינטרקום.

הוראות איך להגיע

➢ **דקדוק**

There are a few common ways to give directions:

- Using the impersonal form (plural, present tense):
  נוֹסְעִים יָשָׁר, פּוֹנִים יָמִינָה
- Using the command form:
  בציווי : **סַע יָשָׁר, פְּנֵה יָמִינָה (סְעִי יָשָׁר, פְּנִי יָמִינָה)**
  או בעתיד : **תִּסַּע יָשָׁר, תִּפְנֶה יָמִינָה (תִּסְעִי יָשָׁר, תִּפְנִי יָמִינָה)**
- Using the present tense:
  אַתָּה נוֹסֵעַ ישָׁר, פּוֹנֶה יָמִינָה (אַתְּ נוֹסַעַת יָשָׁר, פּוֹנָה יָמִינָה)
- Using the infinitive form:
  לִנְסוֹעַ יָשָׁר, לִפְנוֹת יָמִינָה

א. השלימו עם הפעלים : לִפְנוֹת, לְהַמְשִׁיךְ, לִנְסוֹעַ, לָצֵאת, לְהַגִּיעַ

איך מגיעים לבית שלי? אם אתה בא מהאוניברסיטה, __________ מהקמפוס לכיוון רחוב אינשטיין. ברמזור הראשון __________ שמאלה לרחוב ברודצקי. __________ ישר עד הכיכר הראשונה ושם __________ שמאלה לרחוב רדינג. __________ עוד 500 מטר ו__________ ימינה לפיכמן. הבית שלי נמצא בצד שמאל.

ב. כתבו את ההוראות בציווי (ציווי או עתיד):

נוסעים ל״אינטֶל״ חיפה? הכי טוב להגיע לחיפה זה ברכבת, אבל אם נוהגים, עולים על הכביש המהיר לחיפה ונוסעים ישר. עוברים בדרך את נתניה, חדרה, קיסריה. ביציאה הראשונה לחיפה (מֶחלף חיפה-דרום) פונים יָמינה לכיוון כביש 4, ממשיכים דָרומה שתי דקות, ונכנסים למרכז תעשיות מדע (מת״ם) שם נמצאת אינטֶל.

אתה נוסע ל"אינטל" חיפה? הכי טוב להגיע לחיפה זה ברכבת, אבל אם אתה נוהג, תעלה __________

____

____

____

ג. ציירו את הדרך מהכניסה לעיר עד מוזיאון המדע, לפי ההוראות של המוזיאון:

Draw a map to the Bloomfield Science Museum, according to the instructions below.

מוזיאון המדע ע"ש ברנרד בלומפילד ירושלים

מוזיאון המדע ע"ש בלומפילד ירושלים

متحف العلوم على اسم بلومفيلد القدس

Bloomfield Science Museum Jerusalem

איפה אנחנו?

המוזיאון נמצא בשדרת המוזיאונים סמוך לאוניברסיטה העברית בגבעת-רם, ירושלים.

איך מגיעים ברכב פרטי:

מכיוון תל-אביב: בכניסה לעיר לפנות ימינה לשדרות הרצל, ברמזור השני (לפני בתי-המלון) לפנות שמאלה לשדרות יצחק רבין, לחצות את נתיבי בגין וימינה ברח' נתנאל לורך. ברמזור הבא שמאלה ומייד ימינה לכיוון האוניברסיטה. בכיכר שמאלה – המוזיאון משמאלכם. יש חניה בשפע.

איך מגיעים באוטובוס:

קוים 9, 24, 28 לאוניברסיטה העברית בגבעת רם, ומשם 5 דקות צעידה ברגל.

http://mada.org.il/he/information/map.aspx

הדרך מהכניסה לעיר למוזיאון המדע בירושלים:

ד. תנו הוראות לחברה איך להגיע למקום מסוים בארץ.

השתמשו במפות של אתר "מפה": mapa.co.il

http://www.mapa.co.il/general/searchresult_locked.asp

ה. תנו הוראות לחבר/ה איך להגיע מהכיתה למקום מסוים בקמפוס (או ממרכז העיר לבית שלכם).

השתמשו במילים:

לך, תצא מ..., תיכנס ל..., תעלה, תרד, תחצה, תפנה, ימינה, שמאלה, בצד ימין/שמאל...

ו. מצבים

.1
נסיעה לשדה התעופה

המצב: נוסע מדבר עם נהג המונית על מהי הדרך הטובה ביותר להגיע לשדה התעופה*.

נהג/ת המונית: את/ה חושב/ת שהכביש המהיר הוא הדרך הטובה ביותר לשדה התעופה. נסה/י לשכנע* את הנוסע/ת שלך להסכים לנסוע בדרך הזאת.

הנוסע/ת: שכנע/י* את נהג/ת המונית לנסוע בדרכים צדדיות*. את/ה חושב/ת שזאת הדרך המהירה ביותר לשדה התעופה.

*שדה תעופה – airport

*לשכנע – to convince

*דרכים צדדיות – side roads

.2
תאונת דרכים

המצב: עד/ת ראייה* מדבר/ת עם שוטר על תאונת דרכים* שקרתה לפני חצי שעה.

עד/ת הראייה: את/ה חושב/ת שהמכונית שבאה לצומת לא עצרה ברמזור אדום וגרמה* לתאונה.

השוטר: את/ה מנסה לקבל מעד/ת הראייה תמונה שלֵמה של כל מה שקרה בזמן התאונה.

*עֵד ראייה – eye witness

*תאונת דרכים – traffic accident

*לגרום – to cause

שבו, שבה

אשדוד

אשדוד היא העיר החמישית בגודלה בישראל, עם 230,000 תושבים (נכון לשנת 2010). אשדוד נוסדה בשנת 1956 והוכרזה* כעיר בשנת 1968.
העיר נמצאת* 40 ק״מ מתל-אביב, 70 ק״מ מירושלים.
הנמל* הגדול ביותר בארץ נמצא באשדוד.

המשפחות הראשונות באשדוד היו ממרוקו וממצרים, ואחר-כך באו עולים ממדינות רבות, כמו גאורגיה, ארצות הברית, צרפת, ברית-המועצות*.

העיר בנוייה רובעים רובעים*. בכל רובע - מרכז מסחרי*, מתנ״ס* ומרכזי תרבות, מוסדות חינוך ושירותים שונים לקהילה.

ב-1977 החליטה העירייה לשנות תדמית*, ולהפוך את העיר ל״עיר האופניים*״. לאורך כל הכבישים נסללו* שבילים* לרכיבת אופניים. השבילים מוצללים בעצים ובנויים לצד המדרכות.

*הוּכְרַז/ה – was declared
*נִמְצָא/ת – is found
*נָמָל – port

*בְּרִית-הַמּוֹעָצוֹת – the Soviet Union
*רוֹבַע – quarter
*מֶרְכָּז מִסְחָרִי – commercial center
*מַתְנָ״ס [מֶרְכַּז תַּרְבּוּת נוֹעַר וּסְפּוֹרְט] – community center
*תַּדְמִית – image
*אוֹפַנַּיִים – bicycles
*נִסְלְלוּ – were paved
*שְׁבִיל – path

- הנמל, **שבו** נכנסות ויוצאות אוניות רבות, החל לפעול ב-1965.
- אשדוד היא העיר **שבה** נמצא הנמל הגדול בישראל, נמל אשדוד.
- אשדוד היא עיר **שבה** גרים עולים ממדינות רבות.
- אשדוד היא עיר **שבה** יש מסלולי אופניים ליד כל הכבישים.
- השבילים **שבהם** אפשר לרכוב באופניים נסללו בשנת 1977 בכל העיר.

➢ דקדוק

These relative clauses combine "**ש**" (that, which) and the preposition "**ב**" :
שֶׁבּוֹ, שֶׁבָּה, שֶׁבָּהֶם, שֶׁבָּהֶן.
The gender of the noun the relative clause refers to determines the form. For example, if the relative clause comes after the word "עיר" which is feminine, we use "שבה".

- אשדוד היא עיר **שבה** נמצא הנמל הגדול בישראל, נמל אשדוד.
(Ashdod is the city where [in which] the largest port in Israel is located, the Ashdod Seaport.)

נמל אשדוד. תצלום: כפיר פתחי. מתוך אתר פיקיוויקי

א. השלימו עם הצורה הנכונה: שֶׁבּוֹ, שֶׁבָּה, שֶׁבָּהֶם, שֶׁבָּהֵן.

טיול בעיר הולדתי

1. זה הבית ____________ נולדתי.
2. זאת העיר ____________ גדלתי.
3. זה הפארק ____________ אהבתי לרכוב באופניים.
4. אלה הכבישים ____________ נסעתי לבית-הספר.
5. אלה הכיתות ____________ למדתי.
6. אלה הבניינים ____________ ביליתי שנים בילדותי.
7. אלה המסעדות ____________ אכלתי.
8. זאת הספרייה ____________ החלפתי ספרים.
9. זה הקניון ____________ קניתי וביליתי עם חברים.
10. זאת הפיצרייה ____________ עבדתי בתיכון.

ב. חברו את שני המשפטים למשפט אחד עם: שֶׁבּוֹ, שֶׁבָּה, שֶׁבָּהֶם, שֶׁבָּהֵן.

בעיר

1. זאת עיר קטנה. אני גדלתי **ב**עיר הזאת.

   זאת העיר הקטנה **שבה** גדלתי.

2. הדרך היא שביל לאופניים. אתה נוסע **ב**דרך.

   הדרך שבה אתה נוסע היא שביל לאופניים.

3. אני גרתי **ב**בית. הבית היה ירוק.

   ____

4. אני עבדתי **ב**פיצרייה. הפיצרייה נמצאת לא רחוק מהבית שלי.

   ____

5. זוהי תחנת הרכבת. אלפי אנשים עוברים **ב**תחנת הרכבת כל יום.

   ____

6. אלה האוטובוסים למרכז העיר. אני השתמשתי **ב**אוטובוסים האלה.

   ____

7. היא גרה **ב**שכונה. גם אני גרתי **ב**שכונה הזאת.

   ____

8. זוהי ספרייה עירונית. **ב**ספרייה הזאת למדתי כל יום.

   ____

9. אלה חנויות יפות. אני קונה בגדים ונעליים **ב**חנויות האלה.

   ____

ג. השלימו את המשפטים:

1. הספר, שבו השתמשתי לעבודה בתנ"ך, עזר לי מאוד.

2. המלון, שבו ישנתי אתמול, _____

3. המשרדים, שבהם חיפשתי עבודה, _____

4. העיר שבה גדלתי _____

5. המים בַּחוף שבו שָׂחיתי _____

6. זהו הבניין שבו _____

7. זוהי המסעדה שבה _____

8. אלה האוטובוסים שבהם _____

ד. קחו אורח לטיול בקמפוס/בעיר/במחנה, וספרו להם מה אתם עושים במקומות השונים.

לדוגמה: זוהי הקומה שבה אני גר/ה.

ה. צפייה

צפו בסרטון התדמית של העיר אשדוד והוסיפו עוד פרטים על העיר:

אשדוד סרט תדמית Ashdod, 5:48 דקות: http://www.youtube.com/watch?v=qwotIPDDOpY
או באתר של העיר אשדוד (חלום ישראלי): http://www.ashdod.muni.il/About/Pages/default.aspx

לדוגמה: אשדוד נמצאת חצי שעה נסיעה מתל אביב.
באשדוד יש חוף-ים יפהפה, שדרות רחבות.

ו. סַפרו על העיר שלכם?

1. כמה תושבים גרים בעיר?
2. מתי העיר נוסדה*?   *נוסד/ה – was founded
3. איזו עיר גדולה נמצאת על יד העיר הזאת?
4. האם יש נמל בעיר?
5. האם גרים שם אנשים ממדינות שונות?
6. אילו רובעים יש בעיר?
7. האם יש מרכז מסחרי בעיר. מה יש בו?
8. האם יש מרכז תרבות* בעיר?   *מרכז תרבות – cultural center
9. האם יש מוסדות חינוך* בעיר? מהם?   *מוסדות חינוך – educational institutions
10. אילו שירותים* לקהילה נמצאים בעיר?   *שירותים – services
11. איזו תדמית יש לעיר?
12. האם יש בעיר שבילי אופניים?

אחרי, אחרי ש...

הנביא יחזקאל

- **לפני ש**בית המקדש הראשון* חרב*, יחזקאל ניבא נבואות* ליושבי הגולה על חטאיהם*.
- **לפני ה**חורבן הוא דיבר על חזרה בתשובה* של העם בגולה בבבל.
- **אחרי ש**חרב בית המקדש, הנבואות של יחזקאל היו נבואות נחמה*.
- **אחרי** חורבן **ה**בית הוא דיבר על שיבה לארץ, עתיד טוב לעם.

*בֵּית הַמִּקְדָּשׁ הָרִאשׁוֹן – the First Temple
*חָרַב – was destroyed
*נְבוּאָה – prophecy
*חֲטָאִים – sins
*חֲזָרָה בִּתְשׁוּבָה – repentance
*נֶחָמָה – consolation

אחרי / אחרי ש...
לפני / לפני ש...
עד / עד ש...
מאז / מאז ש...
בגלל / מפני ש...
בתקופת ה... / בתקופה ש...

דקדוק ➢

אחרי ה... is followed by a noun:
אחרי **ה**חורבן, אחרי **ה**שיעור, אחרי **ה**לימודים
אחרי ש... is followed by a clause or a sentence:
אחרי שבית המקדש חרב... , **אחרי ש**השיעור נגמר... , **אחרי ש**סיימתי ללמוד...

RUN
רצי השפלה והדרום

הרץ

- אני אוכל **עד ש**אני לא רעב, ולא יותר מזה.
- שעה **לפני ש**אני רץ אני אוכל פחמימות* וחלבונים*.
- **בזמן ש**אני רץ אני שותה משקאות ספורט (עם מינרלים וסוכר).
- מיד **אחרי ש**אני רץ אני שותה מיץ פירות.

*פַּחְמֵימוֹת – carbohydrates
*חֶלְבּוֹנִים – proteins

א. כתבו את המשפטים מחדש עם "ש":

1. **בתקופת ה**לימודים, לא ביקרתי בבית סבי וסבתי.
   בתקופה שלמדתי באוניברסיטה, לא ביקרתי בבית סבי וסבתי.
2. **מאז** סוף **ה**תיכון אני לא גרה בבית. ______________________________
3. **לפני ה**טיול לישראל לא ידעתי עברית. ______________________________
4. **אחרי ה**עבודה אני יוצאת לריצה. ______________________________
5. **בזמן ה**לימוד למבחן אני אוכלת שוקולד. ______________________________

ב. כתבו אחרי / אחרי ש...

גולדה מאיר

גולדה מאיר נולדה ב-1898 בקְיֶיב, רוסיה (היום אוקרַיינה). בשנת 1903,

אחרי ש אביה לא מצא עבודה כנגר*, הוא היגר* לארצות הברית.

__________ שלוש שנים המשפחה הצטרפה לאב, והם גרו בעיר מִילְווֹקִי.

__________ גיל 17 גולדה החלה בפעילות ב"פועלי ציון", ואף אִרגנה הפגנה*

כנגד רדיפת* היהודים באוקראינה.

שלוש שנים __________ היא התחתנה עם מוריס מאירסון, עלתה גולדה

מאיר עם בעלה ואחותה לארץ ישראל. רק __________ שבע שנים בארץ,

התחילה גולדה בפעילות פוליטית.

ב-1948, מיד __________ היא חתמה על הצהרת העצמאות*, נסעה גולדה

לארצות-הברית לאסוף כספים למען ישראל.

גולדה היתה שגרירת* ישראל בברית-המועצות, שׂרת העבודה*, שׂרת החוץ*

וראש הממשלה (1969–1974).

ב-1956 __________ קיבלה את התפקיד של שׂרת החוץ של ישראל, עִבְרְתָה

גולדה את שֵם משפחתה מ"מאירסון" ל"מאיר" בהוראתו* של בן-גוריון.

גולדה התפטרה מראשות הממשלה __________ מלחֶמת יום-הכיפורים.

גולדה מאיר נפטרה ב-1978 __________ מלחָמָה קשה במחלת הסרטן*.

*נַגָּר – carpenter
*לְהַגֵּר ל... – to Immigrate
*הַפְגָּנָה – demonstration
*רְדִיפָה – persecution
*הַצְהָרַת הָעַצְמָאוּת – the Declaration of Independence
*שַׁגְרִיר/ה – ambassador
*שַׂר/ת הָעֲבוֹדָה – Labor Minister
*שַׂר/ת הַחוּץ – Foreign Minister
*בְּהוֹרָאָה – at the command of
*סַרְטָן – cancer

ג. השלימו את המשפטים:

1. **בזמן ש**אני לומד למבחן, __________________________.
2. **לפני ש**אני קונה ספר, __________________________.
3. __________________________, **עד ש**אני מבין הכל.
4. **אחרי ש**אני מקבל מתנה מקרובי משפחה, __________________________.
5. אני הפסקתי לאכול בשׂר **מאז ש**__________________________.
6. אני החלטתי ללמוד גיטרה **אחרי ש**__________________________.
7. אני אשאל את הוריי, **לפני ש**__________________________.
8. הוספתי 2 קילו **בתקופה ש**__________________________.

אף אחד לא

- **אף אחד לא** שמע חדשות. — No one heard the news.
- אני **לא** סיפרתי את החדשות **לאף אחד.** — I have not told anyone the news.

Note that אף אחד (no one, nobody, anyone) requires double negative in Hebrew: ...אף אחד לא

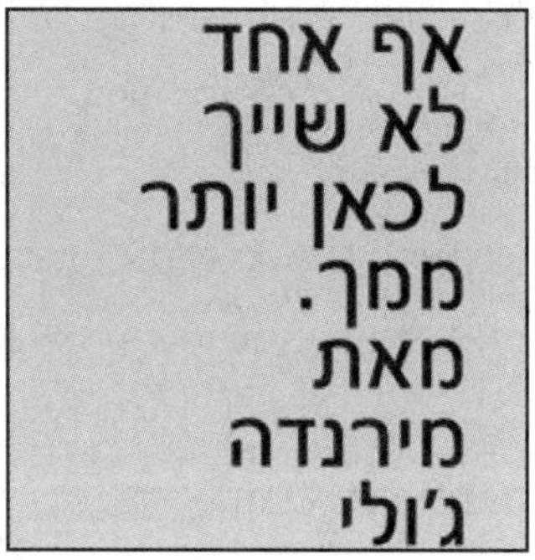

"אף אחד לא שייך לכאן יותר ממך" - כריכת הספר
של מירנדה ג'ולי במהדורה העברית.
תרגום מאנגלית: עידית שורר (2009)

No One Belongs Here More Than You: Stories by Miranda July (2007)

א. חברו למשפטים:

אף אחד **לא** מבין את הספר	כי כולם עושים דיאטה.
אף אחד **לא** אכל את העוגה	כי הוא היה משעמם.
אני **לא** דיברתי עם אף אחד	כי ירד גשם.
אף אחד **לא** אהב את הסרט	כי **לא** היה אף אחד בבית.
אני **לא** מכיר אף אחד	כי הוא לא כתוב טוב.
אף אחד **לא** יָצָא לטיול	כי כולם לובשים תחפושות.

ב. ענו עם אף אחד לא:

1. מי אוהב דגים? **אף אחד לא** אוהב דגים.
2. מי אכל ארוחת בוקר? ______
3. מי שותה סודה? ______
4. מי אַלֶרגי לחלב? ______
5. מי שָׂם עגבניות בַּסלט? ______

ג. ענו עם אף אחד לא:

1. מי הגיע ליום הולדתך מחוץ-לארץ? אף אחד לא הגיע ליום הולדתי מחו"ל.
2. מי יתן לך מכונית במתנה? ______________________
3. מי שכח לתת לך מתנה ליום הולדת? ______________________
4. מי שלח לך פרחים? ______________________
5. מי עשה לך מסיבת הפתעה? ______________________

ד. תרגמו לעברית:

1. I didn't see anyone yesterday.

____

2. Nobody called me yesterday, and I did not call anybody.

____

3. No one came, because no one told them to come.

____

אף אחד לא יגיד לי / אהוד מנור

אַף אֶחָד לֹא יַגִּיד לִי אֵיךְ
לֶאֱהוֹב וְלִשְׂמוֹחַ
אַף אֶחָד לֹא יַגִּיד לִי מַה
יֵשׁ לִזְכּוֹר אוֹ לִשְׁכּוֹחַ
אַף אֶחָד לֹא יַגִּיד לִי אֵיךְ
לַעֲבוֹר אֶת הַלַּיְלָה
אַף אֶחָד לֹא יַגִּיד לִי מַה
מְחַכֶּה לִי שָׁם הָלְאָה

זהו הפזמון* מהשיר "אף אחד לא יגיד לי".
מילים: אהוד מנור, **לחן***: עממי יווני

*פִּזְמוֹן – chorus, refrain
*לַחַן – tune

ה. שאלה

מהי ההרגשה של הדובר בשיר?

להגיד / לומר

➢ **דקדוק**

- The verb **לוֹמַר** (to say, tell) is used in all tenses :

הוא אָמַר
הוא אוֹמֵר
הוא יֹאמַר

- In Modern Hebrew the verb **לְהַגִּיד** (to say, tell) is used only in the future tense (and the infinitive):

הוא יַגִּיד
לְהַגִּיד

- In Rabbinic Hebrew, however, the use of **להגיד** in past and present tenses is common:

הוא הִגִּיד
הוא מַגִּיד

לְהַגִּיד (נ.ג.ד.) בניין הפעיל זמן עתיד
אַגִּיד
תַּגִּיד
תַּגִּידִי
יַגִּיד
תַּגִּיד
נַגִּיד
תַּגִּידוּ
יַגִּידוּ

א. שנו את המשפטים מהווה לעבר ולעתיד:

אף אחד לא יגיד לי **(לפי השיר בעמוד 39)**

1. הוא אומר לי איך לשמוח.

עבר: הוא אמר לי איך לשמוח.

עתיד: הוא יאמַר/יַגיד לי איך לשמוח.

2. הם אומרים לי מה לזכור.

עבר: ____________________

עתיד: ____________________

3. היא אומרת לי איך לעבור את הלילה.

עבר: ____________________

עתיד: ____________________

ב. תרגמו לעברית:

1. Tell me what you did last night. ____________________
2. I told you twice, and I'm not going to tell you one more time. ____________________

____

3. No one will tell me how to love. ____________________

אף פעם לא...

ציטוטים* | *ציטוט – quote

- אני הולך לאט, אבל אני **אף פעם לא** הולך לאחור.
  - אברהם לינקולן
- אל תחכה... הזמן לפעול **אף פעם לא** יהיה מושלם.
  - נפוליאון בונפרטה

א. הוסיפו "לא":

1. מתי את היית בניו יורק? - אני אף פעם ^לא הייתי בניו יורק!
2. אתה היית בהָוָואי? - אני אף פעם הייתי שם.
3. אכלת ארוחת בוקר? - לא, אני אף פעם אוכל בבוקר.
4. את קוראת עיתון בבוקר? - אני חושבת שאף פעם קראתי עיתון בבוקר.
5. אתם עושים סְקִי? - לא. אף פעם ניסינו.

Another way to say "never" in Hebrew is **מעולם לא** (past) or **לעולם לא** (for future):

- **מעולם לא** (אף פעם לא) שכחתי את יום הולדתך.
- **לעולם לא** (אף פעם לא) אשכח את יום הולדתך.

ב. ענו על השאלות עם אף פעם לא / מעולם לא.

1. מה אף פעם לא עשית?
2. מה אף פעם לא אכלת?
3. איפה אף פעם לא ביקרת?
4. עם מי אף פעם לא דיברת בבית הספר?
5. איזה נושֵׂא מעולם לא למדת?
6. איזה קרוב משפחה מעולם לא ראית?

> Note that the word פעם is feminine. In the phrase אף פעם לא there is no agreement to consider with פעם.
>
> However, in the following time expressions using פעם, agreement is important:
>
> once – **פעם אחת**
> two times, twice – **שתי פעמים (פעמיים)**
> the first time – **הפעם הראשונה**
> the second time – **הפעם השנייה**
> the last time – **הפעם האחרונה**
> next time – **בַּפעם הבאה**

ג. תרגמו לעברית

אישה עם פרינציפים

1. She has never been to [in] Europe.

____

2. She never bought a German car.

____

3. She will never live on [in] a kibbutz.

____

4. The [in the] first time she saw her neighbors, she did not like them.

____

5. The last time she went to the movies was ten years ago.

____

ד. בחרו 3 ציטוטים שאתם מסכימים איתם. הסבירו.

ציטוטים

1. נקודה למחשבה: למה **אף פעם לא** רואים כותרת בעיתון "מַגֶּדֶת עתידות* זכתה בלוטו"?
– **ג׳יי לנו**

*מַגֶּדֶת עֲתִידוֹת – fortune teller

2. אני חייב את ההצלחה שלי לעובדה ש**אף פעם לא** היה לי שעון בחדר העבודה שלי.
– **תומאס אדיסון**

3. מדרגות נעות* **אף פעם לא** מתקלקלות. הן פשוט הופכות למדרגות.
– **מיטץ׳ הדברג**

* מַדְרֵגוֹת נָעוֹת – escalator

4. האמת הטהורה והפשוטה היא לעִתים נדירות* טהורה **ואף פעם לא** פשוטה.
– **אוסקר ווילד**

*לְעִתִּים נְדִירוֹת – in rare occasions

5. אהבה היא כמו שלג. אתה **אף פעם לא** יודע כמה תקבל או כמה זמן זה יִימָשֵׁךְ.
– **בלייק מוייר**

6. אדם יכול לשכנע* את כולם שהוא מישהו אחר - אבל **אף פעם לא** את עצמו.
– **כריסטופר מק׳קוורי**
{ מתוך הסרט "החשוד המיידי" , מפי הדמות "ורבל קינט" }

* לְשַׁכְנֵעַ – to convince

מתוך אתר הציטוטים והפתגמים "בין המרכאות":
http://www.pitgam.net/data/%25D7%2590%25D7%25A3%2520%25D7%25A4%25D7%25A2%25D7%259D%2520%25D7%259C%25D7%2590/1/1/4

בניין נפעל – פעיל (אקטיבי)

נִכְנַס (לְהִיכָּנֵס) לְ... – to enter
נִשְׁאַר (לְהִישָּׁאֵר) – to stay, remain
נִפְגַּשׁ (לְהִיפָּגֵשׁ) עִם... – to meet
נִלְחַם (לְהִילָּחֵם) בְּ... – to fight
נִמְשַׁךְ (לְהִימָּשֵׁךְ) – to last, continue
נִרְדַּם (לְהֵירָדֵם) – to fall asleep

כ.נ.ס. – לְהִיכָּנֵס
בניין נפעל

	עבר	הווה	עתיד
אני	נִכְנַסְתִּי	נִכְנָס	אֶכָּנֵס
אתה	נִכְנַסְתָּ	נִכְנֶסֶת	תִּיכָּנֵס
את	נִכְנַסְתְּ	נִכְנָסִים	תִּיכָּנְסִי
הוא	נִכְנַס	נִכְנָסוֹת	יִיכָּנֵס
היא	נִכְנְסָה		תִּיכָּנֵס
אנחנו	נִכְנַסְנוּ		נִיכָּנֵס
אתם	נִכְנַסְתֶּם		תִּיכָּנְסוּ
אתן	נִכְנַסְתֶּן		תִּיכָּנְסוּ
הם/הן	נִכְנְסוּ		יִיכָּנְסוּ

"הכל נשאר במשפחה" (*All in the Family*)
סדרה משנות ה-70

➢ דקדוק

★ *Nifal* is characterized by the prefix *Nun*: **נ**כנס.

★ The prefix *Nun* is found in present and past tense only.

★ In the future tense and in the infinitive, the *Nun* is assimilated in the first letter of the root, and is therefore compensated by a *Dagesh* (תשלום דגש): יי**כָּ**נס, להי**כָּ**נס.

★ *Binyan Nifal* is unique in that it has either an active or passive function (it serves as the passive form of Pa'al; see page 47) .

★ Some examples for active verbs in *Nifal*:

נִכְנַס (לְהִיכָּנֵס) to enter, נִשְׁאַר (לְהִישָּׁאֵר) to stay, נִלְחַם (לְהִילָּחֵם) to fight,
נִפְגַּשׁ (לְהִיפָּגֵשׁ) to meet, נִמְשַׁךְ (לְהִימָּשֵׁךְ) to last, נִפְרַד (לְהִיפָּרֵד) to separate,
נִכְשַׁל (לְהִיכָּשֵׁל) to fail.

★ Some examples for passive verbs in *Nifal*:

נִכְתַּב (לְהִיכָּתֵב) to be written, נֶאֱכַל (לְהֵיאָכֵל) to be eaten, נִגְנַב (לְהִיגָּנֵב) to be stolen
נוֹלַד (לְהִיוָּולֵד) to be born, נֶהֱרַג (לְהֵיהָרֵג) to be killed, נִמְצָא (לְהִימָּצֵא) to be found.

★ Certain Nifal verbs carry a reciprocal meaning:
נִפְגַּשׁ עִם..., נִדְבַּר עִם..., נִלְחַם עִם...

שביתת המורים **נכנסת** ליומה השלושים

השביתה בבתי הספר התיכוניים **נמשכת** כבר חודש. המורים ממשיכים **להילחם** על שיפור בשכרם והורדת מספר התלמידים בכיתה. ארגון המורים **נפגש** עם שר החינוך ושר האוצר, אך לא **נמצא** פתרון למשבר. מורים, הורים ותלמידים מארגנים עצרת גדולה למען החינוך בארץ. ההורים מודאגים עד מתי **יישארו** הילדים בבית.

כרזה לקראת העצרת: "נלחמים על החינוך". צילום: בונית פורת

*שְׁבִיתָה – strike
*שִׁיפּוּר – improvement
*שָׂכָר – pay, salary
*הוֹרָדָה – decrease
*שַׂר הַחִינּוּךְ – Minister of Education
*שַׂר הָאוֹצָר – Finance Minister
*מַשְׁבֵּר – crisis
*עֲצֶרֶת – rally

א. שאלות על "שביתת המורים נכנסת ליומה השלושים"

1. מי עושה את השביתה?
2. כמה זמן נמשכת השביתה?
3. על מה נלחמים המורים?
4. עם מי נפגש אִרגון המורים?
5. האם הם מצאו פתרון?
6. מי משתתף בעצרת?
7. מתי העצרת (ראו כרזה)?
8. מה השם של העצרת (ראו כרזה)?

ב. נסו להסביר את הניבים הבאים. Try to guess the meaning of the following idioms

מה נכנס לך בראש?

1. **נכנס** יין – יצא סוד.
2. משנ**כנס** אדר מרבים בשמחה.
3. **נכנס** לו ג'וק* בראש.
4. הם **נכנסו** לבוץ* שיהיה קשה להם לצאת ממנו.
5. **אין כניסה.**

*ג'וק – cockroach
*בוץ – mud

ג. השלימו עם הפעלים בסוגריים בבניין נפעל:

סְפָּא בים-המלח

בבוקר אני **(כ.נ.ס.)** נִכְנָס _____ לחדר האוכל לארוחת-בוקר בריאות.

משם אני עובר לחוף הים, ו**(ש.א.ר.)** _____ שם שעתיים.

זה הזמן לפגוש את המַסַגִ׳יסְט שלי. העיסוי (מַסַגִ׳) **(מ.ש.ך.)** _____ 60 דקות של כֵּיף.

אחרי הצהריים הטיפולים **(מ.ש.ך.)** _____. אני עושה טיפולי בוץ.

לפני ארוחת הערב אני **(כ.נ.ס.)** _____ לחדר לנוח.

ומה עוד **(ש.א.ר.)** _____ לי לעשות במקום המיוחד הזה? סאונה, בריכת גופרית, אמבטיות שמנים ארומטיות, פילינג גוף, רֶפלקסולוגיה, ועוד ועוד ים.

מלון בים המלח. תצלום: אילנה שקולניק Ilana Shkolnik
מתוך אתר פיקיוויקי

ד. השלימו את הפעלים:

הכל נשאר במשפחה

1. *רותי*: אמא, איפה **נִפְגַשְׁתְּ** עם אבא?

   אמא: אנחנו נִפְגַּשְׁנוּ _____ בצבא, ומאז אנחנו ביחד.

2. *רותי*: מי **יִישָׁאֵר** איתי, כאשר אתם הולכים לקונצרט?

   אבא: אַת _____ עם בֵּייביסיטר.

3. *אמא*: מתי אתם _____ הביתה היום?

   ילדים: **נִכְנַסְנוּ** הביתה ב-00:1, ואכלנו את האוכל שהיה במקרר.

4. *אבא*: ילדים, למה אתם **נִלְחָמִים** על השַׁלָט* של הטלוויזיה? | *שַׁלָט – remote control

   אודי: אני לא _____, אבל רותי לא נותנת לי לראות את התוכניות שלי.

5. *אמא*: אני רוצה _____ עם המורות שלכם.

   רותי: המורות **נִפְגָּשׁוֹת** עם ההורים ביום שני אחרי הלימודים.

ה. כתבו בעתיד:

בסוף שבוע

בסוף שבוע אני מבקרת בבית ההורים. הביקור נמשך שלושה ימים. ביום שישי אני נשארת בבית, וביום שבת אני נפגשת עם בני הדודים שלי לארוחת ערב. אני נרדמת באוטובוס חזרה הביתה. ביום ראשון אני נכנסת לחדר שלי ונשארת שם עד שאני גומרת את הספר שאני צריכה לקרוא.

בסוף שבוע אני אבקר בבית ההורים. ______________

____

____

____

____

ו. כתבו בעבר, הווה ועתיד:

בקמפוס

1. התלמידים	נִכְנְסוּ	נִכְנָסִים	יִיכָּנְסוּ	למעונות.	**(לְהִיכָּנֵס)**
2. המעונות	______	______	______	מחוץ לקמפוס.	**(לְהִימָּצֵא)**
3. הסטודנטים	______	______	______	מאוחר מאוד.	**(לְהֵירָדֵם)**
4. הסרטים	______	______	______	בַּספרייה.	**(לְהִישָּׁאֵר)**
5. הסמסטר	______	______	______	4 חודשים.	**(לְהִימָּשֵׁךְ)**
6. המוֹרָה במשרד.	______	______	______	עם התלמידים	**(לְהִיפָּגֵשׁ)**

הספרייה המרכזית ע"ש ארן, אוניברסיטת בן-גוריון בנגב. צילום: גל כותני להמן

בניין נפעל – סביל (פסיבי)

כותרות עיתונים

- בקיץ 2008 **נמכרו** פחות דירות חדשות. **נרשמה** ירידה* של 27% במכירת דירות חדשות בהשוואה* ליוני 2007
- גבר **נהרג** ואישה **נפצעה** קשה בתאונת צניחה* בחוף געש
- צעיר בן 29 **נחטף***, **נדקר*** **ונשדד*** על ידי חברו

*ירידה – decrease
*בהשוואה ל... – compared to

*תאונת צניחה – skydiving accident
*נחטף – was kidnapped
*נדקר – was stabbed
*נשדד – was robbed

עַל יְדֵי – by

עַל יָדַיי
עַל יָדֶיךָ
עַל יָדַיִךְ
עַל יָדָיו
עַל יָדֶיהָ
עַל יָדֵינוּ
עַל יְדֵיכֶם
עַל יְדֵיכֶן
עַל יְדֵיהֶם
עַל יְדֵיהֶן

➢ **דקדוק**

Verbs in **בניין נפעל** can be active or passive (see page 43).
Verbs like נִפְגַּש, נִשְאַר, נִלְחַם, נִכְנַס are active.
Verbs like נֶהֱרַג, נִמְכַּר, נִמְצָא, נִפְתַּח, נִגְנַב are passive.

Nifal is the passive form of *Pa'al*:

הָרַג – נֶהֱרַג
שָמַר – נִשְמַר
לָקַח – נִלְקַח

Note that when a sentence is changed from active to passive, there is no need to use the verb **היה**:

- הגנב **גָנַב את** המכונית של השכן. The thief stole the neighbor's car.
- המכונית של השכן **נִגְנְבָה על ידי** הגנב. The neighbor's car was stolen by the thief.

- המשטרה **תָפְסָה את** הגנב.
- הגנב **נִתְפַּס על ידי** המשטרה.

נפעל – פ.צ.ע.

to be injured, to be wounded – לְהִיפָּצע

עתיד	הווה	עבר	
אֶפָּצַע	נִפְצָע	נִפְצַעְתִּי	אני
תִּיפָּצַע	נִפְצַעַת	נִפְצַעְתָּ	אתה
תִּיפָּצְעִי	נִפְצָעִים	נִפְצַעְתְּ	את
יִיפָּצַע	נִפְצָעוֹת	נִפְצַע	הוא
תִּיפָּצַע		נִפְצְעָה	היא
נִיפָּצַע		נִפְצַעְנוּ	אנחנו
תִּיפָּצְעוּ		נִפְצַעְתֶּם	אתם
תִּיפָּצְעוּ		נִפְצַעְתֶּן	אתן
יִיפָּצְעוּ		נִפְצְעוּ	הם/הן

א. השלימו בבניין נפעל:

תאונה

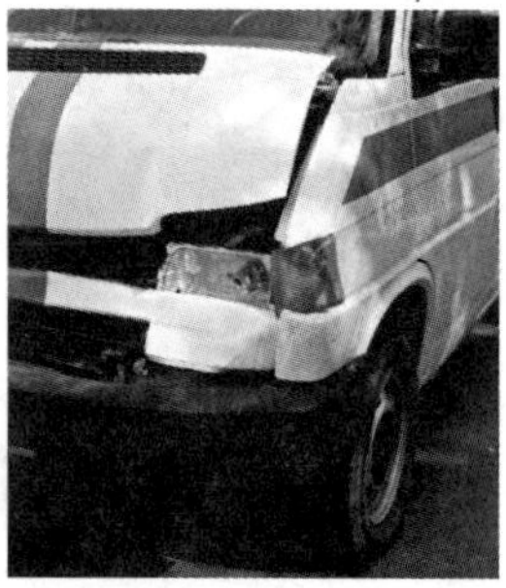

גבר ואישה ________ **(פ.ג.ע.)*** בתאונה*. הגבר ________ **(פ.צ.ע.)** קשה, והאישה ________ **(פ.צ.ע.)** קל. הפצועים* ________ **(ל.ק.ח.)** לבית החולים. מקום התאונה________ **(ב.ד.ק.)** על ידי המשטרה.

*להיפָּגע – to get hurt
*תאונה – accident
*הפצוע/ים – the wounded

מכונית שנפגעה בתאונה

רעידת אדמה

30 יולי 2008

רעידת אדמה* ________ **(ר.ש.מ.)*** אתמול בקליפורניה. רעידת האדמה היתה בעוצמה של 5.4 דרגות בסולם ריכְטֶר. תושבי לוס אנג'לס סיפרו כי גורְדֵי השְׁחָקים* בעיר ________ **(ר.א.ה.)** מתנדנדים* במשך מספר שניות. איש לא ________ **(פ.ג.ע.)** ובתים לא ________ **(ה.ר.ס.)***.

*רעידת אדמה – earthquake
*להֵירָשם – to be recorded
*גורדי שְׁחקים – skyscrapers
*להתנדנד – to sway, swing
*להֵיהָרס – to be destroyed

ב. שנו את הפועל:

בעבר:

1. המכתב נִשְׁלַח. גם החבילה נשלחה ________.
2. התפוח נֶאֱכַל. גם העוגה ________.
3. הקַניון נִסְגַר, גם החנויות ________.
4. המכתב נִשְׁמַר. גם המתנות ________.
5. החיבור נִכְתַב. גם עבודת הבית ________.

בעתיד:

6. המפתח יִימָּצֵא. גם הכרטיסים ________.
7. האִימֵייל יִישָּׁלַח. גם החשבונות ________.
8. הספר יִיקָּרֵא. גם העיתונים ________.
9. המחשב יִיקָּנֶה. גם הספרים ________.
10. הזמן יִיגָּמֵר. גם הכסף ________.

ג. כתבו את המשפטים בסביל (פסיבי):

שיפוצים* בבית ספר

*שִׁיפּוּצִים – renovation

6. עיריית באר-שבע **סָגְרָה** את בית הספר לשיפוצים.

בית הספר **נסגר** לשיפוצים על ידי עיריית באר-שבע.

7. העובדים **גָּמְרוּ** אתמול את העבודה בבית הספר.

8. עיריית באר שבע **פּוֹתַחַת** את בית הספר בספטמבר.

9. העירייה **בָּנְתָה** כיתות ומעבדות חדשות.

10. העובדים **שָׁמְרוּ** את גן המשחקים בחצר.

11. העובדים **צָבְעוּ** את הנדנדות, המגלשות והספסלים בגן המשחקים.

ד. כתבו את המשפטים בסביל (פסיבי):

הדוקטורַנט

1. הדוקטורַנט **קָרָא** את כל הספרים ברשימה.

2. הפרופסורים שלו **בָּחֲנוּ** אותו על החומר.

3. הוא **כָּתַב** את הצעת המחקר* שלו.

*הצעת מחקר – research proposal

4. הפרופסורים **בָּדְקוּ** את ההצעה שלו.

5. הפרופסורים **שָׁאֲלוּ** אותו שאלות רבות על ההצעה.

6. הדוקטורנט **חָקַר** את הנושא שלו במשך שלוש שנים.

ה. בחרו את הצורה הנכונה:

כינים בקַיטנה*

*כִּינִים – lice
*קַיְטָנָה – summer camp

כינים? פה, בקיטנה? האחות **בדקה/נבדקה** את כל הילדים. היא **מצאה/נמצאה** כמה מִקרים של כינים. הילדים שבראשיהם **מצאו/נמצאו** כינים היו צריכים לטפל בשערות שלהם. הם **שלחו/נשלחו** הביתה.

מסיבה פרועה*

*פָּרוּעַ – wild

זאת היתה מסיבה או מלחמה? הילדים עשו מסיבה **והרסו/נהרסו** את הבית. כל הארונות במטבח **פתחו/נפתחו**. הילדים **גמרו/נגמרו** את כל האוכל והשתייה בבית. כמה כיסאות **שברו/נשברו**, הספה **שברה/נשברה**. אפילו קיר אחד **פגע/נפגע**. מזל שאף ילד לא **פצע/נפצע**.

ו. כתבו משפטים עם הפעלים הבאים:

לְהִיבָּדֵק – התינוק נבדק על ידי רופא ילדים.
לְהִיגָּמֵר – ______
לְהִישָּׁבֵר – ______
לְהִיסָּגֵר – ______
לְהִיפָּצַע – ______
לְהֵיהָרֵס – ______
לְהִיקָּרֵא – ______

ז. כתבו בעבר, הווה ועתיד:

1. בית הספר נִסְגַר נִסְגָר יִיסָּגֵר בחופש. **(לְהִיסָּגֵר)**
2. החנויות ______ ______ ______ בצהריים. **(לְהִיפָּתַח)**
3. אתם ______ ______ ______ אצל הרופא. **(לְהִיבָּדֵק)**
4. הספרים ______ ______ ______ לתלמידים. **(לְהִימָּכֵר)**
5. הכּוֹס ______ ______ ______ בקַלות. **(לְהִישָּׁבֵר)**
6. אני ______ ______ ______ עם רותי. **(לְהִיפָּגֵשׁ)**
7. החיילים ______ ______ ______ בכל המלחמות. **(לְהִילָּחֵם)**
8. המכתבים ______ ______ ______ בדואר. **(לְהִישָּׁלַח)**
9. התלמידה ______ ______ ______ לכיתה. **(לְהִיכָּנֵס)**

דירות שנמכרו השבוע – יד שנייה

ירושלים

* דירת 4 חדרים ברחוב שמעוני (שכונת רסקו), 120 מ"ר, נמכרה ב-1.23 מיליון שקל (כ-300 אלף דולר)
* דירת 5 חדרים ברחוב הפסגה (שכונת בית וגן), 115 מ"ר, נמכרה ב-2.15 מיליון שקל (כ-525 אלף דולר)

תל אביב

* דירת 2 חדרים ברחוב מגידו (מרכז העיר), בקומה שנייה, נמכרה ב-1.02 מיליון שקל (כ-250 אלף דולר)
* דירת גג ברחוב יהואש, 140 מ"ר, עם גג בשטח של 50 מ"ר, עם מעלית וחניה, נמכרה ב-4.71 מיליון שקל (כ-1.15 מיליון דולר)

חיפה

* פנטהאוז דו מפלסי בן 4 חדרים ברחוב שושנת הכרמל, בקומה שלישית עם מעלית וחניה, נמכר ב-820 אלף שקל (כ-200 אלף דולר)
* דירת 4 חדרים ברחוב בית אל, 110 מ"ר, בקומה ראשונה, נמכרה ב-828 אלף שקל (כ-202 אלף דולר)

רחובות

* בית בן 5 חדרים ברחוב בוסל, 175 מ"ר בנוי על מגרש של 500 מ"ר, נמכר ב-1.35 מיליון שקל (כ-322 אלף דולר)

בית שמש

* דירת גן בת 3.5 חדרים ברחוב דולב, 115 מ"ר, בקומה ראשונה עם חניה ומעלית, נמכרה ב-655 אלף שקל (כ-156 אלף דולר)

מתוך : The Marker, 19 באוקטובר 2007

✳ א. ענו על השאלות:

1. מה משמעות הכותרת "יד שנייה"?
2. באיזו עיר נמכרה הדירה הכי יקרה?
3. לכמה מהדירות שנמכרו יש חניה ומעלית?
4. איזו עיר יותר יקרה – תל אביב או חיפה?
5. מה דומה ומה שונה בין הבית שנמכר ברחובות והדירה בבית שמש?
6. מהם סוגי הדירות המוזכרים במודעות (דירה, דירת גג...)?

✳ ב. מצב/פעילות

אתם מתקשרים למתווך דירות ומדברים על דירות יד שנייה. שאלו פרטים על :

- סוג הדירה   - המיקום (השכונה, הרחוב)
- מספר החדרים   - הקומה
- שטח הדירה (כמה מטר מרובע)   - מעלית
- מחיר הדירה   - חניה

בניין נפעל – גזרת ל״ה/ל״י

מן המשנה

האישה **נקנית** בשלוש דרכים, וקונה את עצמה בשתי דרכים: **נקנית** בכסף, ובשטר, ובביאה [...] וקונה את עצמה בגט, ובמיתת הבעל.

סדר נשים, מסכת קידושין פרק א, א,א

מן התלמוד הירושלמי

כל דור שאינו **נבנה** המקדש בימיו - מעלין עליו כאילו הוא החריבו.

יומא א, א

ב.נ.ה. – לְהִיבָּנוֹת
בניין נפעל

	עבר	**הווה**	**עתיד**
אני	נִבְנֵי**תִי**	נִבְנֶה	**אֶ**בָּנֶה
אתה	נִבְנֵי**תָ**	נִבְנֵי**ת**	**תִ**יבָּנֶה
את	נִבְנֵי**ת**	נִבְנִ**ים**	**תִ**יבָּנִ**י**
הוא	נִבְנָה	נִבְנ**וֹת**	**יִ**יבָּנֶה
היא	נִבְנְ**תָה**		**תִ**יבָּנֶה
אנחנו	נִבְנֵי**נוּ**		**נִ**יבָּנֶה
אתם	נִבְנֵי**תֶם**		**תִ**יבָּנ**וּ**
אתן	נִבְנֵי**תֶן**		**תִ**יבָּנ**וּ**
הם/הן	נִבְנ**וּ**		**יִ**יבָּנ**וּ**

לְהִיבָּנוֹת – to be built
נִרְאָה (לְהֵירָאוֹת) – to be seen, to look, seem
נִקְנָה (לְהִיקָּנוֹת) – to be bought
נִבְנָה (לְהִיבָּנוֹת) – to be built
נַעֲשָׂה (לְהֵיעָשׂוֹת) – to be made, to become
נִדְמָה (לְהִידָּמוֹת) ב... – to seem
נִהְיָה – to become
נֶהֱנָה (לֵיהָנוֹת) – to enjoy

➢ דקדוק

Note the different meanings of נראה:

- אתה **נִרְאֶה** טוב ! You look good!
- לא **נִרְאוּ** מפגינים בכיכר. No protesters were seen in the square.
- **נִרְאֶה** לי שלא תהיה בעיה. It seems to me that there will not be any problem.

The phrases נראה לי, נדמה לי may often be interchangeable:

- **נִדְמֶה לי (נִרְאֶה לי)** שדן לא אוכל בשר. It seems to me that Dan doesn't eat meat.

The verbs נעשה/נהיה may be interchangeable in some cases:

- הנקניקייה הזאת **נֶעֶשְׂתָה** מבשר כשר. This hot dog is made of kosher meat.
- הוא **נַעֲשָׂה (נִהְיָה)** מנהל פרוייקט. He became a project manager.
- הם **נִהְיוּ (נַעֲשׂוּ)** הורים בגיל צעיר. They became parents at a young age.

חברות הכי טובות

תִּרְצָה וסוֹפִי (וֹלָלִי), החברות הכי טובות, נפגשות אחרי שנתיים שלא ראו זו את זו.

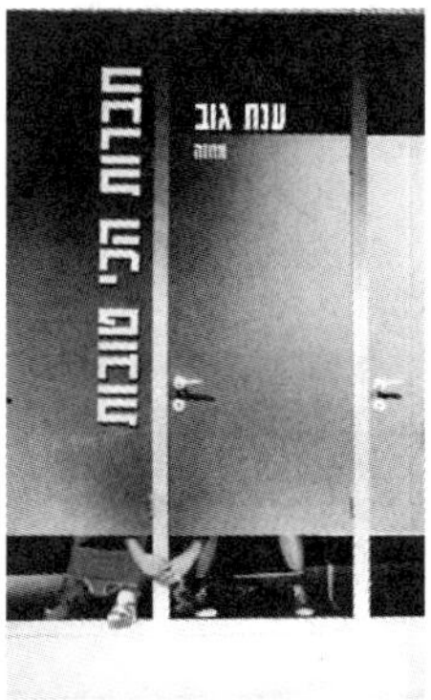

תרצה את **נראֵית** מדהים !

סופי חמשת אלפים דולר.

תרצה מה חמשת אלפים דולר?

סופי עשיתי פֵייס ליפְט. מיני פֵייס ליפְט.

תרצה למה?

סופי בא לי.

תרצה אבל את רק בת ארבעים !

סופי זה הגיל הכי טוב להתחיל. רגע לפני שמתחילים לאסוף את העור מהרצפה.

תרצה עשו לך עבודה נהדרת כי ממש לא מרגישים... זאת אומרת לא שלא מרגישים, מרגישים, רק שלא מרגישים את העבודה... לא שלא מרגישים את העבודה, לא רואים את העבודה... זה מה שיפֶה, שזה **נראֶה** טבעי. חושבים שאת פשוט **נראֵית** נורא טוב... לא שקודם לא **נראֵית** טוב, גם קודם **נראֵית** נורא טוב...

לפי המחזה: חברות הכי טובות, מאת ענת גוב.2001. עמודים 25-26. המחזה הוצג לראשונה בתיאטרון "הקאמרי" של תל-אביב – בינואר 1999. ההצגה זכתה בפרס התיאטרון הישראלי, הקומדיה של השנה – 2000. בשנת 2006 המחזה עוּבַּד לסדרת דרמה בת 3 חלקים. ענת גוב נפטרה ב-2012 בגיל 59.

נפעל – ר.א.ה.

לְהֵירָאוֹת – to seem, to be visible, to look

	עבר	**הווה**	**עתיד**
אני	נִרְאֵיתִי	נִרְאֶה	אֵרָאֶה
אתה	נִרְאֵיתָ	נִרְאֵית	תֵּרָאֶה
את	נִרְאֵית	נִרְאִים	תֵּרָאִי
הוא	נִרְאָה	נִרְאוֹת	יֵרָאֶה
היא	נִרְאֲתָה		תֵּרָאֶה
אנחנו	נִרְאֵינוּ		נֵרָאֶה
אתם	נִרְאֵיתֶם		תֵּרָאוּ
אתן	נִרְאֵיתֶן		תֵּרָאוּ
הם/הן	נִרְאוּ		יֵרָאוּ

א. המשך השיחה

נסו להמשיך את השיחה בין תרצה וסופי.

ב. השלימו עם הפועל לְהִיבָּנוֹת:

ירושלים הבנויה

1. גשר המיתרים ______________ בירושלים בשנת 2008.
2. שכונת "מאה שערים" ______________ ב-1874.
3. מוזיאון ישראל והיכל הספר ______________ בשנות ה-60.
4. חומות ירושלים ______________ במאה ה-16.
5. מגדל דוד לא ______________ ע"י דוד המלך.
6. מלון המלך דוד (קינג דיויד) ______________ ב-1931.

גשר המיתרים בירושלים, נבנה מ-2005 עד 2008. צילום: בונית פורת

ג. הפכו לפסיבי:

1. הנשים בכפר עָשׂוּ את המפה הזאת בעבודת יד.

המפה הזאת נעשתה בעבודת יד על ידי הנשים בכפר.

2. ירושלים תִּבְנֶה רַכֶּבֶת קלה.

3. הם עָשׂוּ את השולחנות מפלסטיק.

4. אנחנו רָאִינוּ ציפורים אדומות על העץ.

5. הם יַעֲשׂוּ את הסֶנדויצ׳ים בבית ואת הפיקניק בַּפָּארק.

6. המשפחה בּוֹנָה חדר נוסף על הגג.

7. המכונאי עָשָׂה עבודה מצוינת על המכונית שלי.

נהנה מ...

נפעל – ה.נ.ה.
to enjoy – לֵיהָנוֹת

	עבר	הווה	עתיד
אני	**נֶ**הֱנֵי**תִי**	**נֶ**הֱנֶה	**אֵ**הָנֶה
אתה	**נֶ**הֱנֵי**תָ**	**נֶ**הֱנֵי**ת**	**תֵּ**הָנֶה
את	**נֶ**הֱנֵי**ת**	**נֶ**הֱנִ**ים**	**תֵּ**הָנִי
הוא	**נֶ**הֱנָה	**נֶ**הֱנ**וֹת**	**יֵ**הָנֶה
היא	**נֶ**הֶנְ**תָה**		**תֵּ**הָנֶה
אנחנו	**נֶ**הֱנֵי**נוּ**		**נֵ**הָנֶה
אתם	**נֶ**הֱנֵי**תֶם**		**תֵּ**הָנוּ
אתן	**נֶ**הֱנֵי**תֶן**		**תֵּ**הָנוּ
הם/הן	**נֶ**הֱנוּ		**יֵ**הָנוּ

א. השלימו עם הפועל ליהנות:

1. כדאי לָך לקרוא את זה. אני בטוחה ש תֵהָנֶה________.
2. הם ראו את הגָלריה החדשה ו__________ מאוד.
3. בדרך כלל אנחנו __________ מאוכל סיני.
4. אני רוצה __________ מהחופשה שלי.
5. אם הם יֵלכו במוזיאון עם מדריך, הם __________ יותר.
6. סבתא שלי __________ להאכיל את הנכדים שלה.
7. איך היה לכם בסוף שבוע בניו-יורק, __________?
8. המורה רצה שהתלמידים __________ בשיעור שלו.

ב. שיחה

נהנים מהחיים

מה אתם נהנים לעשות? (נהנה ל...)

אני נהנה/נהנית -

[ ] ללמוד עם אנשים בקבוצה
[ ] לנגן
[ ] לשחק עם ילדים קטנים
[ ] להכיר אנשים חדשים
[ ] לעשות ספורט
[ ] ל__________

ממה אתם נהנים? (נהנה מ...)

אני נהנה/נהנית -

[ ] מעֶרב שקט בבית
[ ] מרכיבה על אופניים
[ ] מקניות
[ ] משוקולד/גלידה/עוגות
[ ] מ__________
[ ] מ__________

ג. ספרו על דברים שנהניתם מהם -

- סרט טוב
- מסעדה טובה
- טיול מעניין
- מסיבה נחמדה
- הרצאה מעניינת
- ____________________

ד. ממה הם נהנים?

כתבו/אמרו כמה משפטים על כל תמונה:

(1)

(2)

(3)

צילומים: בונית פורת

קטעי העשרה והכנה לקריאת עיתון

נתפסו סמים במיליוני שקלים

המשטרה תפסה לפני כמה ימים כמות גדולה של סמים*, ליד ים המלח בגבול ישראל–ירדן.
נתפס גם אחד מסוחרי הסמים הגדולים ביותר בירדן, שניסה להבריח* לארץ 13 ק"ג הֶרואין ו-41 אלף כדורי אֶקסטָזי, בשוֹוי מיליוני שקלים.

*סַמִּים – drugs

*לְהַבְרִיחַ – to smuggle

לפי: שער למתחיל, 8 ביולי 2008

א. בחרו את התשובה הנכונה:

לפי הידיעה בעיתון –

[ ] ליד ים-המלח יש אנשים שמגדלים סמים.

[ ] המשטרה תפסה שוטרים שעזרו להבריח סמים.

[ ] סמים שעברו מירדן לתוך ישראל נתפסו.

[ ] יש בירדן הרבה משתמשים בהֶרואין ואֶקסטָזי.

ב. בחרו את התשובה הנכונה:

1. הסמים היו בדרך מישראל לירדן / מירדן לישראל.
2. המשטרה תפסה סמים / סוחר סמים / סמים וסוחר סמים.

ילדים שיש להם כלבים בריאים יותר

מאת שירה לוי

במחקר שנעשה לפני שנים רבות, גילו שזקנים שיש להם כלבים בריאים יותר. הסיבה לכך היא שהזקנים לא מרגישים בודדים. הם יוצאים עם הכלב לטייל, מטפלים בו ונהנים אתו.

לאחרונה בדקו רופאים אם יש לכלבים השפעה דומה על ילדים. ואכן הם גילו שגם ילדים שיש להם כלבים בריאים יותר. "לא ברור לנו עדיין למה זה כך", אומרים הרופאים. "אולי מפני שהילדים משחקים ורצים עם הכלבים שלהם ובעצם עושים פעילות גופנית בריאה".

מתוך: ינשוף

צילום: עומרי פורת

א. הסבירו בעברית את המילים:

1. מחקר
2. בודד
3. לטפל ב...
4. לאחרונה
5. השפעה
6. פעילות גופנית

ב. שאלה

מה דומה ומה שונה בין המחקר שנעשה לפני שנים רבות לבין המחקר שנעשה לאחרונה?

ג. דעה

האם אתם מאמינים בהשפעה של כלבים על הבריאות של האדם?

מי יגור בבית הצר בעולם?

בתמונה שלפניכם רואים את הבית הצר* ביותר בעולם.
הרוחב* של הבית הוא 152 סנטימטר בלבד!
כפי שאתם רואים, הוא נכנס בדיוק בין שני הבניינים הגדולים. אף-על-פי שהוא צר, יש בבית הזה ארבע קומות ובהן מטבח, חדר שינה, סלון ומקלחת.
תִכנן אותו האדריכל* הפולָני יקוב שצ'ני.
הבית מיועד להיות מקום העבודה של הסופר הישראלי אתגר קרת, שכותב סיפורים קצרים. "הבית הזה מסמל את הסיפורים הקצרים שלי", אומר קרת. "הוא קטן ומשקיף* על הסביבה".
כדי להשתמש בבית הצר הזה, יצטרך קרת לנסוע לפולין. "ההורים שלי מפולין ואני מרגיש שם בנוח", אומר קרת. "כמו-כן, הספרים שלי מתוּרגמים גם לפולָנית ואני רוצה להיות קרוב לקוראים שלי".

מתוך: ינשוף

*צר ≠ רחב

*רוחַב – width

*אַדריכל – ארכיטֶקט

*משקיף על – overlooking

א. שאלות

1. מה מיוחד בבית הזה?
2. מה הגודל של הבית הזה?

ב. שיחה

1. האם הייתם יכולים לחיות בבית כזה?
2. אילו שאלות הייתם רוצים לשאול את אתגר קרת אחרי שהוא גר בבית הצר ביותר בעולם?

מדרגות נעות* בשכונת עוני*

בעיר מדלין שבקולומביה יש שכונות עוני רבות. השכונות האלה נמצאות בדרך כלל בהרים הגבוהים שמסביב לעיר. לאנשים שם אין כלי רכב* והם צריכים לעלות דרך קשה וארוכה.

לאחרונה, המצב בחלק מהשכונות האלה השתנה מאוד. העירייה בנתה מדרגות נעות שמחַברות* בין השכונות השונות. מדובר במערכת ענקית* של מדרגות נעות שעוברות מרחקים ארוכים.

"זה משנה את החיים שלנו לגמרי", אומרים התושבים. "זה הכי חשוב לקשישים* ולנכים* שחיים כאן. עד היום, הם לא יצאו מהבית בגלל הקושי לעלות חזרה הביתה. עכשיו, הם יכולים לעשות את זה בלי בעיה".

*מדרגות נָעוֹת – escalators
*שכונת עוני – shantytown
*כְּלֵי רֶכֶב – vehicles
*לְחַבֵּר – to connect
*מערכת ענקית – huge system
*קשישים – זקנים
*נָכים – handicapped people

מתוך: ינשוף

א. שיחה

אתם תושבי העיר מדלין שבקולומביה. שוחחו על **בעד ונגד** מדרגות נעות בעיר.

אוצר מילים – יחידה 1

פעלים

בִּילָּה (לבלות)	to spend time
גָּרַם (לגרום ל...)	to cause
דָּמַע (לִדְמוֹעַ)	to shed tears
הִבְחִין (לְהַבְחִין ב...)	to notice
הִבְרִיחַ (לְהַבְרִיחַ)	to smuggle
הִגִּיעַ (לְהַגִּיעַ ל...)	to arrive
הוּכְרַז/ה	was declared
הוֹסִיף (לְהוֹסִיף)	to add
הִזְכִּיר (להזכיר ל...)	to remind
הִיגֵּר (לְהַגֵּר ל...)	to immigrate
הֵעֵז (לְהָעֵז)	to dare
הֵעִיר (לְהָעִיר את...)	to wake someone up
הָפַךְ (לַהֲפוֹךְ)	to turn upside down
הִצְדִּיק (לְהַצְדִּיק)	to justify
הִצְטַעֵר (להצטער)	to be sorry
הִתְבּוֹנֵן (לְהִתְבּוֹנֵן ב...)	to watch, look at
הִתְכַּסָּה (לְהִתְכַּסּוֹת ב...)	to cover oneself
הִתְנַדְנֵד (להתנדנד)	to sway, swing
הִתְפַּיֵּיס (לְהִתְפַּיֵּיס עם...)	to reconcile
הִתְפַּקֵּעַ (להתפקע)	to explode
חִיבֵּר (לחבר)	to connect, compose
חִיֵּיךְ (לְחַיֵּיךְ)	to smile
חָצָה (לַחֲצוֹת)	to cross
כִּיסָּה (לְכַסּוֹת)	to cover
לָחַשׁ (ללחוש)	to whisper
מָעַךְ (לִמְעוֹךְ)	to crush, to mash
נָכַח (לנכוח ב...)	to be present, to attend
נוֹסַד (להיווסד)	to be founded
נֶחֱרַב (להיחרב)	to be destroyed
נִיגֵּב (לְנַגֵּב)	to wipe
נִסְלַל (להיסלל)	to be paved
עִבְרֵת (לְעַבְרֵת)	to change to Hebrew
עוֹדֵד (לְעוֹדֵד)	to cheer on, to encourage
צִחְצֵחַ (לְצַחְצֵחַ)	to brush
שִׁכְנֵעַ (לְשַׁכְנֵעַ)	to convince
תֵּיאֵר (לְתָאֵר)	to describe

שמות עצם ושמות תואר

אֲדָר (חודש אדר)	Adar (the sixth month in the Jewish calendar)
אדריכל/ית	architect
אוֹפַנַּיִים	bicycles
אוֹשֶׁר	happiness
בּוֹדד/ה	lonely
בּוֹץ	mud
בִּיטָּחוֹן	confidence, security
ברור/ה	clear
גְּבוּל	border, limit
גופני/ת	physical
גוֹפְרִית	sulfur
ג'וּק	cockroach
גַּנב/ת	thief
גַּס/ה	rough, rude
גַּסּוּת	rudeness
דְּמוּת	character
דַּקוּיוֹת	subtlety, nuance
הוֹרָאוֹת	directions, instructions
הוֹרָדָה	lowering, decrease, downloading
הַפְגָּנָה	demonstration
הפוך/ה	upside down
הרצאה	lecture
השפעה	influence
זְאֵב	wolf
זְכוּת	right
זקוק/ה	in need for
זָר/ה	outsider, stranger

חֶבְרָה	society
חוּלְדָּה	rat
חֵטְא	sin
חֶלְבּוֹנִים	proteins
טָרֶשֶׁת	sclerosis
יֵאוּשׁ	despair
יוצר/ת	creator
יְצִיאָה	exit, departure
יָצִיעַ	bleachers, balcony
יְרִידָה	decrease
ישר/ה	straight ahead, honest
כְּבִישׁ	paved road
כִּיוּון	direction
כִּיכָּר	square, roundabout
כִּינִּים	lice
כְּלִי רֶכֶב	vehicle
כַּמּוּת	quantity, amount
כְּתוֹבֶת	address
לַחַן	tune
מאוכזב/ת	disappointed
מאושפז/ת	hospitalized
מאושר/ת	happy
מַגְלְשָׁה	sled
מדַבֵּק/ת	contagious
מַדְלִיק/ה	awesome
מהנדס/ת	engineer
מוּזָר/ה	strange, weird
מֶחְלָף	interchange, junction
מֶחְקָר	research
מַטָּרָה	target, goal
מכונאי/ת	mechanic
מלצר/ית	waiter
מנומס/ת	polite
מִסְדְּרוֹן	corridor
מְסַפֵּר/ת	narrator
מעובד/ת	adapted
מְעוֹנוֹת	dorms
מַעֲלִית	elevator
מַעֲמָד	status
מַעַרְכוֹן	skit
מפותח/ת	developed
מִפְלָס	level, floor, story
מרובע/ת	square, uncool
מַשְׁבֵּר	crisis
מְשׁוּנֶּה	strange, weird
משכיל/ה	educated
משקיף על	overlooking
מַתָּנָה	present
נְבוּאָה	prophecy
נַגָּר/ית	carpenter
נַדְנֵדָה	swing
נֶחָמָה	consolation
נִיתּוּק	separation
נכד/ה	grandchild
נכה	handicapped person
נָמֵל	port
נקניקייה	hotdog
סִגְנוֹן	style
סוחר/ת	merchant
סוער/ת	hype, stormy, temperamental
סַמִּים	drugs
סַנדלר/ית	shoemaker, cobbler
סַרְטָן	cancer
עָבֶה	thick
עוֹמֶק	depth
עלוב/ה	miserable
עֲצֶרֶת	rally
פִּזְמוֹן	chorus, refrain
פַּחְמֵימוֹת	carbohydrates
פְּנִיָּיה	a turn
פצוע/ה	wounded
פרוע/ה	wild
צוֹמֶת	intersection, crossroads
צִיטוּט	quote
צר/ה	narrow
קבלן/ית	contractor
קוֹטֶב	pole
קוֹשִׁי	difficulty

קַיְטָנָה	summer camp
קִיּוּם	existence
קַנְיוֹן	shopping mall
קצין/ה	officer
קְרִיעָה	tearing
קשיש/ה	elderly person
קִשְׁקוּשִׁים	nonsense
רגוע/ה	calm
רְדִיפָה	persecution, chase
רוֹבַע	quarter
רוֹחַב	width
רֵיק/ה	empty
רַמְזוֹר	traffic light
רעיון	idea
שבור/ה	broken
שְׁבִיל	path
שְׁבִיתָה	strike
שַׁגְרִיר/ה	ambassador
שִׁיפּוּץ	renovation
שִׁיפּוּר	improvement
שֵׁירוּתִים	services, toilet
שכן/ה	neighbor
שָׂכָר	salary, pay
שַׁלָּט	remote control
שֶׁלֶט	sign
שֶׁפַע	abundance, profusion
שַׁפַעַת	flu
שַׁקְדָן/ית	studious
תְּאוּנָה	accident
תְּגוּבָה	response
תַּדְמִית	image
תַּחְפּוֹשֶׂת	costume
תַּפְרִיט	menu

מבעים/ביטויים

אנגינה פקטוריס	angina pectoris
אף אחד לא...	nobody
אף פעם לא...	never
בְּאַהֲדָה	fondly
בְּדִיעֲבַד	in retrospect
בהשוואה ל...	compared to
בִּילּוּי נָעִים	!enjoy, Have a good time
בֵּית הַמִּקְדָּשׁ הָרִאשׁוֹן	the First Temple
בְּכַוָּונָה	on purpose, deliberately
בכל זאת	nevertheless, in spite of it
בצד יָמִין	on the right side
בצד שְׂמֹאל	on the left side
בקלות	easily
בְּרַחֲמִים	with pity
בְּרִית-הַמּוֹעָצוֹת	the Soviet Union
בִּרְצִינוּת	seriously
גּוֹרֵד שְׁחָקִים	skyscraper
גַּן חַיּוֹת	zoo
דוּ-מִפְלָסִי	two-story
דֶּרֶךְ אַגַּב	by the way
דרכים צדדיות	side roads
הַחֶדֶר לִרְשׁוּתְךָ	the room is available
הֵעִיף מַבָּט	to glance at
הַצְהָרַת הָעַצְמָאוּת	the Declaration of Independence
הצעת מחקר	research proposal
זיכרונות ילדות	childhood memories
חוסר אונים	helplessness
חֲזָרָה בִּתְשׁוּבָה	repentance
חֲסַר-מַשְׁמָעוּת	meaningless
חֲסַר-סַבְלָנוּת	impatient
חָצָה אֶת הַכְּבִישׁ	to cross the road
יוֹצֵא/ת דּוֹפֶן	unusual
כְּבִישׁ מָהִיר	highway, freeway
כַּדּוּר רֶשֶׁת (כַּדּוּרֶשֶׁת) , כַּדּוּר-עָף	volleyball
כִּרְצוֹנֵךְ	as you wish
כְּתַב יָד	manuscript
לאחרונה	lately
לְאַף אֶחָד לֹא אִכְפַּת...	nobody cares
לעומת זאת	on the other hand
לְעִיתִּים נְדִירוֹת	in rare occasions

לפחות	at least
לְצַחְצֵחַ שִׁינַּיִים	to brush teeth
מַגֶּדֶת עֲתִידוֹת	fortune teller
מַדְרֵגוֹת נָעוֹת	escalator
מדרום ל...	to the south of
מוסד חינוך	educational institution
מַחְזִיק מַפְתְּחוֹת	keychain
מַעֲרֶכֶת יְחָסִים	relationship
מפח נפש	bitter disappointment
מצב בטחוני	security situation
מצפון ל...	to the north of
מֶרְכַּז הָעִיר	city center
מֶרְכָּז מִסְחָרִי	commercial center
מרכז תרבות	cultural center
מַתְנָ"ס [מֶרְכַּז תַּרְבּוּת נוֹעַר וּסְפּוֹרְט]	community center
נָעַץ מַבָּט	to stare
סַחְתֵּיין	[slang] good going, bravo!
ספרייה עירונית	public library
עֵד ראייה	eye witness
עִנְיָין פְּרָטִי	private matter
פָּנָה יָמִינָה/שְׂמאלה	turn right/left
קרוב/ת משפחה	relative
רעידת אדמה	earthquake
שבו, שבה, שבהם, שבהן	in which
שדה תעופה	airport
שכונת עוני	poor neighborhood
שַׂר/ת הָאוֹצָר	Finance Minister
שַׂר/ת הַחוּץ	Foreign Minister
שַׂר/ת הַחִינּוּךְ	Minister of Education
שַׂר/ת הָעֲבוֹדָה	Labor Minister
תאונת דרכים	traffic accident
תאונת צניחה	skydiving accident
תַּחְבּוּרָה צִיבּוּרִית	public transportation
תַּחֲנַת דֶּלֶק	gas station
תַּחֲנַת רַכֶּבֶת	train station

דקדוק ומבנים

נפעל

נִבְדַּק (לְהִיבָּדֵק)	was checked
נִגְנַב (לְהִיגָּנֵב)	to be stolen
נִדְקַר (לְהִידָּקֵר)	to be stabbed
נֶהֱרַג (לְהֵיהָרֵג)	to be killed
נֶהֱרַס (לְהֵיהָרֵס)	to be destroyed
נוֹלַד (לְהִיוָּולֵד)	to be born
נֶחְטַף (לְהֵיחָטֵף)	to be kidnapped
נִכְנַס (לְהִיכָּנֵס) לְ...	to enter
נִכְשַׁל (לְהִיכָּשֵׁל ב...)	to fail
נִלְחַם (לְהִילָּחֵם בְּ...)	to fight
נִמְכַּר (לְהִימָּכֵר)	to be sold
נִמְצָא (לְהִימָּצֵא)	to be found
נִמְשַׁךְ (לְהִימָּשֵׁךְ)	to last, to continue
נִפְגַּע (להִיפָּגַע)	to get hurt
נִפְגַּשׁ (לְהִיפָּגֵשׁ עִם...)	to meet
נִפְצַע (לְהִיפָּצַע)	to be wounded
נִפְרַד (לְהִיפָּרֵד מ...)	to separate
נִרְדַּם (לְהֵירָדֵם)	to fall asleep
נִרְשַׁם (לְהֵירָשֵׁם)	to be recorded, to register
נִשְׁאַר (לְהִישָּׁאֵר)	to stay, remain
נִשְׁדַּד (לְהִישָּׁדֵד)	to be robbed

נפעל ל"ה

נִבְנָה (לְהִיבָּנוֹת)	to be built
נִדְמָה (לְהִידָּמוֹת)	to seem
נִהְיָה	to become
נֶהֱנָה (לֵיהָנוֹת מ...)	to enjoy
נַעֲשָׂה (לְהֵיעָשׂוֹת)	to be made, to become
נִקְנָה (לְהִיקָּנוֹת)	to be bought
נִרְאָה (לְהֵירָאוֹת)	to be seen, to look, see

יחידה 2

❧❧

מקום חדש

תוכן העניינים

מרכז "נא לגעת", במה לחירשים-עיוורים

תיאטרון נא לגעת ביפו

בסוף שנת 2007 נפתח בישראל, באזור* יפו העתיקה, מרכז תרבות חדשני, הראשון מסוגו* בעולם, לחֵירשים*-עיוורים*, <u>שבו</u> פועלים* במשולב תיאטרון ומסעדות. המרכז נקרא בשם "נא לגעת".

*אֵזוֹר – area
*מִסּוּגוֹ – of its kind
*חֵירֵשׁ – deaf
*עִיוֵּר – blind
*לִפְעוֹל – to operate

המסעדות

קפה קפיש במרכז "נא לגעת". צילום: בונית פורת

במרכז "נא לגעת" ביפו יש שתי מסעדות ייחודיות: בית הקפה "קַפִּישׁ" והמסעדה "בְּלֶק אַאוּט" (Blackout). בבית הקפה "קפיש" כל המלצרים חֵירשים, והתִקשורת* עִמם נעשֵׂית בשפת-הסימנים*, בכתב או בתנועה.

המסעדה "בלק אאוט" היא מסעדת גורמֶה הפועלת בחושך מוחלט. זוהי מסעדה <u>שבה</u> כל המלצרים עיוורים.

*תִּקְשׁוֹרֶת – communication
*שְׂפַת סִימָנִים – sign language

במסעדה "בלק אאוט" הסועד* יכול לבחור בין שני מסלולים: להזמין את התפריט שנמצא בַּלוֹבִּי המואר (140 שקל, כולל יין) או לבחור תפריט הפתעה*, <u>שבו</u> השֶף מחליט מה תאכל.

*סוֹעֵד – אוכל

*הַפְתָּעָה – surprise

מסעדת חושך במרכז "נא לגעת"

אז איך זה לאכול בחושך? בהתחלה קשה להתרגל* ולמצוא את הסכו״ם* והכוסות. המזלג לא מעלֶה דבר אל הפה בַּנעיצות הראשונות. בסוף מִתרגלים ומַתחילים ליהנות מהמַטעמים* של השֶף ניר צוק. בארוחת ההפתעה השֶף לא מגלה* מה יש בצלחת, ומבקש מהסועדים לנחש*. מתברר שבחושך אפשר להתרכז יותר בטעמים ובריחות*.

*לְהִתְרַגֵּל – to get used to
*סַכּו״ם – סכין, כף ומזלג

*מַטְעַמִּים – delicacies
*מְגַלֶּה (לְגַלּוֹת) – to reveal
*לְנַחֵש – to guess
*רֵיחַ - smell

התיאטרון

תיאטרון ״נא לגעת״ הוא תיאטרון מקצועי* בביצוע שחקנים חֵירשים-עיוורים.
הבמאית* היא עדינה טל.

שחקני ״נא לגעת״

אחד עשר חברי קבוצת התיאטרון הם חֵירשים-עיוורים. רובם* בעלי תִסמונת ״אשר״ (Usher Syndrome), שמשמעותה להיוָולד חֵירש, ובשלב* מאוחר יותר להתעַוור*.

*מִקְצוֹעִי – professional
*בַּמַּאי/ת – director

*רוּבָּם – most of them
*שָׁלָב – stage
*לְהִתְעַוֵּר – to become blind

אלה הם חלק מקבוצת התיאטרון:

איציק חנונא, בן 39, גר בחדרה עם הוריו ועובד במפעל מוּגן* בהרצליה. איציק כותב וחולם להוציא ספר שירים. הוא בטוח שהוא ״רואה״ ו״שומע״ דברים שאחרים אינם רואים ושומעים.

*מִפְעָל מוּגָן – protected factory

ציפורה מלכה, בת 36, אחותה של בת שבע וגרה עם אמהּ בירושלים. ציפורה חולמת ללכת לסרט עם פוּפְּקוֹרן גדול ולראות את כל מה שקורה על המסך*.

*מָסָךְ – screen

בת שבע רבנסרי, בת 39, אחותה של ציפורה, נשואה ואם לשלושה ילדים רואים ושומעים, גרה עם משפחתה ביפו. בת שבע חולמת להיות שחקנית מפורסמת וזמרת נערצת*.

*נֶעֱרָץ/ת – admired

יורי אושרוב, בן 41, עובד במפעל* עיוורים לתיקון טלפונים, גר בקרָיות. נשוי ואב לשתי בנות רואות ושומעות. הוא חולם שבוקר אחד הוא יתעורר*, יִפְקח את העיניים ויִרְאה הכל.

*מִפְעָל – factory
*לְהִתְעוֹרֵר – to wake up

האתר של עמותת ״נא לגעת״: http://www.nalagaat.org.il/

א. השלימו את המילה המתאימה. בחרו מן הרשימה:

מואר/ת, חֵירש/ים, חדשני/ת , עיוור/ים, חשוך/ה, מקצועי/ת, שׂפת סימנים, הפתעה, מוחלט/ת

1. מרכז תרבות חדשני
2. מְלצרים ____________
3. חושך ____________
4. תפריט ____________
5. לוֹבּי ____________
6. מסעדה ____________
7. תִקשורת ____________
8. שַׂחקנים ____________
9. תֵיאטרון ____________

ב. שאלות

1. מתי נפתח מרכז "נא לגעת"?
2. אילו דברים יש במרכז? (3 דברים)
3. הסבירו (בעברית) את הביטוי: "הראשון מסוגו בעולם" (שורה 2)
4. מי המלצרים ב"קפיש"?
5. איך אנשים מתַקשרים* עם המלצרים ב"קפיש"? (3 דברים)
6. מה הם שני המסלולים* במסעדה "בלק אאוט" (Blackout) ?

*לְתַקְשֵׁר – to communicate

*מַסְלוּל – track

ג. כתיבה/שיחה

1. מה ההבדל בין שתי המסעדות במרכז "נא לגעת"?
2. באיזה מסלול הייתם בוחרים לאכול במסעדת "בלק אאוט". למה?

ד. צפייה

1. קראו בעמוד הקודם על ארבעת השחקנים (איציק חנונא, ציפורה מלכה, בת-שבע רבנסרי ויורי אושרוב) בקטע **שחקני "נא לגעת"**.
2. צפו בכתבה מן הטלוויזיה הישראלית על מרכז "נא לגעת" (מה-1 בדצמבר 2007).
   עם כְּתוּביות בעברית (באתר של נא לגעת – כתבות):
   http://www.nalagaat.org.il/pubs_h.php (11:11 דקות)
   או עם כתוביות בעברית ובאנגלית (Nalaga'at on channel 2 news):
   http://www.youtube.com/watch?v=h3o6SBn46qg&feature=related (10:56 דקות)

3. צפו שנית ב-4:15 הדקות הראשונות של הסרטון (הכתבה מהטלוויזיה, בתרגיל ד, 2). כתבו מהי האינפורמציה הנוספת שאתם מקבלים על השחקנים מן הקליפ?

After watching 4:15 minutes of the clip again, write the additional information that you get about the four actors from the clip.

יפו העתיקה. צילום: בונית פורת

ה. פעילות

אִמרו את השם שלכם בשפת הסימנים.

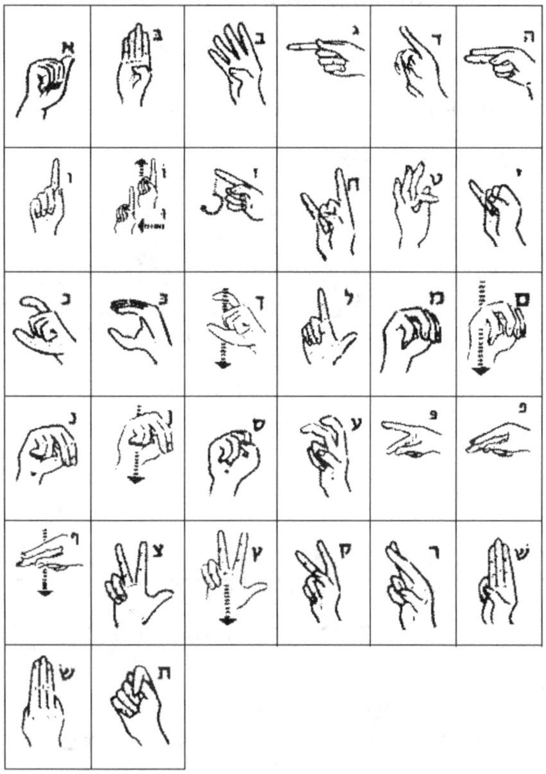

האותיות בעברית בשפת הסימנים

ראיון עם עדינה טל, הבמאית של "נא לגעת"

Magazine Rozin – "נא לגעת"   17.5.2008
http://www.youtube.com/watch?v=eAZ_QC73uBc

✂ **א. הקשיבו לראיון עם עדינה טל, והשלימו את המילים החסרות:**

עדינה טל :

אני בעצם בַּמָאִית* של תיאטרון. אני גם הרבה שיחקתי* בחיים שלי.
מֵעוֹלָם לא היה לי קשר עם אנשים חֵירשים*, _____ [. . .]
הִגַעתי למקום הנכון בַּזמן הנכון.

בַּמַאי/ת – director
לְשַׂחֵק – to act
חֵירֵש – deaf person

ביקשו ממני לעשות חוג _____. לא היה לי שמץ מושג* לאן אני
הולכת. התחלתי. אחרי הַהֶלֶם* הראשוני שאף אחד לא רואה אותי ולא
שומע אותי, פתאום הבנתי שיש פה משהו שהוא _____ מכל
דבר אחר שהכַּרתי בחיים שלי.

לא הָיָה לי שמץ מושג –
I didn't have a clue
הֶלֶם – shock

1:00

עדינה טל : יש פה אנשים שהם _____, עיוורים*, חֶלקם* עם
שְׂרידי שמיעה* או _____, וחֶלקם גם לא מדברים.
ואני צריכה לעשות איתם תִקשורת*. תקשורת בין קָהָל* ושחקנים.
וזה דבר הכי מופרך* בעולם לעשות _____ עם אנשים
חֵירשים-עיוורים. גם הדבר הכי מאתגר* בעולם.

עִיוֵור – blind
חֶלקָם – part of them
שְׂרידי שמיעה – residual hearing
תִקשוֹרֶת – communication
קָהָל – audience
מוּפרָך – unrealistic
מְאַתגֵר – challenging

1:35

עדינה טל : התחלתי לשאול אותם על החלומות* שלהם, על המציאות*
שלהם.
ההצגה* הזאת מורכבת* מסצינות שהם מטפלים בחלומות שלהם
וב_____ שלהם.

חֲלוֹמוֹת – dreams
מְצִיאוּת – reality
הַצָגָה – show
מוּרכָּב/ת – made up of

1:45

שחקן : אני יכול לעשות מה שאני רוצה, שאני יכול _____ אֶת
האישה הכי יפה בעולם למסעדה הכי מפוארת* _____?

מפואָר/ת – fancy

2:00

עדינה טל : החלומות האלה מצד אחד דומים ל_____ של

כולנו. כולנו רוצים להיות עשירים ו__________. אחת רוצה להיות זַמֶּרֶת* __________.
מצד שני, החלומות הם שונים לגמרי, בגלל שיש להם גם את החלום ללכת ל__________, ופשוט לקנות גבינה ולראות את ה__________, או להתעורֵר* בבוקר ו__________ עוד פעם.

*זַמָּר/ת – singer
*לְהִתְעוֹרֵר – to wake up

2:23

עדינה טל: אני חושבת שזה להבין שבעֶצם אין גְבול* למה ש__________ יכול לעשות.
על פניו* לחשוב שבן אדם חֵירֵש-עִיוֵור-אילֵם* עומד על ה__________, ואם אתה מנסֶה לדַמיין* את זה חֲצי שנייה, זה מַפחיד ברָמות שבכלל קשה לתאר.
אתה מרגיש אָבוּד*, אתה מרגיש שאתה לא יודע __________ אתה. והנה יש להם את האומֶץ*. הם עומדים על הבמה*.

*אֵין גְבוּל – there is no limit
*על פניו – theoretically
*אִילֵם – a person who can't speak, mute
*לְדַמְיֵין – to imagine
*אָבוּד – lost
*אוֹמֶץ – courage
*בָּמָה – stage

2:57

עדינה טל: אני מרגישה שאנחנו רק בתחילת ה__________.
הופענו* בטורונטו, __________, בוסטון, ניו יורק. הופענו בשווייץ, בציריך...

*הוֹפַעְנוּ – we performed

3:10

עדינה טל: זה סיפור הצלחה בכל קנֵה מידה. קיבלנו ביקורות* תיאטרון גם בארץ וגם בעולם מאנשים מאוד מחמירים, שאומרים שזה הדבר הכי מדהים* שהם __________.

*בִּיקוֹרֶת – review
*מַדְהִים – amazing

3:36-4:11

עדינה טל: אבל אנחנו הולכים ל__________ אחר. אנחנו מקימים מרכז "נא לגעת" שיהיה תיאטרון, יהיו בו __________ מסעדות, אחת ב__________, שבן-אדם יאכל בחושך מוחלט, ואחת שתְּתוּפעל על-ידי חירשים וחירשים-מְתעַוורים, שהם יְמַלְצְרוּ*.
ואנחנו אומרים לקהל: בואו אלינו, תעשו __________ לחו"ל, תנסו למצוא תקשורת מֵעֵבֶר* למילה, ובואו תנסו ותמצאו דרך לתַקשר עם אנשים ששְׂפת-האֵם* שלהם היא שׂפת הסימנים*.

*לְמַלְצֵר – to work as a waiter
*מֵעֵבֶר ל... – beyond
*שְׂפַת-אֵם – mother tongue
*שְׂפַת סִימָנִים – sign language

חופשה בתל אביב

יש מקום לכולם בתל אביב. המיזוג* בין האנשים השונים נותן לתל אביב את הדופק* שלה. ההתנגשות* בין ישן וחדש נותנת לה את האופי* המיוחד שלה.

*מִיזּוּג – merging, mixture
*דוֹפֶק – pulse
*הִתְנַגְּשׁוּת – clash
*אוֹפִי – character

ברחוב שֵינקין ליד חנות ג׳ינס אופנתית* תמצא חנות קַבָּלָה. בקצה שכונת* נווה צדק הכפרית, השכונה הראשונה שנבנתה מחוץ ליפו ב-1887, עומד מִגדל* דירות בן 44 קומות.

*אוֹפְנָתִי/ת – fashionable
*שְׁכוּנָה – neighborhood
*מִגְדָּל – tower

בניין באוהאוס בתל אביב
צילום: בונית פורת

בעיר יש הרגשה של עיר מודרנית צעירה עם ריכוז בתי הבאוהאוס הגדול בעולם. במרחק* כמה קילומטרים משם נמצא הנמל* העתיק של יפו שממנו הפליג* יונה הנביא לפני שנבלע על יד הלִוְיָיתָן.

*מֶרְחָק – distance
*נָמֵל – port
*לְהַפְלִיג – to sail

שכונת נווה צדק עם מגדל נווה צדק

הלכתי ברצועת* החוף של תל אביב לאורך* שלושה קילומטר. בטיילת* ליד ״הילטון״ עברתי ליד ״החוף הנפרד״, שהשלט* לידו אומר: ״חוף נפרד, ימי רחצה לנשים: א, ג, ה. ימי רחצה לגברים: ב, ד, ו״. לידו החוף של ההומוסקסואלים. בהמשך ראיתי קבוצות של גולשים*, משפחות צעירות, שחקני פינג פונג, אתיופים, מתופפים* היִפִּים, וגם גברים זקנים מתרחצים בתחתוניהם. דרומה משם לכיוון יפו רואים יותר ויותר ערבים, וגם נשים עם כיסויי ראש.

*רְצוּעָה – strip
*לְאוֹרֶךְ – along the length
*טַיֶּילֶת – promenade
*שֶׁלֶט – sign

*גוֹלֵשׁ – surfer
*מְתוֹפֵף – drummer

עבור ישראלים, 45 הדקות המפרידות בין תל אביב לירושלים הן מֶטָאפוֹרָה להבדל התרבותי הגדול בין שתי הערים. ירושלים היא מרכז דתי עולמי, ולעומת זאת* תל אביב היא עיר ים-תיכונית* חופשייה.

*לְעוּמַּת זֹאת – on the other hand
*יַם-תִּיכוֹנִי – Mediterranean

עבור התיירים*, הקירבה* בין שתי הערים היא יתרון* גדול. נדיר* למצוא חופשה בעיר חוף, ובמרחק נסיעה של פחות משעה ממנה למצוא עיר עִם היסטוריה בת 5,000 שנה.

*תַּיָּיר/ת – tourist
*קִירְבָה – proximity
*יִתְרוֹן – advantage
*נָדִיר – rare, uncommon

תל אביב היא בירת* ה״קוליות״ של המזרח התיכון.

*בִּירָה – capital city

מעובד לפי: הנרי אלפורד, Seizing the Day in Tel Aviv
ניו יורק טיימס, 20 יולי 2008 ועכבר העיר, 21 יולי 2008.

א. קריאה בשלט

קראו את השלט בצד שמאל, וענו על השאלות :

1. מי שׂם את השלט הזה?
2. מדוע שׂמו את השלט הזה?

ב. השוואות בטקסט

לפי הכתבה, אילו ניגודים* יש בתל אביב?

*ניגודים – contrasts

שורה		
3–2	ישן	חדש
5–4	חנות ג׳ינס אופנתית	
7–5	שכונה כפרית מ-1887	
10–8	עיר מודרנית עם בתי בַּאוּהַאוּס רבים	
19–15	חוף נפרד לגברים ולנשים	

ואֵילו ניגודים יש בין ירושלים ותל אביב?

24–21	מרכז דתי עולמי (ירושלים)	(תל אביב)
28–26	חופשה עם היסטוריה בת 5,000 שנה	

ג. כתיבה

האם הכותב חושב שתל אביב עיר מעניינת? הסבירו.

ד. שיחה

באיזו עיר שאתם מכירים יש –

1. התנגשות בין ישן וחדש ____________
2. אופי מיוחד ____________
3. שכונות ״כַּפריות״ ____________
4. נמל עתיק ____________
5. נמל גדול ____________
6. רצועת חוף יפה ____________
7. בתי בַּאוהאוס ____________
8. חופים נפרדים לגברים ולנשים ________

לעומת זאת*

*לְעוּמַת זֹאת – on the other hand

- "ירושלים היא מרכז דתי עולמי, **ולעומת זאת** תל אביב היא עיר ים-תיכונית חופשייה."
- תל אביב היא עיר חוף. **לעומת זאת** ירושלים בנויה על הר.
- הדירות בתל אביב יקרות מאוד. **לעומת זאת** הדירות בבאר-שבע זולות.
- **לעומת*** העיר בני-ברק, תל אביב היא עיר חילונית*.

*חִילוֹנִי/ת – secular
*לעומת – compared to

א. השלימו:

1. ניו יורק היא עיר צפופה*. **לעומת זאת** ______
2. בלוס אנג'לס יש זיהום אוויר*. **לעומת זאת** ב______
3. משפחות בסין הן משפחות קטנות. **לעומת זאת** ______
4. החורף בישראל לא קשה. **לעומת זאת** ______
5. בפרברים* יש מקומות חניה*. **לעומת זאת** ______

*צָפוּף/ה – crowded
*זִיהוּם אֲוִויר – air pollution
*פַּרְבָּר – suburb
*חֲנָיָה – parking

6. אני ביישן, אבל **לעומת זאת** אחי ______
7. הבעל לא למד באוניברסיטה. **לעומת זאת** אשתו ______
8. **לעומת** הבתים הגדולים בשכונה, הבית שלי ______
9. החדשות בעיתון רציניות **לעומת** ה______

ב. השוו* שני דברים בעזרת: לעומת זאת, לעומת ה...

*להשוות – to compare

- שני קורסים
- שני מורים
- שתי אוניברסיטות
- שני מקצועות
- שתי חנויות
- שני ספרים

תל אביב או ירושלים?

בלוג

אני תל אביבית מִבְּחירה*:
תמיד חלמתי על היום שבו אוכל לשכור* דירה ולעבור לגור בעיר החביבה עליי: תל אביב. תמיד רציתי להתרחק כמה שאפשר מעיר השֵינה הפרברית* והעייפה בה נולדתי ובה גדלתי. מגיל צעיר חסכתי* פרוטה לפרוטה בעבודות הכי קשות שאפשר לתאר רק כדי לחיות בעיר הזאת שמוכנה לקבל כל מיני צורות חיים*, ושמייצרת וצורכת* תרבות מכל מיני סוגים, ושסואן* בה מסביב לשעון.

תל אביב זאת העיר היחידה שבה אני יכולה לחיות כי אני תל אביבית באופן אישי. זאת הטריטוריה שבה אני מרגישה הכי בנוח – כאן אין תחושה של זָרוּת*, אין סיכוי להרגיש אאוטסיידר.

*מבחירה – by choice
*לִשְׂכּוֹר – to rent
*פַּרְבָרִי/ת – suburban
*לַחְסוֹך – to save (money)
*צוּרוֹת חַיִים – ways of life
*לִצְרוֹך – to consume
*סוֹאֵן/ת – noisy
*תְּחוּשָׁה שֶׁל זָרוּת – feeling of alienation

תגובה*

ואני ירושלמית מִבחירה.
אז כן, נכון. פעמים רבות אני מקטרת* על הלכלוך, הבלגן, האוטובוסים שתמיד עמוסים*, הפקקים*, ההפגנות*. אבל זה כנראה רק בגלל שאני, כמו הישראלי המצוי, אוהבת להתלונן*.
אבל האמת היא, שאני אוהבת את ירושלים.
אני אוהבת אותה לא רק בגלל שהיא הבית, ולא רק בגלל זיכרונות הילדות היפים שלי.
אולי בגלל החומוס של "פינתי", המַנגלים* ב"גן סאקר", הלילות הקרים, האָקורדיוניסט מהמִדרחוב, הריחות של שוק מחנה יהודה, הסליחות בכותל, ואיצטדיון* טֶדי הרותח* בצהוב-שחור בכל פעם שבית"ר ירושלים מנצחת!
בתל אביב חיים, בירושלים מבינים למה כדאי לחיות.

היא חייבת* לחיות – עיר שראתה שני בתי-מקדש, עשרות מלכים, שלושה מסעות צלב*, ואינספור* מלחמות. ולמרות הכל המשיכה לחיות – היא עיר שכנראה לא יודעת למות.

*תְּגוּבָה – response
*לְקַטֵר עַל... – (slang) to complain continuously
*עָמוּס/ה – busy, crowded
*פְּקָק – traffic jam
*הַפְגָנָה - demonstration
*לְהִתְלוֹנֵן – to complain
*מַנְגָל – outdoor grill
*אִיצְטַדְיוֹן – stadium
*רוֹתֵחַ/ת – boiling
*חַיָיב – must
*מַסַע צְלָב – crusade
*אֵינְסְפוֹר – countless

א. שאלות

סמנו את התשובות הנכונות (אפשר יותר מתשובה אחת):

הבלוג
הכותבת מרגישה נוח בתל אביב כי -

[ ] יש שם מקומות עבודה.
[ ] יש שם מקום לכולם.
[ ] יש דירות זולות.
[ ] המקום דומה למקום שבו היא גדלה.
[ ] היא מרגישה שם הכי בבית.

התגובה
הכותבת טוענת שהיא אוהבת את ירושלים כי -

[ ] ירושלים היא עיר אידֵאלית.
[ ] יש בה פוליטיקה והפגנות.
[ ] כדאי למות בירושלים.
[ ] היא גדלה בירושלים.
[ ] יש שם הרבה רֶגש והיסטוריה ברחובות.

ב. שאלות

1. **הבלוג:** מה הכותבת היתה צריכה לעשות כדי לגור בתל-אביב?
2. **התגובה:** על מה הכותבת מקַטרת (מתלוננת)?

ג. שיחה: **העיר שלי**

1. כמה עולה לשכור דירה (שני חדרים) בעיר שלך?
2. האם את/ה גר/ה בפרבר?
3. האם העיר סואנת?
4. האם את/ה גר/ה ברחוב סואן?
5. האם העיר חיה מסביב לשעון?
6. האם את/ה מרגיש/ה תחושה של שייכות* לעיר?
7. באיזה מקום את/ה **לא** מרגיש/ה אַאוטסַיידֶר?
8. באיזה מקום את/ה מרגיש/ה הכי נוח באופן אישי?

*תְחוּשָׁה שֶׁל שַׁיָיכוּת – sense of belonging

ד. פעילות

קיטורים

שני חברים מקַטרים (מתלוננים) על עיר מסוימת.

השתמשו במילים:

מלוכלך/ת, עמוס/ה, פקקים, הפגנות, סואן/ת, תחושה של זרות, עיר שֵינה

קיטורים

קוּטֶר is a “griper” (in slang). “Kuter” comes from the Yiddish קאָטער (male cat), possibly from the gargling sound of a cat that resembles the continuous grumbling of a קוּטֶר.

קִיטוּרִים (complaining, grumbling), and **לְקַטֵר** (to complain, to gripe) derived from קוּטֶר.

- "אפשר לְקַטֵר על מקום העבודה, ואפשר למצוא מקום עבודה אחר."
- קיטור על מזג האוויר:
  "די, נמאס לי ממזג האויר במדינה הזאת – או שלא יורדת טיפה אחת של גשם או שיורד מבול מלווה ברוחות מטורפות – אין באמצע, אין שפוי!"

ה. כתיבה

1. כתוב בלוג על העיר שלך.
2. אילו זיכרונות ילדות יש לך מהעיר שלך?

ו. ניתוח פעלים

ירושלים או תל אביב

	שורש	בניין + גזרה	שם הפועל	באנגלית
היא **שׂוֹכֶרֶת** דירה בתל אביב.	ש.כ.ר.	פָּעַל שלמים	לִשְׂכּוֹר	to rent
היא רָצְתָה **לְהִתְרַחֵק** מעיר השינה הפרברית.				
נוֹלַדְתִּי בפרבר.				
העיר **מְיַיצֶּרֶת** תרבות.				to produce, create
התושבים **צוֹרְכִים** תרבות.				to consume
היא **מַרְגִּישָׁה** הכי בנוח בעיר.				
היא **מְקַטֶּרֶת** על הלכלוך והבלגן.				
הישראלי אוהב **לְהִתְלוֹנֵן**.				
בית״ר ירושלים **נִיצְּחָה**!				to win
בירושלים **מְבִינִים** למה כדאי לִחְיוֹת.				
ירושלים **הִמְשִׁיכָה** לחיות למרות הכל.				
ירושלים לא יודַעַת **לָמוּת**.				

המפלצת, ירושלים. צילום: בונית פורת

אוֹמְרִי טְגָאמְלַק אֲבֶרָה עלה לישראל מאתיופיה ב״מבצע שלמה״ בשנת 1984. בספרו ״אַסתְרַיי״, הוא מספר כיצד הילד האתיופי פְּטֵגוּ פגש בפעם הראשונה ילדים ״לבנים״ (״פרנג׳ים״ בשפה האמהרית) בני גילו, כשנסע ביום הראשון בישראל לביקור בירושלים.

פְּטֵגוּ

האוטובוס עצר ודלתותיו נפתחו. פְּטֵגוּ ירד אל מִדשאה* ירוקה, רחבה ומטופחת. [....] הוא הבחין במִתקן* מוזר ששיחקו עליו ילדים פרנג׳ים (בעלי עור לבן) [....] מעולם לא ראה פרנג׳ים בני גילו. גם הילדים האחרים (האֶתיופים) בחנו* את הילדים הפרנג׳ים בסקרנות* והתקרבו* אל המִתקן המוזר.

פטגו ניגש אל אחד הילדים והסתכל עליו מקרוב. גם הילד הפרנג׳י הִביט בתדהמה* בפטגו, הילד השחור. פטגו שלח את ידו וליטף* את פניו של הילד הפרנג׳י, והוא ליטף את פניו של פטגו בחזרה. הם בחנו זה את זה בשתיקה ולא היו צריכים מילים כדי להבין אחד את השני.

ילד פרנג׳י אחר התקרב אליהם, פטגו הביט בו והתבלבל*. הוא הציץ* שוב בילד הפרנג׳י שנגע בפניו רגע לפני כן והבין שזאת בכלל ילדה. היא לבשה מכנסיים, לכן התבלבל. אישה פרנג׳ית מבוגרת ניגשה אליהם וגם היא לבשה מכנסיים. איך אפשר להבדיל* פה בין בנות לבנים, חשב פטגו, ועזב את הילדים הפרנג׳ים בריצה כי שמע את האוטובוס, והורָיו קראו לו למהר ולבוא.

*מִדְשָׁאָה – lawn

*מִתְקָן – equipment

*לִבְחוֹן – to examine

*בְּסַקְרָנוּת – curiously

*לְהִתְקָרֵב אל... – to approach

*בְּתַדְהֵמָה – astonished

*לְלַטֵּף – to caress

*לְהִתְבַּלְבֵּל – to become confused

*לְהָצִיץ – to glance

*לְהַבְדִּיל – to tell apart

מעובד מתוך: ״אַסתְרַיי״, אומרי טגמלאק אברה, הוצאת משכל. 2008. עמוד 185.

א. קריאה ראשונה

שאלה: מה בלבל את פְּטֵגוּ?

ב. קריאה שנייה

קראו שנית והעתיקו את כל הפעלים שמשמעותם ״to see״.

______________ ______________

______________ ______________

______________ ______________

תואר הפועל עם "ב"

Some adverbs (תוארי פועל) in Hebrew are a combination of a noun and the preposition **ב**.

- **אתמול בספורט**

"המאמן צעק **בהתלהבות** כאשר הקבוצה שלו ניצחה, ואילו הקבוצה המפסידה יצאה מהמגרש **בדממה** מוחלטת."

patiently –	**בסבלנות**
easily –	**בקלות**
happily –	**בשמחה**
seriously –	**ברצינות**
quietly –	**בשקט**
quickly –	**במהירות**
deliberately –	**בכוונה**
in particular –	**במיוחד**
generously –	**בעין יפה**
enthusiastically –	**בהתלהבות**
silently –	**בדממה**

א. מבעים מהקטע "פטגו"

בקטע מופיעים המשפטים הבאים עם תוארי פועל. תרגמו אותם לאנגלית:

1. "הילדים בחנו את הילדים הפרנג'ים **בסקרנות**".

____

2. "הילד הפרנג'י הביט **בתדהמה** בפטגו, הילד השחור".

____

3. "הם בחנו זה את זה **בשתיקה**".

____

ב. תרגמו מאנלית לעברית:

1. They walked silently in the park.

____

2. He asked me with curiousity about my trip.

____

3. She listened with astonishment to his story.

____

אותו ה...

אותו הבחור

אני עדיין **אותו הבחור** שהייתי לפני 20 שנה.
אני חושב את **אותן המחשבות** וחולם על **אותם הדברים**.
אני גר **באותו הבית** ואוהב את **אותה האישה**.

➢ דקדוק

When using "the same" (אותו), there is an agreement between the adverb and the noun that follow it:

- אני קוראת את **אותו הספר**. (ז')
- יש לי **אותה המכונית**. (נ')
- ראיתי את **אותם הסרטים**. (ז"ר)
- קניתי את **אותן הנעליים**. (נ"ר)

אותוֹ **אותָהּ** **אותָם** **אותָן**

אותו הדבר means "the same":

- \- אני שותה תה. מה את רוצה? - אותו הדבר.

א. כתבו את המשפטים עם אותו/אותה/אותם/אותן:

1. דנה ראתה **(סרט)**. דנה ראתה את אותו הסרט.
2. יש לנו **(בעיה)**. יש לנו אותה הבעיה.
3. אנחנו גרים **(בשכונה)**. אנחנו גרים ב__________ השכונה.
4. אנחנו **(מעיר)**. ______________________
5. יהודה קורא **(ספר)**. ______________________
6. אנחנו למדנו **(אצל מורים)**. ______________________
7. לשלומית יש **(עיניים)** כמו לאמא שלה. ______________________
8. הם עלו לארץ **(בשנה)** כמו ההורים שלי. ______________________
9. אלרן ואמיר קיבלו **(ציון)** במבחן. ______________________
10. הם משתמשים **(במילון)**. ______________________
11. הילדים שלי משחקים **(עם משחקים)**. ______________________

לומר / לדבר / לספר / להגיד

אמר/סיפר/דיבר

- היא **אמרה לו** שהיא אוהבת אותו.
- היא **אמרה לו לטלפן** אליה בערב.
- היא **סיפרה לו** על הילדות שלה בחיפה.
- היא **דיברה איתו** על דברים שלא **דיברה עם** חברים אחרים.

אמר/סיפר

- המורה **אמר ל**תלמיד **לשבת** בשקט.
- המורה **סיפר ל**תלמיד איפה הוא היה במלחמה.

אמר/דיבר

- בעל הבית **אמר ש**שְׂכר הדירה יעלה בשנה הבאה.
- בעל הבית **דיבר עם** הדיירים על שכר הדירה בשנה הבאה.

דקדוק ➢

...אמר ל means to say, or to tell/ask someone to do something:

אמרתי [לכם] **ש**החדר לא נקי. (I said [to you] that the room is not clean.)

אמרתי לכם **ל**נקות את החדר. (I told you to clean the room.)

...סיפר ל means to tell (a story):

אחי **סיפר לי על** הטיול שלו להודו. הוא **סיפר לי ש**הוציא 5 דולר ליום.

...דיבר עם means to talk, speak.

אנחנו צריכים לדבר. מתי אתה יכול לדבר איתי?

להגיד/לומר

להגיד and לומר are interchangeable in the future and the infinitive form (see page 40).

עבר : **אמרת** לי שאתה מאושר.

הווה : אתה **אומר** שאתה מאושר.

עתיד : אתה **תאמר/תגיד** שאתה מאושר.

שם הפועל : אתה יכול **לומר/להגיד** שאתה מאושר.

א. השלימו עם לומר/להגיד/לספר/לדבר :

המנהל

1. המנהל ___אמר___ לכל העובדים לבוא לפגישה.
2. המנהל ___________ להם על התוכניות של החֶברה לעתיד.
3. המנהל ___________ לעובדים שהוא ___________ עם משקיעים.
4. המנהל ___________ לאנשים לא להקשיב למה ש___________ עליהם בעיתונים.

5. המנהל __________ שהוא מקווה שהחֶברה תִגדל.
6. העובדים __________ על הפגישה הזאת כל השבוע.
7. העובדים __________ למנהל שהם מתרגשים מההתפתחויות החדשות בחברה.
8. המנהל והעובדים ממשיכים __________ מידֵי חודש.
9. המנהל __________ : "יש לי אֵמון בעובדים ובחברה."

ב. תרגמו לעברית:

אלימלך כותב להוריו בליטא ב-1929 (לפי סיפור של בנימין תמוז באותו השם)

1. Elimelekh didn't speak to his parents for three years.

____

2. He told them that he wants to come home.

____

3. He told them about his dreams to marry one of the two sisters.

____

4. He said that he has no future in Eretz Israel.

____

5. He told them not to worry about him.

____

חזרה על פעלים

פעל – פיעל – הפעיל – התפעל

דירה בעיר

א. קראו את השאלות והוסיפו עוד שלוש שאלות:

מה כדאי לבדוק לפני ששוכרים דירה?

1. מה שְׂכַר הדירה*?
2. כמה משלמים לחַשמל*, מים, וַעַד בית*?
3. האם יש חניה* ליד הבית?
4. האם יש תחבורה ציבורית* נוחה?
5. האם אפשר ללכת לחנויות ברגל?
6. מי השכֵנים?
7. לאיזה בית ספר ילדי הבניין הולכים?
8. ______________________?
9. ______________________?
10. ______________________?

*שכר דירה – rent
*חשמל – electricity
*ועד בית – building committee
*חֲנָיָה – parking
*תחבורה ציבורית – public transportation

ב. השלימו בזמן הווה:

אני שוכר דירה

1. אני רוצה ____________ **(ש.כ.ר., פעל)** דירה ליד האוניברסיטה.
2. אני ____________ **(ב.ד.ק., פעל)** אם יש תחבורה ציבורית ליד הבית.
3. אני ____________ **(ה.ל.כ., פעל)** בשכונה כדי ____________ **(ר.ג.ש., הפעיל)** אותה.
4. אני ____________ **(ח.ל.ט., הפעיל)** ____________ **(ל.ק.ח., פעל)** את הדירה.
5. אני ____________ **(ש.ל.מ., פיעל)** חודש ראשון וחודש אחרון של שכר הדירה.

ג. השלימו את הקטע בזמן עבר:

חניה בעיר

ערב אחד נסעתי לבקר **(לִנְסוֹעַ, לְבַקֵּר)** את אחותי בעיר. כאשר ____________ **(לִהְיוֹת)** קרובה לבית שלה, ____________ ____________ **(לְהַתְחִיל, לְחַפֵּשׂ)** חניה.

____________ **(לְהִסְתוֹבֵב)** ברחובות ליד הבית שלה, ולא ____________ **(לִמְצוֹא)** שום מקום חניה. לא ידעתי מה ____________ **(לַעֲשׂוֹת)**.

_______________ (לְהַמְשִׁיךְ) לחפש. פתאום ראיתי מקום חניה. כל-כך _______________ (לִשְׂמוֹחַ), אבל אוי! זאת _______________ (לִהְיוֹת) חניה לְדַיָּרֵי-הרחוב בלבד. אחרי 15 דקות של סיבובים, _______________ (לוֹמַר) לעצמי: זה הזמן לחזור הביתה. בדיוק אז _______________ (לְהִסְתַּכֵּל) ימינה, והנה איש נחמד נכנס למכונית ו_______________ (י.צ.א.) מן החניה. אולי בפעם הבאה אשתמש בתחבורה ציבורית.

בית ידידותי לסביבה

ד. הפכו את התוכנית לזמן עתיד:

תכנית* לבית ירוק ידידותי לסביבה

1. **לִבְדוֹק** את האַקלים* והרוחות במקום (כי זה עוזר לתַכנן* את החלונות בבית)
2. **לְגַדֵּל** צמחים על הגג (כי זה יכול להוריד את הטמפרטורה מ-70 מעלות ל-25 מעלות צלסיוס)
3. **לִבְנוֹת** את הבית בכיוון דרום (כי זה מאפשר כניסה של אור וחום בחורף אל הבית)
4. **לְהִשְׁתַּמֵּשׁ** בצבע על בסיס מים (כי זה בלי חומרים כימיים)
5. **לַהֲפוֹך** את אור השמש לאֶנֶרגיית חַשמל (מחברים תאים פוטו-וולטאים אל רֶשֶׁת החַשמל)
6. **לְמַחְזֵר*** את המים האפורים בבית (מים אפורים הם מים למקלחות, כיורי האמבטיות ומכונות הכביסה* – 50% מהמים בבית הם מים אפורים)
7. **לֹא לַעֲשׂוֹת** את כל החלונות באותו גודֶל ובאותו גובַה (כי האוויר החם עולה למעלה, ובקיץ יהיה אפשר לפתוח חלונות גבוהים לאפשר לאוויר החם לצאת)

*תַכנית – plan
*לתַכנן – to plan
*אקלים – climate
*למַחזר – to recycle
*מכונת כביסה – washing machine

1. אבדוק את האקלים והרוחות במקום.
2. ____
3. ____
4. ____
5. ____
6. ____
7. ____

לשכור / להשכיר

- הסטודנטים **שכרו*** בית ליד האוניברסיטה.
- האוניברסיטה **משכירה*** חדרים במעונות הסטודנטים.

*לִשְׂכּוֹר – to rent , hire
*לְהַשְׂכִּיר – to rent out

➢ דקדוק/תחביר

In general, *binyan hifil* is comprised of active verbs, although a significant number of *hifil* verbs are used as causative verbs (פעלים גורמים).

Here are some examples for causative verbs in *hifil*:

- בעל הבית **מַשְׂכִּיר** את הדירה שלו. — The landlord rents out his apartment.
- המחירים של שכר הדירה **מַפְחִידִים** אותי. — The prices of the rent scare me.
- הצבע של הקירות **הִצְחִיק** את האישה. — The color of the walls made the woman laugh.

א. בחרו את הפועל הנכון:

1. אני **שוכרת/משכירה** מכונית מ״הֶרץ״. Hertz
2. אני **פוחדת /מפחידה** ממִבחנים גדולים.
3. הקומיקאית שרה סילבֶּרמן **צוחקת/מצחיקה** אותי מאוד.
4. אני **אוכלת/מאכילה** ארוחת בוקר.
5. אני **אוכלת/מאכילה** את הילד הקטן.
6. אני לא משתמשת בחניה שלי. לכן אני **שוכרת/משכירה** אותה לשכן שלי.
7. אין לי כסף **לשכור/להשכיר** עוד עובד למשרד.
8. האחות **לובשת/הלבישה** אותי, כשהייתי חולה.
9. אני **לבשתי/הלבשתי** פיז׳מה, כשהייתי חולה.
10. אני **חזרתי/החזרתי** את הבגדים לארון.

ב. השלימו את המשפטים:

1. אמא מאכילה את ______________________
2. הרעמים הפחידו את ______________________
3. האישה הדליקה את ______________________
4. החנות משכירה ______________________
5. הבדיחה לא הצחיקה את ______________________
6. הילדים החזירו את ____________ ל____________

86 יחידה 2 | מקום חדש

ג. שנו את המשפטים לפי הדוגמה. שימו לב לפעלים הגורמים (הקוזאטיבים):

1. **(ח.ז.ר.)** אני **חזרתי** הביתה. - אני **החזרתי** את המכונית הביתה.
2. **(צ.ח.ק.)** אני **צחקתי** בסרט. - ______________________
3. **(ל.ב.ש.)** אני **לבשתי** מעיל. - ______________________
4. **(ע.ב.ד.)** אני **עבדתי** קשה. - ______________________
5. **(ש.מ.ע.)** ______________________ - הרדיו **השמיע** שירים יפים.
6. **(ק.ו.ם.)** ______________________ - העולים **הקימו** מושבה חדשה בגליל.

ד. מצחיק , מפחיד , מרגיז

שוחחו או מצאו תמונות של דברים או אנשים שמצחיקים אתכם / מפחידים אתכם / מרגיזים אתכם.

בניין פיעל
גזרת ל״ה/ל״י

הסרט ״איכה״

ישראל 2001. תסריט ובימוי: אליעזר (לייזי) שפירא, בוגר בית-ספר ״מעלה״. 21 דקות.

השחקנים: איכה – הילה גזית; אמא – עירית גדרון; אבא – גורי סגל

אֵיכָה היא נערה צעירה שגדלה בתוך העולם של המתנחלים* בישי״ע (יהודה שומרון ועזה). היא נולדה בתשעה באב, ומשם שמהּ (מגילת-הקינה* ״איכה״ נקראת בתשעה באב, יום חורבן המקדש).
איכה רוצה **לשנות** את שמהּ. היא **מחכה** עד ליום הולדתה ה-18.
היא לא **מגלה** להורים שלה שהיא נוסעת למשרד-הפנים* בירושלים כדי **לשנות** את שמה בתעודת-הזהות*. ההורים שלה חושבים שהיא **מבלה** עם חברותיה בהפגנה* בירושלים. איכה **מקווה** **לשנות** את שמה לשם רגיל (כמו מיכל), אבל היא **מגלה** שזה לא כל כך פשוט...

*מִתְנַחֲלִים – settlers
*קִינָה – lamentation

*מִשְׂרַד הַפְּנִים – of the Interior Ministry

*תְּעוּדַת זֶהוּת – I.D. card
*הַפְגָּנָה – demonstration

מתוך הסרט "איכה"

ח.כ.ה. – לְחַכּוֹת
בניין פיעל, גזרת ל״ה

	עבר	הווה	עתיד
אני	**חִיכִּיתִי**	**מְחַכֶּה**	**אֲחַכֶּה**
אתה	**חִיכִּיתָ**	**מְחַכָּה**	**תְּחַכֶּה**
את	**חִיכִּית**	**מְחַכִּים**	**תְּחַכִּי**
הוא	**חִיכָּה**	**מְחַכּוֹת**	**יְחַכֶּה**
היא	**חִיכְּתָה**		**תְּחַכֶּה**
אנחנו	**חִיכִּינוּ**		**נְחַכֶּה**
אתם	**חִיכִּיתֶם**		**תְּחַכּוּ**
אתן	**חִיכִּיתֶן**		**תְּחַכּוּ**
הם/הן	**חִיכּוּ**		**יְחַכּוּ**

חִיכָּה (לְחַכּוֹת) לְ... – to wait
שִׁינָּה (לְשַׁנּוֹת) – to change
נִיסָּה (לְנַסּוֹת) – to try
כִּיסָּה (לְכַסּוֹת) – to cover
קִיוָּוה (לְקַוּוֹת) – to hope
גִּילָּה (לְגַלּוֹת) – to discover, reveal
בִּילָּה (לְבַלּוֹת) – to spend time, to have a good time
פִּינָּה (לְפַנּוֹת) – to clear off, to evacuate

➢ דקדוק

ל״ה verbs are those verbs that have **ה** as their last letter of the root (ק.נ.**ה**., ש.ת.**ה**.).
As in the <u>פָּעַל ל״ה</u> verbs, the letter ה changes into י in the middle of the word (קָנִיתִי, שָׁתִיתָ), or disappears altogether (קונים, תשתו). In the infinitive form, ות replace the ה (לִקְנוֹת, לִשְׁתוֹת).
The same phenomenon happens in <u>פִּיעֵל ל״ה</u> verbs.
Since the same changes happen to all ל״ה verbs, there is some similarity between *Pa'al* and *Pi'el* in this group. The difference between the two *binyanim* is evident especially in the beginning of the word: לִבְנוֹת (פעל) / לְנַסּוֹת (פיעל); בָּנִיתִי (פעל) / נִיסִּיתִי (פיעל).

א. קראו את הקטע מתוך הפורום של lametayel.co.il, וענו על השאלה למטה:

הטיסה מתקרבת...**מקווה** לטיפים אחרונים...תאילנד **מחכה** לי 08/04/2008 10:35	
חברים יקרים, אני טסה לתאילנד ל-3 שבועות ביום ה' הקרוב !!! מתוכננת* לילה ראשון בבנגקוק ומשם צפונה. לוקחת איתי 1900$ וכלום לא מוזמן מראש חוץ מהלילה הראשון. בכל מקרה אשמח לקבל עצות* קטנות נוספות מבעלי ניסיון*. נשיקות ותודה על הכל הייתם לעזור רב עד כה	*מְתוּכְנָן – planned *עֵצָה – advice, suggestion *בַּעֲלֵי נִיסָּיוֹן – experienced people

שאלה: אילו טיפים,לדעתכם, הכותבת מקווה לקבל?

ב. השלימו בכל הזמנים:

כסף לטיול בקיץ

1. אתה ______________ ______________ ______________ למצוא עבודה.
   (לְנַסּוֹת)
2. אנחנו ______________ ______________ ______________ שיהיה לנו מספיק כסף לטיול. **(לְקַווֹת)**
3. אני ______________ ______________ ______________ הרבה שעות בעבודה.
   (לְבַלּוֹת)
4. הם ______________ ______________ ______________ שצריך הרבה כסף לטיול באירופה. **(לְגַלּוֹת)**
5. אתם ______________ ______________ ______________ לטיול ועושים תכניות.
   (לְחַכּוֹת)

ג. השלימו בזמן עבר עם הפעלים:

לְקַווֹת, לְכַסּוֹת, לְנַסּוֹת, לְבַלּוֹת, לְחַכּוֹת

ערב שבת

1. המשפחה ______________ לערב שבת.
2. סבתא ______________ את החַלה.
3. סבא וסבתא ______________ שכל הנכדים יבואו לשבת.
4. ההורים ______________ את היום בהכנות לשבת.
5. כולם ______________ לעזור בהכנות.

ד.שיחה/כתיבה ✤

שינוי שמות

1. האם חשבת **לשנות** את שמך?

2. האם את/ה מכיר/ה מישהו ש**שינה** את שמו?

3. האם לדעתך חשוב שאישה ת**שנה** את שמה כשהיא מתחתנת?

4. מי מהאנשים הבאים <u>לא</u> **שינה** את שמו?

מוסטפה כּמָאל אתה-טורק (1881—1938), משה דיין (1915—1981), דויד בן-גוריון (1889—1973), גולדה מאיר (1898—1978), ברבְּרה סטרייסנד (1942—).

ה. שיחה/כתיבה ✤

בילויים

1. איפה את/ה אוהב/ת **לבלות** עם חברים?

2. איפה את/ה אוהב/ת **לבלות** עם המשפחה?

3. האם **בילית** פעם במועדון-לילה או בדיסקוטק?

4. את/ה אוהב/ת **לבלות** עם חבר אחד או עם קבוצה של חברים?

5. האם את/ה מעדיף/ה* **לבלות** עם חברים בארוחה שקטה בבית או במסעדה?   *להעדיף – to prefer

6. כמה שעות בשבוע את/ה **מבלה** מול הטלוויזיה?

7. האם אתה **מבלה** בעבודה או בלימודים יותר מ-45 שעות בשבוע?

ו. אמרו/כתבו בעבר: ✤

שותפה היסטרית

שותפה לחדר מספרת:

השותפה שלי **מבלה** עם החבר שלה. הם יצאו למסעדה ולסרט. הם צריכים לחזור אבל איפה הם? אני **מחכה** להם. אני **מנסה** לא לדאוג להם. אני **מקווה** שלא קרה להם שום דבר. אני מטלפנת והיא לא עונה. אני מטלפנת לכל החברים שלנו, לשאול אולי היא שם. הם אומרים שלא צריך לדאוג, אבל אני ממשיכה לדאוג. הם **מגלים** שאני יכולה להיות היסטרית.

אני ואתה

מילים : אריק איינשטיין

לחן : מיקי גבריאלוב

אני ואתה **נשנה את העולם***,

אני ואתה, אז יבואו כבר כולם,

אמרו את זה קודם לפניי,

לא משנה* – אני ואתה **נשנה** את העולם.

אני ואתה **ננסה** מהתחלה,

יהיה לנו רע, אין דבר זה לא נורא,

אמרו את זה קודם לפניי,

זה לא **משנה** – אני ואתה **נשנה** את העולם.

*לשנות את העולם – to change the world
*לא משנה/זה לא משנה – it doesn't matter

בניין הפעיל
גזרת ע״ו

הפעיל – ב.ו.א.
to bring – לְהָבִיא

עתיד	הווה	עבר	
אָבִיא	מֵבִיא	הֵבֵאתִי	אני
תָּבִיא	מְבִיאָה	הֵבֵאתָ	אתה
תָּבִיאִי	מְבִיאִים	הֵבֵאת	את
יָבִיא	מְבִיאוֹת	הֵבִיא	הוא
תָּבִיא		הֵבִיאָה	היא
נָבִיא		הֵבֵאנוּ	אנחנו
תָּבִיאוּ		הֵבֵאתֶם	אתם
תָּבִיאוּ		הֵבֵאתֶן	אתן
יָבִיאוּ		הֵבִיאוּ	הם/הן

לְהָבִיא (ב.ו.א.)	– to bring
לְהָקִים (ק.ו.מ.)	– to establish, to found
לְהָבִין (ב.י.נ.)	– to understand
לְהָכִין (כ.ו.נ.)	– to prepare
לְהָטִיס (ט.ו.ס.)	– to fly something, to make fly
לְהָרִים (ר.ו.מ.)	– to lift, bring up
לְהָזִיז (ז.ו.ז.)	– to move something
לְהָשִׁיב (ש.ו.ב.)	– to return something, to reply, to answer

❈ א. שיחה: מה להביא מתנה

מה אתם **מביאים** באירועים הבאים?

1. ליום נישואים - ליום הנישואים שלי אני **מביא/ה** פרחים או כרטיסים להצגה.
2. לבית חדש -
   _____
3. ליום-הולדת של חבר/ה -
   _____
4. לביקור אבלים (שבעה) -
   _____
5. לארוחת ערב אצל חברים -
   _____
6. להולדת תינוק חדש -
   _____
7. לבן-משפחה בבית חולים -
   _____
8. לחתונה -
   _____

❈ ב. שיחה עם הפועל להכין:

1. מתי את/ה **מכין/ה** שיעורי בית – אחרי-הצהריים/בערב/בלילה/מוקדם בבוקר?
2. איזה אוכל את/ה יודע/ת **להכין**?
3. מה את/ה **מכין/ה** לארוחת בוקר?
4. אילו סנדוויצ'ים את/ה אוהב/ת **להכין**?
5. מה **הכנת** לפני טיול?
6. האם את/ה **מכין/ה** כרטיסיות* לפני מבחנים?

* כרטיסיות – flash cards

ג. השלימו את הפעלים:

אוניברסיטת ברנדייס

1. קבוצת יהודים ________________ **(לְהָקִים)** את אוניברסיטת ברנדייס ב-1948.
2. הם ________________ **(לְהָבִין)** שכדַאי להקים אוניברסיטה שבה יהודים יכולים ללמוד וללמד בלי הגבלה.
3. בשנים הראשונות האוניברסיטה ________________ **(לְהָבִיא)** לקמפוס הרבה פרופסורים יהודים שבאו מאירופה.
4. היום האוניברסיטה ________________ **(לְהָכִין)** סטודנטים לתואר ראשון, שני ושלישי.
5. האוניברסיטה ________________ **(לְהָקִים)** תכניות ובניינים חדשים.

מרכז קַרל שפירא למדע, אוניברסיטת ברנדייס. צילום: בונית פורת

ד. השלימו בכל הזמנים:

1. **לְהָבִיא**

	עבר	***הווה***	***עתיד***	
אתם	________	________	________	אוכל לטיול?
כמה כסף את	________	________	________	?
אנחנו	________	________	________	מים וקפה.

2. **לְהָבִין**

הוא	________	________	________	את הכל.
הילדים	________	________	________	הכל.
אנחנו כמעט	________	________	________	הכל.

3. **לְהָקִים**

החלוצים	________	________	________	קיבוץ בעמק הירדן.
אני	________	________	________	מִפעל חדש בקיבוץ.
אנחנו	________	________	________	רְפָתוֹת ולוּלים בקיבוץ.

בניין הפעיל
גזרת פ"נ

אביב הגיע, פסח בא

נ.כ.ר. – לְהַכִּיר
בניין הפעיל

עתיד	הווה	עבר	
אַכִּיר	מַכִּיר	הִכַּרְתִּי	אני
תַּכִּיר	מַכִּירה	הִכַּרְתָּ	אתה
תַּכִּירִי	מַכִּירִים	הִכַּרְתְּ	את
יַכִּיר	מַכִּירוֹת	הִכִּיר	הוא
תַּכִּיר		הִכִּירָה	היא
נַכִּיר		הִכַּרְנוּ	אנחנו
תַּכִּירוּ		הִכַּרְתֶּם	אתם
תַּכִּירוּ		הִכַּרְתֶּן	אתן
יַכִּירוּ		הִכִּירוּ	הם/הן

לְהַכִּיר (נ.כ.ר.) – to recognize,
to be familiar with, to be acquainted with
לְהַגִּיעַ ל... (נ.ג.ע.) – to arrive in
לְהַבִּיט ב... (נ.ב.ט.) – to look
לְהַצִּיל (נ.צ.ל.) – to save
לְהַסִּיעַ (נ.ס.ע.) – to drive someone
לְהַפִּיל (נ.פ.ל.) – to drop, abort
לְהַגִּישׁ (נ.ג.ש.) – to serve, to hand in

הערה: יש קבוצת פעלים שנקראת פיי"צ, שהנטייה שלהם היא כמו של פעלי פי"נ.
לדוגמה, להציע (י.צ.ע.), להציג (י.צ.ג.).

⚜ **א. השלימו עם** מכיר / יודע:

1. אני _____ את העיר הזאת טוב מאוד.

2. אני _____ שהעיר נוסדה ב-1909.

3. אני _____ את כל השכונות ואת כל הרחובות בעיר.

4. אני _____ איפה רחוב בן-יהודה.

5. אני _____ את החנויות הטובות.

6. אני _____ לאן אנשים הולכים לאכול גלידה טובה.

7. אני _____ את ראש העיר.

8. אני _____ שיש תיאטרון חדש.

9. אני _____ את הבעיות של העיר.

ב. השלימו עם הפועל להגיע:

1. אני **הגעתי** לפני חמש דקות. מתי אתה ______________?
2. אנחנו **מגיעים** לסבא וסבתא ביום שבת. גם אתם ______________?
3. דני **יגיע** הביתה לחג. גם אַדווה ______________?
4. האוטובוס שלי לא **הגיע** בזמן. אני מקווה שהאוטובוס שלך ______________ בזמן.
5. אתמול **הגיעה** סופת-גשם למרכז. מחר היא ______________ לצפון.
6. האורחים היו צריכים **להגיע** בשבע וחצי, אבל הם ______________ רק בשמונה.
7. איך **הגעת** לפה? – [אני] ______________ ברכבת התחתית.
8. אם אתם **תגיעו** לאֵירוע, אז גם אנחנו ______________.

ג. השלימו בכל הזמנים:

	עבר	**הווה**	**עתיד**	
1. גל	______	______	יַגִּיעַ	לכיתה מאוחר.
2. יעקב	______	מַבִּיט	______	ברחל כל הזמן.
3. אמא	הִסִּיעָה	______	______	את הילדים למשחק.
4. הנהגים	______	מַסִּיעִים	______	את הנוסעים לקמפוס.
5. הרופאים	הִצִּילוּ	______	______	את הילד החולֶה.
6. המנהלת	______	______	תַּצִּיל	את החֶברה.

ד. בחרו את הפועל – פעל / הפעיל? (ע"ו, פ"נ)

1. שלושת הדובים הִגִּיעוּ לביתם ושאלו: "מי ______________ באוכל שלנו?" **(לנגוע / להגיע)**
2. אני רוצה ______________ לקניון. מי יכול ______________ אותי? **(לנסוע / להסיע)**
3. כאשר היא ______________, היא ______________ את המנורה. **(ליפול / להפיל)**
4. העיר תֵל אביב ______________ ב-1909. האנשים ש______________ את העיר יצאו מיָפוֹ. **(לקום להקים)**
5. היא ______________ את החדשות הטובות, כאשר היא ______________ לבקר. **(לבוא / להביא)**
6. החיילים ______________ לבָסיס בדרום. הֶליקופטר ______________ אותם בבוקר. **(לטוס / להטיס)**

ה. כתבו את הפועל בצורה הנכונה (פעל / הפעיל):

כימיה

1. מי לא **(ב.י.נ.)** הֵבִין ______ את השיעור?
2. בבקשה **(ב.ו.א.)** ______ בזמן לכיתה.
3. מי שלא **(ב.ו.א.)** ______ את העבודה מחר, לא יקבל ציון.
4. אסור **(נ.ג.ע.)** ______ בכִימִיקָלִים!
5. אחרי השיעור אף אחד לא **(ז.ו.ז.)** ______ מִפה עד שהכל מסודר.
6. אתם צריכים **(נ.ג.ע.)** ______ למעבדה* לארבע שעות.

* מעבדה – lab

בניין הפעיל
גזרת פ״י

(1

הרמב״ם, משנֶה תורה ספר משפטים – הלכות שכירות, פרק ד

ח [ו] הַשּׂוֹכֵר אֶת הַבְּהֵמָה לָשֵׂאת עָלֶיהָ מִשְׁקָל יָדוּעַ, וְ**הוֹסִיף** עַל מַשָּׂאוֹ--אִם **הוֹסִיף** חֵלֶק מִשְּׁלוֹשִׁים עַל הַשִּׁעוּר שֶׁפָּסַק עִמּוֹ וּמֵתָה--חַיָּב; פָּחוּת מִכָּאן--פָּטוּר, אֲבָל נוֹתֵן הוּא שְׂכַר הַתּוֹסֶפֶת. שָׂכָר סְתָם, אֵינוֹ נוֹשֵׂא אֵלָּא בְּמִשְׁקָל הַיָּדוּעַ בַּמְּדִינָה לְאוֹתָהּ בְּהֵמָה. וְאִם **הוֹסִיף** חֵלֶק מִשְּׁלוֹשִׁים, כְּגוֹן שֶׁדַּרְכָּהּ לָשֵׂאת שְׁלוֹשִׁים וְטָעַן עָלֶיהָ שְׁלוֹשִׁים וְאֶחָד, וּמֵתָה אוֹ נִשְׁבְּרָה--חַיָּב.

ט וְכֵן סְפִינָה שֶׁ**הוֹסִיף** בָּהּ אֶחָד מִשְּׁלוֹשִׁים עַל מַשָּׂאָהּ, וְטָבְעָה—חַיָּב לְשַׁלֵּם דָּמֶיהָ.

(2

סידור, תפילת עמידה תפילת גבורות (תחיית המתים)

אתה גיבור לעולם ה׳
מחיה מתים אתה רב להושיע,
משיב הרוח **ומוריד הגשם**
מכלכל חיים בחסד

(3

משנה, מסכת ברכות פרק ו, דף לה,א

כיצד מברכין על הפירות? על פירות האילן הוא אומר בורא פרי העץ חוץ מן היין שעל היין הוא אומר בורא פרי הגפן, ועל פירות הארץ הוא אומר בורא פרי האדמה חוץ מן הפת שעל הפת הוא אומר **המוציא לחם מן הארץ**, ועל הירקות הוא אומר בורא פרי האדמה רבי יהודה אומר בורא מיני דשאים:

י.ס.פ. – לְהוֹסִיף
בניין הפעיל

	עבר	הווה	עתיד
אני	**הוֹסַפְתִּי**	**מוֹסִיף**	**אוֹסִיף**
אתה	**הוֹסַפְתָּ**	**מוֹסִיפָה**	**תּוֹסִיף**
את	**הוֹסַפְתְּ**	**מוֹסִיפִים**	**תּוֹסִיפִי**
הוא	**הוֹסִיף**	**מוֹסִיפוֹת**	**יוֹסִיף**
היא	**הוֹסִיפָה**		**תּוֹסִיף**
אנחנו	**הוֹסַפְנוּ**		**נוֹסִיף**
אתם	**הוֹסַפְתֶּם**		**תּוֹסִיפוּ**
אתן	**הוֹסַפְתֶּן**		**תּוֹסִיפוּ**
הם/הן	**הוֹסִיפוּ**		**יוֹסִיפוּ**

לְהוֹסִיף (י.ס.פ.) – to add
לְהוֹצִיא (י.צ.א.) – to take out, spend
לְהוֹשִׁיב (י.ש.ב.) – to seat s/o
לְהוֹפִיעַ (י.פ.ע.) – to appear, perform
לְהוֹכִיחַ (י.כ.ח.) – to prove
לְהוֹלִיךְ (ה.ל.כ.) – to walk s/o, to lead to
לְהוֹדִיעַ ל... (י.ד.ע.) – to inform
לְהוֹרִיד (י.ר.ד.) – to take off (cloth), to bring down, to lower

א. השלימו את הנטייה של להוציא בזמן עבר:

אני	הוצֵאתי	אנחנו	________
אתה	________	אתם	________
את	________	אתן	________
הוא	________	הם/הן	________
היא	________		

ב. שיחה עם הפועל להוציא:

1. מי המנהיג* ש**הוציא** את עַם ישראל ממצריים?
2. מתי היית צריך/ה **להוציא** רהיטים* מן החדר שלך?
3. כמה כסף **הוצאת** בשבוע האחרון?
4. כמה את/ה **מוציא/ה** בחודש על אוכל?
5. כמה את/ה **מוציא/ה** בחודש על בידור*?
6. כאשר אתה הולך לבנק כמה כסף את/ה **מוציא/ה**?
7. כמה כסף את/ה **הוצאת** לקנות מתנה לחבר/ה קרוב/ה?

*מנהיג – leader
*רהיטים – furniture
*בידור – entertainment

ג. להשלים בכל הזמנים:

1. **לְהוֹפִיעַ**

השחקנית ________ ________ ________ בהצגה חדשה.

אני ________ ________ ________ בהצגה בבית הספר.

2. **לְהוֹדִיעַ**

הנשיא ________ ________ ________ על תוכנית כלכלית חדשה.

אתה ________ ________ ________ להורים על הנסיעה שלך?

3. **לְהוֹרִיד**

החנות ________ ________ ________ את המחירים.

אני ________ ________ ________ את התמונה מהקיר.

האשה פרסמה מודעת הֶיכרות* – בעלה השיב

יום חמישי, 10 ביולי, 2003 מאת: מערכת וואלה !

*מודעת הֶיכֵּרות – personal ad

בני זוג, הנשואים כבר 15 שנה, החליטו – ללא ידיעת בן הזוג – לבגוד* האחד בשני. האשה פרסמה מודעת היכרות בעיתון, ובעלה היה בין הגברים **שהשיבו** לה. בעקבות המקרה החליטו השניים להתגרש, וביקשו מבית המשפט לקבוע מי מהם הנואף*.

לפני כחודשיים פרסמה האשה מודעה אנונימית במקומון* בחיפה. בהודעה היא כתבה: "מעוניינת **להכיר** גבר בתחילת שנות ה-40 למטרות רציניות*". לתיבת הדואר הגיעו מספר תגובות למודעה, וביניהן אחת מפתיעה. בעלה, שלא ידע במי מדובר, היה בין הגברים **שהשיבו** למודעת אשתו.

האשה זיהתה* את כתב ידו* של בעלה, והתעמתה איתו בנושא. להגנתו טען* הבעל כי היא זו שבגדה בו, ואילו היא טענה שהוא זה שבגד, משום **שהשיב** למודעה. האשה **הגישה** תביעת גירושים* ודרשה מזונות*. בעלה דחה את הבקשה בגלל "התנהגותה הזנותית". בית המשפט לענייני משפחה בחיפה נדרש להכריע* מי מבני הזוג הוא הנואף. ואולם*, בעצת עורכי דינם ובהסכמת בית המשפט החליטו בני הזוג לפנות לייעוץ*, לפני הכרעת בית המשפט.

*לבגוד ב... – to cheat
*נואף/ת – adulterer
*מְקוֹמוֹן – local newspaper
*מטרות רציניות – serious intentions
*לזהות – to identify
*כְּתב יד – handwriting
*לטעון – to claim, argue
*להגיש תביעת גֵירושים – to file for divorce
*מְזונות – alimony
*להכריע – להחליט
*אולם – אבל, however
*ייעוץ – counseling

לפי http://news.walla.co.il/?w=//411561

משום ש... = כי

א. השלימו עם משום ש...:

1. הגבר אמר שהאישה בוגדת ______________________________
2. האישה טוענת שהגבר בוגד ______________________________

ב. שאלה

מדוע חשוב לבני הזוג להכריע (להחליט) מי הנואף?

ג. שיחה

מי הנואף, לדעתך?

ד. מצב

הגבר והאישה הולכים לייעוץ. הם מדברים עם היועץ לפני הכרעת בית המשפט.

השתמשו במילים: **לפרסם, מודעה, להשיב ל..., לבגוד ב..., להכיר, נואף/ת, כתב יד, התנהגות**

ה. נתחו את הפעלים:

	השורש	הבניין והגזרה	באנגלית
הגברים **הֵשִׁיבוּ** למודעה	ש.ו.ב.	הפעיל ע"ו	to reply, answer
היא מעוניינת **לְהַכִּיר** גבר			
הבעל **הֵשִׁיב** למודעה			
האישה **הִגִּישָׁה** תביעת גירושים			

ו. מצאו את שמות הפעולה בקטע:

לדעת ידיעה
להודיע ________
להגן ________
לתבוע ________
לבקש ________
להסכים ________
לייעץ ________
להכריע ________

שמות פעולה

בניין פעל **סְסִיסָה** **פְּגִישָׁה, עֲמִידָה, קְרִיאָה, קְנִיָּיה...** **וגם:** **אֲהָבָה; שִׂנְאָה; עֲבוֹדָה; גְּנֵבָה...**	**בניין הפעיל** **הַסְסָסָה** **הַזְמָנָה, הַחְלָטָה, הַרְגָּשָׁה, הוֹפָעָה...** **הֶסְסֵס** **הֶסְכֵּם, הֶישֵׂג...**
בניין פיעל **סִיסּוּס** **חִינּוּךְ, סִיפּוּר, צִיּוּר, טִיפּוּל...** **סַסָּסָה** **קַבָּלָה, בַּקָּשָׁה ...**	**בנין התפעל** **הִתְסַסְּסוּת** **הִתְרַגְּשׁוּת, הִתְנַהֲגוּת, הִתְלַהֲבוּת, הִתְנַדְּבוּת...**

➢ **דקדוק**

★ Gerund (noun end with "ing"), or verbal noun (שם פעולה), is a noun derived from a verb.
In Hebrew verbal nouns follow the pattern of the *binyan* from which it is derived:

הלך (פעל) – הליכה
הלך (פיעל) – הילוך
הוליך (הפעיל) – הולכה
התהלך (התפעל) – התהלכות

★ Gerunds function as nouns.
As with any other noun, it can be singular or plural:

פגישה – פגישו**ת** (נ׳)
ביקור – ביקור**ים** (ז׳)
התחלה – התחל**ות** (נ׳)
התפתחות – התפתח**ויות** (נ׳)

★ The gerunds can be with or without the definite article (ה׳ היידוע):
פגישה – **ה**פגישה

★ Like other nouns in Hebrew, it can come in an absolute state (נפרד): פגישה or in a construct state (נסמך): פגיש**ת**-מורים.

פעל

- חנה פוגשת את הרופאה שלה.
הפגישה היתה בקשר לסיגריות שחנה מעשנת.

פיעל

- הרופאה אומרת שהיא חייבת להפסיק לעשן.
הרופאה אומרת ש**העישון** לא בריא ומסוכן לבריאותה.

הפעיל

- חנה הצליחה להפסיק לעשן.
לחנה היתה **הצלחה** גדולה עם **הפסקת** העישון.

התפעל

- חנה מתלהבת מההצלחה שלה.
יש **התלהבות** גם אצל בני המשפחה של חנה.

העישון אסור בבנין זה
למעט במקומות המסומנים לכך
This is A No Smoking Building

א. כתבו את שמות הפעולה:

פעל

לבדוק – בְּדִיקָה
לשמור – ______
לסגור – ______
לפתוח – ______
לשכור – ______
לנסוע – ______
למכור – ______
ללכת – ______
לרדת – ______
לצאת – ______

פעל ע"ו

לרוץ – רִיצָה
לשיר – ______
לקום – ______
ללון – ______

פעל ל"ה

לקנות – קְנִיָּיה
לתלות – ______
לשתות – ______
לפנות – ______
לראות – ______

הפעיל

הרגיש – הַרְגָּשָׁה
השפיע – ______
השמין – ______
הפחיד – ______
החליף – ______
הרחיב – ______
הגדיל – ______
הסכים – ______
הבטיח – ______
הדליק – ______

הסכים – הֶסְכֵּם
הסדיר – ______
הבדיל – ______

הפעיל ע"ו, פ"נ

הכין – הֲכָנָה
הרים – ______
הזיז – ______
הבין – ______
הציע – ______
הגיד – ______

הפעיל פ"י

הופיע – הוֹפָעָה
הודיע – ______
הוכיח – ______
הוסיף – ______
הוריד – ______
הוציא – ______

פיעל

לדבר – דִּיבּוּר
לצלם – ______
לטפס – ______
לטייל – ______
לחפש – ______
לגדל – ______
לפתח – ______
לאחל – ______
לבטל – ______
לוותר – ______
להסס – ______

פיעל מרובעים

לפרסם – פִּרְסוּם
לתרגם – ______
לארגן – ______
לפטפט – ______
לזמזם – ______
לתקתק – ______

פיעל ל"ה

לשנות – שִׁינּוּי
לבלות – ______
לנקות – ______
לפנות – ______
לנסות – ______
לגלות – ______

התפעל

להתרגש – הִתְרַגְּשׁוּת
להתפתח ______
להשתתף – ______
להתכנס – ______
להזדקן – ______
להתנתק – ______
להתחלף – ______
להתרגז – ______
להתקדם – ______
להתפנות – ______

חוזה השלום ישראל-ירדן

ב-1994 חתמו ישראל וירדן על **הסכם** שלום.
ה**חתימה** היתה ביום רביעי, ה-26 באוקטובר, במעבר הגבול ליד אילת. הנשיא ביל קלינטון בא ב**טיסה** כדי להיות בטקס, ולערוך **פגישות** מנהיגים באיזור.

א. קראו את קטע "התוכנית", ורשמו את המדינות שבהן ביקר הנשיא קלינטון:

ביום רביעי:
מצרים (קהיר)
____
____

ביום חמישי:
____
____

בימי שישי-שבת:
____
____

ידיעות אחרונות,
יום ראשון, י"ח בחשון, תשנ"ה - 23.10.1994

התוכנית

יום רביעי

שעה 1 לפנות בוקר – נחיתה בקהיר. פגישות עם מובראק וערפאת. טיסה לטקס חתימת חוזה השלום. משם – לרבת עמון. נאום לפני הפרלמנט הירדני, וארוחת ערב עם חוסיין.

יום חמישי

טיסת בוקר לדמשק, למפגש עם אסד בארמונו. תיתכן מסיבת עיתונאים משותפת עם אסד. הלבנונים לא הוזמנו, אבל מביעים תקוות לתזוזה בהסדר עימם.

מדמשק לנתב"ג. הגעה מוערכת: 3 אחר הצהריים. טיסה במסוק לירושלים. נאום בכנסת. מסיבת עיתונאים משותפת עם רבין. סיור ב"יד ושם", ולמרות ההיסוסים הבטחוניים – גם במקומות הקדושים בירושלים. לינה במלון "המלך דוד".

שישי-שבת

טיסה לבנית, לפגישה עם הכוח האמריקני. נאום נשיאותי לכוח האמריקני, פגישה עם האמיר בכווית סיטי, ויציאה לבסיס הסעודי חאפר אל באטין הסמוך לגבול.

בפגישה עם מלך סעודיה, פאהד, יעלה קלינטון כנראה את הדרישה האמריקנית לבטל לגמרי את החרם הערבי, ולהתיר ביצוע עסקים ישירים עם חברות ישראליות. חזרה לוושינגטון בשבת.

חיים שיבי

ב. סמנו את שמות הפעולה בקטע "התוכנית".

ג. העתיקו את שמות הפעולה לפי הבניינים:

פעל
נחיתה
____
____
____
____
____
____
____

וגם:
נאום
חזרה

פיעל
סיור
____
____

הפעיל
הסדר
____

תוכנית טיול בשמורת עין גדי ונחל דויד

�֎ **א. כתבו את שמות הפעולה:**

פָּעַל

(ללון) לִינָה	בבית ספר שדה עין גדי.
(לקום) _____	בחמש בבוקר.
(לשתות) _____	קפה וארוחה קלה.
(לנסוע) _____	לשמורה.
(ללכת) _____	לנחל דוד.
(לשחות) _____	בבריכה.
(לרדת) _____	לקניון.
(לעלות) _____	למצוק*.

*מצוק – cliff

פִּיעֵל

(לבקר) בִּיקּוּר	בעין גדי.
(לטייל) _____	במפלים.
(לטפס) _____	על הגבעה.
(לסייר) _____	בבית הכנסת העתיק של עין גדי.
(לנקות) _____	השבילים.

הִפְעִיל

(להגיע) הֲגָעָה	לחניון.
(להאכיל) _____	יעלים*.
קבלת **(להדריך)** _____	על היעלים ושפני הסלע.
לימוד על **(להזרים)** _____	מים מהמעיין לקיבוץ.
(להגדיר) _____	צמחים (מדריך צמחי ארץ ישראל).

*יעל – ibex

הִתְפַּעֵל

(להתקרב) הִתְקָרְבוּת	לים המלח.
(להתמרח) _____	בבוץ השחור.
(להשתתף) _____	בסיור במקום הנמוך ביותר בעולם.
(להתפעל) _____	מים המלח!

שמורת טבע עין גדי

מפל דוד, שמורת הטבע עין גדי

פסיפס מבית הכנסת העתיק בעין גדי

אופניים בים המלח
צילומים: בונית פורת

יעלים בעין גדי

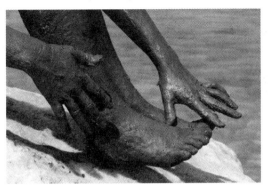

התמרחות בבוץ בים המלח

נחל דויד

ב. השלימו עם שמות הפעולה של הפעלים המסומנים בקו:

דיבור, קריאה וכתיבה

1. עליזה <u>מדברת</u> עברית מצוין, הדיבור שלה שוטף.
2. היא <u>קוראת</u> הרבה בעברית, כי היא רוצה שה__________ שלה תשתפר*.
3. היא חושבת שאם היא <u>תכתוב</u> הרבה, גם ה__________ תשתפר.
4. היא <u>התקדמה</u> בשפה. היא רואה את ה__________ בשיחות עם ישראלים.
5. היא <u>מעדיפה</u> ללמוד בקבוצה. יש לה __________ לקבוצות של נשים.

*להשתפר – to improve

קריאת ספר לפני השינה

6. אבא צריך <u>להלביש</u> את הילדים בפיז'מה. ה__________ לוקחת הרבה זמן.
7. הוא אוהב <u>להקריא</u> לילדים סיפור לפני השֵינה. ה__________ תמיד במיטה.
8. הוא לא <u>מחליט</u> מה קוראים. ה__________ בידי הילדים.
9. אבא <u>מתנהג</u> בעדינות עם הילדים. הוא גם שומר על ה__________ שלהם.
10. אבא <u>מחנך</u> את הילדים לאהוב ספרים. הוא חושב שזה חלק חשוב ב__________ הילדים.

✳ **ג. שיחה עם שמות פעולה**

השלימו עם שמות הפעולה ודברו על סוגי הספורט:

התעמלות ופעילות גופנית

שחייה התעמלות, קפיצה, צפייה, טיפוס, רכיבה, רחצה

1. איזו _____ אתם עושים: **שחייה**, כדור, יוגה, **ריצה**...?

2. איזו _____ אתם אוהבים: חופשי, חזה*, גב, פרפר או מעורב?   *חזה – breast stroke

3. מה אתם מעדיפים, _____ על אופניים או **הליכה** ברגל?

4. מה יותר כיף, _____ בים או בבריכה?

5. מה יותר קשה לך, _____ על ההר או **ירידה** מן ההר?

6. מה יותר כיף לכם, _____ במשחק באיצטדיון או **בישיבה** מול הטלוויזיה?

7. מה אתם עושים יותר טוב, **קפיצה** לרוחק* או _____ לגובה?   *קפיצה לרוחק – long jump

קפיצה לגובה

✳ **ד. שיחה**

חופשת קיץ

ספרו על פעילויות בחופשת הקיץ. השתמשו בשמות פעולה, כמו:

טיול, הדרכה במחנה, ביקור משפחתי, לימודים, קריאת ספרים, התעמלות, התנדבות, פגישות עם חברים, עבודה, קניות, ניקוי החדר/הבית, השתתפות בפעילויות

בניין פועל

ס.ד.ר.
בניין פועל, גזרת השלמים

	עבר	הווה	עתיד
אני	**סוּדַּרְתִּי**	**מְסוּדָּר**	**אֲסוּדַּר**
אתה	**סוּדַּרְתָּ**	**מְסוּדֶּרֶת**	**תְּסוּדַּר**
את	**סוּדַּרְתְּ**	**מְסוּדָּרִים**	**תְּסוּדְּרִי**
הוא	**סוּדַּר**	**מְסוּדָּרוֹת**	**יְסוּדַּר**
היא	**סוּדְּרָה**		**תְּסוּדַּר**
אנחנו	**סוּדַּרְנוּ**		**נְסוּדַּר**
אתם	**סוּדַּרְתֶּם**		**תְּסוּדְּרוּ**
אתן	**סוּדַּרְתֶּן**		**תְּסוּדְּרוּ**
הם/הן	**סוּדְּרוּ**		**יְסוּדְּרוּ**

סוּדַּר – was arranged
צוּלַּם – was photographed
חוּנַּךְ – was educated
תּוּקַּן – was repaired, corrected
פּוּטַּר – was fired
טוּפַּל – was treated
כּוּבַּד – was respected, honored

פּוּרְסַם – was published, advertised
תּוּרְגַּם – was translated

דקדוק ➢

★ *Binyan Pual* is equivalent to *Binyan Piel*, but is in the passive voice. *Pual* is used to make *Piel* verbs passive:

- התלמיד **תִּיקֵּן** את העבודה. ⇐ העבודה **תּוּקְּנָה** על ידי התלמיד.
- המורה **שִׁינָּה** את הציון. ⇐ הציון **שׁוּנָּה** על ידי המורה.

★ The sound "OO" that is characteristic to *Pual* is found in the entire conjugation.

★ There are no infinitive forms or verbal noun forms to *Pual*.

★ There are many adjectives that are derived from *Pual*, present tense:
מְאוּשָּׁר/ת (happy), **מְסוּדָּר/ת** (tidy, organized), **מְנוּמָּס/ת** (polite)

א. הפכו את פעלי פיעל לפועל:

בִּישֵּׁל - <u>בּוּשַּׁל</u>
גִּידֵּל - ____________
שִׁימֵּר - ____________
בִּיטֵּל - ____________
כִּיבֵּס - ____________
דִּיבֵּר - ____________
סִיפֵּר - ____________

סִידֵּר - ____________
צִילֵּם - ____________
תִּיקֵּן - ____________
אִרְגֵּן - ____________
לִכְלֵךְ - ____________
בִּזְבֵּז - ____________

ב. איזה פרח צוּלַם, ואיזה פרח צוּיַּר?

הפרח הזה ___________

הפרח הזה ___________

ג. סמנו את הפועל הנכון:

פיטורים* בבנק

*פיטורים – layoffs, dismissal

מנהל הבנק **פיטר / פוטר** את האיש מעבודתו. ⇐ האיש **פיטר / פוטר** מעבודתו בבנק על ידי המנהל.

העיתון **פרסם / פורסם** את הידיעה על הפיטורים. ⇐ הידיעה **פרסמה / פורסמה** ע״י העיתון.

עורך העיתון **חיבר / חובר** את הידיעה על מנהל הבנק. ⇐ הידיעה **חיברה / חוברה** על ידי עורך העיתון.

ד. הפכו לסביל (פסיבי):

לפני ארוחת הערב

1. בִּישַּׁלְתִּי מרק ירקות.

מרק ירקות בּוּשַּׁל על ידיי.

2. אנחנו סִידַּרְנוּ את השולחן.

____

3. היא נִיגְּבָה* את כוסות היין.

____

4. טִפְטַפְתִּי* שֶׁמֶן על הסלט.

____

5. עִרְבַּבְתִּי* את ירקות הסלט.

____

6. הוא מְטַגֵּן* שניצלים טעימים.

____

*לְנַגֵּב – to wipe

*לְטַפְטֵף – to drip, pour slowly

*לְעַרְבֵּב – to mix

*לְטַגֵּן – to fry

ה. הפכו את המשפטים מפעיל לסביל (מאקטיבי לפסיבי):

בצבא

1. צה״ל מְגַיֵּיס בדואים ודרוזים לצבא.

בדואים ודרוזים מגויסים לצבא על ידי צה"ל.

2. הצבא מְתַקֵּן את הטַנקים שנִפגעו.

3. החיילים נִיקוּ את הנשק.

4. החיילים התורנים בִּישְׁלוּ ארוחת ערב במטבח.

5. המפקד אִישֵּׁר* את החופשה של החיילים.

6. דובֵר* צה״ל פִּרְסֵם את שמות ההרוגים.

*לְאַשֵּׁר – to approve, confirm

*דוֹבֵר – spokesman

ו. הפכו לסביל (פסיבי):

ראש הממשלה

1. ראש הממשלה כִּינֵּס* את שָׂרֵי הממשלה.

2. ראש הממשלה בִּיטֵּל* את המס על מוצרי חשמל מחו״ל.

3. ראש הממשלה פִּיטֵּר את שר העבודה.

4. ראש הממשלה פִּרְסֵם את התכנית הכלכלית שלו.

5. ראש הממשלה שִׁכְנֵעַ את השרים לתמוך בתכנית הכלכלית.

*לְכַנֵּס – to assemble

*לְבַטֵּל – to abolish, cancel

ז. אמרו/כתבו "אל תדאג", והשלימו בעבר ובעתיד:

סידורים בבית והכנות לפני החג

פעל ⇦ נפעל

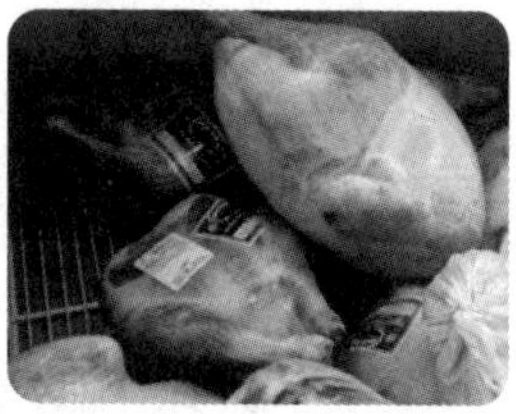

1. צריך **לשלוח** את ההזמנות למשפחה.

בעבר: אל תדאג, ההזמנות נִשְׁלְחוּ.

בעתיד: אל תדאג, ההזמנות יִישָּׁלְחוּ.

2. צריך לקנות תרנגול הודו ותפוחי-אדמה מתוקים (בטטות).

בעבר: ______

בעתיד: ______

3. צריך לבדוק את התנור*.

*תַּנּוּר – oven

בעבר: ______

בעתיד: ______

4. כדאי לפתוח את שולחן-האוכל.

בעבר: ______

בעתיד: ______

פיעל ⇦ פועל

5. צריך לסדר את המיטות של האורחים.

בעבר: אל תדאג, ______

בעתיד: ______

6. כדאי לנקות את חדר האורחים.

בעבר: ______

עתיד: ______

7. צריך לשלם את חשבונות הטלפון והאינטרנט.

בעבר: ______

בעתיד: ______

8. צריך לכבס את הבגדים והמגבות.

בעבר: ______

בעתיד: ______

ח. זהו את הפעלים בבניין פועל ותרגמו אותם לאנגלית:

כותרות עיתונים

(1) יום רביעי, 23.8.95

באילת חודשו השיחות
עם הפלסטינאים

(2) ידיעות אחרונות, 26 ביולי 2005

בתרגיל פינוי "יבש" בצאלים פונו מתנחלים
מבתיהם בתוך 20 דקות
מופז הכריז שהכוח מוכן

*פינוי – evacuation
*מתנחלים – settlers

(3) יום שישי, 2 בספטמבר 2011

טורקיה מימשה את איומה: השגריר
הישראלי יגורש
זאת בעקבות סירובה של ישראל להתנצל על אירועי המשט.

*אִיום – threat
*לגרש – to expel
*מַשָּׁט – flotilla

(4) 16.7.2012

פורסם דוח על נתוני תקיפה מינית
70 אחוז מן התיקים שנפתחים בעקבות תלונות על
הטרדה מינית, נסגרים מחוסר ראיות.

*דוח – דין וחשבון, report
*הטרדה מינית – sexual harassment

(5) 29.10.2012

הוריקן סנדי מגיעה לחוף המזרחי

יותר מ-7,200 טיסות בוטלו, בהן טיסות טרנס אטלנטיות
רבות לנמלי התעופה של ניו יורק, בולטימור, ניוארק,
וושינגטון, בוסטון ופילדלפיה

שמות תואר מבניין פועל בהווה

➢ **דקדוק**

★ Many adjectives in Hebrew are derived from the present tense conjugation of *binyan Pual* :

מְאוּשָׁר/ת, מְשוּגָּע/ת, מְנוּמָּס/ת

★ When using these adjectives in the past or future tense, the verb היה is added to indicate the tense (and not the past or future tense of *Pual*):

הוא היה מאושר.
אני הייתי משוגע.
הם יהיו מנומסים.

מפונק – spoiled
מְפוּנָּק
מְפוּנֶּקֶת
מְפוּנָּקִים
מְפוּנָּקוֹת

wasted – מבוזבז*

> **"יום שלא צחקת בו הוא יום מבוזבז*"**
> ניקולה שאמפור (צרפת 1741-1794)
> מתוך "ציטטות לכל עת". ליקט וערך: דוד שחם.

�֎ א. כתבו את שם התואר (בפועל הווה), ואת תרגומו לאנגלית:

ח.נ.ך.	מחונך	educated
פ.ר.ס.ם.	_____	_____
ס.ד.ר.	_____	_____
ח.מ.ם.	_____	_____
כ.ב.ד.	_____	_____
נ.מ.ס.	_____	_____
ק.ר.ר.	_____	_____
ל.מ.ד.	_____	_____
ק.ב.ל.	_____	_____
ר.ב.ע.	_____	_____
ז.מ.ן.	_____	_____
א.ר.ג.ן.	_____	_____
א.כ.ז.ב.	_____	_____
ת.ר.ג.ם.	_____	_____
ב.ל.ב.ל.	_____	_____

ב. השלימו עם שמות תואר מבניין פועל:

ספר ספרדי

הייתי מבולבל/ת (לבלבל) בנושא של ההיסטוריה הספרדית.

קניתי ספר שלא היה חדש אלא _____ (לשמש).

הספר שקניתי _____ (לתרגם) מספרדית.

הספר _____ (לארגן) לפי פרקים.

בספר _____ (לספר) על מלחמת האזרחים בספרד (1939–1936).

קראתי שאחרי מלחמת האזרחים, ספרד לא היתה _____ (לאחד) . היא היתה
_____ (לחלק) מאוד.

הספר היה _____ (לציין).

אֵיזֶהוּ מְכֻבָּד? – הַמְכַבֵּד אֶת הַבְּרִיּוֹת
מסכת אבות, ד פסוק א

ג. דרגו* את עצמכם לפי שמות התואר (1 הכי נמוך, 10 הכי גבוה):   *לדרג – to rate

אני

[ ] מפונק/ת   [ ] מרובע/ת

[ ] מסודר/ת   [ ] מאושר/ת

[ ] מבולגן/ת   [ ] _____

[ ] משוגע/ת

[ ] מנומס/ת

[ ] מפורסם/ת

[ ] מבולבל/ת

[ ] מאורגן/ת

בניין הוּפעל

ח.ז.ר.
בניין הופעל, גזרת השלמים

עבר	הווה	עתיד
הוּחְזַרְתִּי	**מוּחְזָר**	**אוּחְזַר**
הוּחְזַרְתָּ	**מוּחְזֶרֶת**	**תּוּחְזַר**
הוּחְזַרְתְּ	**מוּחְזָרִים**	**תּוּחְזְרִי**
הוּחְזַר	**מוּחְזָרוֹת**	**יוּחְזַר**
הוּחְזְרָה		**תּוּחְזַר**
הוּחְזַרְנוּ		**נוּחְזַר**
הוּחְזַרְתֶּם		**תּוּחְזְרוּ**
הוּחְזַרְתֶּן		**תּוּחְזְרוּ**
הוּחְזְרוּ		**יוּחְזְרוּ**

הוחזר – was returned
הוּזְמַן – was invited
הוּחְלַט – was decided
הוּשְׂכַּר – was rented
הוּלְבַּשׁ – was dressed by s/o
הוּסְכַּם – was agreed
הוּמְלַץ – was recommended
הוּכְרַז – was declared
הוּרְגַשׁ – was felt
הוּבָא – was brought
הוּקַם – was founded

➢ דקדוק

★ *Binyan Hufal* is equivalent to *binyan Hifil,* but is in the passive voice.
Hufal is used to make *Hifil* verbs passive:

- בעל הבית **הִשְׂכִּיר** את הדירה לסטודנטים. ⇦ הדירה **הוּשְׂכְּרָה** לסטודנטים על ידי בעל הבית.
- הם **הִסְכִּימוּ** על שכר הדירה. ⇦ שכר הדירה **הוּסְכַּם** בינהם.

★ The sound "OO" in the prefix of *Hufal* (before the first letter of the root) is found in the entire conjugation.

★ There are no infinitive or verbal noun forms to *Hufal*.

★ There are many adjectives that are derived from *Hufal*, present tense:
מוּכְשר/ת (talented), **מוּשְׁלם/ת** (complete, perfect), **מוּמְלץ/ת** (recommended)

א. מצאו את הפועל בבניין הופעל בכותרת העיתון:

שפעת החזירים: הוכרז מצב חירום רפואי בינ"ל
לאחר שגבתה את חייהם של עשרות בני אדם במקסיקו, התגלו חולים בשפעת החזירים גם בארה"ב: בניו יורק, בקנזס ובקליפורניה
סוכנויות הידיעות | 4.26.2009

*שפעת החזירים – swine flu
*מצב חירום – state of emergency
*בינ"ל – בינלאומי, international

גלעד שליט

גלעד שליט, נולד ב-1986, התגייס לצה״ל ביולי 2005.
ב-25 ביוני 2006 הטנק שבו היה גלעד שליט **הוּתְקַף*** באזור כֶּרֶם שָׁלוֹם על ידי חולית מחבלים*. שני חיילים נהרגו, אחד נלכד בטנק, והרביעי, גלעד שליט, נפצע קל ונחטף*.
כחמש שנים וחמישה חודשים - 1941 ימים - **הוּחְזַק*** שליט ברצועת עזה על ידי החמאס. במהלך שנות שְׁבִיוֹ* שום גורם בינלאומי לא ביקר אותו.
בעקבות ״עִסקת* שליט״ **הוּסְכַּם** על יד הצדדים ש-1027 אסירים פלסטינים **יוּחְלְפוּ** עבור גלעד שליט. כ-450 **הוּעֲבְרוּ*** לשטחי יהודה ושומרון לפני שִׁחרור* שליט, ועוד כ-550 לאחר שִׁחרורו.
ב-18 באוקטובר 2011 **הוּעֲבַר*** גלעד שליט לידיים מצריות ואז לידיים ישראליות על אדמת מצרים, ובאותו יום **הוּחְזַר** הביתה.

*הותקף – was attacked
*חולית מחבלים – terrorist cell
*נחטף – was kidnapped
*הוחזק – was held
*שְׁבִי – captivity
*עִסקה – deal
*הועבר – was transferred
*שִׁחרור – release

ב. הפכו את הפעלים בסוגריים לפעלים פסיביים, והשלימו בכל הזמנים.

הממשלה אישרה: העסקה לשחרור שליט תצא לפועל
יום רביעי, 12 באוקטובר 2011

פועל

1. עִסקת החלפת השבויים __אוּשְּׁרָה__ ____________ ____________ על ידי הממשלה. **(לְאַשֵּׁר)**
2. גלעד שליט ____________ ____________ ____________ על ידי החמאס. **(לְשַׁחְרֵר)**
3. התכנית ____________ ____________ ____________ ע״י הצדדים. **(לְסַכֵּם)**

הופעל

4. העִסקה __הוּחְלְטָה__ ____________ ____________ על ידי הממשלה. **(לְהַחְלִיט)**
5. כאשר עבר לשטח ישראל, שליט ____________ ____________ ____________ במַדים של צה״ל. **(לְהַלְבִּישׁ)**
6. החייל החטוף ____________ ____________ ____________ לביתו ולמשפחתו. **(לְהַחְזִיר)**

ג. הפכו את המשפטים לסביל (פסיבי):

תינוקת

1. אמא הֶאֱכִילָה את התינוקת.

התינוקת ______________________

2. אבא הִלְבִּיש את התינוקת.

____

3. סבא וסבתא הִדְרִיכוּ את האחות איך להשכיב את התינוקת.

____

4. האחות הִשְׁכִּיבָה את התינוקת במיטה.

____

ד. כתבו הקדשות. השתמשו במילה "מוקדש":

"מוקדש* לכל החתולים בחיי"

אריק קרל, "ראית את החתול שלי?"
(Eric Carle, “Have you seen my cat?”)

*מוקדש – dedicated

הספר - ______________________

השירים - ______________________

התכנית - ______________________

✄ ה. הפכו מסביל לפעיל (מפסיבי לאקטיבי):

הבְּלִיץ בלונדון (1941-1940)

1. <u>חֵיל האוויר הגרמני הִתְקִיף את לונדון מספטמבר 1940 עד ...</u>

   לונדון **הוּתְקְפָה*** על ידי חֵיל האוויר הגרמני מספטמבר 1940 עד מאי 1941.

2. <u>הגרמנים</u>

   למעלה ממיליון בתים **הוּחְרְבוּ*** בבְּלִיץ.

3. <u>400 מפציצים</u>

   בלילה של ה-15 באוקטובר 1940 **הוּפְצְצָה*** לונדון על ידי 400 מַפציצים* במשך 6 שעות.

4. _____

   בלילה הזה **הוּפַּל*** רק מטוס גרמני אחד על ידי חיל האוויר המלכותי.

5. <u>ההפצצות</u>

   תושבי לונדון **הוּכְרְחוּ*** למצוא מחסה* בתחנות הרכבת התחתית.

was attacked	*הותקף
was destroyed	*הוחרב
was bombed	*הופצץ
bomber	*מפציץ
was brought down	*הופל
was forced	*הוכרח
shelter	*מחסה

בתים מופצצים בלונדון

שמות תואר מבניין הופעל בהווה

➢ **דקדוק**

★ Many adjectives are derived from the present tense conjugation of *binyan Hufal* :

מוּקְדָם/ת, מוּשְׁלָם/ת, מוּכָן/ה

★ When using these adjectives in the past or future tense, the verb היה is added to indicate the tense (and not the past or the future tense of *Hufal*):

השעה הייתה מוקדמת.
העבודה לא הייתה מושלמת.
הכל יהיה מוכן בזמן.

מוקדם – early
מוּקְדָם
מוּקְדֶמֶת
מוּקְדָמִים
מוּקְדָמוֹת

🦋 **א. כתבו את שם התואר (בהופעל הווה), ותרגמו לאנגלית:**

רחוב מושלג

worried	מוּדאג	– ד.א.ג.
_____	_____	– כ.ש.ר.
_____	_____	– ש.ל.ם.
_____	_____	– ש.ל.ג.
_____	_____	– ג.ד.ל.
_____	_____	– ג.ב.ל.
_____	_____	– מ.ל.ץ.
_____	_____	– ב.ט.ח.
_____	מוּאר	– א.ו.ר.
_____	_____	– ב.י.ן.
_____	_____	– כ.ו.ן.

אותיות קטנות **אותיות מוגדלות**

🦋 **ב. שנו את המין או המספר:**

1. גבול מוגן. מדינה <u>מ ו ג נ ת</u>
2. סרט מומלץ. מסעדה _____
3. רעיון מובן. אידאולוגיה _____
4. תלמידה מוכשרת. מורים _____
5. חופש מוגבל. תנועה _____

6. ערב מושלם. חופשה _____
7. מורה מודאג. הורים _____
8. ימים מושלגים. עונות _____
9. חדר מואר. דירות _____

אתר מוזמנים

אתר מוזמנים www.muzmanim.co.il

חוגגים אירוע גדול? חתונה? ברית? בריתה? בר-מצווה?

תוכנה לארגון חתונה, ברית , בריתה ובר-מצווה בצורה ידידותית,
פשוטה, חכמה ונוחה שגם תחסוך לכם זמן וכסף.
והכי חשוב התוכנה בחינם!

- רוצים לדעת מי יגיע ומי לא?
- מי יישב ליד מי?
- כמה מנות להזמין?
- כמה כסף הוצאתם על האירוע ?
- האם כיסיתם את ההוצאות ?

ניהול רשימת המוזמנים, אישורי ההגעה, הזמנות לאירוע ,רשימת מתנות ,סידור שולחנות אוטומטי, ניהול הוצאות, אנשי קשר ועוד.

א. שאלות

1. אתר מוזמנים הוא בשביל [ ] מישהו שמוזמן לאירוע.
[ ] מישהו שמֵכין אירוע.
[ ] מי שעובד בתִכנון אירועים.

2. בהרבה אירועים ישראלים האורחים מצופים* לתת מתנה בגובה עלות* הארוחה. מאיזה משפט באתר למעלה אפשר ללמוד על המִנהג הזה?

*מצופים – are expected
*עֲלות – cost

ב. מצאו את המילה בעברית באתר מוזמנים למעלה:

website	אתר	save money	______
computer program	______	list of invited people	______
event	______	to cover the expenses	______
expenses	______		

קטעי העשרה והכנה לקריאת עיתון

אופניים עם דילֶמה

עברה שנה מאז שהחליטה עיריית פריז על פרוייקט האופניים להשכרה*. עכשיו האוויר בעיר נקי יותר, אבל בתי החולים מלאים יותר. הפרוייקט שמציע* אופניים להשכרה במחירים נמוכים במיוחד הצליח להגדיל את מספר הרוכבים* בעיר ב-70%. יחד עם זאת עלה בכ-20% מספר התאונות שבהם מעורבים* רוכבי האופניים. שלושה מהרוכבים נהרגו.

לפי: שער למתחיל, 22 ביולי 2008

*לְהַשְׂכָּרָה – for rent

*לְהַצִּיעַ – to offer

*רוכב – cyclist

*מְעוֹרָב/ים – involved

תחנה להשכרת אופניים בפריז

א. סמנו נכון / לא נכון:

לפי הידיעה בעיתון –

1. התושבים בפריז לא אוהבים לרכוב על אופניים. נכון / לא נכון
2. הפרוייקט הצליח אבל יש נפגעים בתאונות של רוכבי אופניים. נכון / לא נכון
3. אנשים שרוכבים על אופניים יותר בריאים ולא צריכים בתי חולים. נכון / לא נכון
4. מאז שיש הרבה אופניים בפריז יש פחות תאונות בין מכוניות. נכון / לא נכון

ב. שיחה

1. האם בעיר שאתה גר בה יש תכניות להשכרת אופניים?
2. האם המחירים של ההשכרה נמוכים?
3. האם יש הרבה רוכבים?
4. האם יש תאונות שמעורבים בהן רוכבי אופניים?

יש ילדים שרק חולמים על מים

האו"ם*: לאחד מכל 5 ילדים אין גישה למים נקיים, 1 מכל 10 ילדים לא הולך לבית ספר

*או״ם – the UN
*גישה – access

16% מהילדים בעולם סובלים ממצב תזונתי ירוד*, ול-21% מהילדים אין נגישות* למים נקיים ובטוחים – כך עולה מהנתונים* של קרן האו"ם למען הילד, יוּנִיסֶף.
מהנתונים עולה עוד ש-13% מילדי העולם אף פעם לא למדו בבית ספר, ול-16% מהילדים אין נגישות לאמצעי תקשורת כמו רדיו, טלפון, עיתונים או טלוויזיה.
הילדים שנמצאים במצב הקשה ביותר חיים באפריקה או בדרום אסיה. לפי נתוני יוּנִיסֶף, 75% מהילדים מתחת לגיל 15 שלא לומדים בבית ספר חיים באזורים* אלו.

*מַצָּב תְּזוּנָתִי יָרוּד – poor nutritional condition
*נְגִישׁוּת – accessibility
*נְתוּנִים – data
*אֲזוֹרִים – areas

א. מלאו את האחוזים (%) לפי הכתבה:

1. ילדים שהתזונה שלהם לא טובה ________%
2. ילדים שאין להם נגישות למים נקיים ________%
3. ילדים שלא למדו בבית ספר ________%
4. ילדים שאין להם נגישות לאמצעי תקשורת ________%
5. ילדים מתחת לגיל 15 באפריקה ובדרום אסיה שלא לומדים בבי״ס ________%

ב. השלימו את שם התואר:

מים (**נקי**) ____________________

מים (**בטוח**) ____________________

מצב (**תזונה**) ____________________

מצב (**יָרוּד**) ____________________

מצבים (**קשה**) ____________________

ג. במה, לדעתך, הכי חשוב לטפל? נא להסביר.

- מים
- תזונה
- אמצעי תקשורת
- חינוך

נערף* ראשו של היטלר במוזיאון שעווה* בברלין

נֶעֱרַף – was beheaded*
מוּזֵיאוֹן שַׁעֲווֶה – wax* museum

בתחילת יולי 2008 נפתח בברלין מוזיאון השעווה מָדָאם
טוּסוֹ. המוזיאון מציג 70 דמויות מההיסטוריה של גרמניה.
בין הפסלים* שהוצבו במוזיאון היה גם פסל שעווה של
היטלר. לצד הפסל עמד שלט* עם תיאור הפשעים* של
היטלר. ביום של פתיחת המוזיאון, נכנס גבר גרמני בן 41
והצליח לערוף את ראשו של היטלר. הוא צעק "לא עוד
מלחמות!".

פֶּסֶל – statue*
שֶׁלֶט – sign*
פְּשָׁעִים – crimes*

מעובד לפי כתבה ב- ynet : ברלין : נערף ראשו של
פסל השעווה של היטלר, 5 ביולי 2008.

פסל השעווה של היטלר, לפני העריפה (צילום: רויטרס)

א. מה דעתך ?

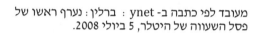

לְהַצִיג – to exhibit*

האם כדאי להציג* פסל של היטלר במוזיאון שעווה?
עם איזו דעה/דעות אתם מסכימים? הסבירו.

1. פסל שעווה זאת אמנות, ולכן אפשר להציג פסל של היטלר.

סֵמֶל – symbol*

2. אסור להציג סמלים* נאציים, ופסל של היטלר הוא סמל נאצי.

לְהִתְעַלֵם מ.. – to ignore*

3. היטלר הוא חלק מההיסטוריה הגרמנית, ואסור להתעלם*
מהחלק הזה של ההיסטוריה.

לְעוֹדֵד – to encourage*

4. פסל של היטלר יעודד* קבוצות של ניאו-נאצים.

מעכשיו - ביגוד בלתי רשמי* באו"ם, כדי לחסוך* במזגנים*

מאת שלמה שמיר, ניו יורק

מזכ"ל האו"ם* בַּן קִי-מוּן החליט לשַׁנות את קוֹד הלבוש הנוקשה* של הדיפלומטים, עובדי האו"ם והעיתונאים.

בגלל החום הכבד של הקיץ בניו יורק עובדים המזגנים בבניין האו"ם ללא הפסקה. במכתב רשמי ששלח למשלחות* של 192 המדינות החברות, הודיע* המזכ"ל שהטמפרטורות בבניין יועלו מ-72 מעלות ל-77, ובסופי שבוע המזגנים לא יופעלו בכלל.
"שינוי כזה", כתב בַּן קִי-מוּן, "יכול לשמש דוגמה טובה למה שאנחנו יכולים לעשות נגד התחממות האקלים*".

לפי קוֹד הביגוד החדש מותר יהיה להיכנס לבניין ולבלות בו בלבוש קֵייצי קליל. "אני מעודד* את חברי המשלחות להתלבש בבגדים קלים", כתב קִי-מוּן.

מראשית שבוע זה ניתן לראות בבניין האו"ם דיפלומטים ועובדים לראשונה בלי חליפות* ובלי עניבות* ולבושים חולצות טְריקוֹ ומכנסי פשתן* קלילים.

"לא האמנתי שאראה שינוי כזה בהופעתם החיצונית של שגרירים* ודיפלומטים", הֵעיר עיתונאי ותיק באו"ם.

*בִּלְתִּי רִשְׁמִי – unofficial, casual
*לַחְסוֹך ב... – to save
*מַזְגָן – air conditioner

*מַזְכָּ"ל הָאוּ"ם (מזכיר כללי של האומות המאוחדות) – the UN Secretary-General
*נוּקְשֶׁה – strict

*מִשְׁלַחַת – delegation
*לְהוֹדִיעַ – to announce

*אַקְלִים – climate

*לְעוֹדֵד – to encourage

*חֲלִיפָה – suit
*עֲנִיבָה – tie
*פִּשְׁתָּן – linen

*שַׁגְרִיר – ambassador

לפי: הארץ, 6 באוגוסט 2008
http://www.haaretz.co.il/hasite/spages/1009161.html

א. שאלות

1. מה היה הקוֹד של הלבוש באו״ם בעבר, ומה הקוֹד החדש?
2. מה היתה הסיבה לשנות את הלבוש באו״ם?
3. האם הדיפלומטים קיבלו את השינוי?

ב. מה דעתך?

1. מה דעתך על השינוי בטֶמפרטורה? האם 77 מעלות היא טֶמפרטורה נוחה לעבודה?
2. מה דעתך על הלבוש הבִּלתי-רִשמי בְּמָקום כמו האו״ם?
3. מה אתם מעדיפים ללבוש – חליפה ועניבה או חולצת טריקו ומכנסי פשתן?

סרטים בטלוויזיה

"לאהוב את אנה". יום שלישי, 1.7, 22:00, ערוץ 10. סדרת* דרמה חדשה בכיכובם* של משה איבגי ויאנה גור: הוא קיבוצניק אלמן ואב לארבעה, שמתאהב בצעירה אוקראינית יפהפייה שהכיר דרך האינטרנט, והקשר ביניהם משפיע על כולם מסביב.

*סִדְרָה – series
*בְּכִיכּוּב – starring

"הייירספריי". יום רביעי, 2.7, 21:30. Yes1. 115 דקות. גרסתו* של אדם שנקמן מ-2007 למחזמר* שהתבסס* על סרטו של ג'ון ווטרס מ-1988. הסרט מציג* את סיפורה של תלמידת תיכון גוצה* (ניקי בלונסקי) ב-1962 בבולטימור. היא מביאה לביטול חוקי ההפרדה הגזעית* בין לבנים לשחורים ששלטה בתוכנית ריקודים טלוויזיונית פופולרית. הסרט כולל* כמה קטעים מוצלחים, בעיקר אלה שמבצעת* קְווין לָטיפה וקטע ריקוד שמבצעים הוריה של גיבורת הסרט: אביה (כריסטופר ווקן) ואמה (ג'ון טרבולטה).

*גִרְסָה – version
*מַחֲזֶמֶר – musical
*הִתְבַּסֵּס עַל – based on
*לְהַצִּיג – to portray
*גוּץ/ה – נמוך/ה ושמנמן/ה
*בִּיטּוּל חוּקֵי הַהַפְרָדָה הַגִּזְעִית – termination of racial segregation laws
*כּוֹלֵל – including
*לְבַצֵּעַ – to perform

"המלאכיות של צרלי". יום שישי, 4.7, 21:00. Yes2. קמרון דיאז, לוסי ליו ודרו ברימור הן המלאכיות שנלחמות בפשע* בחסותו* של מיליונר מסתורי, בסרט הפעולה* שמבוסס על סדרת הטלוויזיה משנות ה-70. מחר, שבת, ישודר באותו ערוץ* ובאותה שעה סרט ההמשך*, "המלאכיות של צ'רלי: בהילוך גבוה".

*פֶּשַׁע – crime
*בְּחָסוּת – sponsored by
*סֶרֶט פְּעוּלָה – action movie
*עָרוּץ – channel
*סֶרֶט הֶמְשֵׁךְ – sequel

א. ענו על השאלות:

1. האם אתם מכירים את הסרטים האלה?
2. איזה מהסרטים סרט הוא סרט פעולה?
   איזה סרט הוא דרמה?
   איזה סרט הוא מחזמר?
3. מה משותף לסרטים "הֵייירספריי" ו"המלאכיות של צַ'רלי"?
4. איזה סרט אתם בוחרים לראות? מדוע?

ב. כתיבה

כתבו המלצה לסרט אחר שיוצג בטלוויזיה.
Write a recommendation for another movie to be shown on TV.

אוצר מילים - יחידה 2

פעלים

אִישֵׁר (לְאַשֵּׁר)	to approve, confirm
בָּגַד (לִבְגּוֹד ב...)	to cheat on, to betray
בָּחַן (לִבְחוֹן)	to examine
בִּיטֵּל (לְבַטֵּל)	to abolish, to cancel
בִּיצֵּעַ (לְבַצֵּעַ)	to perform, to carry out
גִּילָּה (לְגַלּוֹת)	to reveal, to discover
גֵּירֵשׁ (לְגָרֵשׁ)	to expel, to drive out
דִּמְיֵין (לְדַמְיֵין)	to imagine
הִבְדִּיל (לְהַבְדִּיל)	to tell apart
הִגְדִּיר (לְהַגְדִּיר)	to define
הוֹדִיעַ (לְהוֹדִיעַ ל...)	to announce
הוֹפִיעַ (לְהוֹפִיעַ)	to perform, to appear
הִזְדַּקֵּן (לְהִזְדַּקֵּן)	to become old, to age
הִכִּיר (לְהַכִּיר)	to recognize, to know
הִכְרִיעַ (לְהַכְרִיעַ ב...)	to decide, to determine
הִיסֵּס (לְהַסֵּס)	to hesitate
הִפְלִיג (לְהַפְלִיג)	to sail
הֶעֱדִיף (לְהַעֲדִיף)	to prefer
הִצְחִיק (לְהַצְחִיק)	to make s/o laugh
הִצִּיג (לְהַצִּיג)	to exhibit, to portray
הִצִּיעַ (לְהַצִּיעַ)	to offer, to suggest
הֵצִיץ (לְהָצִיץ ב...)	to glance, to peek
הִשְׁוָוה (לְהַשְׁווֹת)	to compare
הִשְׂכִּיר (לְהַשְׂכִּיר)	to rent out
הִשְׁמִין (לְהַשְׁמִין)	to become fat, to put on weight
הִשְׁתַּפֵּר (לְהִשְׁתַּפֵּר)	to improve
הִתְבַּלְבֵּל (לְהִתְבַּלְבֵּל)	to become confused
לְהִתְבַּסֵּס (הִתְבַּסֵּס על...)	to be based on
הִתְלוֹנֵן (לְהִתְלוֹנֵן על...)	to complain
הִתְעַוֵּור (לְהִתְעַוֵּור)	to become blind
הִתְעוֹרֵר (לְהִתְעוֹרֵר)	to wake up
הִתְעַלֵּם (לְהִתְעַלֵּם מ...)	to ignore
הִתְעַמֵּת (להתעמת עם...)	to confront, to conflict
הִתְקָרֵב (לְהִתְקָרֵב אל...)	to approach, to come near, to move over
הִתְרַגֵּל (לְהִתְרַגֵּל ל...)	to get used to
הִתְרַכֵּז (לְהִתְרַכֵּז ב...)	to concentrate, to focus
וִיתֵּר (לְוַותֵּר על...)	to give up
זִיהָה (לְזַהוֹת)	to identify
זִמְזֵם (לְזַמְזֵם)	to buzz, to hum
חָסַךְ (לַחְסוֹךְ)	to save (money), to save up
טִיגֵּן (לְטַגֵּן)	to fry
טָעַן (לִטְעוֹן)	to claim, argue, charge
טִפְטֵף (לְטַפְטֵף)	to drip, to pour slowly
כִּיבֵּס (לְכַבֵּס)	to wash, to launder
כִּינֵּס (לְכַנֵּס)	to assemble
לִיטֵּף (לְלַטֵּף)	to caress
לָן (לָלוּן ב...)	to sleep overnight, lodge
מִחְזֵר (לְמַחְזֵר)	to recycle
מִלְצֵר (לְמַלְצֵר)	to work as a waiter
נִבְלַע (לְהִיבָּלַע)	to be swallowed
נֶחְטַף (לְהֵיחָטֵף)	to be kidnapped
נִיגֵּב (לְנַגֵּב)	to wipe
נִיחֵשׁ (לְנַחֵשׁ)	to guess
נֶעֱרַף (לְהֵיעָרֵף)	to be beheaded
עוֹדֵד (לְעוֹדֵד)	to encourage

עִרְבֵּב (לְעַרְבֵּב)	to mix
פָּעַל (לִפְעוֹל)	to operate, to act
צָרַךְ (לִצְרוֹךְ)	to consume
קִיטֵּר (לְקַטֵּר עַל...)	to complain continuously [slang]
שִׂיחֵק (לְשַׂחֵק)	to act, to play
שָׂכַר (לִשְׂכּוֹר)	to rent, to hire
תִּכְנֵן (לְתַכְנֵן)	to plan
תִּקְשֵׁר (לְתַקְשֵׁר עִם...)	to communicate

שמות עצם ושמות תואר

אבוד/ה	lost
אולם	but, however
או"ם	the UN
אוֹמֶץ	courage
אוֹפִי	character, nature
אוֹפְנָתִי/ת	fashionable
אֵזוֹר	area
אִיוּם	threat
אִילֵם/ת	mute
אֵינְסְפוֹר	countless
אִיצְטַדְיוֹן	stadium
אֵירוּעַ	event
אִישִׁי/ת	personal
אִישּׁוּר	approval, certification
אַלְמָן/ה	widow
אֵמוּן	trust
אַקְלִים	climate
בִּידּוּר	entertainment
בַּיְישָׁן/ית	shy
בִּיקּוֹרֶת	review, criticism
בִּירָה	capital city
בַּמַּאי/ת	director
בָּמָה	stage
גולש/ת	surfer
גוּץ/ה	dumpy
גישה	access, approach
גִּרְסָה	version
דּוֹב	bear
דובר/ת	spokesman
דו"ח (דין וחשבון)	report
דּוֹפֶק	pulse
דַּייָר/ת	tenant
הֶבְדֵּל	difference
הגבלה	limitation
הוצאה	expense, removal
הכרעה	decision, ruling
הֶלֶם	shock
המלצה	recommendation
הַפְגָּנָה	demonstration
הַפְתָּעָה	surprise
הַצָּגָה	show
הקדשה	dedication
הִתְנַגְּשׁוּת	clash
התנדבות	volunteering
התפתחות	development
זַמָּר/ת	singer
חביב/ה על...	agreeable, favorite
חדשני/ת	innovative
חוּרְבָּן	destruction
חַייָב/ת	must
חִיזּוּר	courtship
חִילּוֹנִי/ת	secular
חֵירֵשׁ/ת	deaf
חֲלוֹם	dream

חלוץ/ה	pioneer
חֲלִיפָה	suit
חֲנָיָה	parking
חַשְׁמַל	electricity
טַיֶּלֶת	promenade
ייחודי/ת	unique
ייעוץ	counseling
יַלדוּת	childhood
יַם-תִּיכוֹנִי/ת	Mediterranean
יָעֵל	ibex
יִתְרוֹן	advantage
כּוֹלֵל/ת	including
כְּתַב יָד	handwriting
כְּתוּבִיּוֹת	subtitles
לְהַשְׂכָּרָה	for rent
לִוְיָתָן	whale
לול	chicken coop
מְאַתְגֵּר/ת	challenging
מְבוּזבז/ת	wasted
מַגֶּבֶת	towel
מִגְדָּל	tower
מַדְהִים/ה	amazing
מִדְשָׁאָה	lawn
מוּאר/ת	lighted, lit
מוּחלט/ת	total, absolute
מוּפרך/ת	unrealistic
מוּקדש/ת	dedicated
מוּרכב/ת	made up of
מַזְגָּן	air conditioner
מְזוֹנוֹת	alimony
מַחֲזֶמֶר	musical
מַחֲסֶה	shelter
מטוּפח/ת	trim, groomed
מַטְעַמִּים	delicacies
מִיזּוּג	merging, mixture
מַנְגָּל	outdoor grill
מַנְהִיג/ה	leader
מסוּכן/ת	dangerous
מָסָךְ	screen
מַעְבָּדָה	lab
מֵעֵבֶר ל...	beyond
מְעוֹנוֹת	dorms
מעוּרב/ת	involved
מפוֹאר/ת	fancy
מַפָּל	waterfall
מִפְעָל	factory
מַפְצִיץ	bomber
מצוּפה	is expected
מְצִיאוּת	reality
מְקוֹמוֹן	local newspaper
מִקְצוֹעִי/ת	professional
מֶרְחָק	distance
מַשָּׁט	flotilla
מִשְׁלַחַת	delegation
מַשקיע/ה	investor
מתוּכנן/ת	planned
מְתוֹפֵף/ת	drummer
מִתנחל/ת	settler
מִתְקָן	equipment
נְגִישׁוּת	accessibility
נדיר/ה	rare, uncommon
נוֹאף/ת	adulterer
נוּקשה	strict, stiff
נִיגּוּד	contrast
נָמֵל	port
נְעִיצָה	insertion, affixing

נֶערָץ/ת	admired
נֶשֶׁק	weapon
נְתוּנִים	data
סִדְרָה	series
סוֹאֵן/ת	noisy
סוֹעֵד/ת	diner, dinner guest
סַכּוּ"ם (סכין, כף ומזלג)	silverware
סֶמֶל	symbol
עִידָּן	era
עִיוור/ת	blind
עֲלוּת	cost
עמוס/ה	busy, crowded, overloaded
עמותה	nonprofit organization
עֲנִיבָה	tie
עִסְקָה	deal
עֵצָה	advice, suggestion
עָרוּץ	channel
עָשׂוֹר	decade
פִּיטוּרִים	layoffs, dismissal
פִּינּוּי	evacuation
פֶּסֶל	statue
פְּקָק	traffic jam
פַּרְבָּר	suburb
פַּרְבָּרִי/ת	suburban
פְּרוּטָה	small coin, Pruta (former Israeli currency)
פֶּשַׁע	crime
פִּשְׁתָּן	linen
צפוף/ה	crowded
קָהָל	audience
קִינָה	lamentation
קליל/ה	light, gentle
קִרְבָה	proximity, closeness
רֶגֶשׁ	emotion
רָהִיטִים	furniture
רוֹכב/ת	cyclist, rider
רוֹתח/ת	boiling
רֵיחַ	smell
רָמָה	level
רַעַם	thunder
רֶפֶת	cowshed, dairy barn
רְצוּעָה	strip, strap
שֶׁבִי	captivity
שַׁגְרִיר/ה	ambassador
שְׁוַויץ	Switzerland
שִׁחְרוּר	release
שַׁייך/ת	belong
שְׂכַר דִּירָה	rent
שָׁלָב	stage
שֶׁלֶט	sign
שַׁפַּעַת	flu
תְּאוּנָה	accident
תְּגוּבָה	response
תַּיָּיר/ת	tourist
תָּכְנִית	plan
תְּנוּעָה	motion, movement, traffic
תַּנּוּר	oven
תִּסְמוֹנֶת	syndrome
תִּקְשׁוֹרֶת	communication

מבעים/ביטויים

או"ם	האומות המאוחדות, the UN
אֵין גְּבוּל	there is no limit
בְּחָסוּת	sponsored by

בִּיטּוּל חוּקֵּי הַהַפְרָדָה הַגִּזְעִית	termination of racial segregation laws
בְּכִיכּוּב	starring
בִּלְתִּי רִשְׁמִי/ת	unofficial, casual
בַּעֲלֵי נִיסָּיוֹן	experienced people
הַטְרָדָה מִינִית	sexual harassment
וַעַד בַּיִת	building committee
זִיהוּם אֲוִויר	air pollution
חוּלְיַת מְחַבְּלִים	terrorist cell
חֶלְקָם	part of them
לֹא הָיָה לִי מוּשָּׂג	I had no idea
לְאוֹרֶךְ	along the length
להגיש תביעת גירושים	to file for divorce
לְעוּמַּת זֹאת	on the other hand
מודעת הֶיכרות	personal ad
מוּזֵיאוֹן שַׁעֲוָוה	wax museum
מַזְכָּ"ל הָאוּ"ם (מזכיר כללי של האומות המאוחדות)	the UN secretary-General
מטרות רציניות	serious intentions
מכונת כביסה	washing machine
מִסּוּגוֹ	of its kind
מַסַּע צְלָב	crusade
מִפְעָל מוּגָן	protected factory
מַצַּב חֵירוּם	state of emergency
מִשְׂרַד הַפְּנִים	the Ministry of the Interior
סֶרֶט הֶמְשֵׁךְ	sequel
סֶרֶט פְּעוּלָה	action movie
צוּרַת חַיִּים	way of life, lifestyle
קְפִיצָה לָרוֹחַק	long jump
רוּבָּם	most of them
רכבת תחתית	subway
רצועת חוֹף	beach strip
שְׂרִידֵי שמיעה	residual hearing
שפעת החזירים	swine flu
שְׂפַת אֵם	mother tongue
שְׂפַת סִימָּנִים	sign language
תּוֹאַר הַפּוֹעַל	adverb
תחבורה ציבורית	public transportation
תְּחוּשָׁה שֶׁל זָרוּת	feeling of alienation
תְּחוּשָׁה שֶׁל שַׁיָּיכוּת	sense of belonging
תֵּיבַת דוֹאַר	mailbox
תְּעוּדַת זֶהוּת	I.D. card

דקדוק/תחביר

תואר הפועל עם ב'

בִּדְמָמָה	silently
בהתלהבות	enthusiastically
בְּכַוָּונָה	deliberately
במהירות	quickly
בִּמְיוּחָד	in particular
בסבלנות	patiently
בְּסַקְרָנוּת	curiously
בעין יפה	generously
בקלות	easily
ברצינות	seriously
בשׂמחה	happily
בשקט	quietly
בְּתַדְהֵמָה	astonished

בניין פיעל - גזרת ל"ה/ל"י

בִּילָּה (לְבַלּוֹת)	to spend time, to have a good time
גִּילָּה (לְגַלּוֹת)	to discover, to reveal
חִיכָּה (לְחַכּוֹת לְ...)	to wait
כִּיסָּה (לְכַסּוֹת)	to cover

נִיסָּה (לְנַסּוֹת)	to try
פִּינָּה (לְפַנּוֹת)	to clear off, to evacuate
קִיוָּוה (לְקַוּוֹת)	to hope
שִׁינָּה (לְשַׁנּוֹת)	to change

בניין הפעיל - גזרת ע"ו

הֵבִיא (לְהָבִיא)	to bring
הֵבִין (לְהָבִין)	to understand
הֵזִיז (לְהָזִיז)	to move something
הֵטִיס (לְהָטִיס)	to fly s/o, to make fly
הֵכִין (לְהָכִין)	to prepare
הֵקִים (לְהָקִים)	to establish, to found
הֵרִים (לְהָרִים)	to lift, to bring up
הֵשִׁיב (לְהָשִׁיב)	to reply, to answer, to return something

בניין הפעיל - גזרת פ"נ

הִבִּיט (לְהַבִּיט ב...)	to look
הִגִּיעַ (לְהַגִּיעַ ל...)	to arrive in
הִגִּישׁ (לְהַגִּישׁ)	to serve, to hand in
הִכִּיר (לְהַכִּיר)	to be acquainted with, to recognize
הִסִּיעַ (לְהַסִּיעַ)	to drive s/o
הִפִּיל (לְהַפִּיל)	to drop, to abort
הִצִּיל (לְהַצִּיל)	to save, to rescue

בניין הפעיל - גזרת פ"י

הוֹדִיעַ (לְהוֹדִיעַ ל...)	to inform
הוֹכִיחַ (לְהוֹכִיחַ)	to prove
הוֹלִיךְ (לְהוֹלִיךְ)	to walk s/o, to lead
הוֹסִיף (לְהוֹסִיף)	to add
הוֹפִיעַ (לְהוֹפִיעַ)	to appear, to perform
הוֹצִיא (לְהוֹצִיא)	to take out, to spend
הוֹרִיד (לְהוֹרִיד)	to take off (cloth) ,to lower
הוֹשִׁיב (לְהוֹשִׁיב)	to seat s/o

בניין פועל

חוּנַּךְ	was educated
טוּפַּל	was treated
כּוּבַּד	was respected, was honored
סוּדַּר	was arranged
פּוּטַּר	was fired
פּוּרְסַם	was published, advertised
צוּלַּם	was photographed
תּוּקַּן	was repaired, was corrected
תּוּרְגַּם	was translated

בניין הופעל

הוּבָא	was brought
הוּזְמַן	was invited, was ordered
הוּחְזַר	was returned
הוּחְזַק	was held
הוּחְלַט	was decided
הוּחְרַב	was destroyed
הוּכְרַז	was declared
הוּלְבַּשׁ	was dressed by s/o
הוּכְרַח	was forced
הוּמְלַץ	was recommended
הוּסְכַּם	was agreed
הוּעֲבַר	was transferred
הוּפַּל	was brought down
הוּפְצַץ	was bombed
הוּקַם	was founded
הוּרְגַּשׁ	was felt
הוּשְׂכַּר	was rented
הוּתְקַף	was attacked

יחידה 3

❧❧

שפה וספרות

תוכן העניינים

סיפור

על החלומות

דויד שחר

מטרות היחידה

בסוף היחידה רוב הלומדים יהיו מסוגלים:

דיבור/כתיבה

ליצור מספר קטעים תוך שימוש במילות קישור, באוצר המילים החדש ובכל הזמנים כדי -

- לסכם את עיקרי הסיפור לפי סדר האירועים
- לתאר ולהשוות בין מִספר דמויות מן הסיפור
- להביע דעה ורגשות לגבי המתרחש בסיפור

קריאה/האזנה

- להבין את הרעיונות המרכזיים ופרטים רבים מתוך הסיפור
- לפתח אסטרגיות של קריאה והאזנה

הבנה ספרותית

- לזהות את תהליך ההתפתחות של הדמויות המרכזיות בסיפור
- להבין את האופן שבו הסופר בונה ומתאר את היחסים בין הדמויות בסיפור
- להבין איך משמעות היחסים בין הדמויות מסייעת להעברת מסרים בסיפור

דויד שחר

קראו את הביוגרפיה של דויד שחר, וחשבו על פרטים נוספים שהייתם רוצים לדעת עליו ועל כתיבתו.

דויד שחר נולד בתמוז תרפ״ו (1926).

הוא היה בן למשפחה שהגיעה לארץ ישראל במאה* התשע-עשרה. הוא גדל בבית סבתו בשכונת מאה שערים, שם הוא קיבל חינוך* יהודי דתי. זאת הייתה תקופת* המנדט הבריטי בארץ ישראל (1917 – 1948).

תקופה זו הייתה סוערת מאוד. רוב היהודים שחיו בארץ ישראל היו אידאליסטים והם רצו להקים* מדינה יהודית. כמו צעירים רבים, גם דויד שחר השתתף במאמצים* הגדולים להקמת המדינה. הוא התגייס לצבא בימי מלחמת העצמאות, וכמו כולם הפך* לאזרח ישראלי אחרי 1948.

בצבא הוא שירת* כמפקד קרבי* ולאחר מכן כקצין חינוך*. לאחר שירותו למד דויד שחר פסיכולוגיה וספרות עברית באוניברסיטה. בתחילת שנות החמישים החל בכתיבה ספרותית וגם בתרגום ובעריכה*.

רוב סיפוריו של דויד שחר מתרחשים* בירושלים. בספרו הראשון ״על החלומות״ (1955), גיבוריו*, ילידי עיר הקודש, נפגשים עם ההווה הלא נעים והמאַכזב* ועם המציאות* המכוערת של חייהם. הוא התפרסם אחרי שכתב סדרת* רומנים בשם ״הֵיכל הכלים השבורים״ (1969), המוכרים גם בשם ״לוריאן״ ו״מגילות ירושלים״, סִדרה שהייתה למפעל חייו.

דויד שחר זכה* בפרסים רבים בארץ ובחו״ל. בשנות חייו האחרונות חי שחר בצרפת, שָם יצא לו שֵם* של סופר אהוב ומיוחד במינו, הממשיך את המסורת* הספרותית הגדולה של הסופר מַרְסֶל פְּרוּסְט.

דויד שחר נפטר* בשנת 1997 בגיל 70.

*מאה – century
*חינוך – education
*תקופה – period, era
*להקים – to found, to establish
*מאמצים – efforts
*להפוך – to become
*לשרת – to serve
*קרבי – combat (soldier)
*קצין חינוך – education officer
*עריכה – editing
*להתרחש – to take place, to happen
*גיבור – protagonist
*מאַכזב – disapointing
*מציאות – reality
*סִדרה – series
*לזכות ב... – to win, to acheive
*יצא לו שֵם – he became known as
*מַסורת – tradition
*נִפטר – passed away

Introduction to Literary Analysis of the Text

All levels of reading comprehension, from a simple understanding of the text (Who is speaking? What is it about? Where? When?) to a more complex understanding of it (What is the significance of the story? What is the subtext? What is the meaning of the story?) are based on language and its use. Every text is a compilation of words, and has no meaning except that which comes from the words, the choice of words, the specific order of the words – and the context that the words create for the reader. Therefore, the meaning of the text is derived from the ability to understand the lingual components of the text in different levels, and to connect them. The reading of the story "About the Dreams" of David Shachar is divided into two parts that connect to each other. The first part aims to help the reader interpret the text and understand it at the lingual level: vocabulary, expressions, prepositions, conjugations, and so on. The second part aims to continue with grammatical analysis, and use it for literal analysis by using the following components:

1. Understanding the character: how the author uses language, the construction of the paragraph, physical descriptions and descriptions of the characters' manners and actions to construct the character.

2. Constructing the relationships between the characters through conflicts and comparisons.

3. Symbols and metaphors.

4. Repetitive motives.

In each chapter we will discuss at least one literary aspect.

הקדמה לניתוח ספרותי של הטקסט

הבנת הנקרא בכל הרמות, מהבנה פשוטה של הכתוב: מי מדבר? על מה מדובר? איפה? מתי? וכו' – ועד להבנה מורכבת יותר: מה חשיבות הסיפור? מה פירוש הכתוב? מה משמעות הדברים? מתבססת כולה על השפה ועל דרך השימוש בה. כל טקסט מורכב ממילים ואין לו משמעות אחרת מלבד זאת הבאה מתוך המילים, מבחירתן, מסידורן הספציפי ומן ההקשר שהמילים יוצרות אצל הקורא, משמעות הטקסט נובעת מן היכולת להבין את המרכיבים הלשוניים של הטקסט ברמות שונות ולחבר ביניהם. הקריאה להלן בסיפור "על החלומות" של דויד שחר מתחלקת לשני חלקים הקשורים זה בזה. החלק הראשון נועד לעזור לקורא לפענח את הטקסט ולהבין אותו ברמה דקדוקית יותר – מילות יחס, נטיות, אוצר מילים, ביטויים, וכו'. החלק השני נועד להמשיך את הניתוח הדקדוקי ולהשתמש בו לניתוח בעל אופי ספרותי יותר על ידי הצגת המרכיבים הבאים:

1. הבנת הדמות הסיפורית: כיצד הסופר משתמש בשפה (מילים, תחביר, וכו') בבניית פִּסקה, וכן בדרך התיאורים החיצוניים ותיאורי הפעולה, כדי לבנות את הדמות.

2. הבניית יחסים בין הדמויות באמצעות השוואה ועימות ביניהן.

3. סמלים ומטאפורות.

4. מוטיבים החוזרים על עצמם לאורך הסיפור.

בכל פרק נדון לפחות באספקט ספרותי אחד.

על החלומות / דויד שחר

דויד שחר, על החלומות, ארבעה סיפורים ירושלמים, 1955.

מעובד על פי הוצאת גשר.

"שַׂחֲקִי, שַׂחֲקִי עַל הַחֲלוֹמוֹת,
זוּ אֲנִי הַחוֹלֵם שָׂח"

ש. טשרניחובסקי

שחקי, שחקי... – אלה השורות הראשונות מתוך השיר "**אני מאמין**" מאת **שאול טשרניחובסקי** (1875-1943), משורר, מתרגם ורופא.

"שחקי שחקי" הוא שמו העממי של השיר "אני מאמין", שכתב שאול טשרניחובסקי באודֶסה בשנת 1894, בהיותו בן 19.
השיר רומז על עיקרי האמונה היהודית כפי שהוגדרו בימי הביניים, במיוחד ע"י הרמב"ם, אבל טשרניחובסקי מציע בשיר זה עיקרים אחרים ולא דתיים לחיי האדם המודרני, כמו האמונה ברוח האדם, אחוות עמים, סוציאליזם ולבסוף גם פטריוטיזם.
החלומות שבשיר הם החזון של המשורר על עולם טוב וצודק יותר.
השיר הוא המוֹטו לסיפור הקצר של דויד שחר "על החלומות" כי הוא מדבר על אותם העקרונות שטשרניחובסקי מזכיר בשירו.

פרק א

<u>פרק א', קטע 1</u>

א. קריאה ראשונה

קראו את קטע 1 וסמנו את התשובה הנכונה:

המספר מספר על בני משפחתו ש**כולם** היו
[ ] בעלי יכולות.
[ ] בעלי מזל.
[ ] בעלי רכוש.

1)

במשפחה שלנו היו תמיד אנשים בעלי כישרונות* אלא שהמזל לא האיר להם פנים. היו ביניהם שלא דאגו להתפתחות* כישרונם, והוא נשאר נסתר בתוכם והיה רודף אותם כל ימי חייהם. והיו אחרים שכישרונם התפתח במהירות רבה, וכאשר היה מגיע לנקודת הכרעה היה נוטה לפתע מן הדרך הישרה ואובד*. היו ביניהם גם בעלי כישרונות בשטחים* כל-כך רבים עד שלא היה בהם ממש*.

*כישרונות – talents
*התפתחות – development
*אובד – lost
*שטחים – fields
*ממש – actuality

✿ ב. קריאה שנייה

קראו את קטע 1 שנית. נסו לנחש מה משמעות המבעים הבאים. התאימו אותם למשפטים הקצרים:

לא היה עוזב אותם / לא היה להם מזל / לא עזר להם בחיים / רגע חשוב / מאבד כיוון

ההסבר	המבע
	"המזל לא הֵאיר להם פָּנים"
	"היה רודֵף אותם"
	"נקודת הכרעה"
	"נוטֶה מן הדרך הישרה"
	"לא היה בהם ממש"

✿ ג. קריאה בקול רם

קראו את קטע 1 בקול פעמיים: -   פעם אחת כפי שהוא מופיע במקור.

-    פעם שנייה עם הביטויים החליפיים.

פרק א', קטע 2

✿ א. קריאה ראשונה

לפי הקטע הזה ליפא עבד כְּ-   [ ]   כלכלן.

[ ]   כַּנר.

[ ]   זַמר.

2)

הנה למשל, דודי ליפא, כאשר עזב ליפא את בֵּית הוריו בשכונת "בית
ישראל" בירושלים ונסע לאמריקה ללמוד כלכלה וסטטיסטיקה, לא ידע
איש בכל הישוב הישן שישנם בעולם מקצועות* כאלה. בן עשרים ואחת
היה כאשר גמר את לימודיו בהצטיינות* והכין את עצמו לקבל את התואר
השני, ואז לפתע החליט להשתלם* בכינור. כאשר היה ילד אהב לנגן
בכינור כל מיני שירים כמו "התקווה" או "בארץ חמדת אבות", אלא שהיה
מנגן על פי השמיעה בלבד. כאשר החליט להשתלם בנגינה בכינור, עזב
את הכלכלה ואת הסטטיסטיקה והקדיש* את כל זמנו לכינור, אלא שאז
כבר היה מאוחר מדי, וכך נשאר בלי מקצוע.

*מקצוע – profession

*הצטיינות – excellence

*להשתלם – to study

*להקדיש – to devote

הישוב הישן

הקהילה* היהודית אשר חיה בארץ ישראל לפני העלייה הראשונה (1881). היישוב הישן מנה* כ-26,000 יהודים אשר התגוררו* בעיקר בערים הקדושות: ירושלים, חברון, צפת וטבריה, וחיו אורח חיים דתי. רבים מהם התפרנסו מכספי "החלוקה".

*קהילה – community
*מנה – included
*להתגורר – to reside, dwell

ב. קריאה שנייה

1. קראו את הקטע שנית. השלימו עם התשובה הנכונה:

המסַפר הוא __________ של ליפא.

ליפא למד __________ ב__________.

ליפא היה תלמיד __________.

ליפא החליט להשתלם בכינור כי ____________________.

2. הגדירו במילים שלכם את המילים הבאות:

"הצטיינות" ____________________

"השתלם" ____________________

"הקדיש" ____________________

ג. שאלה

לפי דעתכם, כיצד המסַפר מתייחס להחלטה של ליפא לעזוב את לימודיו – בחיוב או בשלילה?

➢ **דקדוק**

נטיית שמות העצם

בקטע הזה מופיעות המילים:

דוֹדִי, הוֹרָיו , לִימּוּדָיו, זְמַנּוֹ – אלה שמות עצם המופיעים בנטייה.

דוֹדִי =	הדוד (יחיד, זכר) שלי
הוֹרָיו =	ההורים (רבים, זכר) שלו
לִימּוּדָיו =	הלימודים (רבים, זכר) שלו
זְמַנּוֹ =	הזמן (זכר, יחיד) שלו

א. נסו להטות את שמות העצם הבאים:

הילד שלי ________________

הילדים שלו ________________

השיר שלו ________________

השירים שלו ________________

המקצוע שלו ________________

ההורים שלו ________________

➢ **דקדוק**

אלא ש...

אלא ש... = אבל

המספר אומר על דוד ליפא:

- "... **אלא ש**היה מנגן על פי השמיעה בלבד. כאשר החליט להשתלם בנגינה בכינור, עזב את הכלכלה ואת הסטטיסטיקה והקדיש את כל זמנו לכינור, **אלא ש**אז כבר היה מאוחר מְדי, וכך נשאר בלי מקצוע."

ב. חברו את המשפטים הבאים בעזרת "אלא ש..."

לדוגמא:

תמיד רציתי ללמוד לנגן בכינור. אין לי כישרון מוסיקלי.

תמיד רציתי ללמוד לנגן בכינור **אלא ש**אין לי כישרון מוסיקלי.

בשכונה

1. היה לי שָׁכֵן שרצה ללמוד ספרדית. לא הייתה לו הזדמנות ללמוד.

_____

2. היה לו כישרון לשפות. לא היה לו מורה בסביבת מגוריו.

_____

3. כדי ללמוד הוא היה צריך לנסוע לשכונה אחרת. לא היה לו רֶכֶב.

_____

4. הצעתי לו להסיע אותו לשיעור ספרדית. לא היה לו נעים להטריד אותי (להפריע לי).

_____

5. אז הצעתי לו ללמוד עברית ומאז אנחנו מדברים רק בעברית. אף אחד בשכונה לא מבין אותנו.

_____

שכונת בית ישראל בירושלים, היום

➢ דקדוק

שמות פעולה – בניין פעל

בקטע כתוב על ליפא: "שהיה מנגן על פי ה<u>שמיעה</u> בלבד."

ג. לפניכם פעלים נוספים בבניין פעל. הפכו אותם לשמות פעולה:

כתב <u>כתיבה</u>
קרא ________
ישב ________
פגש ________
אכל ________
הלך ________
שתה ________
רץ ________

שם פעולה – בניין פָּעַל

המילה **שְׁמִיעָה** מקורה בפועל **לשמוע** (השורש **ש.מ.ע**. – בניין פעל, שלמים) לשם-עצם שמקורו בפוֹעל קוראים "שם פעולה" (gerund, verbal noun).

דוגמאות נוספת:

- יציאה (יצא)
- למידה (למד)
- נסיעה (נסע)
- ראייה (ראה)
- טיסה (טס)

עוד על שמות פעולה ראו יחידה 2.

קצת יחס

ד. השלימו עם מילות היחס החסרות (קטע 2): ב, ל, את

"כאשר עזב דודי ליפא ___ בית הוריו ___שכונת "בית ישראל" ___ירושלים ונסע ___אמריקה ללמוד כלכלה וסטטיסטיקה [...] בן עשרים ואחת היה כאשר גמר___ לימודיו ___הצטיינות והכין את עצמו לקבל ___ התואר השני, ואז לפתע החליט להשתלם ___כינור. כאשר היה ילד אהב לנגן ___כינור כל מיני שירים כמו "התקווה" או "בארץ חמדת אבות" [...] כאשר החליט להשתלם ___נגינה ___כינור, עזב ___ הכלכלה ואת הסטטיסטיקה והקדיש את כל זמנו ___כינור, אלא שאז כבר היה מאוחר מדי..."

פרק א', קטע 3

א. קריאה ראשונה

קראו את הקטע הבא וענו:

1. במה נחמיה היה דוֹמֶה לליפא?
2. במה נחמיה היה שוֹנֶה מליפא?

3)

אחיו* של ליפא יכול היה להיות סופר גדול, אבל החליט לכתוב באידיש. אומנם בימים ההם היו הכל – חוץ מבני משפחת בן יהודה – מדברים אידיש, אבל לכתוב כתבו עברית. רק הוא החליט שיש לכתוב בשפה שבה מדברים, וכתב אידיש. אולי יכול היה להיות לסופר גדול בשפת אידיש, אלא שעיתוני האידיש היו רחוקים באמריקה, והוא התעצל* לשלוח לשם את הסיפורים שכתב. שֵם דודי היה נחמיה, והוא מת עני וחסר-כל*.

*__אָחִיו__ = אח שלו (גם המילה "אב" מוטֵית באותו אופן: אב+שלו = **אָבִיו**)

*התעצל – he was too lazy

*חסר-כל – destitute

ב. קריאה שנייה

הסבירו את המילים והמבעים הבאים במילים שלכם:

"הִתְעַצֵּל" ______________________________

"חֲסַר כֹּל" ______________________________

קצת יחס

ג. השלימו עם מילות היחס (קטע 3): מ, ב, של ,ל, את

"אחיו ____ ליפא יכול היה להיות סופר גדול, אבל החליט לכתוב ____אידיש. אומנם ____ימים ההם היו הכל - חוץ ____בני משפחת בן יהודה - מדברים אידיש, אבל לכתוב כתבו ____עברית [...] אולי יכול היה להיות לסופר גדול ____שפת אידיש, אלא שעיתוני האידיש היו רחוקים ____אמריקה, והוא התעצל לשלוח ____שם ____ הסיפורים שכתב."

פרק א', קטע 4

א. קריאה ראשונה

קראו את הקטע הבא וענו :

1. במה צמח היה דומֶה לליפא ולנחמיה ?
2. במה צמח היה שונֶה מליפא ומנחמיה ?

(4

מבין כל בעלי הכישרונות היה רק דודי צמח אִיש מַעֲשֶׂה*. הוא החליט להיות איש מצליח ועשיר. צמח היה האיש הצעיר במשפחה והוא למד מהכישלונות* של אחיו הגדולים.

היה לו כישרון גדול לציור, ושנתיים למד בבית הספר "בְּצַלְאֵל". באותם הימים נתפרסם* מאוד כגיבור לאומי. כאשר יצא המון* ערבי גדול כדי להתנפל* על שכונת "מאה שערים" מיהר לשם וירה לתוך ההמון ארבע יריות מאקדח גרמני ישן שהיה ברשותו* והערבים ברחו, אבל ל"הגנה" לא רצה להיכנס ולא דיבר כמו כולם על קיבוץ, כי רצה לצייר. באותם הימים מת אחיו נחמיה, ואחיו ליפא חזר מאמריקה. ליפא לא יכל למצוא עבודה כמנגן בכינור עד שלבסוף התקבל לעבודה בבית הקפה "תמר". כאשר יצא ליפא בפעם הראשונה מן הבית כדי לנגן לפני חיילים אנגליים בבית הקפה "תמר" החליט צמח לעזוב את "בצלאל" ולהתחיל ללמוד משפטים*.

*איש מעשה – practical man

*כישלונות – failures

*נתפרסם – became famous (בארמית, התפעל = נִתְפָּעַל)

*המון – mob

*להתנפל – to attack

*ברשותו – in his possession

*משפטים – law

ב. קריאה שנייה

1. צמח למד ציור ב________________________________
2. הוא נחשב לגיבור לאומי מפני ש ___________________

____

ג. ענו:

1. מדוע המספר מדגיש את העובדה שצמח לא רצה להיות ב"הגנה" או ללכת לקיבוץ?
2. מתי צמח החליט לעזוב את "בצלאל" ולמה?

רקע היסטורי

ההגנה

״ההגנה״ היה שמו של האִרגון* הצבאי הגדול והמרכזי בתקופת המנדט הבריטי.
הוא הוקם ב-1920 כאִרגון שיכול להגן* על המתיישבים היהודים.
עם קום המדינה האִרגון היה הבסיס להקמת צבא ההגנה לישראל.

*אִרגון – organization
*להגן על... – to protect, to defend

״הליכה לקיבוץ״

הקיבוצים שימשו בתקופה הזאת מסגרת אידיאולוגית ומעשית* לצעירים שרצו ליישב* את הארץ.
כמו כן, חברי ההגנה התאמנו* בקיבוצים וגם החביאו* שם את הנשק שלהם.

*מעשית – practical
*ליישב – to settle
*להתאמן – to train
*להחביא – to hide

על התקפות* ערבים על שכונות בירושלים

בתקופת המנדט הבריטי בעקבות העלייה הגדולה הוכפל* מספר היהודים בארץ ישראל. ההנהגה* הפלסטינית ואנשי דת מוסלמים חששו* שבארץ יהיה רוֹב* יהודי ולכן אִרגנו התקפות אלימות נגד התושבים היהודים, בעיקר בירושלים.

*התקפות – attacks
*הוכפל – doubled
*הנהגה – leadership
*לחשוש – to worry
*רוֹב – majority

➢ **דקדוק**

שמות פעולה – פיעל

בקטע הזה כתוב: "לצמח היה כישרון גדול **לציור**"

שם פעולה – בניין פִּיעֵל

המילה **צִיּוּר** היא שם הפעולה של הפועל **לצייר** (השורש **צ.י.ר.** – בניין פיעל).

דוגמאות נוספות:

- דיבור (דיבר)
- סיפור (סיפר)
- חינוך (חינך)
- בילוי (בילה)

עוד על שמות פעולה ראו יחידה 2.

א. לפניכם פעלים נוספים בבניין פיעל.
הפכו אותם לשמות פעולה:

סיפר ______________
תיאר ______________
חיבר ______________
טיפס ______________
טייל ______________
בישל ______________
ביקר ______________

ב. בקטע הזה מופיעה המילה "אח" בשתי צורות הנטייה. נא הסבירו כל אחת מהצורות:

אָחִיו = ______________________
אֶחָיו = ______________________

קצת יחס

ג. השלימו עם מילות היחס (קטע 4): ל, ב, על, מן/מ, כ, של

צמח היה האיש הצעיר ____משפחה והוא למד ____הכישלונות ____ אחיו הגדולים. היה לו כשרון גדול ____ציור, ושנתיים למד ____בית הספר "בצלאל". ____אותם הימים נתפרסם מאוד ____גיבור לאומי. כאשר יצא המון ערבי כדי להתנפל ____ שכונת "מאה שערים" מיהר לשם וירה ____תוך ההמון ארבע יריות ____אקדח גרמני ישן, והערבים ברחו, אבל ____"הגנה" לא רצה להיכנס ולא דיבר כמו כולם ____ קיבוץ, כי רצה לצייר. ____אותם הימים מת אחיו נחמיה, ואחיו ליפא חזר ____אמריקה. ליפא לא יכל למצוא עבודה ____מנגן ____כינור עד שלבסוף התקבל ____עבודה ____בית הקפה "תמר". כאשר יצא ליפא ____פעם הראשונה ____ הבית כדי לנגן לפני חיילים אנגליים ____בית הקפה "תמר" החליט צמח לעזוב ____ "בצלאל" ולהתחיל ללמוד משפטים.

פרק א', קטע 5

א. קריאה ראשונה

במסיבת הפרידה צמח [ ] השתכר מאוד ולא יכול היה לעמוד ישר.
[ ] נאם נאום על העבודה שלו כעורך דין.
[ ] הסביר לליפא מדוע הוא נוסע לאנגליה.

(5

בן עשרים וחמש היה צמח כאשר סיים את לימודיו במשפטים ויצא לו לאנגליה להשתלמות, כדי להיות בשובו עורך הדין המפורסם* ביותר בארץ ישראל. במסיבת-הפרידה* שערך דודי צמח לעצמו ניגן דודי ליפא לפני האורחים ונאם נאום* ארוך לכבוד אחיו הצעיר על דִין, על עורכי דין, על הצדק, על חברת האדם, על האדם בחברה, על הטוב ועל הרע. את נאומו סיים במשפט "ויותר מכל – הֱיֵה נֶאֱמָן לְעַצְמְךָ*".
לאחר שכל האורחים נפרדו והלכו עוד המשיך ליפא לנגן. הוא שתה הרבה באותו ערב, ועמד בקושי* על רגליו, רק דודי צמח לא שתה כלום. כאשר נשאר לבדו עם ליפא אמר לו: "אני מודֶה לך על הנאום שנאמת לכבודי, אבל דַע לך, שאני יכול לחלום ולא להיות עֶבֶד לחלומותַיי החלטתי להצליח בחיים, וכל הדרכים להצלחה טובות בעינַיי.

*מפורסם – famous
*מסיבת פרידה – farwell party
*נאם נאום – gave a speech
*היה נאמן לעצמך – to be true to thyself
*בקושי – hardly

ב. קריאה שנייה

בנאום שלו ליפא דיבר על נושאים אחדים.

- נסו לדמיין מה הוא רצה לומר על כל אחד מהם.
- כתבו עבור ליפא את הנאום שלו – חברו משפט משלכם על כל אחד מהנושאים, לפי הבנתכם.

לדוגמא:

דין: כדאי שהדינים יהיו צודקים.

עורכי דין: ______

צדק: ______

חברת האדם: ______

האדם בחברה: ______

הטוב והרע: ______

הֱיֵה נֶאֱמָן לְעַצְמְךָ: ______

ג. הרחבה*

*הרחבה – elaboration

נסו להרחיב* את התשובה של צמח לליפא. השלימו את המשפטים הבאים לפי מיטב הבנתכם* :

*לפי מיטב הבנתכם – to the best of your understanding

אני מודה לך על הנאום אבל אני לא רוצה להיות עבד לחלומותיי כי ______________________

____

החלטתי להצליח בחיים, ובשבילי הצלחה זה ______________________

____

וכדי להצליח, כל הדרכים טובות בעיניי, למשל ______________________

____

דקדוק

שמות פעולה – התפעל

בקטע הזה נאמר שצמח "יצא לו לאנגליה ל<u>השתלמות</u>"

שם פעולה – בניין הִתְפַּעֵל

המילה **השתלמות** היא שם הפעולה של הפועל **להשתלם** (השורש **ש.ל.ם.** – בניין התפעל).

דוגמאות נוספות :

- התרגשות (התרגש)
- התנדבות (התנדב)
- התיישבות (התיישב)
- התארגנות (התארגן)

עוד על שמות פעולה ראו יחידה 2.

ד. לפניכם פעלים נוספים בבניין התפעל. הפכו אותם לשמות פעולה:

התכתב התכתבות

התחשב ______________

התרגז ______________

השתחרר ______________

הסתכל ______________

השתפר ______________

התפתח ______________

תרגילי סיכום לפרק א

א. כתיבה

כתבו מכתב:

כדי להתקבל לבית ספר למשפטים, צמח צריך היה לכתוב מכתב לראש החוג ולהסביר לו מדוע החליט לעזוב את "בצלאל" ולהיות עורך דין.

ב. דיבור

הכינו אימפרוביזציות עם הביטויים:

1. "עני וחסר כל"
2. "המזל לא האיר להם פנים"
3. "הקדיש את כל זמנו ל..."
4. "עמד בקושי על רגליו"
5. "אני מודה לך"
6. "כל הדרכים להצלחה טובות בעיניי"

ג. שיר

הקשיבו לשיר באתר זמרשת

http://www.zemereshet.co.il/song.asp?id=150

פה בארץ חמדת אבות

מילים: **ישראל דושמן**

פֹּה בְּאֶרֶץ חֶמְדַּת אָבוֹת
תִּתְגַּשֵּׁמְנָה כָּל הַתִּקְווֹת,
פֹּה נִחְיֶה וּפֹה נִצֹּר,
חַיֵּי זֹהַר חַיֵּי דְּרוֹר,
פֹּה תְּהֵא הַשְּׁכִינָה שׁוֹרָה,
פֹּה תִּפְרַח גַּם שְׂפַת הַתּוֹרָה.

נִירוּ נִיר, נִיר, נִיר,
שִׁירוּ שִׁיר, שִׁיר, שִׁיר,
גִּילוּ גִּיל ,גִּיל, גִּיל,
כְּבָר הֵנֵצוּ נִצָּנִים.

נִירוּ נִיר, נִיר ,נִיר,
שִׁירוּ שִׁיר, שִׁיר, שִׁיר,
גִּילוּ גִּיל, גִּיל, גִּיל,
עוֹד יָבוֹאוּ זֵרְעוֹנִים.

השיר **"פה בארץ חמדת אבות"** שליפא מנגן (פרק א, קטע 2) הוא שיר-לֶכֶת ציוני שמדבר על הגעגועים ההיסטוריים לארץ האבות, היא ציון.

השיר מדבר גם על התקווה הציונית לחדש את החיים היהודיים בארץ ישראל, חיי חופש, עבודה ויצירה עברית.

השיר הוזמן על ידי מנהל הגימנסיה העברית בתל אביב ב-1912, כדי שתלמידי בית הספר יוכלו לשיר אותו בזמן שהם מטיילים ברחבי הארץ. הלחן היה של שיר גלות עצוב בשפת האידיש.

עד היום שרים אותו בכנסים ציוניים שונים וגם ביום העצמאות הישראלי.

פרק ב

פרק ב', קטע 6

א. קריאה ראשונה

באנגליה צמח [ ] התחבר עם חיילים אנגליים.
[ ] השתנה פיזית ומֶנְטָלִית.
[ ] אהב לנסוע במוניות.

6)

ארבע שנים ישב דודי צמח באנגליה וחזר משם עם תואר "דוקטור למשפטים" ועם אישה. זוכר אני את הביקור הראשון שלו אצלנו לאחר שובו מאנגליה. היה חורף ובחוץ ירד גשם חזק. הוא בא אלינו עם אשתו במונית*. באותם הימים עדיין לא היו מוניות רבות בעיר, והאנשים לא היו נוסעים במוניות בתוך העיר. כאשר נכנס לביתנו, נתמלא הבית ריח חיילים אנגליים – ריח העשן* של הטבק האנגלי שלו. צמח הבריא* באנגליה. עתה היה גבר מוצק* בעל קול עמוק לידו נראתה אשתו קטנה וחיוורת* היא לבשה מעיל פרווה* וראו רק את פניה.

לא הייתה יפה אבל גם מכוערת לא הייתה. היא ישבה, לא אמרה דבר ולא זזה מן המקום עד שצמח רמז* לה שהגיעה השעה לקום וללכת. פעם או פעמיים פנה אליה בשאלה ואז ענתה לו במשפט קצר באנגלית. קולה היה רך ונעים שלא מן העולם הזה – דומה לקול הזמיר ביער. שמה היה סטלה.

*מונית – taxi

*עָשָׁן – smoke (n)
*הבריא – he recovered
*מוּצק – solid
*חיוורת – pale
*פרווה – fur

*לרמוז – to hint

ב. קריאה שנייה

קראו את קטע 6 שנית וענו:

מה המספר חושב על צמח? הסבירו את התשובה שלכם.

____

____

____

קצת ספרות – דמויות ויחסים

✂ ג. השוו בין צמח לסטלה. העתיקו את המשפטים מן הסיפור.

	צמח	סטלה
פנים		
קול		
גוף		
דיבור		

קצת יחס

✂ ד. השלימו את מילות היחס (קטע 6) : מ, את, ב, עם, ל

ארבע שנים ישב דודי צמח _____אנגליה וחזר _____ שם _____ תואר "דוקטור _____ משפטים" [...]

זוכר אני _____ הביקור הראשון שלו אצלנו [...] כאשר נכנס _____ ביתנו, נתמלא הבית ריח העשן של הטבק האנגלי שלו. צמח הבריא _____ אנגליה. עתה היה גבר מוצק בעל קול עמוק" [...]

✂ ה. הסבירו בעברית את המילים והביטויים הבאים:

1. הבריא - _____

2. מוצק - _____

3. חיוורת - _____

4. רך - _____

5. זמיר - _____

6. "שלא מן העולם הזה" - _____

פרק ב', קטע 7

א. קריאה ראשונה

לפי הקטע, המספר מנסה להדגיש שסטלה
[ ] אהבה את הציורים של צמח.
[ ] הייתה אישה עשירה מאנגליה.
[ ] צמח היה חשוב לה יותר מהכל.

7)

סטלה נולדה בליברפול והייתה בת למשפחה עשירה. היא אהבה את צמח אהבה רבה והייתה שומרת בארגז-עץ את כל הציורים שצייר. בשעות-הפנאי* היה צמח רושם* בעיפרון או מצייר בצבעי מים, וכשגמר – זרק את ציוריו או השאיר אותם במקום שהשאיר. סטלה הייתה אוספת אותם ושומרת עליהם, והוא עצמו לא ידע על כך עד אחרי מותה.

צמח היה גבר יפה וסטלה אהבה אותו מאוד, אם כי ידעה שנשא אותה לאישה בשל העושר הרב של משפחתה. היא הייתה מחונכת מאוד ושקטה, ומעולם לא יכולת לדעת מה היא מרגישה. פעם הלכתי להראות לה את בית הדואר הראשי. היה זה זמן קצר לאחר שבאה מאנגליה. היא החזיקה בידי כאילו הייתי ילד קטן, וחצתה את הכביש רק במקומות המסומנים* לכך.

בדרכנו חזרה מבית הדואר נכנסנו לבקר את צמח במשרדו, משרדו היה ברחוב ממילא, ליד מחלקת הקרקעות הממשלתית*. כאשר עלינו במדרגות קפצתי ונכנסתי לפניה, מצאתי את דודי צמח בחדרו עומד ומחבק* אישה שמנה*. האישה החזיקה בידה סיגריה ולא הניחה אותה מידה גם כאשר נשק לה על פיה.

*שעות-הפנאי – spare time
*לרשום – to sketch
*מסומנים – marked
*מחלקת הקרקעות הממשלתית – Government Department of Land
*לחבק – to hug
*שמן/ה – fat

ב. קריאה שנייה

קראו שנית והשלימו את המשפטים הבאים:

1. סטלה אספה את הציורים של צמח מפני ש________________________
2. צמח נשא את סטלה לאישה בגלל ________________________
3. המספר חושב שסטלה מחונכת מפני ש________________________

אם כי

ג. בקטע כתוב –

"צמח היה גבר יפה וסטלה אהבה אותו מאוד, **אם כי** ידעה שנשא אותה לאישה בשל העושר הרב של משפחתה".

מה לדעתכם פירוש המבע "אם כי"? ______________________________

חברו 4 משפטים והשתמשו במבע "אם כי":

1. ______________________________
2. ______________________________
3. ______________________________
4. ______________________________

קצת ספרות

ד. השוו בין סטלה לבין האישה במשרד.

	סטלה	**האישה במשרד**
מראה חיצוני		
קול		
התנהגות		

ה. שאלה

מדוע לדעתכם מקדים הסופר לומר לנו מה היה גורלה של סטלה ("עד אחרי מותה" – קטע 7)?

____

____

____

פרק ב', קטע 8

א. קריאה ראשונה

לפי הקטע, המספר
[ ] חושב שסטלה שונה מכל האנשים.
[ ] כועס על סטלה שתמיד סולחת לצמח.
[ ] אוהב לשמור סודות של אחרים.

8)

מיהרתי לברוח משם בכל כוחי וירדתי במדרגות בריצה. כאשר הגעתי לפינת רחוב יוליאן נזכרתי בסטלה. הרגשתי כמו חיל שהשאיר את חברו הפצוע* מאחור, בשטח האויב*, וברח. הרגשתי שאני חייב להישאר שם על ידה ולהילחם בעדה*, אבל לא ידעתי איך עושים זאת ומיהו האויב. נשארתי עומד בלב כבד בפינת הרחוב והסתכלתי באנשים שעברו שם, פקידים* יהודים, ערבים ואנגלים. הסתכלתי גם בנשים ושאלתי את עצמי אם גם הגברים והנשים האלו, העוברים כאן ברחוב, עושים מה שעשה דודי צמח במשרדו, ופתאום ידעתי שכולם עושים כך, כולם – חוץ מסטלה, כי סטלה אוהבת את צמח. מכיוון שכך, עליו לאהוב אותה, ורק אותה, מפני שאין אישה אחרת האוהבת אותו כל-כך.

יד החזיקה בידי, ראיתי את סטלה. היא הייתה שקטה כמו תמיד, וחצתה את הכביש רק במקומות המסומנים לכך, היא קנתה לה זוג משקפי-שמש* והרכיבה אותם על עיניה. רציתי לומר לה, שלא אספר לאיש מה שראו עינַיִ, אבל הבנתי שאין צורך בדבר. סטלה הייתה סובלת* וסולחת לצמח בכל פעם מחדש, סולחת אבל לא שוכחת, היא קיבלה אותו כמו שהוא, ולא ניסתה לשנות אותו או להפריע לו. מאותו יום השתדלה שלא לבקר עוד במשרדו, ואם הייתה מוכרחה ללכת לשם, הייתה מטלפנת לפני כן ומודיעה לו.

*פצוע – wounded
*אויב – enemy
*בעדה – בשבילה
*פקידים – officers
*משקפי-שמש – sun glasses
*הייתה סובלת – used to suffer

ב. קריאה שנייה

קראו שנית והשלימו:

1. המספר הרגיש רע כלפי סטלה כי ______________________________
2. המספר פתאום הבין ש______________________________
3. סטלה קנתה משקפי-שמש כי ______________________________

ג. שאלה

המשפט הבא הוא רֶמֶז לְמַה שיקרה בעתיד – נסו לנחש לְמַה מרַמֵז המספר:

"סטלה אוהבת את צמח. מכיוון שכך, עליו לאהוב אותה, ורק אותה, מפני שאין אישה אחרת האוהבת אותו כל-כך."

____

____

____

ד. הסבירו את המילים והביטויים הבאים:

1. לב כבד - ______________________________
2. שקטה - ______________________________
3. סובלת - ______________________________
4. סולחת - ______________________________

מכיוון שכך

ה. מה לדעתכם פירוש המבע "מכיוון שכך" במשפט הבא?

"סטלה אוהבת את צמח. **מכיוון שכך**, עליו לאהוב אותה..."

____

חברו עוד 4 משפטים תוך שימוש במבע הזה:

1. ______________________________
2. ______________________________
3. ______________________________
4. ______________________________

ו. כתיבה

תרגיל סיכום לפרק ב

המספר (הילד) מספר להוריו מה שהוא ראה ומה שהוא חושב על סטלה וצמח.

פרק ג

פרק ג', קטע 9

א. קריאה ראשונה

המספר אומר שצמח כעס כי
[ ] ליפא טיפל בסטלה כשהייתה חולה.
[ ] המחלה של סטלה הפריעה לקריירה שלו.
[ ] כי שכח את ההבטחה שלו לסטלה.

9)

פעם טלפנה והודיעה לו שאיננה מרגישה טוב. הוא הבטיח לה לבוא מיד הביתה, אבל היה עסוק כל כך שלא יכול לעזוב את המשרד לפני שש. כאשר נכנס לביתו ראה כינור מונח על השולחן וידע שליפא כבר יושב על-יד המיטה שלה. בכל פעם כשחלה מישהו במשפחה שלנו היו קוראים מיד את ליפא. לליפא לא הייתה משפחה והוא היה אומר תמיד שמשפחה זוהי אחריות* כבדה וקשה יותר מִדי.
סטלה שכבה במיטתה ויָשנה ופניה היו חיוורות מאוד, על השולחן היו בקבוקי-תרופות*. צמח הבין שליפא כבר עשה את כל הדרוש*.
ליפא עשה את כל הדרוש במשך כל אותם החודשים שבהם הגיע צמח לשיא ההצלחה שלו*. כעס היה בליבו של צמח על סטלה שחלתה דווקא אז. הוא היה עסוק מאוד במשרדו; חוץ לזה הוא נתמנה* ליועץ משפטי* של מחלקת-הקרקעות הממשלתית. הוא היה מבלה את ימיו בין משרדו ובין משרדי הממשלה, ובלילות היה עסוק בישיבות*; והנה באה המחלה של סטלה והפריעה לו. ליפא טיפל בה במקומו, וצמח לא התפלא על כך ולא מצא אפילו לנחוץ להודות לו בלִבו.

*אחריות – responsibility
*בקבוקי-תרופות – medicine bottles
*כל הדרוש – everything necessary
*שיא ההצלחה שלו – the peak of his success
*נתמנה – was appointed
*יועץ משפטי – legal adviser
*ישיבות – meetings

ב. קריאה שנייה

קראו את הקטע שנית וענו:

1. מה חושב המספר על היחס של צמח כלפי* ליפא? הסבירו.
2. מה אפשר ללמוד על האישיות של ליפא לפי הקטע הזה?
3. השוו בין צמח לסטלה – מה קורה לכל אחד בקטע הזה?
4. המילה "לֵב" מופיעה מספר פעמים בקטע הזה – על לֵב של מי מדובר – ועל מה זה מְרַמֵּז?

*כְּלַפֵּי – toward

ג. הסבירו במילים שלכם:

1. "עשה את כל הדרוש" - ______________________________
2. "שיא ההצלחה" - ______________________________
3. "לא מצא לנחוץ" - ______________________________

דקדוק

שמות פעולה – בניין הפעיל

בקטע כתוב שצמח הגיע ל"שיא <u>ההצלחה</u> שלו"

שם פעולה – בניין הִפְעִיל

המילה **הצלחה** היא שם הפעולה של הפועל **להצליח** (השורש **צ.ל.ח.** – בניין הפעיל).

דוגמאות נוספות:

- הַתְחָלָה (התחיל)
- הַסְכָּמָה (הסכים)
- הֲבָנָה (הבין)
- הוֹפָעָה (הופיע)

עוד על שמות פעולה ראו יחידה 2.

ד. לפניכם פעלים נוספים בבניין הפעיל.
הפכו אותם לשמות פעולה:

הדליק	<u>הדלקה</u>
הזמין	____________
החליט	____________
הבטיח	____________
השמין	____________
הרגיש	____________
הגיד	____________

קצת יחס

ה. הוסיפו ש **או** את:

פעם טִלפנה והודיעה לו _____איננה מרגישה טוב [...] אבל היה עסוק כל כך _____לא יכול לעזוב את המשרד לפני שש. כאשר נכנס לביתו ראה כינור מונח על השולחן וידע _____ליפא כבר יושב על- יד המיטה שלה [...] לליפא לא הייתה משפחה והוא היה אומר תמיד _____משפחה זוהי אחריות כבדה וקשה יותר מִדי [...]

[...] על השולחן היו בקבוקי תרופות. צמח הבין _____ליפא כבר עשה _____ כל הדרוש.

ליפא עשה _____ כל הדרוש במשך כל אותם החודשים _____בהם הגיע צמח לשיא ההצלחה שלו. כעס היה בליבו של צמח על סטלה _____חלתה דווקא אז. הוא היה עסוק מאוד במשרדו [...] הוא היה מבלה _____ ימיו בין משרדו ובין משרדי הממשלה [...] והנה באה המחלה של סטלה והפריעה לו.

פרק ג', קטע 10

א. קריאה ראשונה

לפי הקטע הזה ליפא

[ ] עשה מאמצים לְשַׂמח את סטלה.
[ ] ניסה להכיר לסטלה אנשים אנגלים כמוהָ.
[ ] ניגן בקונצֶרטים בירושלים.

(10

מין מחלת לב הייתה זו. לפעמים הרגישה בטוב וקמה מן המיטה, ולפעמים הייתה שוכבת ימים שלמים. כאשר הרגישה בטוב הייתה יוצאת בערבים אל בית הקפה "תמר", יושבת שם יחידה על יד השולחנות ומזמינה כוס תה בחלב, וליפא היה מנגן את אחד השירים שאהבה. החיילים הבריטיים היו בטוחים שהיא אהובתו של לִיפא. נשים יהודיות לא היו נכנסות לבית הקפה ההוא, ואלו שנכנסנו היו בדרך כלל נערות-הפקר*. אבל סטלה הייתה "לֵיידי" – זאת ראו גם החיילים שבבית הקפה. היא הייתה יושבת שם שעות רבות עד שהיה ליפא מסיים את עבודתו ומלווה* אותה הביתה. לפעמים היה מפסיק את עבודתו בתשע בערב ולוקח אותה לקולנוע; וכאשר היה קונצרט בירושלים היה מקבל חופשה לכל הערב, לובש את החליפה* היפה שהביא עִמו מאמריקה לפני שנים רבות, מזמין מונית ונוסע עם סטלה אל אולם הקונצרטים.

*נערות הֶפקר – promiscuous women

*ללַוות – to accompany

*חֲליפה – suit

ב. קריאה שנייה

קראו שנית וענו:

1. מה אפשר ללמוד על סטלה מהקטע הזה?

____

____

2. למה לדעתכם המספר בוחר לתאר את המַחֲלָה של סטלה במילים "מִין מַחֲלַת לֵב"?

____

____

קצת יחס

ה. הוסיפו ש או את:

כאשר הרגישה בטוב הייתה יוצאת בערבים אל בית הקפה "תמר" [...] וליפא היה מנגן ____ אחד השירים ____אהבה. החיילים הבריטיים היו בטוחים ____היא אהובתו של ליפא. נשים יהודיות לא היו נכנסות לבית הקפה ההוא [...] סטלה הייתה לֵיידִי – זאת ראו גם החיילים ____בבית הקפה. היא הייתה יושבת שם שעות רבות עד ____היה ליפא מסיים את עבודתו ומְלַוֶוה אותה הביתה [...] כאשר היה קונצֶרט בירושלים היה מקבל חופשה לכל הערב, לובש ____ החֲליפה היפה ____הביא עִמו מאמריקה לפני שנים רבות, מזמין מונית ונוסע עם סטלה אֶל אולם הקונצֶרטים.

פרק ג', קטע 11

א. קריאה ראשונה

בקטע הזה מסופר איך צמח
[ ] מקיים את הבטחתו לסטלה.
[ ] חוזר ללמוד ציור בבצלאל.
[ ] בוגד באִשתו עם הציירת.

11)

יום אחד החליט צמח לחזור לביתו בשעה מוקדמת. בבוקר הרגישה סטלה בטוב וצמח נשק לה על הלחי* והבטיח לה לחזור בשעה חמש. בשעה ארבע יצא מן המשרד וירד ברחוב ממילא. בפינת רחוב יוליאן פנה ימינה לרחוב יפו; כאן ראה פתאום אישה בעלת שיער צהוב הולכת מולו ומחייכת*, הוא לא הכיר אותה וחשב שהיא אחת מלקוחות* משרדו.

– צמח! – קראה האישה – האם אין אתה מכיר אותי?

כאשר שמע את קולה זכר שלמדו יחד ב"בצלאל". אז הייתה נערה רזה*, מפתח תקווה או מזיכרון יעקב, וחלמה על פריס. לא הייתה בעלת כישרון רב, אבל חרוצה*.

– נעשיתְ אישה יפה – אמר לה צמח.

ואתה צמח – גבר שבגברים, כמו שהיית – אמרה בצחוק – שמעתי שקיבלת תואר של דוקטור למשפטים באנגליה.

– ואת, עדיין מציירת?

– לא קראת בעיתון? – שאלה בחיוך קל – כתבו על התערוכה* שלי. בוא ואראה לך כמה בדים*, אני גרה ברחוב הזה.

רצה לומר לה שהוא ממהר לביתו, אבל הלך אחריה. היא גרה בבית ערבי גדול ברחוב מָמילא. היא הזמינה אותו לשבת על סַפה מזרחית* שהייתה בדירה שלה ומיהרה למטבח להכין לו קפה, אחרי כן הוציאה את הבדים, בדים גדולים, מכוסים בצבע שֶמֶן*. הוא שיבח* אותם מאוד, לפתע ניגש אליה, הוציא מידה את התמונה ואמר:

– הניחי זאת, בואי ונשוחח על מה שהיה ועל מה שיהיה – ונשק לה על פיה.

*לֶחִי – cheek
*לחייך – to smile
*לָקוחות – clients
*רזה – slender
*חרוצה – hard working
*תערוכה – exhibition
*בדים – canvases
*ספה מזרחית – oriental couch
*צֶבַע שֶמֶן – oil paint
*לְשַבֵּחַ – to praise

ב. קריאה שנייה

קראו את הקטע שנית וענו:

1. מדוע המספר אומר לנו באיזה **רחוב** פגש צמח את האישה הרָזָה. מתי הוזכר הרחוב הזה בסיפור?
2. איך הציירת מתארת את **צמח** בקטע?
3. איך **הציירת** מתוארת בקטע?
4. מה ההבדל ב**נשיקה** שנשק צמח לסטלה ולשתי הנשים האחרות בסיפור?
5. באיזה הֶקשר (קונטֶקסט) מופיעה המילה "**קול**" בסיפור עד עתה (עד עכשיו), ומדוע?

ספרות – סמלים

סמל הוא לפעמים חפץ בלתי מופשט, קונקרטי, המייצג רעיון מופשט. הספרות משתמשת הרבה פעמים בסמלים כדי לייצג רעיונות מורכבים בקשר לדמויות ולהעשיר את הסיפור. למשל, בפרקים שקראתם עד כה, הופיעו מספר סמלים שייצגו את הדמויות השונות והוסיפו להן עומק מעבר לתיאור הפשוט והגלוי שלהן. סמלים אלה כוללים את הכינור, הציור, שמות הדמויות, קולן, מראן, וכן סמלים קטנים יותר כמו משקפי-שמש או מעיל פרווה.

Literature - Symbols

A symbol is sometimes a concrete item that represents an abstract idea. Literature often uses symbols to represent complex ideas about characters and to enrich the story. For example, throughout the chapters you have read so far, different symbols represented the different characters and added more depth to their personality beyond their simple and explicit description. Among these symbols are the violin, the paintings, the characters' names, voices, and appearance, and some other smaller symbols such as sun-glasses or the fur jacket.

א. סמלים

1. כתבו אילו אסוציאציות עולות במחשבתכם, כאשר אתם שומעים את הסמלים הבאים:

כינור - כלי נגינה קלסי, גוף אישה, מוזיקה קלסית...

ציור - ______

השם "צמח" - ______

השם "סטלה" - ______

קולות - ______

מראֶה - ______

משקפי שמש - ______

מעיל פרווה - ______

2. כעת, מצאו את המקומות בהם מוזכרים הסמלים האלה והשוו בין מה שכתבתם עליהם לבין השימוש שלהם בטקסט. מה מוסיפים הסמלים הללו להבנת הדמויות ולסיפור בכלל?

פרק ד

פרק ד', קטע 12

א. קריאה ראשונה – קראו את המשפט הראשון:

הפרק מתחיל במשפט: "כשעזב את בית הציירת כבר היו כוכבים בשמים, מיהר לדרכו והגיע לביתו בריצה."

לדעתכם, המשפט הזה חשוב, כי בו
[ ] מְיַידעים אותנו לגבי זמן התרחשות האֵירועים בפֶּרֶק.
[ ] מדגישים שצמח בילה שעות רבות עם הציירת.
[ ] מנסים לרמוז לנו על הגורל של סטלה בסיפור.

(12

כשעזב את בית הציירת כבר היו כוכבים בשמים, מיהר לדרכו והגיע לביתו בריצה. ראה כינור מונח על השולחן. קיווה שעדיין לא מאוחר ומיהר אל סטלה. היא מתה בשעות הערב המוקדמות משבץ-לב*.
בהלוויה* של סטלה הלך צמח בפנים נזעמות*. אני הלכתי ליד ליפא שהיה מדוכא* לגמרי. לפתע נראה לי יהודי זקֵן.
הוא החזיק בידי ולחש לי:
– היא הייתה ילדה טובה, ילדה טובה ושקטה.
לא הבנתי מדוע הוא קורא לסטלה "ילדה". אימא בכתה כל הדרך. הייתה לי הרגשה שגם סטלה הולכת איתנו. ואילו שמעתי את הקול הנעים שלה לא הייתי מתפלא כלל. הסתכלתי בצמח. מיום שחזר מאנגליה התהלך בינינו כמו איש זר. סטלה הייתה הקשר בינו ובינינו.
אחרי שסטלה מתה ראינו את צמח רק לעיתים רחוקות. היה עסוק מאוד בעבודתו במשרד ובממשלה, וגם נעשה לעסקן ציבורי*. היה נואם באסיפות*, משתתף בוועדות* שונות ומופיע בפני הממשלה כנציג* הישוב.

*שבץ-לב – heart attack

*הַלְוָיָה – funeral
*פנים נזעמות – angry face
*מדוכא – depressed

*עַסקן ציבורי – public figure
*אסֵיפה – assembly
*וַעֲדָה – committee
*נָצִיג – representative

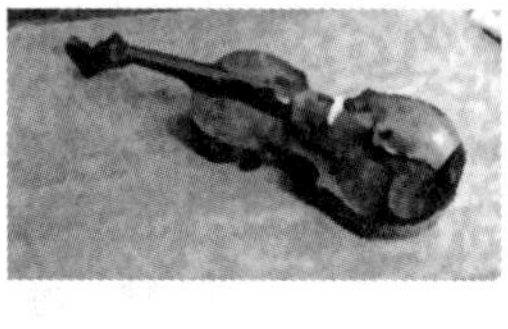

ב. קריאה שנייה

קראו שנית וענו על השאלות:

1. מדוע לדעתכם ליפא קורא לסטלה "ילדה טובה ושקטה"?
2. מה המספר אומר על סטלה בהלוויה? מדוע?
3. איך המוות של סטלה השפיע על צמח לפי הקטע הזה?

פרק ד', קטע 13

א. קריאה ראשונה

מן הקטע אנו לומדים שצמח

[ ] שמח על כך שסטלה שמרה את הציורים שלו.
[ ] מצטער שלא צִייר את סטלה כשהייתה בחיים.
[ ] העריך את החינוך האנגלי של סטלה.

13)

סטלה השאירה לצמח קרוב לשבעת אלפים לירות. באותם הימים היה זה סכום כסף גדול מאוד. כן נשאר לו הבית שבו גרו בשכונת בית-הכרם. לילה אחד נכנס לחדר של סטלה ומצא שם את התמונות שצייר. כאשר הייתה סטלה בחיים, לא תיאר לעצמו כלל* שהיא מתעניינת בכישרון הציור שלו ושציוריו יקרים לה. "מדוע לא אמרה זאת?" – שאל את עצמו. אף פעם לא אמרה מה שהיה בלִבה. שותקת הייתה. כאשר הביטה בו, היו עיניה מלאות פחד, כאילו פחדה לאבד את כל היקר לה. אפילו לא רבו ביניהם מעולם. פעם או פעמיים, כאשר הרים עליה קולו*, מיד נשתתקה* והביטה בו בעיניים מבקשות רחמים. כמה פעמים הרים עליה את קולו? פעם או פעמיים או שלוש – אפילו לכך לא זכתה. צמח הסתכל בציורים. היו ביניהם הרבה רישומי דמויות*. אוהב היה לצייר אנשים שפגש. היה משאיר אותם על השולחן או זורק אותם לסל, וסטלה הייתה מוציאה אותם מִשם ואוספת אותם. "ודאי רצתה שאצייר אותה" – אמר לעצמו. מחשבה זו שסטלה רצתה שיצייר אותה ולא העזה* לבקש ממנו לא נתנה לו מנוח*. הוא זכר כל אותן פעמים שניסתה לדבר אִתו על כך, אבל הפסיקה דבריה באמצע. אמר בלִבו: "עד יום מותה חיכתה בוודאי, שאבוא הביתה ואומר לה: יודעת את, סטלה, רוצה אני לצייר פורטרט גדול שלך ולקרוא לו "סטלה". את שבי לך כאן והביטי אל החלון..." בוודאי חשבה כך גם ביום האחרון לחייה, כאשר הבטיח לה לחזור הביתה בשעה מוקדמת. פתאום חשב שאילו רשם אפילו רק פעם אחת את דמותה, לא הייתה סטלה מתה.

צמח מיהר להחזיר את הציורים לארגז, סגר אותו ברעש גדול וברח מן החדר. כאשר הכין לעצמו כוס תה במטבח, הוציא מכיסו עפרון וניסה לרשום מספר קווים*. בפחד גדול נוכח שאין הוא זוכר מה דמות הייתה לסטלה*. רק קולה הנעים צלצל באוזניו. הוא עצם את עיניו וניסה לראות אותה, אבל רק שמע את קולה. "סטלה", אמר פתאום, "מה השעה?"

*לא תֵיאֵר לעצמו כלל – he had never imagined

*הרים קולו – raiseded his voice
*נשתתקה – she became silent

*רישומי דמויות – portraits

*העזה – dared
*לא נתנה לו מנוח – gave him no rest

*קַווים – lines
*מה דְמות הייתה לה – what she looked like

הוא קיווה לשמוע תשובה, קיווה שמתוך דבריה תעלה דמותה לפניו. "סטלה", קרא שוב, הפעם בקול גדול.

"השכנים יחשבו שיצאתי מדעתי*" אמר צמח לעצמו, "עומד לו דוקטור צמח שרון במטבח באמצע הלילה וקורא בקול גדול לאשתו המתה".

למחרת בבוקר, לפני שיצא למשרדו, נכנס שוב לחדרה של סטלה, פתח את הארגז וראה שסטלה סידרה את הציורים לפי התאריכים. מעברו השני* של כל ציור רשמה את התאריך המדויק שבו צייר אותו. הוא החליט, שכאשר יחזור מן המשרד ישרוף* את כל הציורים הללו, "פֶּדַנְטִיּוּת של אישה אנגלייה" אמר בלִבּוֹ.

*יצאתי מדעתי – I lost my mind

*עֶברו השני – the other side

*לשרוף – to burn

ב. קריאה שנייה

קראו את קטע 13 שנית והשלימו:

צמח מצא את הציורים שלו ב__________. הוא מעולם לא תיאר לעצמו שסטלה __________.

צמח נזכר שרוב הזמן סטלה הייתה __________, והם כמעט אף פעם לא __________.

הוא בעיקר אהב לצייר __________. כאשר סיים לצייר היה __________ או __________ לסל. סטלה הייתה __________ את הציורים. פתאום הוא הבין שהיא חיכתה שהוא __________ אותה. אבל היא לא העזה __________. לפתע חשב שאילו היה מצייר את __________ אפילו פעם אחת, היא לא הייתה __________.

הוא ניסה __________ אותה אבל הוא לא__________ את פניה. הוא רק זכר את __________ הנעים.

ג. השלימו את המשפטים: (לפי קטע 13)

1. סטלה שתקה – אף פעם לא אמרה מה ש__________.
2. כשהביטה בו עיניה היו __________ פחד.
3. הם כמעט מעולם לא __________, אולי פעם או פעמיים.
4. כמעט לא __________ עליה את קולו.
5. היא רצתה שיצייר אותה אבל לא __________ לבקש.
6. המחשבה הזאת לא נתנה לו __________.

➢ **דקדוק**

היה + פועל בהווה (להרגל)

- "**אוהב היה** לצייר אנשים שפגש. **היה משאיר** אותם על השולחן,
או זורק אותם לסל, וסטלה **הייתה מוציאה** אותם משם ואוספת אותם."

ד. שאלות

1. מדוע יש פה שימוש בפועל "להיות" (**היה** אוהב, **היה** משאיר, **הייתה** מוציאה)?
2. באיזה אופן זה שונה מצורת העבר הרגילה (אהב, השאיר, הוציאה)?
3. תנו דוגמאות משלכם לשימוש בצורת העבר הזאת.

קצת יחס

ה. השלימו עם מילת היחס המתאימה: ל, של, את, ב, על, מ/מן

סטלה השאירה _ל_צמח קרוב לשבעת אלפים לירות [...] לילה אחד נכנס ____ חדר ____ סטלה ומצא שם ____ התמונות שצייר. כאשר הייתה סטלה ____ חיים לא תיאר ____ עצמו כלל שהיא מתעניינת ____ כישרון הציור שלו ושציוריו יקרים לה [...] אף פעם לא אמרה מה שהיה ____ לִבה [...] צמח הסתכל ____ ציורים. היו ביניהם הרבה רישומי דמויות. אוהב היה לצייר אנשים שפגש. היה משאיר אותם ____ השולחן, או זורק אותם ____ סל, וסטלה הייתה מוציאה אותם ____ שם ואוספת אותם [...] צמח מיהר להחזיר ____ הציורים ____ ארגז, סגר אותו ____ רעש גדול וברח ____ החדר. כאשר הכין לעצמו כוס תה במטבח, הוציא ____ כיסו עיפרון וניסה לרשום מספר קווים.

פעלים

ו. השלימו את הפעלים בצורה הנכונה:

חלק 1

סטלה **(להשאיר)** ___השאירה___ לצמח קרוב לשבעת אלפים לירות. באותם הימים **(להיות)** ________ זה סכום כסף גדול מאוד. כן **(להשאיר)** ________ לו את הבית שבו שניהם **(לגור)** ________ בשכונת בית הכרם. לילה אחד הוא **(להיכנס)** ________ לחדר של סטלה ו**(למצוא)** ________ שם את התמונות שהוא **(לצייר)** ________. כאשר **(להיות)** ________ סטלה בחיים, הוא לא **(לתאר)** ________ לעצמו כלל שהיא **(להתעניין)** ________ בכישרון הציור שלו ושציוריו יקרים לה. "מדוע היא לא **(לאמור)** ________ זאת"? הוא **(לשאול)** ________ את עצמו. היא אף פעם לא **(לאמור)** ________ מה שהיה בלִבה. אפילו לא **(לריב)** ________ ביניהם מעולם. פעם או פעמיים, כאשר הוא **(להרים)** ________ עליה קולו, היא **(להביט)** ________ בו בעיניים מבקשות רחמים.

חלק 2

צמח **(להסתכל)** הסתכל בציורים. אוהב היה לצייר אנשים ש**(לפגוש)** ___________ . הוא היה **(להשאיר)** ___________ אותם על השולחן, או **(לזרוק)** ___________ אותם לסל, וסטלה הייתה **(להוציא)** ___________ אותם משם ואוספת אותם. "ודאי רצתה ש**(אני-לצייר)** ___________ אותה" אמר אל עצמו. מחשבה זו שסטלה רצתה ש**(הוא-לצייר)** ___________ אותה ולא העזה לבקש לא נתנה לו מנוח. הוא **(לזכור)** ___________ את כל אותן הפעמים שהיא **(לנסות)** ___________ לדבר אִתו על כך, אבל הפסיקה דבריה באמצע. אמר בלִבו: "עד יום מותהּ **(היא-לחכות)** ___________ בוודאי, ש**(אני-לבוא)** ___________ הביתה ואומר לה: "יודעת את, סטלה, רוצה אני לצייר פּוֹרְטְרֶט גדול שלך ולקרוא לו סטלה. את **(לשבת-ציווי)** ___________ לך כאן והביטי אל החלון..." בוודאי חשבה כך גם ביום האחרון לחייה, כאשר **(הוא-להבטיח)** ___________ לה לחזור הביתה בשעה מוקדמת. פתאום חשב שאִילו רשם אפילו רק פעם אחת את דמותהּ, לא **(להיות)** ___________ סטלה מתה.

חלק 3

צמח מיהר להחזיר את הציורים לארגז, **(לסגור)** סגר אותו ברעש גדול ו**(לברוח)** ___________ מן החדר. כאשר הכין לעצמו כוס תה במטבח, הוציא מכיסו עיפרון ו**(לנסות)** ___________ לרשום מספר קווים. בפחד גדול נוכח שאין הוא **(לזכור)** ___________ מה דמות הייתה לסטלה. רק קולה הנעים **(לצלצל)** ___________ באוזניו. הוא עצם את עיניו וניסה לראות אותה, אבל רק שמע את קולהּ. "סטלה" אמר פתאום "מה השעה?" הוא **(לקוות)** ___________ לשמוע תשובה, קיווה שמתוך דבריה תעלה דמותה לפניו. "סטלה" קרא שוב, הפעם בקול גדול.

ז. כתיבה — דיאלוג

כתבו דיאלוג בין צמח לליפא:

צמח מספר לליפא מה שקרה לו בלילה.

ח. מבעים (מקטע 13)

הסבירו את המבעים הבאים בעברית:

1. סכום כסף - ______
2. לתאר לעצמו - ______
3. לשאול את עצמו - ______
4. להרים עליה קול - ______
5. אמרה מה שהיה בליבה - ______
6. לא נתנה לו מנוח - ______

ט. שאלה

חִשבו על שלושה דברים שלדעתכם יתרחשו (יִקרו) בסיפור והסבירו למה.

______

______

______

פרק ד', קטע 14

א. קריאה ראשונה

קראו את הקטע הבא והסבירו את ה**שינוי** שחל בצמח.

14)

כאשר נכנס למשרד פנה למזכירה בקול צעקה:

– רחל, מה זה?

המזכירה ניגשה אליו רועדת* כולה. מעולם לא הרים עליה צמח את קולו במשרד.

– מה קרה? שאלה בפחד.

הוא הראה לה מִספר ניירות שהיו מונחים על השולחן – לא בסדר נכון, לדעתו.

באותו יום בשעה מאוחרת יותר, היה עליו לבקר במשרד-הקרקעות*. כאשר יצא משם, שכח תיק שהיה על שולחנו של הפקיד הערבי. הוא שמע את הפקיד קורא לנער (שהיה העוזר שלו) ואומר לו בערבית: "רוץ אחרי היהודי ותן לו את התיק הזה". פניו של צמח נעשו אדומים מרוב כעס*. צמח זרק את התיק בפני הנער וצעק בקול גדול: "אמור לערבי הנבזה* ההוא שיש לי שם".

– אף פעם לא שמעתי את הדוקטור שרון (צמח) צועק – אמרה אחת הפקידות לחברתה – כנראה נרגש* הוא עדיין ממות אשתו.

צמח יצא, אך במקום לחזור למשרדו נכנס לבית הקפה כשלִבו מלא כעס על הערבים.

– כוס קפה שחור בבקשה, אבל מהר! – צעק אל המלצר*.

המלצר נבהל ורץ להביא את הקפה. צמח הדליק את המקטרת* שלו וישב שעה ארוכה ליד הקפה.

כל אותו יום לא חזר למשרדו והיה מהלך ללא מטרה* ברחובות. פעם מצא את עצמו עולה במדרגות של בית הציירת ברחוב מָמילא. כאשר ראה איפה הוא עומד – נתמלא פחד ומיהר לברוח.

*רועד/ת – shivering

*משרד הקרקעות – Govenrment Land Registry Office

*מרוב כעס – with anger

*נִבְזֶה – despicable

*נרגש – upset

*מֶלצר – waiter

*מִקְטֶרֶת – pipe

*ללא מטרה – purposeless

ב. קריאה שנייה

1. סמנו בקטע את כל הפעלים המתארים את מצבו הנפשי של צמח.
2. בסוף הפרק כתוב: "כאשר ראה איפה הוא עומד – נתמלא פחד ומיהר לברוח."
   הסבירו: איפה הוא עמד? ממה הוא פחד?

Literature –
The Character of the Narrator

The narrator, as implied by the name, is the "person" or the voice that tells the story and mediates between the story and the readers. There are different types of narrators: first person, omniscient (third person), implied (in a screenplay, for example), an unreliable narrator, and more. The most common type is the omniscient narrator, a narrator who is the "god" of the story. In the story, he is the one who creates the world and the different characters in it. This type of narrator is, in fact, external to the story, and can move freely between the past, the present, and the future of the characters. He also knows the thoughts and feelings of the characters and the depth of the relationships between them. The third person narrator is ostensibly objective and does not take sides in the story. But in fact, the narrator is one of the characters, and he is hardly ever neutral.

How can we find out the role of the omniscient narrator, his opinion of the characters, who his favorites are, and so on? There are few ways to find out:

1. Character's description – the adjectives used by the narrator to describe a character.
2. Character's presentation – additional information given about a character.
3. Character's behavior – what is he doing? How does she talk? How does he move? How does she treat other characters?
4. The word choices of the characters.
5. The context – the characters' relationships and their places in the broader context of the story.

ספרות –
דמות המספר

המְסַפֵּר, כשמו, הוא ה"אדם" או הקול שמספר את הסיפור ומתווך בין הקוראים לבין הסיפור. ישנם סוגים שונים של מספרים, מְסַפֵּר עֵד (גוף ראשון), מספר כל-יודע (גוף שלישי), מְסַפֵּר נסתר (במחזה, למשל), מספר בלתי מְהֵימָן ועוד. הסוג הנפוץ ביותר של מְסַפֵּר הוא מְסַפֵּר כל יודע, מְסַפֵּר שהוא "האלוהים" של הסיפור – הוא זה שבורא את העולם הסיפורי ואת הדמויות השונות בו. המְסַפֵּר הכל-יודע נמצא למעשה מחוץ לסיפור ויכול לנוע בחופשיות בין העבר, ההווה והעתיד של הדמויות, והוא גם יודע את המחשבות והרגשות של הדמויות ואת היחסים ביניהן לעומקם. המְסַפֵּר הכל-יכול הוא לכאורה אובייקטיבי ואין לו צד בסיפור. למעשה, המְסַפֵּר הכל- יודע הוא אחת מן הדמויות בסיפור והוא לעולם לא אובייקטיבי.

כיצד אפשר לגלות את התפקיד של המְסַפֵּר הכל יודע בסיפור, את דעתו על הדמויות, מי הדמויות החביבות עליו ואת מי הוא פחות אוהב? ישנן כמה דרכים לגלות זאת:

1. תיאור הדמויות – שמות התואר שבוחר המספר כדי לתאר את הדמויות.
2. הצגת הדמויות – מידע נוסף שנמסר על הדמויות.
3. התנהגות הדמויות – מה הן עושות, איך הן מדברות, איך הן מתנועעות, איך הן מתייחסות לדמויות האחרות.
4. המילים שבהן הדמויות משתמשות כאשר הן מדברות.
5. ההקשר של הדמויות – יחסי הדמויות ומקומן בקונטקסט הכללי של הסיפור.

ניתוח

א. תיאור הדמויות

1. באילו **שמות תואר** משתמש המספר כדי לתאר את צמח, סטלה וליפא ?

2. המספר אומר שצמח חזר מאנגליה "עם תואר דוקטור למשפטים ועם אישה" – לפי המשפט הזה, מה חושב המספר על יחסו של צמח לדיפְּלומה ולאִשתו סטלה?

3. בתיאורו מוסיף המספר כי ירד גשם חזק. מה מוסיף התיאור לביקור של צמח?

4. המספר משווה בין צמח לבין חיילים אנגליים (קטע 6). מדוע? האם ההשוואה מוסיפה* לדמותו של צמח או גורעת* ממנה?

*מוסיף/ה – adds
*גורע/ה – reduces, diminishes

ב. התנהגות הדמויות

5. מדוע מוסיף המספר כי צמח הגיע במונית? האם הרבה אנשים השתמשו אז במוניות? מה מלמד הדבר על אופיו?

6. מה עושה סטלה בזמן הביקור? כיצד מתייחס צמח אל סטלה במשפט? כיצד מגיבה סטלה ליחסו של צמח?

7. כיצד וכמה מדבר צמח אל סטלה במשך הביקור? מה התגובה של סטלה לדבריו של צמח?

ג. מסקנות

כעת, קראו שוב את הניתוחים שכתבתם (בעמוד הקודם). על פי המילים שבהן מתוארות הדמויות, התנהגותן ויחסן זו לזו – מה דעתו של המספר על הדמויות? איזו דמות הוא מעדיף? איזו דמות הוא מציג כ״טובה״ יותר ואיזו דמות כ״רעה״?

פרק ה

פרק ה', קטע 15

א. קריאה ראשונה

לפי הקטע, צמח
[ ] עדיין כועס על הפקיד הערבי.
[ ] חושב שמצבו מצחיק.
[ ] מחליט להשתנות.
[ ] מפחד ממנהל מחלקת הקרקעות.

(15

אותו ערב חזר לביתו בלב כבד. הוא פתח את כל התריסים* והדלתות וישב על-יד החלון. כעסו על הפקיד הערבי חלף* ובמקומו באו רגשי חרטה*. כל העניין נראה לו עתה חסר חשיבות ואפילו מגוחך*. אלא שלא יכול לצחוק. הוא זכר כיצד זרק את התיק, כיצד יצאו כל הפקידים מהחדרים. בחצות הלילה, אחר היסוסים רבים, ישב וכתב מכתב-התפטרות* למנהל מחלקת-הקרקעות, "מטעמי בריאות*". כאשר כתב את המילים האלה אמר לעצמו: "זוהי האמת. אני חולה. יש לי חום".

*תריסים – shutters
*חלף – עבר
*חרטה – regret
*מגוחך – ridiculous
*מכתב התפטרות – letter of resignation
*מטעמי בריאות – for health reasons

ב. קריאה שנייה

מה, לדעתכם, כותב צמח במכתב ההתפטרות שלו?

___

___

___

___

פרק ה', קטע 16

א. קריאה ראשונה

צמח הרגיש לא טוב כי
[ ] הייתה רוח קרה בבית.
[ ] התגעגע לתקופת לימודיו בבצלאל.
[ ] נזכר בַּשֶּׁקֶר שסיפר על תלמידה בבצלאל.
[ ] חברה שלו מבצלאל בגדה בו עם קצין בריטי.

16)

הוא קם ופתח את כל החלונות והבית התמלא רוח קרה. שעה ארוכה שכב במיטתו ולא יכל לְהֵירדם. זיכרונות ישנים עלו בלִבו, ומילאו אותו צער* ובושה*. זכר כיצד סיפר פעם לחברו ב"בצלאל" שראה את אחת התלמידות מן הכיתה מנשקת קצין* בריטי. כל העניין היה בלתי נכון, אבל הידיעה עברה מהר מפה לאוזן*, והגיעה גם לאותה תלמידה עצמה. כאשר שמעה זאת, עמדה בחצר בית הספר ובכתה. התלמידים והתלמידות שעמדו סביבה צחקו בקול גדול, וגם צמח עמד וצחק. עתה התמלא צער על מעשהו ושאל את עצמו מה קרה לאותה תלמידה. הוא מוכרח למצוא אותה ולבקש את סליחתה. אבל אפילו את שמה לא זכר. זכר רק שלבשה חצאית סְקוטית.

*צַער – grief
*בּוּשה – shame
*קצין – officer
*מִפֶּה לְאוֹזֶן – idiom: "from mouth to ear", spread like wildire

ב. קריאה שנייה – כתבו מי הדמות:

1. בכתה בחצר בית הספר ______________
2. עמדו מסביב וצחקו ______________
3. סיפר לחבר בבצלאל ______________
4. התמלא צער ובושה ______________
5. לבשה חצאית סקוטית ______________

קצת יחס

ג. השלימו עם מילות היחס: ב, מ, את, ל, על

שעה ארוכה שכב ____מיטתו ולא יכל להירדם. זיכרונות ישנים עלו ____לִבו, ומילאו אותו צער ובושה. זָכר כיצד סיפר פעם לחברו ____בצלאל שראה ____ אחת התלמידות מן הכיתה מנשקת קצין בריטי. כל העניין היה בלתי נכון. אבל הידיעה עברה מהר ____פה ____אוזן והגיעה גם ____אותה תלמידה עצמה. כאשר שמעה זאת, עמדה ____חצר בית הספר ובכתה. התלמידים והתלמידות שעמדו סביבה צחקו ____קול גדול, וגם צמח עמד וצחק. עתה התמלא צער ____ מעשֵׂהו ושאל את עצמו מה קרה ____אותה תלמידה. הוא מוכרח למצוא אותה ולבקש את סליחתהּ. אבל אפילו ____ שמהּ לא זכר, זכר רק שלבשה חצאית סְקוֹטית.

פרק ה', קטע 17

א. קריאה ראשונה

לפי הקטע [ ] צמח מתגעגע לחברו הרופא.
[ ] לצמח יש מחלה גופנית קשה.
[ ] צמח סובל ממחלה נפשית.

(17

צמח רעד בכל גופו. "בבוקר אגש לרופא", אמר בלִבו. תמיד היה בריא ולא זכר מתי ביקר אצל הרופא. נזכר שאחד ממכריו* הטובים הוא רופא. אחר-הצהריים עזב את משרדו והלך אליו. הרופא בדק אותו ומצא אותו בריא בגופו. בוודאי מתיחות-עצבים* – אמר – עובד אתה יותר מִדי. מתי יצאת פעם אחרונה לחופשה*?

צמח יצא מבית הרופא והיה מהלך ברחובות. הוא הסתכל באנשים והרגיש שהוא בודד* מאוד. זה שנים רבות שהתרחק מן האנשים הקרובים ללִבו. עתה הרגיש צורך לראות אדם שיוכל לשוחח איתו בגילוי-לב*, לספר לו דברים אחדים – קטנים – מתוך ביטחון שיש לו אוזן שומעת*. למשל, אותו מעשה בתלמידה בעלת החצאית הסקוטית. אפשר זוכר ליפא את שם משפחתה?

*מַכָּר – acquaintance

*מתיחות עצבים – nervus strain

*חופשה – vacation

*בודד – lonely

*בגילוי-לב – frankly

*אוזן שומעת – idiom: "listening ear," someone who will listen

ב. קריאה שנייה

קראו שנית, והשלימו במילים שלכם:

1. הרופא אמר לצמח ש______________________________
2. צמח הבין שהוא ______________________________
3. צמח חיפש מישהו ש______________________________

ג. הסבירו במילים שלכם את המבעים הבאים:

1. "מתיחות עצבים" ______________________________
2. "גילוי לב" ______________________________
3. "אוזן שומעת" ______________________________

ד. שאלה

מדוע לדעתכם כאשר הסופר רצה לבטא את הפעולות של צמח בקטע זה הוא בוחר להשתמש בצירוף המילים **"היה מהלך"** ולא בפועל "הלך"?

פרק ה', קטע 18

א. קריאה ראשונה

1. בנטון הכיר את צמח הרבה שנים. **נכון / לא נכון**
2. בנטון עבד בקפה "תמר". **נכון / לא נכון**
3. צמח אהב לבוא לקפה "תמר". **נכון / לא נכון**

(18

ליפא זוכר הכל: מספרי טלפון, מספרי בתים, שֵמות. לא לשווא* למד סטטיסטיקה. כן, ליפא. צמח זכר שהוא צריך לדבר עם ליפא. זה זמן רב שהוא צריך לדבר עם ליפא בעניין חשוב, בקשר לסכום כסף גדול. בלי להתפלא כלל על מעשהו*, נכנס לבית-הקפה "תמר", אותו בית-קפה שלפנים התבייש אפילו להזכיר את שמו. ליפא לא היה שם. באחת הפינות ישב בֶּנְטון ושתה בירה מכוס גדולה. בנטון היה פעם שופט, אחר כך מַרְצֶה* בבית הספר למשפטים שבו למד צמח. הוא היה אנגלי זקן בן שבעים-וחמש, שבא לארץ מסיבות דתיות מעורפלות*. בנטון היה בא ל"תמר" ערב ערב והכיר את ליפא היטב. צמח ניגש אליו.

– הלו בנטון – אמר לו – אולי אתה יודע מה קרה לאחי פיליפ ומדוע איננו כאן?

*לא לשווא – not in vain

*בלי להתפלא כלל על מעשהו – without wondering at all what he was doing

*מַרְצֶה – lecturer

*מעורפל – vague

ב. קריאה שנייה

קראו שנית והסבירו את המבעים הבאים במילים שלכם:

1. "שֶׁלְּפָנִים" ______________________________

2. "בְּלִי לְהִתְפַּלֵּא כְּלָל" ______________________________

ג. שאלות

1. מדוע צמח הגיע לבית הקפה תמר?

2. מי הוא בנטון?

קצת יחס

ד. השלימו עם מילות היחס עם, ב, ל **ומילות החיבור:** ש, ו **או הפועל** היה:

כן, ליפא. צמח זכר ____הוא צריך לדבר ____ ליפא ____עניין חשוב, ____קשר ____סכום כסף גדול [...] ליפא לא היה שם. ____אחת הפינות ישב בנטון ____שתה בירה מכוס גדולה. בנטון ____ פעם שופט ____מרצה בבית הספר ____משפטים ש____ למד צמח. הוא ____ אנגלי זקן בן שבעים וחמש ____בא לארץ מסיבות דתיות מעורפלות. בנטון ____ בא ____"תמר" ערב ערב והכיר את ליפא היטב.

פרק ה', קטע 19

א. קריאה ראשונה

בנטון וצמח משוחחים על

[ ] הביקור שלו באנגליה.
[ ] האהבות של אחותו.
[ ] רוחות, אמונות ומסורת.

19)

בֶּנטון הרים את ראשו לאט, שקוע בעולם אחר*.

הו, זה אתה צמח. שֵׁב בבקשה. שמח אני לראות אותך. הצטערתי מאוד שלא יכולתי לבוא להלוויה של סטלה. קשה לי ללכת בזמן האחרון. אך נניח לזה. בוא ואספר לך דבר. קיבלתי השבוע מכתב מאחותי בקנט, ובו היא מספרת לי שהרוח* הופיעה שוב. יודע אתה, זה מאה וחמישים שנה יושבת בביתנו שבקנט רוח. אומרים שהיא רוחו של ריצ'ארד המסכן, שהתאבד* בגלל נערה.

צמח הזמין כוסית קוניאק, שתה אותה והזמין כוסית שנייה.

– האם אתה בעצמך ראית פעם את הרוח? – שאל.

– פעם, לפני כשלושים שנה, שמעתי אותה. היא הזיזה כסאות ואחר כך נעלמה בגן.

האם בטוח אתה שהייתה זו רוחו של ריצ'ארד? – שאל צמח בעניין רב כשהוא מחזיק בידו את כוס הקוניאק השלישית. צמח לא היה רגיל במשקאות.

– זה עניין של מסורת ואמונה, אמר בנטון. מי שמאמין מאמין, ומי שאינו מאמין מנסה להסביר זאת בדרך הטבע.

– יודע אתה – אמר צמח – אתם הבריטים מאושרים, יש לכם מסורת. ואני הנני איש חסר-מסורת. כן, נולדתי בעיר הקודש, להורים השומרים מסורת בת שלושת-אלפים שנה ויותר, ובכל זאת הנני אדם חסר-מסורת. המסורת שלנו היא בספרי תפילה ודת, ומסורת חדשה לא באה במקומה.

בנטון הזקן הביט בצמח בדאגה. הוא החזיק בידו את כוס הקוניאק השישית.

*שקוע בעולם אחר – lost in thoughts

*רוח – ghost

*התאבד – committed suicide

ב. קריאה שנייה

קראו את הקטע שנית והשלימו:

1. ריצ׳ארד הוא ______________________________
2. צמח אומר שהבריטים מאושרים כי ______________________________
3. צמח חושב שאין לו ______________________________

ג. שאלה

אילו שינויים עוברים על צמח בקטע הזה?

ד. השלימו לפי קטע 19:

בוא ואספר לך דבר. קיבלתי השבוע מכתב מאחותי בקנט, ו____ היא מספרת לי ____הרוח הופיעה שוב. יודע אתה, זה מאה וחמישים שנה יושבת ____ביתנו שבקנט רוח. אומרים שהיא ______ של ריצ׳ארד המסכן, ____התאבד ____ נערה.

האם בטוח אתה ____הייתה זו רוחו של ריצ׳ארד? שאל צמח.

זה עניין של ____ ואמונה, אמר בנטון. מי ש______ מאמין , ומי ש____ מאמין מנסה להסביר זאת בדרך הטבע.

יודע אתה, אמר צמח, אתם, הבריטים ______ , יש לכם ______. ואני הנני איש חסר- ______ .

כן, נולדתי בעיר הקודש, להורים השומרים מסורת בת שלושת אלפים שנה ויותר, ובכל זאת הנני אדם חסר ______.

ה. שאלה

מדוע צמח מדבר על ״מסורת״?

פרק ה', קטע 20

א. קריאה ראשונה

על פי הקטע [ ] צמח רוצה לנסוע לאנגליה.
[ ] צמח רוצה לצייר את סטלה.
[ ] צמח מרגיש אשֵם בְּמות סטלה.

20)

באותו רגע נכנס ליפא.

– אל תנסה להפוך את "תמר" למועדון פילוסופי – אמר – מִכֵּיוון שהחלטת לבוא לכאן, החלטה* שבה אני רואה התחלה של פרק חדש בחייך, אתה צריך לנהוג* כמו כולם, לשתות יין ולדבר על הנשים ועל האמנות, שני דברים שהם בעצם דבר אחד.

– הבחור שתה מספיק – אמר בנטון והראה על הכוסות הריקות. – שֵב ואספר לך דבר, פיליפ. קיבלתי מכתב מאחותי בקֶנט, ובו היא כותבת לי שלפני שבועיים שוב הופיעה רוחו של ריצ'רד.

ליפא צחק.

– מוכרח אני לנסוע מיד לקנט. תמיד רציתי להכיר רוח. דרך אגב – הוסיף – ואחותך, איך היא?

צמח תפס את ליפא בידו.

– אם רוצה אתה לראות רוחות, ליפא, בוא אלַי ואל תיסע לקֶנט. ואל יעלה על דעתך לשאת אותה אנגליה זקנה לאישה! היא יכולה למות לפניך.

ליפא ובנטון הביטו בצמח וראו שעיניו מלאות דמעות. צמח הוסיף:

– לילה לילה מופיעה רוח בביתי. אתה יודע של מי? של סטלה! היא באה אלי בטענות* מפני שלא ציירתי אותה.

– אתה צריך ללכת הביתה לישון – אמר ליפא בדאגה.

– לישון! – צעק צמח – איך לישון? היא איננה נותנת לי לישון. ליפא – קרא צמח ותפס במעיל של אחיו – האם חשבת פעם שאני פחדן? סַפר לבנטון איך ברח ההמון הערבי מפָּנַיי כאשר הייתי בן שבע-עשרה. אבל אינני יכול להילחם ברוחות. – ליפא – קרא שוב בקול גדול – דיברתי עם הרופא.

סטלה מתה משבץ-הלב. אין איש אשם במותה. יודע אתה, בנטון? – פנה אל הזקן – זה כמה זמן אני חושב לכתוב מאמר על הצורך לבטל את עונש-המוות*. אתה תעזור לי בכך. העניין חשוב, חשוב מאוד.

*החלטה – decission
*לנהוג – to behave, act
*טענות – complaints
*עונש-מוות – death penalty

יודע אתה – זה חשוב יותר בשביל אלה הנשארים בחיים. תמיד יש צורך לברר* מספר עניינים: כאשר מת האדם שוב אין אפשרות לברר אותם, ואז מופיעה רוח המת.

– הערב לא אוכל לנגן – אמר ליפא – אלך ואומר זאת לַבּוֹס. קם ויצא.

– קום צמח, בוא ונלך – אמר ליפא כעבור כמה רגעים אחדים.

– כן, נלך – אמר צמח – וגם בנטון יבוא אִתנו.

הם קמו ויצאו. ליפא שׂכר מונית.

– ליפא – קרא צמח פתאום – יודע אתה מה ביקשה? רק דבר קטן ביקשה וגם אותו לא קיבלה.

ב. קריאה שנייה

קראו את הקטע שנית וענו על השאלות:

1. ליפא אומר לצמח: "מכיוון שהחלטת לבוא לכאן, החלטה שבה אני רואה התחלה של פרק חדש בחייך, אתה צריך לנהוג כמו כולם."
   מדוע ליפא רואה בהחלטה של צמח לבוא לקפה "תמר" התחלה של פרק חדש בחייו?

2. מה המשמעות של רוח הרפאים בקטע?

3. צמח אומר על עונש המוות ש"תמיד יש צורך לברר מספר עניינים: כאשר מת האדם שוב אין אפשרות לברר אותם, ואז מופיעה רוח המת". – מה המשותף בין רוח הרפאים של ריצ׳ארד, לבין זו של סטלה, לבין זו של המוּצָא להורג בעונש מוות?

פרק ו

פרק ו', קטע 21

א. קריאה ראשונה

קראו את הקטע הבא וענו:

מדוע לדעתכם צמח חלה?

21)

כל הלילה היה צמח רועד מחום*. בבקר קרא ליפא לרופא, והרופא קבע שצמח חולה בדלקת-הֵריאות*.

– משונֶה – אמר הרופא – רק לפני יומיים היה אצלי ולא מצאתי כלום. צריך להעביר אותו לבית-החולים.

צמח לא הסכים לעבור לבית-חולים, וליפא שכר אחות פרטית. הרופא היה מבקר אותו פעמיים ביום. ימים רבים שכב צמח בחום גבוה, ומִדֵּי פעם בפעם היה מדבר מחום. פעם אמר לליפא:

– ליפא, מדוע אינך מספר לשופט שכאשר מתה לא הייתי כלל בבית. הייתי אצל הגברת ברחוב מָמילא.

פעם אחרת בכה כמו ילד.

– אינני יכול לזכור את שמהּ – אמר.

– את שמהּ של מי? – שאל ליפא.

– של הילדה בחצאית הסקוטית.

*חוֹם – fever
*דלקת-ריאות – pneumonia

ב. קריאה שנייה

קראו את הקטע שנית וענו על השאלה:

מה הקשר בין הילדה בחצאית הסְקוטית לגברת ברחוב מָמִילָא?

פרק ו', קטע 22

א. קריאה ראשונה

קראו את הקטע הבא וענו:

כיצד מבטא הסופר את רגשות האשם של צמח בפרק?

(22

למחרת ירד החום, וצמח ביקש מן האחות שתקרא מיד לליפא. הוא לא ידע שליפא ישן בחדר השני, לאחר שישב כל הלילה ליד מיטתו. ליפא נכנס וצמח אמר לו:

– בחשבון שלי בבנק "ברקליס" יש ששת אלפים ותשע-מאות לירות. של סטלה הן. אינני יכול לנגוע בכסף הזה. אילו הכרתי את סטלה, אולי הייתי יודע מה לעשות בו.

ליפא הפסיק אותו:

– סטלה אהבה אותך ורצתה שהכסף יהיה לך.

צמח לא שם לב לדבריו.

– את כל הכסף כולו תעביר לאנגליה, לאימא של סטלה. היא תדע מה לעשות בכסף הזה, תתרום אותו לאיזה בית-כנסת בליברפול או אולי לאיזה בית-ילדים פה בארץ. לך תֵיכף ומיד* אל המשרד שלי והבֵא משם את כל הניירות. הפקיד כבר יכין הכל ואני אחתום*.

ליפא נסע למשרד וצמח נרדם מיד. בלילה ירד החום ולמחרת כבר יכול לרדת מהמיטה. כאשר בא בנטון הזקן לבקר אותו, ישב על המרפסת*.

– יודע אתה על מה אני חושב? – אמר לו צמח – עליי ועל סטלה. פעם חשבתי שנשאתי אותה לאישה בגלל הכסף, ואולי כך היה הדבר אז. עכשיו שמתה, אני יודע שאין הדבר כך.

הוא שתק, הסתכל בשמיים ואחר הוסיף:

– צריך הייתי לצייר אותה.

– מדוע אין אתה מתחיל לצייר שוב? – שאל בנטון.

– אני עצמי מבקש תשובה לכך – אמר צמח – ייתכן שאין לי די אומץ*. אנשים רבים בירושלים, בפריס ובניו-יורק, מחפשים ואינם מוצאים, ומתים אחד אחד והמכחול* בידם, בלי לטעום מן העולם הזה ובלי לקנות להם חיי-עולם*.

*תֵיכֶף וּמִיָד – without delay

*לחתום – to sign

*מִרפסת – balcony

*אומֶץ – courage

*מכחול – brush

*חיי-עולם – lasting fame

ב. קריאה שנייה

קראו את קטע 22 שנית וענו על השאלות:

1. מה דעתכם על יחסו של צמח לסטלה לפני ואחרי מותה?
2. מדוע, לדעתכם, צמח אינו חוזר לצייר?
3. האם לדעתכם, מוטיב רגשות האשם חוזר על עצמו במקומות אחרים בסיפור? אצל אילו דמויות? כיצד רגשות אלו באים לידי ביטוי?

פרק ז

פרק ז', קטע 23

א. קריאה ראשונה

צמח מבלה הרבה זמן [ ] בעבודתו.
[ ] עם משפחתו.

(23

צמח הבריא במהירות רבה. כעבור חודש אי-אפשר היה להאמין שלא מזמן היה קרוב למות. הוא עשה את הפקיד שבמשרדו שותף לעסק*, ובעצמו ניסה לכתוב חיבור גדול על הצורך לבטל את עונש-המוות. את החיבור לא סיים, ובמקום זה הִרְבָּה לְבַקֵר* בבֵיתנו. שׂוֹחֵח עם אימא על כל מיני עניינים קטנים ואפילו עזר לה לקלף* תפוחי-אדמה.

ביום האחרון ללימודים, כאשר חזרתי הביתה ובידי תעודת* סוף השנה, מצאתי את צמח יושב ליד השולחן ומדבר עם אימא.

– בְּחַיַּי שהבחור הולך ונעשה דומה לי יותר ויותר – קרא.

אימא הסתכלה בי ואמרה בלא שמחה:

– כן, יש קצת דמיון.

– שְׁמַע – פנה אליי – בוא אליי בימי החופש הגדול.

אם תהיה בחור טוב ניסע לטייל קצת בארץ. עיניו נצצו בשובבות*, ומיד החלטתי ללכת אִתו. יצאנו מן הבית, נכנסנו לחנות וצמח קנה נייר, עֶפרונות-פחם* וצבעים.

*שותף לעסק – business partner

*הרבה לבקר – visited frequently

*לקלף – to peel

*תעודה – certificate

*נָצְצוּ בְּשוֹבְבוּת – twinkled mischievously

*פֶּחָם – charcoal

ב. קריאה שנייה

קראו את קטע 23 שנית וענו על השאלות:

1. בקטע מסופר: "אמא הסתכלה בי ואמרה ללא שִׂמחה..."
   מדוע האֵם לא שמחה?

2. למי מדוֹדיו המספר דומה יותר – לליפא או לצמח? הסבירו.

פרק ז', קטע 24

א. קריאה ראשונה

לפי הקטע, צמח (סמנו את כל התשובות הנכונות) -

[ ] חוזר לצייר.
[ ] מלמד פילוסופיה.
[ ] פוגש מַכָּרָה מהעבר.

24)

הלכנו ברחובות עד שהגענו לשדה שבין רחוב המלך ג'ורג' ובין נחלת-שִׁבעה. פועלים עבדו שם. אמרו, שכאן יהיה גן עירוני. בשדה כבר עמדו כמה ספסלים, ואימהות ישבו שם ושמרו על הילדים שלהן. ציירנו את הבית הערבי בין הסלעים ואת עצי-הזית. פעם היה שם בית-סוהר* לנשים.

– צַייר את הבית על כל הנייר – אמר צמח – ואל תפחד מן הפחם. לאט לאט התחלתי להבין איך הוא רוצה שאצייר וכאשר ראיתי שאני מצליח בכך, נתמלאתי שמחה. פתאום הרגשתי שמישהו עומד מאחוריי ומסתכל בציור. הבטתי לאחור וראיתי אישה נאה עומדת ומחייכת. צמח היה כל כך שקוע* בציורו שלא הרגיש כלום.

– אימא, אימא – צעקה ילדה קטנה ורצה אל האישה הנאה – מה הם עושים, אימא?

– הם מציירים את הבית הזה.

קול האשה היה דומה קצת לקולה של סטלה, אלא שהיה חזק יותר. צמח הרים את ראשו והחוויר. הנייר נפל מידו. אף פעם לא ראיתי אותו כל כך נרגש.

האשה הסתכלה בו וקראה:

– צמח! הרי זה צמח!

– אסתר – אמר צמח בלחש – שמך אסתר, לא-כן? ומה שם

*בית סוהר – prison

*שָׁקוּעַ – absorbed

המשפחה? – אדלמן. כן, אלדמן, אסתר אדלמן.

– אל תאמר לי שמכיוון שנעשית דוקטור למשפטים שכחת את שמי – אמרה בצחוק.

– אני נשבע לך, אסתר, שבמשך החודשים האחרונים חשבתי עלייך הרבה מאד, אבל לא יכולתי לזכור את שמך. מוזר*. שם אשתי היה סטלה, ואילו תרגמה אותו לעברית היה שמה אסתר.

– צמח – אמרה האשה בצחוק – לא נשתנית. תמיד היית תיאטרלי*.

הם התחילו לדבר בהתרגשות ולספר זה לזה מה עשו במשך כל השנים.

– אסתר – אמר צמח פתאום – הזוכרת את כיצד סיפרתי פעם לחברים שנישקת קצין בריטי? את בכית אז.

– בכיתי? אולי – אמרה וצחקה – אהבתי אז קצין בריטי, שגר עם אשתו אצל דודתי. הוא אפילו לא הביט בי. מה לא הייתי נותנת אז בעד נשיקה אחת שלו...

אסתר מיהרה הביתה להכין ארוחת-צהרים לבעלה ולילדיה. צמח הביט אחריה ואמר:

– הרבה דברים חשובים למדתי מן השיחה עם האישה הזאת.

והוא פתח בהרצאה פילוסופית ארוכה על החטא* ועל הרגשת-החטא. לא הבנתי דבר מכל מה שאמר ולא ראיתי מה בין הפילוסופיה שלו ובין האישה הנאה שעמדה פה קודם וצחקה.

*מוזר – strange

*תיאטרלי – theatrical

*חֵטא – sin

ב. קריאה שנייה

1. כתבו קטע מן ההרצאה של צמח על החֵטא ועל הרגשת החֵטא. השוו בין תחושת החֵטא של צמח בהֶקשר של אסתר (הילדה עם החצאית הסקוטית) לבין תחושות החֵטא בהֶקשר של סטלה.

2. כיצד סייע (עזר) לצמח המִפגש עם אסתר להמשיך הלאה בחייו?

פרק ז', קטע 25

א. קריאה ראשונה

על פי הקטע, צמח
[ ] גורם למשפחתו צער.
[ ] מבלה עם המספר.
[ ] מתבטל, לא עושה שום דבר.

25)

במשך כל אותו קיץ היה מסביר לי את הדברים החשובים שהוא לומד מכל עניין ועניין, ואני הקשבתי לו בסבלנות* והרגשתי שהוא עצמו יודע מה הוא אומר. הוא לימד אותי דברים רבים – להסתכל ולצייר, לשחק שחמט ולהשתמש באקדח הגרמני הישן שהיה בביתו, וגם לשחק בקלפים*. הוא לימד אותי שירי אהבה אנגליים ולימד אותי להגיד בצרפתית "אני אוהב אותך, יקירתי". הוא נעשה יותר ויותר דומה לליפא אחיו, אלא שלליפא היה כל דבר מזכיר בדיחה, ואילו צמח למד מכל עניין קטן דבר חשוב. כאשר ניצחתי את צמח בפעם הראשונה במשחק השחמט רגז* קצת, אבל מיד נעשה שוב עליז ואמר:

– דע לך, שאין כל רע במשחק השחמט, ולא במשחק קלפים. אין רע בשום דבר, כל זמן שאין אתה גורם צער* וכאב* לאחרים.

*בסבלנות – patiently
*קְלָפִים – cards
*רגז – got angry
*צַעַר – sorrow
*כְּאֵב – pain

ב. קריאה שנייה

קראו את קטע 25 שנית וענו על השאלות:

1. בפרק ז' צמח מבריא. ציינו את כל הרמזים בטקסט לכך שהוא הבריא. האם הוא הבריא מהמחלה בלבד, או שהוא הבריא מעוד דברים? איך העובדה שהבריא השפיעה על היחסים שלו עם המשפחה?

2. האם אתם חשים שהיה שינוי ביחס המספר לצמח במהלך הסיפור? אֵילו גורמים השפיעו על השינוי?

תרגילי סיכום ל"על החלומות"

🦋 **א. סדרו את המשפטים לפי הסדר הכרונולוגי:**

[ ] ליפא מטפל בסטלה.

[ ] צמח נוסע ללמוד באנגליה.

[ ] סטלה חלתה.

[ ] צמח חלה.

[ ] צמח בוגד בסטלה עם האישה במשרד.

[1] צמח לומד ציור.

[ ] ליפא מנגן בבית קפה.

[ ] צמח מלמד את המספר לצייר.

[ ] צמח משחק שחמט וקלפים עם המספר.

[ ] צמח מוצא את הציורים שסטלה שמרה

[ ] צמח בוגד בסטלה עם הציירת.

[ ] צמח מתחתן עם סטלה.

[ ] צמח פוגש את אסתר.

[ ] צמח פוגש את בנטון.

[ ] צמח מתפטר.

[ ] צמח רואה את ה"רוח" של סטלה.

ב. מי אמר, או על מי נאמרו הדברים הבאים:

ליפא / צמח / סטלה / המספר / נחמיה

1. במשפחה שלנו היו תמיד אנשים בעלי כישרונות המספר
2. נסע לאמריקה ללמוד כלכלה וסטטיסטיקה ___
3. לפתע החליט להשתלם בכינור ___
4. יכול היה להיות סופר גדול בשפת האידיש ___
5. מת עני וחסר-כל ___
6. כך נשאר בלי מקצוע ___
7. איש מעשה ___
8. למד מהכישלונות של אחיו הגדולים ___
9. התפרסם כגיבור לאומי ___
10. נאם נאום ארוך לכבוד אחיו הצעיר ___
11. לא רוצה להיות עֶבד לחלומות ___
12. כל הדרכים להצלחה טובות בעיניי ___
13. גבר מוצק ___
14. קולהּ היה רך ונעים ___
15. הייתה שומרת בארגז העץ את כל הציורים ___
16. הרגשתי כמו חייל שהשאיר את חברו הפצוע ___
17. הייתה סובלת וסולחת....סולחת אבל לא שוכחת ___
18. משפחה זוהי אחריות כבדה וקשה ___
19. מין מחלת לב הייתה זו ___
20. נשק לה על הלחי ___
21. היא הייתה ילדה טובה ___
22. נעשה לעסקן ציבורי ___
23. אילו רשם אפילו רק פעם אחת את דמותה, לא הייתה מתה ___
24. הוא מוכרח למצוא אותה ולבקש את סליחתה ___
25. זה עניין של מסורת ואמונה ___
26. ואני הנני איש חסר-מסורת ___
27. אתה צריך לנהוג כמו כולם, לשתות יין ולדבר על הנשים ___
28. אין איש אשם במותה ___
29. חושב לכתוב מאמר על הצורך לבטל את עונש-המוות ___
30. מתים אחד-אחד והמכחול בידם ___
31. הבחור הולך ונעשה דומה לי ___
32. אין רע בשום דבר, כל זמן שאין אתה גורם צער וכאב לאחרים ___

ג. מצב - כתיבה

הִנכם מבקרי ספרות. נתבקשתם לכתוב ביקורת על הסיפור "על החלומות".
בביקורת עליכם לִכלול:

- סיכום קצר של העלילה
- פרשנות לסיפור
- והמלצה – האם כדאי לקרוא או ללמד את "על החלומות", ולמה.

אילו
משפטי תנאי בטל
Hypothetical Conditional Sentences

> "פתאום חשב **שאילו** רשם אפילו רק פעם אחת את דמותה לא הייתה סטלה מתה"

אילו + <u>פועל בעבר</u>... + "היה" בעבר + פועל בהווה...

- אילו צמח <u>רשם</u> את דמותה, סטלה לא <u>הייתה מתה</u>.

או

אילו + "היה" בעבר + פועל בהווה... + "היה" בעבר + פועל בהווה...

- אילו צמח <u>היה רושם</u> את דמותה, סטלה לא <u>הייתה מתה</u>.

- If Tzemach had drawn her portrait, Stella would not have died.

תנאי בטל הוא תנאי שלא התקיים בעבר ואין לו סיכוי להתקיים בעתיד. לָרוב מתייחס התנאי הבטל לדבר שנעשה בעבר ואי אפשר לשנות אותו יותר כי התוצאה כבר ברורה.

בדרך כלל משפטי תנאי בטל נפתחים ב- **אילו, לו, לולא** (= לו+לא), **אילולא** (=אילו+לא), **אלמלא** (= אילו + לא).

דוגמאות:

- **לו** נחמיה היה שולח את סיפוריו לאמריקה, הם היו מתפרסמים.
If Nehemiah had sent his stories to America, they would have been published.

- **לולא** ליפא היה מבלה עם סטלה, היא הייתה נשארת לבדה.
If Lipa had not spent time with Stella, she would have remained alone.

- **אילולא** סטלה לא הייתה שומרת את הציורים של צמח, הוא לא היה מבין את אהבתה כלפיו.
If Stella had not kept Tzemach's paintings, he would have never realized how much she loved him.

- **אלמלא** חלה, צמח לא היה מבין את הצער שהוא גרם לאחרים.
If Tzemach had not grown ill, he would have never realized the sorrow he caused others.

א. הפכו את המשפטים מתנאי קיים לתנאי בטל:

1. **אם** תנגן כל יום, תצליח בקונצרט.

אילו היית מנגן כל יום, היית מצליח בקונצרט.

2. אם תשתה הרבה אלכוהול, תשתכר.

אילו ______

3. אם תכתוב חיבור על עונש המוות, לא יֵהָרגו אנשים חפים מפשע.

______

4. אם הם יתפטרו מהעבודה, הם ירגישו טוב יותר.

______

5. אם צמח ישמור על סטלה, היא תבריא.

______

6. אם הם יסעו לקֶנט, הם יפגשו את האחות של בֶּנטון.

______

7. אם אמא של סטלה תתרום את הכסף, צמח ירגיש טוב יותר.

______

8. אם אסתר תפגוש את צמח, היא תספר לו מה קרה בבצלאל.

______

9. אם המספר לא יִסע עם צמח לטייל, הוא לא ילַמד אותו דברים חדשים.

______

10. אם הוא יבקש סליחה מאסתר, הוא ירגיש יותר טוב.

______

11. אם צמח לא ישׂים לב, המספר ינַצח אותו בשַחמט.

______

ב. השלימו את המשפטים:

אילו הייתי / אילו היה לי

1. אילו הייתי עורך/ת דין, _הייתי_ _____
2. אילו הייתי שותה שש כוסיות קוניאק, _____
3. אילו הייתי שומע/ת רוח בביתי, _____
4. אילו הייתי עשיר/ה ומפורסם/ת, _____
5. אילו הייתה לי עבודה בממשלה, _____
6. אילו היה לי כישרון לנגינה, _____

קריאת סיפור קצר

קריאת סיפור קצר

סיפור קצר יכול להיות טקסט קשה מאד, לפעמים קשה יותר מטקסט ארוך יותר, משום שהסופר צריך לדחוס* לתוך מספר קטן של משפטים, עניינים רבים ומשמעויות* שונות דרך קיצורים* ורמזים שונים, שמקשים על הקריאה.
הסיפור של אלכס אפשטיין הוא דוגמא לסיפור קצר מאד.

*לדחוס – to compress
*משמעויות – meanings
*קיצורים – shortcuts

אלכס אפשטיין, על כוחה של הספרות הרוסית

סבתא-רַבְּתָא שלי סגרה פעם ספר של טולסטוי כל כך חזק, עד שיצא מדפי הספר ניצוץ*, והניצוץ נתפס בווילון, וניצתה שריפה* וכל בית הקיץ שלנו עלה באש. לא ירשתי את הכישרון הזה של סבתי, אבל פעם ניסיתי לכתוב סיפור שבו הכל מתרחש* בהילוך לאחור*: בית הקיץ עולה באש, הווילון בוער, ניצוץ נתפס בדפי אננה קרנינה וכולֵי; סבתא-רבתא סגרה את הספר כל כך חזק עד שהאש כבתה.

*ניצוץ – spark
*ניצתה שריפה – fire was sparked
*מתרחש – happens, takes place
*הילוך לאחור – reverse

מתוך: אלכס אפשטיין, קיצורי דרך הביתה. ידיעות ספרים. 2010. עמוד 1.

אלכס אפשטיין

נולד בשנת 1971 בלנינגרד (סנט פטרסבורג, רוסיה), עלה לארץ בשנת 1980 וגדל בלוד. בשנת 2010 ראה אור "קיצורי דרך הביתה", עוד קודם לכן התפרסמו "לכחול אין דרום" ו"מתכוני חלומות". ספריו גם תורגמו לאנגלית, איטלקית והולנדית, שניים מהם יצאו לאור בארצות הברית. מדי פעם בפעם הוא מפרסם את סיפוריו במוסף "תרבות וספרות" של הארץ ובאינטרנט. בשנת 2003 זכה בפרס ראש הממשלה ליצירה. מתגורר עם אשתו בתל אביב, מלמד כתיבה יוצרת ועובד כמתכנת בחברת היי-טק.

טולסטוי ואנה קרנינה

לב טולסטוי (1828–1910) הוא אחד מן הסופרים הרוסים הידועים ביותר. הרבה בזכות הרומנים הריאליסטיים הגדולים שכתב במאה התשע עשרה הפכה הספרות הרוסית לאחת מספרויות העולם הגדולות. ספריו של טולסטוי עוסקים במאבק שבין האדם הפרטי לחברה ולחיים בתקופה של שינויים רבים בחברה ובתרבות באירופה. שני ספריו הידועים ביותר הם "מלחמה ושלום" ואנה קרנינה", שבו הגיבורה נלחמת על זכותה לאהבה גדולה משלה.

א. שאלות

1. לסיפור שני חלקים. העתיקו כל חלק בעמודה שלו:

חלק א של הסיפור	חלק ב של הסיפור

2. השוו בין חלק א לחלק ב.
מה דומה? מה שונה?

3. סכמו את העלילה* במילים שלכם. מה עושה הסבתא-רבתא, ומה עושה הנין (המספר)?

*עלילה – plot , story

4. מצאו את כל המילים/המבעים בסיפור הקשורים **לאש**:

ניצוץ ________

ניצתה שריפה ________

____

5. בסיפור יש **אֶלֶמֶנְט עַל-טבעי**. מהו?
מה הקשר של הסבתא-רבתא לאלמנט הזה?
מה הקשר של הנין לאלמנט העל-טבעי?

6. בסיפור יש שתי דמויות ברורות, דמותה של ה**סבתא-רבתא** ודמות ה**נין** שלה, המספר.
מה השָוֶוה בין הסבתא-רבתא לנין?
מה השוֹנֶה ביניהם?

7. המספר אומר: "לא ירשתי את **הכישרון** הזה של סבתי".
איזה כישרון יש לסבתא-רבתא?
מה חושב הנין על כישרונה של הסבתא-רבתא?

8. מה לדעתכם הרעיון המרכזי בסיפור?

קריאת שיר

בֻּבָּה מְמֻכֶּנֶת, דליה רביקוביץ'

בַּלַּיְלָה הַזֶּה הָיִיתִי בֻּבָּה מְמֻכֶּנֶת
וּפָנִיתִי יָמִינָה וּשְׂמֹאלָה, לְכָל הָעֲבָרִים,
וְנָפַלְתִּי אַפַּיִם אַרְצָה וְנִשְׁבַּרְתִּי לִשְׁבָרִים
וְנִסּוּ לְאַחוֹת אֶת שְׁבָרַי בְּיָד מְאֻמֶּנֶת.

וְאַחַר כָּךְ שַׁבְתִּי לִהְיוֹת בֻּבָּה מְמֻכֶּנֶת
וְכָל מִנְהָגַי הָיָה שָׁקוּל וְצַיְּתָנִי,
אוּלָם אָז כְּבָר הָיִיתִי בֻּבָּה מִסּוּג שֵׁנִי
כְּמוֹ זְמוֹרָה חֲבוּלָה שֶׁהִיא עוֹד אֲחוּזָה בִּקְנוֹקֶנֶת.

וְאַחַר כָּךְ הָלַכְתִּי לִרְקֹד בְּנֶשֶׁף הַמְּחוֹלוֹת
אַךְ הֵנִיחוּ אוֹתִי בְּחֶבְרַת חֲתוּלִים וּכְלָבִים
וְאִלּוּ כָּל צְעָדַי הָיוּ מְדוּדִים וּקְצוּבִים.

וְהָיָה לִי שֵׂעָר שֶׁל זָהָב וְעֵינַיִם כְּחֻלּוֹת
וְהָיְתָה לִי שִׂמְלָה מִצֶּבַע פְּרָחִים שֶׁבַּגַּן
וְהָיָה לִי כּוֹבַע שֶׁל קַשׁ עִם קִשּׁוּט דֻּבְדְּבָן.

מתוך: דליה רביקוביץ, כל השירים, הקבוץ המאוחד, 1995. עמוד 27

דליה רביקוביץ (1936—2005)

נולדה ברמת-גן, למדה באוניברסיטה העברית בירושלים, והייתה מורה לספרות בבית ספר תיכון, עורכת, מבקרת תיאטרון ומתרגמת. רביקוביץ הייתה חלק מקבוצת המודרניסטים בשירה העברית שהתפרסמו בשנות החמישים, אך שלא כמותם, שירתה הושפעה מהמשוררים ח"נ ביאליק, נתן אלתרמן ולאה גולדברג ומן המקרא. שירתה לירית-אלֶגית ובמרכזה חוויות אישיות כגון אהבה, סבל, עָוול ופגיעה*, לצד תחושות של אובדן ושכול*. במהלך חייה הרבתה רביקוביץ במעורבות פוליטית, בין השאר במסגרת "שלום עכשיו", וכן כתבה שירים פוליטים שעסקו בסכסוך הישראלי פלסטיני. רביקוביץ היתה אחת המשוררות האהובות ביותר על הקוראים בארץ. היא זכתה בפרס שלונסקי, פרס למדן ופרס היצירה מטעם ראש-הממשלה (1977), בפרס ביאליק ב-1987 ובפרס ישראל ב-1999.

* סבל, עָוול ופגיעה – suffering, injustice, offense
* שְׁכוֹל – bereavement

א. שם השיר ומשמעותו

הצירוף **"בובה ממוכנת"** מורכב משתי מילים: "בובה" ו"ממוכנת".

1. **בובה**

מהן האסוציאציות שיש לכם מהמילה "בּוּבָּה"?

_____

2. **ממוכנת**

מקורה של המילה היא המילה "מְכוֹנָה". מְמוּכָּן היא צורה פאסיבית (בניין פועל), משהו או מישהו שמתנהג כמו מכונה. מהן האסוציאציות שיש לכם ממילה זו?

_____

3. מה הקשר, לדעתכם, בין שתי המילים האלה? האם הן משלימות זו את זו, מנוגדות זו לזו?

_____

ב. קראו את הבית הראשון וענו על השאלות:

בית א'

בַּלַּיְלָה הַזֶּה הָיִיתִי בֻּבָּה מְמֻכֶּנֶת
וּפָנִיתִי יָמִינָה וּשְׂמֹאלָה, לְכָל הָעֲבָרִים,
וְנָפַלְתִּי אַפַּיִם אַרְצָה וְנִשְׁבַּרְתִּי לִשְׁבָרִים
וְנִסּוּ לְאַחוֹת אֶת שְׁבָרַי בְּיָד מְאֻמֶּנֶת.

1. מה עושה הבובה בשתי השורות הראשונות?

_____

2. מה קורה לה בשורה השלישית?

_____

3. איך מטפלים בה בשורה הרביעית והאחרונה?

_____

4. הדוברת בשיר מזהה את עצמה עם הבובה הממוכנת. היא הבובה. אֵילו מילים בבית א׳ מלמדות על זה?

____

5. אבל הדוברת היא לא בובה, והיא גם לא ממוכנת. היא אישה. אדם. מה מבקשת הדוברת לומר בהשוואה שלה לבובה הממוכנת? מה הקונפליקט שיש בהשוואה הזו?

____

____

6. מי עוד מוזכר בבית א׳ חוץ מהדוברת? מה היחס או הקשר של מי שמוזכר אל הדוברת – הבובה?

____

____

7. ״ונפלתי אפיים ארצה״ הוא ביטוי שמופיע הרבה בתנ״ך ופירושו ליפול על הפנים לפני מישהו חשוב, בד״כ אלוקים, כלומר לכַבֵּד מאד. הדוברת משתמשת בביטוי הזה בשני מובנים לפחות. מהם?

____

____

ג. קראו את הבית השני וענו על השאלות:

בית ב׳

וְאַחַר כָּךְ שַׁבְתִּי לִהְיוֹת בֻּבָּה מְמֻכֶּנֶת
וְכָל מִנְהָגַי הָיָה שָׁקוּל וְצַיְּתָנִי,
אוּלָם אָז כְּבָר הָיִיתִי בֻּבָּה מִסּוּג שֵׁנִי
כְּמוֹ זְמוֹרָה חֲבוּלָה שֶׁהִיא עוֹד אֲחוּזָה בִּקְנוֹקֶנֶת.

1. מה קורה לבובה בשורה הראשונה?

____

2. כיצד היא מתנהגת בשורה השנייה?

____

3. מדוע היא אומרת שהיא "**בובה מסוג שני**"? למה היא מתכוונת?

___

4. **זמורה** היא ענף דק של גפן. **חבולה** פירושה פצועה. אבל בשורות הראשונות של הבית הדוברת אומרת שתיקְנו את הבובה. מדוע היא משווה את עצמה כאן ל"**זמורה חבולה**"? באיזה מובן היא פצועה?

___

___

5. כיצד שונה הבובה בבית הזה מן הבובה בבית הקודם, בית א'?

___

___

ד. קראו את הבית השלישי ואת ההסבר, וענו על השאלות:

בית ג'

וְאַחַר כָּךְ הָלַכְתִּי לִרְקֹד בְּנֶשֶׁף הַמְּחוֹלוֹת
אַךְ הֵנִיחוּ אוֹתִי בְּחֶבְרַת חֲתוּלִים וּכְלָבִים
וְאִלּוּ כָּל צְעָדַי הָיוּ מְדוּדִים וּקְצוּבִים.

בתחילת הבית השני הולכת הדוברת לנֶשֶׁף מְחולות (מסיבת ריקודים), וזה מזכיר את סיפור סינדֶרֶלה. אבל ההמשך הוא לא כמו בסיפור סינדרלה. בִּמְקום לרקוד עם הנסיך, נותנים לה עונש ומניחים אותה בחברת כלבים וחתולים. אפילו לא בחברת אנשים. אפשר לדעת מה חושבת הדוברת על כך, לפי המילים שהיא משתמשת בהן, כמו "הֵניחו" ו"ואילו".

1. הדוברת משתמשת לגבי עצמה במילה "**הֵניחו**" שפירושה לשים. מה אומר השימוש בפועל הזה ומה זה מלמד על היחס לדוברת? ומה דעתה על היחס אליה?

2. השורה האחרונה נפתחת במילה "**ואִילו**" (אבל). הדוברת מספרת אחר כך כיצד התנהגה במשך הנשף: צעדיה היו מדודים וקצובים, כלומר היא התנהגה בסדר, בנימוס, לפי הכללים.
מה הניגוד בין המילה "ואִילו" לבין התנהגותה של הדוברת? מה היא רוצה להגיד בזאת?

ה. קראו את הבית הרביעי, וענו על השאלות:

בית ד׳

וְהָיָה לִי שֵׂעָר שֶׁל זָהָב וְעֵינַיִם כְּחֻלּוֹת
וְהָיְתָה לִי שִׂמְלָה מִצֶּבַע פְּרָחִים שֶׁבַּגַּן
וְהָיָה לִי כּוֹבַע שֶׁל קַשׁ עִם קִשּׁוּט דֻּבְדְּבָן.

1. הבית האחרון מתאר את הבובה. האם היא יפה? האם התיאור החיצוני שלה הוא סטריאוטיפי?

   _____

   _____

2. כל אחת מהשורות בבית האחרון מתחילה באות ״ו״. מה הקשר בין ה-ו׳ הזאת לבין הבתים הקודמים? באיזו מילת קישור אחרת הייתם מחליפים את ה-ו׳?

   _____

   _____

הסוגה* הסִפרותית של השיר – סוֹנֶטָה

*סוּגָה – genre

השיר "בובה ממוכנת" כתוב בצורת **סוֹנֶטָה**. הסונטה היא צורת שיר עתיקה בעלת מבנה קבוע* (14 שורות, 2 בתים של ארבע שורות, ושני בתים של שלוש שורות עם חריזה ספציפית מאד), והנושאים שלה הם בדרך כלל חשובים וחגיגיים, כמו למשל אהבה, גבורה, אצילות נפש*, הקרבה*, מוסר* וכו'. אבל "בובה ממוכנת" הוא גם שיר מודרני. שירה מודרנית היא שירה גמישה ופתוחה, שמבקשת להשתחרר מכבלים* ומצורות קלאסיות קבועות.

*מבנֶה קבוע – fixed form
*אצילות נפש – noble heartedness
*הַקְרָבָה – sacrifice
*מוסר – morality
*להשתחרר מכְּבלים – to free itself

ו. שאלה לסיכום

השיר מדבר על כמה רעיונות מודרניים, כמו פֶמיניזם למשל. מדוע לדעתכם בחרה דליה רביקוביץ לתת להם ביטוי בצורת שיר עתיקה כמו הסונֶטה?

אוצר מילים – יחידה 3

פעלים

אָסַף (לאסוף)	to gather, collect
בִּיטֵּל (לבטל)	to cancel
בֵּירֵר (לברר)	to inquire, to clarify
הֵגֵן (לְהָגֵן על...)	to protect, to defend
הִכְפִּיל (להכפיל)	to double
הוֹפִיעַ (להופיע)	to perform, appear
הֶחְבִּיא (להחביא)	to hide
הִפְרִיעַ (להפריע ל...)	to disrupt, to bother
הִקְדִּישׁ (להקדיש)	to dedicate
הִשְׁתַּלֵּם (להשתלם ב...)	to augment one's education
הִתְאַבֵּד (להתאבד)	to commit suicide
הִתְאַמֵּן (להתאמן)	to practice
הִתְנַפֵּל (להתנפל על...)	to pounce, fall upon
הִתְעַצֵּל (להתעצל)	to refrain out of laziness
הִתְפַּתֵּחַ (להתפתח)	to develop
חִיבֵּק (לחבק)	to hug
חִיֵּיךְ (לחייך)	to smile
חָלַף (לחלוף)	to pass
חָשַׁשׁ (לחשוש מ...)	to hesitate, to be anxious
חָתַם (לחתום על...)	to sign
טִיפֵּל (לטפל ב...)	to take care of
יִישֵּׁב (ליישב)	to settle a place
יָרָה (לירות ב...)	to shoot
לִיוָּוה (ללוות)	to accompany
נָהַג (לנהוג)	to conduct oneself, to drive
נִיגֵּן (לנגן ב...)	to play music
נָצַץ (לנצוץ)	to shine
נִשְׁתַּתֵּק (להשתתק)	to become silent
נִתְמַנָּה (להתמנות ל...)	to be appointed
נִתְפַּרְסֵם (להתפרסם)	to become famous
סָלַח (לסלוח ל...)	to forgive
צִיֵּיר (לצייר)	to paint
קִילֵּף (לקלף)	to peel
רָגַז (לרגוז על)	to become angry
רָמַז (לרמוז ל...)	to hint
רָעַד (לרעוד)	to shake, tremble
רָשַׁם (לרשום)	to jot down, to draw
שִׁיבֵּחַ (לשבח)	to praise
שָׂרַף (לשרוף)	to burn

שמות עצם ושמות תואר

אבוּד/ה	lost
אויב/ת	enemy
אוֹמץ	guts, courage
אחריוּת	responsibility
אידיש	Yiddish
אמוּנה	faith, belief
אמיץ/ה	brave
אסֵיפה	assembly
אֶקְדָּח	pistol
אִרְגּוּן	organization
ארגז	crate, wooden box
בַּד	canvass, cloth, fabric
בוֹדד/ה	lonely
בוּשה	shame
בית סוֹהר	prison
גיבור/ה	hero
דין	law
דמיון	imagination
דרוּש/ה	wanted, needed
החלטה	decision
הלוויה	funeral
המון	lots, a crowd
הנהגה	leadership
הצטיינוּת	excellence
הצלחה	success
הֶעָזָה	daring
הֶרְגֵּל	habit
השתלמוּת	enrichment courses
התפתחוּת	development
התקפה	attack
ועדה	committee

זמיר	nightingale
חֵטא	sin
חופשה	vacation
חִיוור/ת	pale
חליפה	a suit
חרוץ/ה	hard working, diligent
חרטה	regret
טענה	claim, argument
יועץ משפטי	legal counselor
ירייה	a gun shot
ישיבה	a meeting
כְּאֵב	pain
כוסית	a small glass
כינור	violin
כישלון	failure
כישרון	talent
כלכלן/ית	economist
כנר/ית	violinist
לחי	cheek
לָקוח/ה	customer
מאושר/ת	happy
מגוחך/ת	ridiculous
מדוכא/ת	depressed
מוזר	strange
מונית	taxi
מוצק/ה	solid
מחונך/ת	well mannered
מטרה	target, goal
מכוער/ת	ugly
מכחול	paint brush
מַכָּר/ה	acquaintance
ממש	really
מסומן/ת	marked
מסורת	tradition
מעורפל/ת	foggy, unclear
מעיל פרווה	fur coat
מעשי/ת	pragmatic, practical
מקטרת	smoking pipe
מקצוע	profession
מַרְאָה	mirror
משפטים	law
נְאום	speech
נאמן/ה	faithful, true
נִבְזֶה	despicable
נגינה	music playing
ניצוץ	spark
נציג/ה	representative
נרגז/ת	irate, furious
נרגש/ת	excited
סוגה	genre
סופר/ת	writer, author
עליז/ה	happy, cheerful
עלילה	plot
עסוק/ה	busy
עצלן/ית	lazy
עָשָן	smoke
פֶּחָם	coal
פצוע/ה	wounded
פקיד/ה	clerk
פרשנות	interpretation
צבע מים	water color
צבע שמן	oil paint
צֶדֶק	justice
ציור	painting
צַעַר	sorrow
קו	line
קול	voice
קלפים	cards
קצין	officer
רגיש/ה	sensitive
רגישות	sensitivity
רוב	majority
רוח (רפאים)	ghost
רזה	thin, lean
רך/ה	soft
רָעָב	hunger
שחמט	chess
שטח	territory, area
שִׂיא	record, highest point
שמיעה	hearing

שקוע/ה ב...	immersed, sunk
תוֹאַר	degree, diploma
תיאטרלי/ת	theatrical
תעוּדה	certificate
תערוּכה	exhibition
תְּרִיס	shutter

מבעים/ביטויים

אוזן שוֹמעת	a hearing ear, a good listener
אחות פרטית	private nurse
איש מעשה	a man of action, practical
אלא ש...	however
אמרה מה שהיה בליבה	said what was on her mind
אני מוֹדה לך	I thank you
בגילוּי לב	honestly
בסבלנוּת	with patience, patiently
בעל/ת כישרוֹן	talented
בקבוּק תרוּפוֹת	medicine bottle
בקוֹשי	with difficulty, barely
בשוֹבבוּת	mischievously
גיבוֹר לאוּמי	national hero
דלקת ריאוֹת	pneumonia
האדם בחברה	man in society
היה רוֹדף אוֹתם	would haunt them
הייה נאמן לעצמך	be true to yourself
המזל לא האיר להם פנים	they weren't lucky
הקדיש את כל זמנוֹ ל...	dedicated all his time to
הִרְבָּה לבקר	frequented
הרים קוֹלוֹ	raised his voice
זירת הפשע	scene of the crime
חברת האדם	society of man
חוֹם גבוֹה	high fever
חיי עוֹלם	eternal life
חשבוֹן בנק	bank account
יצאתי מדעתי	I went out of my mind
כל הדרכים להצלחה טוֹבוֹת בעינַיי	all roads to success are legitimate in my opinion
לא היה בהם ממש	there was nothing in them
לא לשווא	not in vain
לא נתנה לוֹ מָנוֹח	would not let him be
לא תֵיאר לעצמוֹ כלל	did not imagine this at all
להיוֹת עֶבֶד לחלוֹמוֹת	to be a slave to one's dreams
להרים עליה קוֹל	raise a voice to her
לשאוֹל את עצמוֹ	to ask oneself
לתאר לעצמוֹ	imagine to oneself
מטעמי בריאוּת	for health reasons
מכתב התפטרוּת	letter of resignation
מסיבת פרידה	farewell party
מִפֶּה לְאוֹזֶן	word of mouth, through the grapevine
מֵרוֹב כַּעַס	from excess of anger
משקפי שמש	sun glasses
משרד הקרקעוֹת	Land Registry
מתיחוּת עצבים	nervousness
נאם נאוּם	gave a speech
נוֹטה מדרך הישרה	strays from the straight path
נערוֹת הֶפקר	loose women
נקוּדת הכרעה	critical moment
סכוּם כסף	a sum of money
עגל הזהב	The golden calf
עוֹנש מוות	death penalty
עמד בקוֹשי על רגליו	hardly stood on his feet
עני וחסר כל	poor and penniless
עסקן ציבוּרי	public operator
פנים נזעמוֹת	angry faced
צער ובוּשה	sorrow and shame
קוֹל רך ונעים	a soft and pleasant voice
שבץ-לב, התקפת לב	heart attack
שוּתף לעסק	business partner,
שלא מן העוֹלם הזה	out of this world
שעוֹת פנאי	leisure time
שקוּע בעוֹלם אחר	lost in another world
תוֹאר ראשוֹן	bachelor degree
תוֹאר שני	master’s degree

יחידה 4

❦

שפה וקולנוע

תוכן העניינים

בלוז לחופש הגדול

ישראל, 1987, 97 דקות

LATE SUMMER BLUES

יוצרי הסרט:		השחקנים:	
במאי	רֶנֶן שור	דור צוויגנבוים	**אהרל'ה**
תסריטאי	דורון נשר (סיפור מקורי של רנן שור)	יואב צפיר	**מוסי**
מוזיקה	רפי קדישזון	שחר סגל	**מרגו**
מפיקים	אילן דה פריס, רנן שור, דורון נשר	נועה גולדברג	**נעמי**
צלם	איתן חריס	ורד כהן	**שוש**
		עמרי דולב	**יוסי צוויליך**
		שרון בר-זיו	**קובי**
		עדנה פלידל	**המנהלת תמר**

א. שאלה

עטיפת הסרט

בדרך כלל שם הסרט ומודעות הפרסומת לסרט מנסים לרמוז על העלילה.

- אילו רמזים הקשורים לעלילה ניתן לדעתכם למצוא בשם הסרט "בלוז לחופש הגדול"?
- אילו רמזים הקשורים לעלילת הסרט ניתן למצוא בעטיפת הסרט (תמונה בעמוד הקודם)?

העזרו בטבלה הבאה:

מה ניתן להבין על -	הרֶמֶז מתוך השם	הרֶמֶז מעטיפת הסרט
הזמן		
מצב הרוח		
המקום		
העלילה (הסיפור)		

עלילת הסרט

הסרט מתרחש* בזמן מלחמת ההתשה* בסוף שנות השישים ותחילת 1970. הסרט מספר על קבוצה של תלמידי תיכון בקיץ האחרון שלהם לפני הגיוס* לצבא: **יוסי צְווילִיך**, שמקַווה שהצבא יעשה ממנו "גבר", **אהרל'ה** הפָּציפיסט שמתנגד* לצבא, **מוֹסי** המוסיקאי הכישרוני*, שלא יודע אם להתגייס ללהקה צבאית* או להתנדב לצנחנים*, **קוֹבִי** שמתחתן עם חברתו לפני הגיוס **ומַרגו** חולה הסוכרת* שלא יכול להתגייס לצבא ומסַפר את הסיפור של כולם.

יוסי צווילִיך מתגייס ראשון לצבא ומותו כעבור כמה שבועות בתאונת אימונים* מגדיל את פחדם של חבריו מהגיוס. כדי למחות* נגד המוות של צווילִיך, מבקשים חבריו להפוך את מסיבת הסיום* בבית הספר למופע* אנטי-מלחמתי. אבל התכנית לא מצליחה ובסופו של דבר כולם מתגייסים לצבא חוץ ממַרגו, שמחליט לנסוע ללמוד בצרפת. בסוף הסרט, לאחר שגם מוסי נהרג במלחמת יום הכיפורים, מרגו חוזר ארצה וזוכר את חבריו.

*להתרחש – to take place
*מלחמת ההתשה – The War of Attrition
*גיוס – draft
*להתנגד – to oppose
*כִּשרוני – talented
*להקה צבאית – military troupe, military band
*צנחנים – the paratroops
*סוכרת – diabetes
*תאונת אימונים – training accident
*למחות נגד... – to protest against
*מסיבת סיום – graduation party
*מופָע – performance, show

א. מלאו את הטבלה, לפי הטקסט "עלילת הסרט" בעמוד הקודם.

מילים וביטויים

למי קשורים המילים והביטויים הבאים?

המילה/הביטוי	צוויליך	אהרל'ה	מוסי	קובי	מַרגו
גיוס					
להתנדב					
כישרוני					
פציפיסט					
להקה צבאית					
מופָע					
אנטי מלחמתי					
תאונת אימונים					
סוכרת					
צנחנים					
מסיבת סיום					
נהרג					

ב. סדרו את המשפטים הבאים לפי סדר התרחשותם (לפי "עלילת הסרט" בעמוד הקודם):

[ ] כולם מתגייסים

[ ] מלחמת יום-כיפור

[1] מלחמת ההתשה

[ ] מסיבת סיום

[ ] מתנדב לצנחנים

[ ] תאונת אימונים

[ ] מוסי נהרג במלחמה

[ ] קובי מתחתן עם החברה שלו

1. פתיחה

[00:02:27 – 00:01:18]

הזמן: יוני 1970
המקום: תל אביב
היינו אז בסוף שמינית, לפני החופש הגדול, לפני הגיוס.
בתעלה, נמשכה מלחמת ההתשה. שנה וחמישה חודשים של מלחמה.
ליד כותרות רגילות בעיתון, תמצא פנים צעירות, ומתחת: שֵׁם, גיל, דרגה.
מאתיים שישים הרוגים, ממוצע של כחמישה עשר הרוגים בחודש.
כמעט שיגרה.
אנחנו מסיימים את התיכון בתחושה שזה החופש הגדול האחרון שלנו.
קיץ אחרון של שמש, קיץ אחרון של ים, קיץ אחרון שכולנו עדיין יחד, וצריך לעשות דברים. להספיק.
הזמן: יוני 1970
המקום: תל אביב

שאלות

קולנוע

א. הפסקול*

*פַּסְקוֹל – soundtrack

1. מה מציינים המספרים שמַרגו מדבר עליהם?

1970 ______________________

260 ______________________

15 ______________________

2. מהו הנושא המרכזי של הדברים?
3. מי הן אותן "פנים צעירות" במונולוג הפתיחה של מרגו?
4. מדוע מרגו אומר: "צריך להספיק דברים"?
5. האם דבריו של מרגו שמחים או עצובים?

ב. המונטאז'

התבוננו במונטאז' שמופיע יחד עם הפסקול:

1. המקום: ______________________
2. מה עושים שם החברים?
3. מה מצב הרוח של הדמויות במונטאז'?
4. איזו מוסיקה מנוגנת ברקע של הסצנה?
5. האם המוזיקה מתאימה למה שקורה על המסך?

ג. הקשר בין התמונות לבין דבריו של מרגו

כעת חִשבו על הקשר שבין התמונות (המונטאז') לבין דבריו של מַרגו:

1. האם התמונות מתאימות למה שמרגו אומר?

2. מה משמעות היחסים בין שני החלקים – התמונות והמוסיקה – לדבריו של מרגו?

פרק ראשון: יוסי צוויליך

2. בחינת בגרות

[0:04:40 – 0:03:55]

[המנהלת נכנסת לכיתה בזמן מבחן הבגרות בתולדות עם ישראל בעת החדשה]

המנהלת: באתי לאחל לכם בהצלחה לבחינה האחרונה.
אני מקווה שאתם שולטים יפה בחומר ושלא תעשו בושות לשמו הטוב של בית הספר שלנו.
אה... כן, ו... הודעה שאינה קשורה בבחינה. בגלל מותו של גדי הופמן, החלטנו לדחות את מסיבת הסיום עד לאחר השלושים למותו.

יוסי: מה?! אבל יש כאלה שמתגייסים עד אז, אני מתגייס בעוד עשרה ימים, וככה אני לא אהיה במסיבה.

המנהלת: יוסי... היית צריך להיוָולד באוסטרליה.

אהרל'ה: מה זאת אומרת? איזו מן תשובה זאת?

א. האזינו לקטע 2 וענו:

1. מהי "בחינת בַּגרות"?
2. מה הם שני הדברים שהמנהלת אומרת לתלמידים?
3. כיצד צוויליך מגיב?
4. מה אומרת המנהלת לצוויליך?

ב. קראו את קטע 2, ובדקו את התשובות שלכם לשאלות בתרגיל א׳ (בעמוד הקודם).

ג. ביטויים

1. המנהלת אומרת: ״אני מקווה שאתם **שולטים בחומר**״. לְמַה היא מתכוונת?

____

____

האם צוויליך ״**שולט בחומר**״?

____

____

2. המנהלת אומרת: ״**הָיִיתָ צָרִיךְ לְהִיוָּלֵד בְּאוֹסְטְרַלְיָה**״
תרגמו את המשפט לאנגלית:

____

מדוע ״אוסטרליה״?

____

ד. סיכום

סכמו את תוכן הסרט עד עכשיו.

____

____

____

____

____

3. מסיבת הגיוס ליוסי צוויליך

[0:09:10 – 0:06:28]

קריאה ראשונה

צוויליך רוצה להיות חייל קרבי -

[ ] בגלל המוטיבציה לשרת את המדינה.

[ ] כדי למצוא חֵן בעינֵי הבחורות.

הגדוד העברי
הגדודים העבריים היו גדודי חיילים יהודים, שפעלו במסגרת הצבא הבריטי במלחמת העולם הראשונה, וחלקם השתתף בכיבוש ארץ ישראל מידי התורכים. את הגדודים הקימו זאב ז'בוטינסקי ויוסף טרומפלדור, כדי שיהוו בסיס לצבא יהודי עצמאי בארץ ישראל. הגדודים העבריים פורקו אמנם זמן קצר לאחר המלחמה, אך הם תרמו רבות להקמת אִרגון ההגנה.

מוסי: איזה יופי, הקהל הרב שבא להיפרד ממך, דורש מילות סיכום.

כולם: נאום פרידה! נאום...

יוסי: אחת, שתיים, ניסיון... בְּכָר, זה עובד?

כולם: כן, עובד... יַאלְלָה, צוויליך...

יוסי: טוב, מה... אני מאוד... זאת אומרת... אין מילים, פשוט...
מחר אני חייל, ואתם... טוב, בקיצור, היה כֵּיף לחיות!

מוסי: ועכשיו, לַסלואוֹ הראשון של הערב.
זכות ההזמנה הראשונה, כמובן... ליוסי צוויליך, המכונה: ג'ו... אחת, שתיים, שלוש...

[*שיר: "מַיי צוויליך אִיז אובֶר דֶה אוישֶן"*]
[*החבר'ה מלווים את צוויליך לכיוון חווה כרמלי*]

חבר'ה: לא תימָלט מזה, צוויליך! יאללה, צוויליך, זה הצ'אנס שלך. תוביל אותה בְּקוּל, אה?

יוסי: [*לחווה*] את מוכנה לרקוד איתי? אני מתגייס מחר.

[*שיר: "צוויליך, צוויליך, קום התנדב לגדוד העברי. צוויליך, צוויליך, קום התנדב לגדוד. צוויליך...*
הו, צוויליך... קום התנדב..."]

כולם: אנחנו אוהבים אותך!

יוסי: אני יכול לראות אותך בחופשה...

חווה: מה?

יוסי: אני יכול לראות אותך בחופשה הראשונה שאני מקבל? אני מאוד... זאת אומרת,
חשבתי שאולי אנחנו...

חווה: אתה תהיה ג'ובניק?

יוסי: אני? מה פתאום? אני הולך לקרבי. לא יודע לאן, אבל קרבי בטוח, ו... לגולָני או...

חווה: לצנחנים?

יוסי: בדיוק מה שחשבתי. בטוח לצנחנים!

חווה: כשיהיו לך כנפיים, תתקשר.

יוסי: יהיו, בטוח. תראי, אני אתקשר.

א. מילים

מיינו את המילים הבאות בהקשר של קטע 3 לפי הקטגוריות שבטבלה:

כנפיים, גדוד, צנחנים, להתקשר, גולני, סְלוֹאוּ, חייל, מתגייס, חופשה, גו'בניק, מסיבה

צבא	רומנטיקה / חברות

ב. שאלות לקטע 3

1. מדוע מחַבּרים שיר לִכְבודו של צוויליך?
2. איך מתחיל השיר?
3. מדוע חלק מהשיר באנגלית ולא בעברית? (העזרו בהבזק "הגדוד העברי" בעמוד הקודם)
4. אילו בגדים לובשים חברי הלהקה ששרה לצוויליך?
   איזו תקופה ואילו דעות מסמלים הבגדים שלהם, לדעתכם?

ג. הנאום של יוסי צוויליך (קטע 3)

1. קראו שוב את הנאום של יוסי צוויליך.
   איך אפשר להשלים את הנאום שלו (במקום ה״....״)?

"טוב, מה . . . . אני מאוד . . . . זאת אומרת . . . . אין מילים, פשוט . . . . מחר אני חייל, ואתם. . . . טוב, בקיצור היה כֵּיף לחיות."

דוגמה: "טוב, מה אפשר להגיד / מה אני יכול להגיד לכם?

2. מה יוסי צוויליך אומר לחווה על:
   חופשה, ג'ובניק, קרבי, גולני, צנחנים

3. מה ניתן ללמוד על הרגשות של יוסי צוויליך מהמבע ״**היה כיף לחיות**״?

4. יוסי כותב ביומן

[0:13:48 – 0:13:05]

קריאה ראשונה

האם, לדעתכם, יוסי נהנה מתשומת הלב של החברים שלו?

[יוסי יושב בחדר השירותים וכותב ביומן]

יוסי: עשו לי מסיבה, בגג של מוֹסי, כולם באו.
אפילו קְלַיין מהמחזור הקודם. נוֹבִיק
ואחותו, איזה יפה...
אני, יוסי צוויליך, המתגייס הראשון של
המחזור, וכתבו לכבודי שיר:

״צוויליך, צוויליך,
קום התנדב לגדוד העברי״.

מה שלא הספקתי לעשות עד הגיוס, זה
רישיון נהיגה ו... ולשכב עם בחורה.
במסיבה רקדתי סְלואו עם חווה כרמלי,
אבל היא הלכה עם נוֹביק. עכשיו אין לי
בכלל חשק ללכת עם החבְרֶ'ה לים. הם
מתכננים לעשות לי שם תִספורת. הם
חושבים שאני לא יודע?

א. השלימו לפי קטע 4:

1. ביומן יוסי מכַנה את עצמו (קורא לעצמו):
_______________ _______________ של _______________

2. יוסי כותב שהוא עדיין לא _______________________ ולא
_______________________.

3. לא מתחשק ליוסי ללכת לים כי _______________________.

ב. שאלה

קראו את מה שכתבתם בתרגיל א׳, ונסו להסיק על מה הדברים רומזים.

5. שרים בים

[0:18:18 – 0:16:45]

קריאה ראשונה

מה "עצוב" בקטע הזה?

נַגֵּן לנו, מוסי! נַגֵּן לנו שיר, עצוב...

- עצוב, עצוב, עצוב. נושן, על חבורה נפלאה, שהייתה לי אֵי שם. ויום אחד... התגייסו כולם!

- לאיפה, מרגו, לאיפה?

גולני! - גולני... חיל הים! - חיל הים... לצנחנים! - לצנחנים... לצנחנים...

ונותר רק אחד, עם זריקת אִינְסוּלִין.

- עצוב, עצוב, עצוב.

הו, לוֹרד! הו, לוֹרד! שלא ייגמר לעולם.

- "אֵלִי... אֵלִי... שֶׁלֹּא יִגָּמֵר לְעוֹלָם. הַחוֹל וְהַיָּם, רִשְׁרוּשׁ שֶׁל הַמַּיִם, בְּרַק הַשָּׁמַיִם, תְּפִילַּת הָאָדָם. הַחוֹל וְהַיָּם..."

קולנוע

לקולנוע כמו לספרות יש שפה משלו, לא רק מילים ומשפטים, אלא גם -

- צבעים
- צורות*
- צלילים*
- תמונות
- תנועה

כל אלה נקראים "האמצעים הקולנועיים".

*צורות – shapes
*צלילים – sounds

א. ניתוח קולנועי של תמונה 5

נסו לנתח את תמונה 5 מהסרט בעזרת האמצעים הקולנועיים שיש בה. כמו למשל: המקום, הזמן, סוג האור (כמות*, זווית*, מקור), הצלילים (מוזיקה, צלילים אחרים), התנועה על המסך (סטטית, זורמת, כיוונים), וכמובן הפעולות שעושות הדמויות ויחסן זו לזו.

*כמות – quantity, amount
*זווית – angle

שאלות הכוונה

- איפה מתרחשת הסצנה?
- באיזו שעה?
- כיצד מופיעות הדמויות? האם הן ברורות, מוארות? האם הן ביחד או לחוד?
- כיצד הן "מסודרות" בתמונה (באמצע, בצדדים, בנפרד, ביחד)?
- מה פס הקול בתמונה? מה שומעים?
- מה הסיפור או העלילה של הסצנה? ספרו מה קורה בה.

כעת, נַסו לחשוב על **קוֹנוֹטַצְיוֹת** שיש לאמצעים או למרכיבים השונים שמצאתם, כמו למשל חוף הים, שעת הבוקר המוקדמת, הצלליות*, העמידה מסביב למדורה* והמדורה עצמה, פס הקול של חדשות-הבוקר והידיעות על מות החיילים, גזיזת* שערו של צוויליך, ולבסוף המשמעות של כל המרכיבים האלה ביחד כרקע* לגיוסו לצה"ל.

*צלליות – silhouettes
*מדורה – bonfire
*לגזוז – to shear, cut hair
*כרקע – as a background

לחלק מהמרכיבים הללו ישנן קונוטציות תרבותיות יהודיות וכלליות.
נַסו לחשוב על אסוציאציות למרכיבים הבאים: **עצים, אש, גֶז**. היכן מופיעים חלק מהם בתרבות היהודית ובתרבות הכללית?

ב. קראו את השיר

אלי, אלי

1. בשורה השלישית בשיר "אלי אלי" מתחילה רשימה הנמשכת 4 שורות. אֵילו דברים מוּזכרים ברשימה?
2. מה רוצה או מה מבקש השיר בקשר לדברים הללו?
3. ממי מבקש השיר את הדברים האלה?
4. האם בַּקָשָה כזאת יכולה להתגשם? מדוע כן/לא?
5. האם השורה האחרונה יכולה לשַמש גם כותרת של השיר? הסבירו.

חנה סנש
הליכה לקיסריה / אלי אלי
1942

אֵלִי, אֵלִי,
שֶׁלֹּא יִגָּמֵר לְעוֹלָם
הַחוֹל וְהַיָּם,
רִשְׁרוּשׁ שֶׁל הַמַּיִם,
בְּרַק הַשָּׁמַיִם,
תְּפִלַּת הָאָדָם.

ג. קראו את השורות הבאות, וענו על השאלה:

את השיר "אלי אלי", הנודַע גם בשם "הליכה לקיסריה", כתבה **חנה סנש** (1921–1944), חיילת ומשוררת יהודייה, שהוּצְאָה לְהוֹרֵג באירופה בתקופת מלחמת העולם השנייה. השיר התפרסם מאד בישראל לאחר שהמלחין **דוד זהבי** כתב לו מנגינה ב-1945. את השיר שרים במיוחד בטִקסי זיכרון לחיילים, וכן משמיעים אותו ברדיו בזמן מלחמה או בזמן פיגועים.

שאלה: מה מוסיף המֵידע הזה לשאלה א' (בעמוד הקודם)?

ד. קראו על חנה סנש, והשוו בין סיפור חייה לסיפור של יוסי צווילִיך:

	יוסי צווליך	**חנה סנש**
מתי חיו?		
בני כמה היו במותם?		
מה כתבו?		
מה עשו בצבא?		
האם הספיקו לעשות את מה שרצו לעשות בצבא?		
האם היו גיבורים?		
האהבה לים		

חנה סנש

חנה סנש

המצבה של חנה סנש בקיבוץ שדות ים

6. במשטרה

[0:21:45 – 0:21:04]

קריאה ראשונה

האם השוטר כועס על יוסי ועל החבורה או מבין אותם?

יוסי: אני חייב ללכת לצנחנים, אני לא יכול להסביר את זה על רגל אחת, אבל... אני ממש חייב.

שוטר: צוויליך, אתה מבזבז לי זמן יקר.
או שאתה מספר לי בשקט מה שאתה יודע, או שאנחנו אומרים שלום לצנחנים.
ומלכלכים לך ככה את התיק, שאתה חוזר הביתה עם נעליים חצאיות.

יוסי: אני לא יכול להלשין, אני ממש לא יכול.
בשביל זה להרוס לבן אדם את הקַריירה הצבאית?

[שמעון, אבא של מוסי במשטרה]

שמעון: בוקר טוב.
צביקה, ראית את מוסי?

צביקה: ראיתי אותו, אני מטפל בתיק שלו, הכל יהיה בסדר.

שמעון: חשיש... מי היה מאמין שהוא יסתבך במין דבר כזה.

צביקה: זה לא סוף העולם, שמעון.
הם לפני גיוס, לַחַץ גדול, כל יום נהרג מישהו בתעלה...
לא הייתי מתחלף אִתם.

א. מבעים עם המילים "תיק" ו"נעליים"

תיק, נעליים

1. המילה **תיק** משמעה record, file.

מה משמעות המבע "**לְלַכְלֵךְ אֶת הַתִּיק**"?

____

מה משמעות המבע "**לְטַפֵּל בַּתִּיק**"?

____

2. **נעליים חצאיות** הן נעליים לא גבוהות (low shoes, oxford shoes)

מי נועל נעליים חצאיות?   חייל קרבי / ג'ובניק

מי נועל נעליים גבוהות?   חייל קרבי / ג'ובניק

✖ ב. מבעים מקטע 6

חַברו בין הביטוי/המבע וההסבר בצד שמאל:

לספר על המעשים השליליים של חבר	• על רגל אחת
להפסיד את ההזדמנות לשרת בצנחנים	• להלשין
זה לא נורא – יש דברים יותר גרועים	• לומר "שלום" לצנחנים
לא רוצה להיות במקום שלהם	• זה לא סוף העולם
במהירות	• להסתבך
להיכנס למצב שקשה לצאת ממנו	• לא הייתי מתחלף איתם

✖ ג. מצב: שיחה בין מוסי ושמעון

מוסי מנסה להסביר לשמעון מה קרה ולמה הם הגיעו למשטרה.

7. להקה צבאית

[0:23:12 – 0:22:11]

קריאה ראשונה

קִראו את קטע 7 ואת שני ההבזקים (״להקה צבאית״ ו״פרופיל 97״) וענו:

מדוע מוסי לא יכול ללכת ללהקה צבאית?

[במשטרה]

מוסי: נעמי...
איך זה הלך?

נעמי: בסדר...

מוסי: לא יצא לי להגיד לך, אבל את... שרה ממש יפה.

נעמי: תודה.

מוסי: באמת!
היית צריכה ללכת ללהקה צבאית.

נעמי: אני הולכת. זאת אומרת, נשארה לי עוד בחינה אחת. אבל אתה מנגן ממש יפה.

מוסי: תודה, אבל... אני לא אוכל ללכת ללהקה.
יש לי פרופיל 97.

נעמי: חבל...

מוסי: כן.

נעמי: אולי...

מוסי: מה?

נעמי: יש לי עוד בחינה אחת ללהקה, וחשבתי אולי...
אולי... אולי אתה יכול לְלַוות אותי?

מוסי: כן, אני אשמח.

נעמי: טוב.
זאת אומרת, טוב!

פרופיל 97
פרופיל 97 הוא הציון הרפואי הגבוה ביותר שניתן למתגייסים לצה"ל בבדיקות רפואיות. בעל ציון או פרופיל 97 יכול לשרת בכל היחידות הקרביות בצה"ל, כולל ביחידות מובחרות.

שוטר: אתם רוצים להישאר פה כל היום? אפשר לסדר את זה.

נעמי: שתיים, ארבע, שמונה, ארבע, שמונה, אפס.

מוסי: שתיים, ארבע, שמונה, שתיים... ארבע, שמונה, אפס?

להקות צבאיות

להקות צבאיות הן להקות של חיילים, שכללו מוזיקאים, שחקנים ונגנים, ושמטרתן הייתה להגיע לכל חיילי צה"ל.

הלהקות הראשונות היו כבר לפני קום המדינה. תקופת הזוהר של הלהקות היתה בין מלחמת ששת הימים (1967) לבין מלחמת יום הכיפורים (1973) – זוהי התקופה שבה מתרחש הסרט "בלוז". הלהקות עבדו עם מוזיקאים ובמאים מן השורה הראשונה, והרבה מן השירים ומן המערכונים נכתבו במיוחד עבורן.

הלהקות זכו להצלחה בקֶרב החיילים ובקֶרב האזרחים. הלהקות הכתיבו את הסגנון של המוסיקה הפופולרית ה"עממית" בישראל עד לעליית הזֶמר המזרחי ולחדירה המשמעותית של הרוק המערבי בסוף שנות השמונים.

לחלק מחברי הלהקות, השֵירות הצבאי בלהקה שימש קֶרֶש קפיצה לתחום הבידור אחרי הצבא.

בין הלהקות הידועות: להקת הנח"ל, להקת פיקוד דרום, להקת פיקוד צפון, להקת פיקוד מרכז, להקת חיל הים.

בשנת 1978 פורקו הלהקות, אבל המשיכו לקיים בצה"ל להקות קטנות (צֶוותי הווי). ההצלחה של הלהקות הקטנות הייתה מעטה מזו של הלהקות הצבאיות בעבר.

8. יוסי בלשכת הגיוס

[0:25:44 – 0:24:34]

קריאה ראשונה

בפרק הזה צווילך מתגייס. איך החברים מנסים לעזור לו "לְהִתְחַיֵּיל" בקלות?

[ ] הם נותנים לו עצות שימושיות.

[ ] הם מבטיחים לו פגישה עם חווה.

שוש: שְׁמור על עצמך, אל תתנדב יותר מִדי.

קובי: תעשה את העבודה כמו שצריך, אבל אִיזִי, אה? ואל תחשוב על המשפט ההוא של טרוּמפלדוֹר. תאמין לי, זה סתם בכלל.

מרגו: קובי, קובי... תן לו את הסטירה עוד פעם, ושוש, תזוזי, את עומדת באמצע הפְּרֵיים.

יוסי: שלום, מרגו.
בוא, תעמוד כאן. מרגו, כאן זה בסדר?

מרגו: מאה אחוז. אַקְשֶׁן.

יוסי: תן.
מה, אתה נורמלי? זה סרט.

מוסי: היי, כשתדע לאן אתה מגיע, תֵּן סימן חיים כל עוד זה אפשרי.

יוסי: טוב שכל המחזור לא בא להיפרד ממני.

מרגו: צ'או צ'או, בַּמְבִּינוֹ... אתה יודע שהייתי מתחלף אִתך.

יוסי: אבל הרבה היו מתחלפים אִתך.
אבל תִּתְנוּ הופעה יפה, אתה שומע? אני אנסה לקבל איזה חופשה, אבל אם לא, תדאגו שהוּרַיי יהיו. זה יהיה חבל אם אני לא אהיה אחרי כל החזרות שעשינו. נו, טוב. ככה זה יָצָא. אפילו להסתפר לא הספקתי. ואם תראו את חווה כרמלי...

כולם: כן...?

יוסי: תגידו לה שג'ו הלך לצנחנים. היא עוד תשמע ממני.

כולם: אוף, כמה אתה מדבר, תתגייס כבר, נוּ.

יוסי: יָאלְלָה. להתראות.

שוש: להתראות, יוסי.

כולם: בַּיי, ג'ו. שְׁמור על עצמך.

יוסף טרוּמפלדור (1880-1920)

יוסף טרומפלדור היה מנהיג ציוני סוֹציאליסטי. לאחר ששירת בצבא רוסיה הצָארית ואיבֵּד את ידו במלחמת רוסיה–יפן, עלה טרומפלדור לארץ ישראל כחלוץ. בתקופת מלחמת העולם הראשונה אִרגן הקמה של גדודים עבריים כדי לעזור לאנגליה במלחמתה נגד התוּרכים. לאחר המלחמה הצטרף טרומפלדור לחווה חקלאית מבודדת בגליל בשֵם תֵּל-חַי, שָם נהרג בקרב עם ערביי המקום. מותו בקרב על תל-חי היה למִיתוֹס בהיסטוריה הציונית ודוגמה לפַטריוֹטיוּת.

א. שאלות

1. בלשכת הגיוס שוש וקובי אומרים לג'ו:
   - "אל תתנדב יותר מדי"
   - "תעשה את העבודה כמו שצריך, אבל אִיזִי, אה?"
   - "ואל תחשוב על המשפט ההוא של טרומפלדור, תאמין לי, זה סתם בכלל."

   מה, לדעתכם, הרעיון החוזר בשלושת המשפטים האלה?

2. וג'ו אומר:
   - "אפילו להסתפר לא הספקתי."

   על מה המשפט רומז לדעתכם?

ב. תרגיל עיבוי/הרחבה

נסו להרחיב את המבעים הבאים – הוסיפו מילים ומבעים משלכם.

המבע	עיבוי
"אל תתנדב יותר מִדי"	*דוגמה:* אל תהיה ראשון לצאת לפעולה. אל תעשה את העבודה של האחרים.
"שְׁמוֹר על עצמך"	
"תֵּן סימן חיים"	
"תִּתנו הופעה יפה"	
"תדאגו שהורַיי יהיו"	
"אוף, כמה אתה מדבר"	
"תגידו לה שג'ו הלך לצנחנים"	

הורים

הורים – נטייה ברבים
הוֹרַיי
הוֹרֶיךָ
הוֹרַיִךְ
הוֹרָיו
הוֹרֶיהָ
הוֹרֵינוּ
הוֹרֵיכֶם
הוֹרֵיכֶן
הוֹרֵיהֶם
הוֹרֵיהֶן

✎ א. החליפו את המילים בסוגריים עם המילה "הורים" בנטייה:

1. (ההורים שלי) הוריי _____ באים למסיבת הסיום.

2. (ההורים שלך) _____ באים?

3. קובי אמר ש(ההורים שלו) _____ יבואו.

4. שולה אמרה ש(ההורים שלה) _____ לא יכולים לבוא.

5. רונן ועודד חושבים ש(ההורים שלהם) _____ באים.

✎ ב. תרגמו לעברית:

1. My parents want to meet your (f.) parents.

   _____

2. Their (m.) parents went on vacation with my parents.

   _____

3. Her parents don't get along with his parents.

   _____

שיחה

✎ ג. שיחה עם מילים

1. יש לך **רשיון נהיגה**? מתי קיבלת את **רשיון הנהיגה**? מאיזו מדינה **רשיון הנהיגה** שלך?

2. הייתה לך פעם **תאונה**?

3. איזו **להקה** את/ה אוהב/ת?

4. האם את/ה **מנגן/ת**? במה? האם **ניגנת** פעם בלהקה?

5. את/ה מכיר/ה אנשים ש**התגייסו** לצבא (לצבא האמריקאי/הישראלי/אחר)?

6. האם הכיתה שלך בתיכון עשתה **מסיבת סיום**? איפה היה **טקס הסיום** של בית הספר?

7. מתי **הסתפרת** בפעם האחרונה? איפה את/ה אוהב/ת **להסתפר**?

8. מי **מצלם** את רוב התמונות במשפחה שלך?

פרק שני: אהרל'ה שכטר

9. תאונת אימונים

[0:33:33 – 0:32:15]

קריאה ראשונה

1. המשפחה הודיעה למנהלת על מות צוויליך. **נכון / לא נכון**
2. המנהלת הופתעה מההודעה. **נכון / לא נכון**
3. המנהלת מדווחת מייד על השיחה. **נכון / לא נכון**

[שיחת טלפון במשרד המנהלת תמר]

מנהלת: ערב טוב. כן... מדברת... מה? אני לא שומעת. תדבר קצת יותר ברור...
מה? נֶהֱר... זה לא יכול להיות.
יוסי צוויליך התגייס רק לפני שלושה שבועות.
תאונת אימונים? ... כן.
המשפחה יודעת? הודיעו. טוב. כן... כן, כן... טוב. טוב...

עוזר: גברת תמר, הכול מוכן. כולם מחכים.

מנהלת: בסדר, אני מיד באה.

א. הפכו את הקטע לדיאלוג (שיחת טלפון):

המנהלת: ערב טוב.

האדם בטלפון: ______________________________

המנהלת: כן... מדברת...

האדם בטלפון: ______________________________

המנהלת: מה? אני לא שומעת. תדבר קצת יותר ברור...

האדם בטלפון: ______________________________

המנהלת: מה? נֶהֱר... זה לא יכול להיות.

האדם בטלפון: ______________________________

המנהלת: יוסי צוויליך התגייס רק לפני שלושה שבועות.

האדם בטלפון: ______________________________

המנהלת: תאונת אימונים? ... כן.
המשפחה יודעת?

האדם בטלפון: ______________________________

המנהלת: הודיעו. טוב. כן... כן, כן... טוב. טוב...

10. זה לא נגמר

[0:39:29 – 0:38:36]

קריאה ראשונה

בקטע הבא שמעון אומר שזה קשה [ ] לגדל ילדים בישראל.
[ ] להיות בעל מסעדה.

[במסעדה של אבא של מוסי]

שמעון: ילד טוב היה. ילד נחמד.
אוֹי, אלוהים, כמה שזה עצוב.
והמהירות, המהירות לעשות אֶתכם
מהר חיילים.
זה לא נגמר.
אחרי מלחמת העולם השנייה,
חשבנו שאחרי מן דבר כזה, לא יהיו
יותר מלחמות, לעולם. אֶלֶף שנה
לפחות.
במלחמת השחרור חשבנו, עוד
זה... וזהו.
אחר כך סִינַיי... ששת הימים... מה
יהיה?
אבל מחר יום חדש...
יבואו קְלַייֶנְטִים.
ומה, אומַר להם? לא היה לי מצב-
רוח? לא הכנתי גוּלָאש?

א. שאלה

מדוע שמעון מדבר במונולוג שלו בלשון רבים ("**חשבנו**")?

ב. מצאו את הקשר בין המילים הבאות והמבעים למטה:

ילד - ______________________________

חיילים - ____________________________

מלחמות - ___________________________

מלחמת השִחרור - ____________________

קליינטים - __________________________

המהירות, כמה שזה עצוב, יום חדש, זה לא נגמר, עוד זה וזהו

11. לא רוצים

[0:42:51 – 0:40:13]

[במסעדה של שמעון]

מוסי: אולי בהופעה.

אהרל'ה: איזו הופעה?

מוסי: בהופעה! תראו, אנחנו יכולים להכין מופָע לזכר ג'ו, ולבנות מופע מחאה. מרגו, זה יכול להיות גדול!

שוש: בטקס הסיום?

קובי: מופע מחאה... מוֹסי זינֶר ושירו: "'מַיי צוויליך אִיז בְּלוֹאִינג אִין דֶה וִוינד'". שום דבר לא יחזיר את ג'ו לחיים.

מרגו: לא, לא, לא. תביא את הגיטרה שנייה. מה אמרת קודם כש... עם ה"לא רוצה, לא רוצה, לא רוצה..."

אהרל'ה: מה, עם תמר?

מרגו: לא רוצה, כן, לא רוצה, לא רוצה... לא, לא "לא רוצה", לא רוצים. שיר, "לא רוצים". שיר.

אהרל'ה: מה שיר, מה?

מרגו: שיר, "לא רוצים". לא רוצים, מה? לא רוצים, מה? נו, נו, לא רוצים...

אהרל'ה: לא רוצים, צבא?

מרגו: כן, אמרת עוד כמה... אמרת... מפַקדים? צבא, מפַקדים... עוד משהו, עוד... דברים אחרים... צבא...

קובי: יתומים.

מרגו: יתומים?

שוש: אלמנות.

מרגו: כן, זה טוב, זה טוב. אלמנות.

קובי: בית קברות.

אהרל'ה: מצבות.

[שיר]

"אחת, שתיים, שלוש...
לא רוצים, לא רוצים, לא רוצים, לא רוצים!
לא רוצים, לא רוצים, לא רוצים!
לא רוצים מפקדים, מגעילים, מצחינים,
לא רוצים מחנכים, ומורים.
לא רוצים, שיגידו לנו, מה זה טוב, ומה רע.
לא רוצים, שיגידו לנו, אין לכם בְרֵרה!
לא רוצים, לא רוצים, לא רוצים, לא רוצים!
לא רוצים, לא רוצים, לא רוצים!
לא רוצים מלחמות, יתומים, אלמנות,
לא רוצים בית קברות, מצבות!
לא רוצים, שיגידו לנו, מה זה טוב, ומה רע.
לא רוצים, שיגידו לנו, אין לכם בְרֵרה!
לא רוצים, לא רוצים, לא רוצים, לא רוצים!
לא רוצים, לא רוצים, לא רוצים!
לא רוצים, עצות שימושיות.
לא רוצים, ביקורת קונסטרוקטיבית.
לא רוצים, במאים שיגידו, איך לעמוד על הבמה.
אנחנו נגיד: חושך! אנחנו נגיד: אור!
לא רוצים, לא רוצים, לא רוצים, לא רוצים!

א. שיר מחאה

קראו את מילות השיר ״לא רוצים״ ושַבצו אותן לפי הקטגוריות הבאות:

צבא	אנטי הממסד	מלחמה

ב. מבעים

1. ״אין לכם בְרֵרה״

נסו לחבר דיאלוג קצר בין המנהלת לתלמידים תוך שימוש בביטוי ״אין לכם ברֵרה״.

____

____

____

____

2. ״עֵצות שימושיות״

נסו לחבר דיאלוג קצר בין התלמידים לשמעון תוך שימוש בביטוי ״עצות שימושיות״.

____

____

____

____

3. ״ביקורת קונסטרוקטיבית״ (ביקורת בונָה)

נסו לחבר דיאלוג קצר בין התלמידים לַשוטרים תוך שימוש בביטוי ״ביקורת קונסטרוקטיבית״.

____

____

____

____

12. אין מלחמה צודקת

[0:48:52 – 0:46:52]

[אצל מוסי]

נעמי: מה ריסַסת שם?

אהרל'ה: לא רוצה לדבר על זה, טוב?

מוסי: למה, אתה מתבייש?

אהרל'ה: "אין מלחמה צודקת" – זה מה שריססתי שם, בסדר?

מוסי: "אין מלחמה צודקת"? בשביל זה אתה רץ ברחוב? נִשׂרַט, רץ, נפצע, בורח מהמשטרה? יופי, גם סבתא שלי יודעת שאין מלחמות צודקות.

אהרל'ה: כן, מה היא עושה בקשר לזה? מה אתה עשית בקשר לזה, חוץ מלצחוק? אם אתה מאמין שאין מלחמה צודקת, אז פשוט אַל תלך לצבא.

נעמי: אז על זה אבא שלי היה אומר לך: ומה אם האויב מתקיף אותך, מה אז?

אהרל'ה: לפציפיסט אין גבול שמאחוריו יש אויב.

מוסי: מאחורי מה שמכונה "גבול", יש בן אדם כָּמוני, כמוךָ.

אהרל'ה: מכיר את הנאומים שלי בעל פה.
חבל שאתה לא מופיע עם זה. אבל אתה לא תלכלך את הידיים, אה? מה פתאום שתסתכן?

מוסי: חמודי, אני הולך לצבא, לשמור בלילות הקרים, כדי שאתה תוכל לרוץ שם בתל אביב ולשחק עם המשטרה שוטרים וגנבים. אני לא אפקיר את החברים שלי ואת המשפחה שלי...

אהרל'ה: כוס אמק! אני לא מפקיר אף אחד. אני מֵגֵן עליך מהצד השני של הרעיון. תפקיד שמעט מוכנים לעשות, ושלצערי נפל בחֶלקי.

נעמי: רגע. למה לצערךָ?

אהרל'ה: למה? כי אני מפסיד הרבה. חברים, למשל, שחושבים שאני מפחד ללכת לצבא, ובגלל זה... בונה מסביב אידאולוגיה. שאני סתם מטורף. או בחורות שאוהבות את צ'ה גווארה על הקיר, אבל...
נעזוב את זה, טוב? דיברתי יותר מדי, והרי לא הוזמנתי. אני מאוד מודה לכם על ההגנה שהֶעֱנַקְתֶּם לי. יום אחד תוכלו לספר לנכדים שלכם, שבתקופה הקשה ההיא, הסתרתם מהפכנים במסגרת המאמץ הכללי למען השלום. יותר מזה, לא ידרשו מכם. סליחה, אני לא יודע מה קרה לי.

[אהר'לה יוצא]

מוסי: אהרל'ה!

א. טבלה

מיינו את המילים הבאות – למי הן שייכות?

המילה	מוסי	אהרל'ה	מוסי ואהרל'ה
לשמור			✓
מֵגֵן			
לְרַסס על הקירות			
לְהִסְתַּכֵּן			
נְאוּם			
לברוח מהמשטרה			
גְבול			
להפקיר			
להפסיד			
רעיון			
מהפכָן			

ב. מבעים

איזה משפט מסביר את הביטויים הבאים באופן הנכון ביותר, לדעתכם, בהקשר של הטקסט:

1. "גם סבתא שלי יודעת שאין מלחמות צודקות"
   זה לא דבר חדש / כל המשפחה שלי חושבת כמוך.

2. "לפָצפיסט אין גבול שמאחוריו יש אויב"
   הפציפיסט איננו מתקרב לאזור סכנה. / הפציפיסט חושב שבכל מקום האנשים דומים.

3. "אני לא אפקיר את החברים שלי"
   אני אשמור על החברים שלי. / אני לא אשחק עם החברים שלי.

4. "בחורות שאוהבות את צ'ה גווארה על הקיר"
   בחורות אידֵיאליסטיות בתֵיאוריה בלבד / בחורות מהפכניות שיוצאות להילחם בשביל הרעיון

צ'ה גווארה

ג. קראו את קטע 12 שנית, והשלימו עם המילים:

1. אהרל'ה

גבול שמאחוריו יש אויב, אין מלחמה צודקת, מֵגֵן, בן אדם כָּמוני וכָמוך, מפסיד הרבה, מטורף, הצד השני של הרעיון

הכתובת שאהרל'ה ריסס היא: "______________________________".

אהרל'ה חושב ש"לפָּצפיסט אין ____________________", וש"מאחורי כל גְבול

יש________________________".

הוא מאמין שהוא __________ על מוסי ונעמי, אבל מ ______________________.

יחד עם זאת, הוא מרגיש שהוא _____________________, כי הם חושבים שהוא

____________.

◆ **אין מלחמה צודקת** ◆

2. מוסי

צבא, ישַׂחק בשוטרים וגנבים, יפקיר את החברים שלו, לשמור בלילות

מוסי חושב שהוא עושה את הצעד הנכון כי הוא הולך ל _______________, שם הוא יצטרך

_____________________________, כדי שאהרל'ה ___________________________.

מוסי לא _________________________.

ד. מצב

אהרל'ה משתתף בהפגנה נגד מלחמת ההתשה. כתבו את הנאום שלו.

____

____

____

____

____

____

____

13. פחדן או טיפש?

[1:01:30 – 00:58:35]

[בחוף הים , אחרי החתונה של קובי ושוש]

אהרל'ה: חבל. כל כך רציתי לסַפר ליוסי שהחלטתי לא להתגייס. שהוא עזר לי מאוד בהחלטה שלי. חשבתי שתרצו לבוא אִתי, אבל... אִם לא, אז לא, אני אלך לבד.

קובי: פחדן. פחדן, זה מה שאתה.

שוש: די...

קובי: מאז שג'ו נהרג, רועדות לו הביצים, הוא מחפש תֵירוצים.

שוש: די, קובִי, לא היום.

קובי: לא, נמאס. נמאס לי מהקשקושים שלך, אהרל'ה. תכניס לך אחת ולתמיד לראש: שאם לא נהיה חזקים, לא יהיה שלום. וחזקים זה צבא, וצבא זה הרוגים. ומי שלא מבין דבר כל כך פשוט, או שהוא פחדן, או שהוא טיפש.

שוש: די, קובי...

קובי: ובגלל שאני לא חושב אותך לטיפש, נשארה רק אפשרות אחת, וזהו.

שוש: די כבר! כל הזמן הדיבורים האלה. רק אתמול התחתַּנו, וכאילו לא קרה כלום. אני לא מבינה מה יש כאן להתווכֵּח בכלל.

[אהרל'ה מטפס על המֶזַח]

אהרל'ה: אני פחדן? אני? אני פחדן?

א. שאלה

סמנו את כל המילים והביטויים ש**קובי** משתמש בהם כדי לתאר מה שהוא מרגיש כלפי **אהרל'ה**:

[ ] פחדן
[ ] נהרג
[ ] טיפש
[ ] חזק
[ ] קשקוש
[ ] החלטה
[ ] תֵירוצים
[ ] קֶבֶר

ב. ביטויים

1. מה פירוש הביטוי "**תכניס לך אחת ולתמיד לראש**"?
   תלמד טוב / תבין טוב

2. מה פירוש הביטוי " **מחפש תירוצים**"?
   רוצה למצוא סיבות לא לעשות משהו / מחפש רעיונות טובים

ג. מצב

אהרל'ה מבקר את הקבר של צווילך. כתבו סצנה המתארת את מה שהוא אומר לצווילך.

תל אביב, 2007. צילום: בונית פורת

משקל פַּעֲלָן

משקל פַּעֲלָן (קַטְלָן)

משקל פעלן הוא משקל נפוץ לתכונות אופי (character features, traits) או מקצועות:

- ביישן/ית - shy
- קשקשן/ית - chatterbox
- פטפטן/ית - chatterbox, babbler
- מרדן/ית - rebel
- שחקן/ית - actor

א. השלימו בזכר ובנקבה:

משקל פַּעֲלָן

מי שפוחד הוא פַּחְדָן

מי שמתעצל הוא ______

מי שמתעקש הוא ______

מי שאוהב ללמוד הוא ______

מי שמחייך הרבה הוא ______

מי שמבשל טוב הוא ______

מי שצועק הרבה הוא ______

מי שמתבייש הוא ______

מי שמבדר את החברים הוא ______

מי שמבזבז הרבה כסף הוא ______

מי ש"מחפף" הוא ______

משקל פַּעֲלָנִית

מי שפוחדת היא פַּחְדָנִית

מי שמתעצלת היא ______

מי שמתעקשת היא ______

מי שאוהבת ללמוד היא ______

מי שמחייכת הרבה היא ______

מי שמבשלת טוב היא ______

מי שצועקת הרבה היא ______

מי שמתביישת היא ______

מי שמבדרת את החברים היא ______

מי שמבזבזת הרבה כסף היא ______

מי ש"מחפפת" היא ______

ב. אילו מהתכונות הבאות מתאימות לתאר את אהרל'ה. הסבירו.

אהרל'ה

[ ] מַהְפְּכָן [ ] מַרְדָן [ ] פַּטְפְּטָן [ ] בַּיְישָׁן [ ] פַּחְדָן [ ] חַיְיכָן [ ] דַעְתָּן

ג. אילו מהתכונות הבאות מתאימות לך?

אני – התכונות שלי

חסכן/ית? בזבזן/ית? עקשן/ית? חוצפן/ית? קשקשן/ית? פעלתן/ית? סקרן/ית? דייקן/ית? מבולגן/ת? עצלן/ית? שתלטן/ית? דעתן/ית?

א. נושאים לכתיבה/שיחה

סוף הסרט

1. הסרט מסתיים בדומה לדרך שבה הוא נפתח – במונטאז׳ של החברֶ׳ה על חוף הים בחודשים האחרונים של בית הספר ולפני הגיוס לצבא. צפו בשתי הסצנות והשוו ביניהן: איפה הדמויות, מה הן עושות, מה בפַּסקול, מי מדבר, ומה המילים שמלַוות את התמונות?

   האם הסרט נגמר כפי שהוא מתחיל? כן? לא? הסבירו.

2. לקראת הסוף מרגו אומר כי הוא לא מאמין כמה ״**מטומטמים, יפים וטהורים**״ היו הוא וחבריו באותו קיץ אחרון לפני הגיוס. הסבירו כל אחת ממילות התואר שמשתמש בהן מרגו: מטומטמים, יפים, טהורים.

ב. כתיבה

איש השנה

כל שנה עיתון העיר בוחר את איש השנה. בַּחרו אחת מדמויות הסרט והַמליצו עליה ל״איש השנה״. סַפרו על הדמות ונַמקו את הצעתכם.

לא... אלא...

א. השלימו את המשפטים עם המילים בצד שמאל:

1. צוויליק **לא** נהרג בקרב, **אלא** ב__________________________.
2. הגיבור של מרגו הוא **לא** הבמאי אינגמר ברגמן, **אלא** ______________.
3. ב-1970 **לא** היתה מלחמת ששת הימים **אלא** ____________________.
4. חנה סנש **לא** מתה בארץ ישראל **אלא** ב____________________.
5. ראש הממשלה בזמן מלחמת ההתשה הוא **לא** לוי אשכול **אלא** __________.
6. **לא** לארהליה יש סוכרת **אלא** ל______________________.
7. הנערים **לא** עישנו סיגריות **אלא** ______________________.

מלחמת ההתשה
חשיש
פרדריקו פליני
גולדה מאיר
הונגריה
מרגו
תאונת אימונים

לא רק... אלא גם...

ב. השלימו את המשפטים עם המילים בצד שמאל:

1. **לא רק** שוש היתה בחוף הים, **אלא גם** ____________________.
2. חנה סנש כתבה **לא רק** שירים **אלא גם** ____________________.
3. מוסי **לא רק** שר **אלא גם** ____________________.
4. במסיבת הגיוס הם **לא רק** שרים **אלא גם** ____________________.
5. כל יום ברדיו הם שמעו **לא רק על** פצועים, **אלא גם על** ____________________.
6. הם עשו בחינות בגרות **לא רק ב**היסטוריה כללית, **אלא גם ב**היסטוריה של ____________________.
7. יוסי רצה **לא רק** להספיק לעשות רשיון נהיגה **אלא גם** ______________.
8. הנערים בסרט מורדים* **לא רק נגד** מורים **אלא גם נגד** ______________ ______________.

יומן
מנגן
לשכב עם בחורה
במאים ומפקדים
הרוגים
רוקדים
עם ישראל
נעמי

*למרוד – to rebel

פעיל – סביל
בלוז לחופש הגדול

כתבו את המשפטים בסביל (פסיבי). זכרו: פעל ← נפעל, פיעל ← פועל

דוגמה:

מַרגו צילֵם את החבורה.

החבורה צוּלְמָה על ידי מרגו.

1. אהרל'ה כּוֹתֵב סיסמָאות על קירות תל-אביב.

____

2. המנהלת מְבַטֶלֶת את מסיבת הסיום.

____

3. מחלת הסוכרת תָּקְפָה את מַרגו.

____

4. צְוִוילִיך כּוֹתֵב יוֹמָן.

____

5. החֶבְרֶ'ה חִיבְּרוּ שיר לזֵכֶר צְוִוילִיך.

____

6. הצבא גִיֵּיס את אהרל'ה.

____

7. המשטרה מָצְאָה סמים על חוף הים.

____

8. השוטרים יַחְקְרוּ את הנערים על הסמים.

____

9. מַרגו יִשְלַח את הסרטים להורים של מוֹסי.

____

10. המשטרה שִחְרְרָה את הנְעָרים.

____

11. בית הספר עָרַךְ טֶקֶס לנופלים.

____

תרגילי השלמה עם מילים

א. השלימו עם המילים:

לשרת, להודיע, בוגרי תיכון, להיהרג, מַדי צבא, הרוגים, תאונת אימונים, רישיון נהיגה.

1. ב מלחמת ההתשה היו הרבה ________ ופצועים.
2. אסור לי לנהוג במכונית כי אין לי ________.
3. החיילים בישראל ________ בצבא שלוש שנים. חיילות ________ שנתיים בלבד.
4. המנהלת ________ שמסיבת הסיום תהיה בחודש הבא.
5. הם סיימו (גמרו) ללמוד בתיכון. הם ________.
6. החיילים לובשים ________.
7. צוויליך לא ________ במלחמה, אלא ב ________.

ב. השלימו עם המילים:

פחדן, לצלם, לנגן, להקה צבאית, להתנדב, להתגייס, קרבית, להחליט, סוכרת, בוגרי תיכון, להיהרג.

1. יוסי צוויליך רצה ________ לצנחנים. הוא נֶהֱרַג בצבא בתאונת אימונים.
2. קובי חושב שאהר׳לה ________ ולכן הוא לא רוצה ________ לצבא.
3. מרגו ________ את מסיבת הסיום ואת החתונה של קובי ושוש. הוא לא התגייס לצבא כי יש לו ________.
4. נעמי רצתה לשרת ב ________, כי יש לה קול יפה והיא אוהבת לשיר.
5. מוסי ________ בפסנתר ובגיטרה, אבל הוא החליט לשרת ביחידה ________, ולא בלהקה צבאית.
6. יוסי, קובי, אהרליה, מרגו, מוסי ושוש סיימו את בית הספר. הם ________.
7. מנהלת בית הספר ________ לא להודיע שצוויליך נהרג.

240 יחידה 4 | שפה וקולנוע

ע. הלל (1990–1944)

ע. הלל ידוע בשירתו ובסיפוריו שהֶרְאוּ צדדים מעט קוֹמִיים. היה צבר (נולד בקיבוץ משמר העמק), ואהב טבע ובעלי חיים. בין יצירותיו שהפכו לקָאנוניות בספרות ובשירה הישראלית ניתן למצוא את "דודי שמחה", "למה לובשת הזֶברה פיג'מה", "בולבול למה ככה", "ככה סתם", "מזבוב ועד פיל", "מה קרה לקְרוֹקוֹדיל?" ו"יוסי ילד שלי מוצלח". בנוסף לכתיבה, היה הלל אדריכל גנים ונוף, שתִכנן בין היתר את גן צָ'רְלְס קְלוֹר בתל אביב וחלק מהגנים בקמפוס גבעת-רם של האוניברסיטה העברית.

מעובד על פי: http://e.walla.co.il/?w=/6/1786862

יוסי ילד שלי מוצלח
ע. הלל

1
שמש בַּמָּרוֹם זורחת
אמא את יוסי בנה שולחת
לך הָבֵא בקבוק חלב
לך ישר ואל תשכח
יוסי, ילד שלי מוצלח.

2
יוסי בַּשְׂדֵרָה פוסע
ופתאום אורות עֵינָיו
אץ הוא רץ הוא לפניו
גור* כלבים מסְכן צולע
הוא חובק בשתי ידיו.

3
אמא מחכה בבית
איפה יוסי ? אין חלב
אך הנה הילד בא עם
מה זה ? חומֶד של כלַבלב*
מתנה הבאתי לך
אוֹי לי, ילד שלי מוצלח.

4
שמש במרום זורחת
אמא את יוסי בנה שולחת
לך הָבֵא נא לי כיכר
לחם* חם – אך אל תשכח
יוסי, ילד שלי מוצלח.

5
השדרה אליו קורצת
פתע שוב קופצות עֵינָיו
רועשות נוגנות אוזניו
מַפּוּחִית* קטנה נוצצת
הוא אוסף אל שְׂפתותיו.

6
אמא מחכה בבית
איפה יוסי? לחם אין
אך הנה הילד בא עם
מה זה? יוסי מנגן
מַפּוחית הבאתי לך
אוֹי לי, ילד שלי מוצלח.

7
שמש במרום זורחת
אמא את יוסי בנה שולחת
לפחות הָבֵא זיתים
זה הכל, אך אל תשכח
יוסי, ילד שלי מוצלח.

8
השדרה לוחשת יוסי
הנה שוב רוקדות עֵינָיו
מה נחפז הוא לפניו
פרח אדמוני, אה – יופי !!!
מבלבל לו את האף.

9
אמא מחכה בבית
אוֹי לי יוסי זית אין
אך הנה הילד בא עם
מה זה? לָך הכל אתן...
קחי הפרח הוא שלך
אוֹי לי, ילד שלי מוצלח.

10
ריק הבית אין חלב
לחם אין ולוּ כזית
אך מלא מלא הבית
זמר מַפוחית ופרח
ונביחות* כלבלב...

*גור – cub
*כלבלב – כלב קטן
*כיכר לחם – loaf of bread
*מפוחית – harmonica
*נביחות – barks

השיר פורסם לראשונה ב-1963, אחר כך ב-1978, ובמהדורה חדשה ב-2010.

א. מלאו את הטבלה לפי השיר "יוסי ילד שלי מוצלח":

מספר הבית	מה אמא מבקשת	מה יוסי מביא	מה אמא אומרת
1			
2			
3			
4			
5			
6			
7			
8			
9			
10			

ב. שאלות

1. הבית מתמלא בכל החושים*. אֵילו מתנות מעוררות את החושים?
2. מדוע אמא תמיד אומרת: "**לֵךְ יָשָׁר וְאַל תִּשְׁכַּח**"?
3. לְמה אמא מתכוונת כשהיא אומרת "**יוֹסִי, יֶלֶד שֶׁלִּי מוּצְלָח**"?
4. מה לדעתכם התפקיד של השיר בסרט "בלוז לחופש הגדול"?

*חושים – senses

כתבה: 25 שנים לסרט "בלוז לחופש הגדול"

קריאה ראשונה

על פי הכתבה, הסרט "בלוז לחופש הגדול" הוא [ ] עדיין רֶלֶוַונטי.
[ ] קוֹסמוֹפוֹליטי.

"הזמן: יוני 1970. המקום: תל אביב".

במשפט זה מתחיל "בלוז לחופש הגדול", סרטו של רֶנֶן שור מ-1987.

צפייה מחודשת בו אחרי 25 שנה, מגלה כי הוא חזק בדיוק כפי שהיה אז, אם לא יותר. למעשה, אפשר אפילו לומר כי ב-25 השנה שחלפו מאז הפצתו (פרסומו), לא נעשה כאן עוד סרט כמוהו.

<u>הסיבה הראשונה לכך היא האופי של הסרט:</u>

בימינו, סרטים ישראלים העוסקים בנושאים מלחמתיים, לוקחים בחשבון את האַטְרַקְטִיבִיוּת הבינלאומית שתהיה להם. לכן, מוסיפים לסיפור הישראלי איזשהו ממד אוּנִיבֶרסלי שנוגע לצופה בלונדון בדיוק כמו לזה בתל אביב.

<u>אפשרות נוספת היא:</u>

לשַׁלֵב בסיפור גם את הצד הפלסטיני. קיימת נטייה בסרטים הישראלים לעסוק בנושאים פוליטיים ובינלאומיים, כי הרי סתם דרמה על צעירים מתל אביב זה לא מספיק. בעשור האחרון הרבה סרטים לא-אמריקאיים הם קוֹ-פרודוקציה של כמה מדינות בגלל הדוֹמִינַנטיות של פסטיבלי קולנוע גלובָּליים.

כתוצאה מכך, כבר אין מקום ליצירות לאומיות נֶטו נקיות מקוֹסמוֹפוֹליטיוּת מהסוג של "בלוז לחופש הגדול".

בלוז לחופש הגדול הוא עֵדות לכך שאפשר ליצור סרט אישי ואותֶנתי לגמרי, שאפשר ליצור דרמה כחולה-לבנה על "המצב" בלי אַלֶגוריות בשׂדה הקרב ובלי דיון בין הגיבור לשבוי הפלסטיני. אפשר ליצור סרט שמתרחש בשלב הלא אַטְרַקְטיבי לפני הגיוס, ושלא מוּשמע בה רעם תותח אחד.

הדיאלוגים המדויקים בסרט נשמעים כאילו היו יכולים להיאמר גם היום. צורת הדיבור השתנתה, אבל בכל הקשור למהות דבריהן של הדמויות, שום דבר לא השתנה. הדילמות שלהן, כמו היחס לשכול ולגיוס וההתלבטות לגבי העתיד בצבא הם עדיין בסדר-היום הציבורי.

מתוך: "בלוז לחופש הגדול": 25 שנה לצאת הסרט והוא רלוונטי כפי שהיה. מאת אבנר שביט, מערכת וואלה. 25 באפריל 2012
http://m.walla.co.il/ExpandedItem.aspx?WallaId=4/249/2527415&ItemType=100&VerticalId=16

א. קראו שנית וענו: נכון/לא נכון

על פי הכתבה "25 שנה לסרט בלוז לחופש הגדול" -

1. הסרט דומה להרבה סרטים ישראליים. **נכון / לא נכון**
2. זה סרט שהוא קו-פרודוקציה. **נכון / לא נכון**
3. זהו סרט שמציג רק מציאות ישראלית. **נכון / לא נכון**
4. המלחמה בסרט נמצאת רק ברקע. **נכון / לא נכון**
5. הדיאלוגים בסרט לא מתאימים לימינו. **נכון / לא נכון**
6. הסרט משלב את הצד הפלסטיני בסרט. **נכון / לא נכון**

ב. מבעים

העתיקו את המילה/מבע המתאימים להגדרה:

לכן / שנוצר בישראל / לוקח בחשבון / יצירה / צפייה / אופי

1. מתחשב ב... - ______________
2. לראות סרט - ______________
3. תכונה - ______________
4. סרט, הצגה או תמונה - ______________
5. כתוצאה מכך - ______________
6. כחול-לבן - ______________

ג. שאלות

1 מהו סרט רֶלֶוַונְטִי? האם "בלוז" הוא סרט רלוונטי?

2 סכמו שתיים-שלוש נקודות מעניינות מתוך המאמר.

ד. דעה

האם אתם מסכימים עם מה שנאמר בכתבה בעמוד הקודם?

מכתב למתגייס

קריאה ראשונה

המכתב הוא הודעה על -

אירוע בקהילה.	**נכון / לא נכון**
גיוס תלמידים.	**נכון / לא נכון**
פסטיבל סרטים.	**נכון / לא נכון**

מרכז תרבות ערד

רח' בן יאיר 29, ת"ד 63 ערד, מיקוד 80700, טלפונים 958588 או 057-957747

תוכנית חיילים

מועדון חיילים
ז' תמוז תש"ן
27 ביוני 1990

למתגייס/ת ומשפחתו/ה

שלום רב,

עם סיום הלימודים והתקרב מועד הגיוס, החלטנו לארגן ערב משותף למתגייסים ומשפחותיהם.

במסגרת זו אנו מקיימים הקרנה מיוחדת של הסרט הישראלי:

"בלוז לחופש הגדול"

ביום רביעי 4.7.90 בשעה 20.00 באולם המתנ"ס.

הסרט מתאר את החופש הגדול האחרון שלפני הגיוס בצל מלחמת ההתשה ומהווה פרידה מהילדות במציאות הישראלית.

בתום ההקרנה ניפגש עם התסריטאי, דורון נשר, שיספר על הרקע להכנת הסרט.

המפגש מיועד לחבר'ה המתגייסים ולבני משפחותיהם ואנו מקווים לערב מעניין ומהנה.

כולכם מוזמנים!

שוש גרבש
יו"ר מועצת הורי חיילים

זיוה טביק
רכזת תוכנית חיילים

קראו את המכתב שנית וענו:

1. למי נשלחה ההזמנה?

2. מדוע ההזמנה נשלחה?

3. מיהו דורון נשר? מה הוא יעשה ב-4 ביולי?

4. הערב מאורגן על ידי "תוכנית חיילים" – כיצד זה קשור לסרט "בלוז לחופש הגדול"?

5. האם, לדעתכם, זה היה רעיון טוב לארגן את אֵירוע ההקרנה*? מדוע?

*הקרנה – screening

חופים

מילים: נתן יונתן
לחן: נחום היימן
תרגום: ג׳ניס רביבו

נתן יונתן (1923– 2004)
נתן יונתן היה משורר ישראלי ופזמונאי. נולד באוקראינה, עלה ארצה עם הוריו בגיל שנתיים, היה חבר קיבוץ שנים רבות ולמד ספרות באוניברסיטה. ב-1951 פרסם את ספר שיריו הראשון, ועד מותו פרסם עוד כשלושים ספרי שירה, שהיו אהובים מאד על הקוראים. שיריו תורגמו לשפות רבות, ורבים מהם הולחנו והוקלטו על ידי מבצעים רבים. ברבים משיריו כותב נתן יונתן על נופי ארץ ישראל ועל הקשר בינם לבין בני האדם החיים בהם. יונתן רואה בקשר האנושי לנוף נחמה גדולה לעֶצֶב ולסֵבֶל שבחיים. השיר "חופים" הוא אחד משיריו הידועים והמושמעים ביותר, בעיקר בימי אֵבֶל לאומי משום שהוא נקשר בעיני הציבור למותו של בנו של המשורר, לִיאוֹר, שנהרג

חוֹפִים הֵם לִפְעָמִים

חוֹפִים הֵם לִפְעָמִים גַּעְגּוּעִים לְנַחַל שֶׁאָהַב.
יֵשׁ בַּמְּקוֹמוֹת שֶׁלָּנוּ נַחֲלֵי אַכְזָב;
רָאִיתִי פַּעַם חוֹף
שֶׁעֲזָבוֹ הַנַּחַל וּשְׁכֵחוֹ
וְהוּא נִשְׁאַר עִם לֵב שָׁבוּר שֶׁל אֲבָנִים וְחוֹל.
גַּם הָאָדָם יָכוֹל
שֶׁיִּשָּׁאֵר נָטוּשׁ וּבְלִי כּוֹחוֹת
כְּמוֹ הַחוֹף.

אַף הַצְּדָפִים
כְּמוֹ שְׁחָפִים אוֹ כַּחוֹפִים,
גַּם הַצְּדָפִים הֵם לִפְעָמִים גַּעְגּוּעִים
לְבַיִת שֶׁהָיָה,
וְרַק הַיָּם
שָׁר שָׁמָּה אֶת שִׁירָיו.
כָּךְ בֵּין צִדְפֵי לִבּוֹ שֶׁל הָאָדָם שָׁרִים לוֹ נְעוּרָיו.

Shores Are Sometimes

Shores are sometimes longings for a stream
that used to love.
In these parts streams forsake us and dry up;
Once I saw a shore
deserted by its stream and forgotten
left with a broken heart of stones and sand.
So may a man
be left abandoned spent and worn
just like the shore.

Even sea shells
just like sea gulls or like the shores,
sea shells too are sometimes longings
for a home that used to be.
There the sea
alone its songs does sing.
Thus among the heart shells of a man his
youth to him will sing.

מתוך: *Within the Song to Live: Selected Poems by Natan Yonatan* (Jerusalem: Gefen, 2005)
Trans. Janice Silverman Rebibo. Pages 18–19

הערה: ראו מילות השיר המותאמות ללחן של נחום היימן בעמוד 249.

א. הבית הראשון

הבית הראשון של השיר משווה בין הטבע (חוף, נחל) לבין האדם.

1. מה אומר הבית הראשון על החוף והנחל? מה "היחסים" ביניהם?
2. מה קורה לחוף אחרי שהנחל עוזב אותו?
3. מהם הסימנים הפיזיים ללב השבור של החוף?
4. מה מצבו "הנפשי" של החוף בשורה הרביעית?
5. מה העדות הפיזית לשֶבֶר (הֶרֶס) על החוף?
6. מה מצבו הנפשי של האדם בשורות 6–7?

"חוף שנחל עזבו"

ב. הבית השני

הבית השני (שורות 9–15) ממשיך את הדימוי של לב שבור וגעגוע אבל הפעם מדבר על משהו אחר בחוף, על צדפים.

1. השיר אומר שהצדפים הם געגועים לבית.
   מה יש בצדפים שמזכיר בית?
2. מה היחס לבית (שורה 11)?
3. מה נאמר בקשר לבית בשורה 12? לְמה מתייחסת המילה "היה" בשורה זו?
4. מי "שר" בשורה 14?
5. כיצד ים יכול "לשיר", ומה הן האסוציאציות שיש ל"שירה" כזאת?

צדפים בחוף. צילומים: בונית פורת

ג. געגועים

השיר מדבר על געגועים.

1. לאילו דברים מתגעגע השיר?
2. כיצד מוסיפים הים, החוף, החול, הצדפים לתחושת הגעגוע?
3. האם השיר קשור לנופי ישראל או שיש לו מֵמד אוניברסלי?

ד. דעה

מדוע לדעתכם הפך השיר לפופולרי כל כך דווקא בהקשר של אֵבֶל על חיילים צעירים שמצאו את מותם במלחמות?

השיר בגרסה המותאמת ללחן של נחום היימן

חופים הם לפעמים

חופים הם לפעמים געגועים לנחל.
ראיתי פעם חוף
שנחל עזבו
עם לב שבור של חול ואבן.
והאדם, והאדם הוא לפעמים גם כן יכול
להישאר נטוש ובלי כוחות
ממש כמו חוף.

גם הצדפים
כמו חופים, כמו הרוח
גם הצדפים הם לפעמים געגועים
לבית שתמיד אהבנו
אשר היה ורק הים
שר לבדו שם את שיריו.

כך בין צדפי ליבו של האדם שרים לו נעוריו.

ג'ניס רביבו (Janice Rebibo)

נולדה בבוסטון, ארצות-הברית בשנת 1950.
משוררת ישראלית ומתרגמת. כותבת שירים
בעברית ובאנגלית.
עלתה לישראל ב-1987. כבר לפני עלייתה לישראל
פרסמה שירים בעברית. כמה משיריה הולחנו.
כתבה ארבעה ספרי שירה בעברית. תרגמה את
שירי נתן יונתן בספר הדו-לשוני Within the Song
to Live: Selected Poems by Natan Yonatan
שיצא בשנת 2005.

ראיון עם ג'ניס רביבו על עבודתה עם נתן יונתן

כיצד הכרת את נתן יונתן?

הכרתי את נתן יונתן ב-1994 בסדנאות* לכתיבת שירה ב"בית אריאלה"
בתל אביב (הספרייה הציבורית המרכזית). נתן היה המנחה הראשי
והוא פתח את הסדרה. בסיום המפגש האחרון איתו, הוא הציע לי לפרסם
את ספרי הראשון בסדרת ספרי שירה בעריכתו* (בהוצאת ספריית
פועלים). בסיום הכנת ספרי, "זרה", הוא שאל אותי אם אני אוכל לנסות
לתרגם שיר אחד מתוך האוסף* הפופולרי שלו, "שירים באהבה". וכך
התחילה עבודתנו המשותפת, שהובילה גם לידידות שהלכה והתחזקה
במשך השנים עד למותו בשנת 2004.

*סדנה – workshop

*עריכה – editing

*אוסף – collection

איך הייתה העבודה המשותפת?

בדרך כלל נפגשנו בחדר העבודה בביתו. במפגשים הראשונים עברנו
בעיקר על התרגומים שלי לשיריו. הוא גם היה מושיב אותי מול המחשב
ומתרגל* אתי תרגום סימולטני. הוא היה קורא שיר בעברית בקול רם –
של מֵאיר וִיזֶלְטִיר או אָבוֹת יְשוּרוֹן למשל – כדי להוכיח לי שאני מסוגלת
לתרגם שירה בו בַּמקום* מעברית לאנגלית ישר לתוך המחשב.
נתן התייחס גם לשירים החדשים שהייתי שולחת לו מדי פעם בפַקס –
הוא הגיב אליהם בעדינות ובחריפות* ובחיבה האופיינית לו.
כאשר היתה כמות מַסְפֶּקֶת* של תרגומי שיריו הוא רצה לפרסם אותם
בספר. בהתחלה הוא תָּכנן לפרסם אותם בשפה האנגלית בלבד, כדי
שתהיה לקוראים חוויה שירית* כאילו מתקיימים השירים באנגלית באופן
שלם ועצמאי, אבל לאחר מותו הוחלט על ידי אחרים להוסיף את השירים
המקוריים בעברית – לצדו של התרגום.

*לתרגל – to practice

*בּוֹ בַּמקום – immediately, there and then
*בחריפות – poignantly
*כמות מספקת – sufficient

*חוויה שירית – poetic experience

בספר יש גם תקליטור (סי די) עם מעט משירי נתן יונתן שהולחנו (שיש להם מוסיקה) על ידי מלחין אחד, גידי קורן. זאת כדי שקהל הקוראים הבינלאומי יבין את התופעה* הישראלית ה"נתן יונתנית", כי בישראל על פי רוב* מכירים את שירי נתן יונתן קודם כל כפזמונים*. אומרים שיותר מ-200 שירים מאת נתן יונתן הולחנו על ידי מלחינים שונים – לָהִיטֵי* פּוֹפ וגם שִׁירֵי זיכרון.

הספר הדו-לשוני*, "לחיות בתוך השיר", התפרסם לצערי רק לאחר מותו.

סַפרי על תהליך התרגום של השיר "חופים"

"חופים הם לפעמים" נכתב ב-1943. תחת השם "חופים" והפך בשנות השמונים לאחד משירי המשוררים הפופולריים ביותר בארץ. די בנגינת שני התווים הראשונים ממנגינתו של נַחוּם הַיימָן וקהל שלם מיד פוצח* בשיר.

נתן סיפר שבדרך כלל כאשר הלחינו את שיריו הוא לא רצה שישַנו את מילות השיר כדי להתאימן* למוסיקה. במקרה של "חופים הם לפעמים", נתן שיתף פעולה* עם חברו הטוב נחום היימן שהלחין את השיר, והוא ערך בו שינויים כדי שהמוסיקה תתאים למילים. כשתרגמתי את השיר – מצד אחד הוא רצה שאשקף את השיר המקורי* כפי שהוא כתב אותו כאשר היה בן 20. אבל הוא רצה שהתרגום הזה יעקוב* אחרי הצלילים והמִקצבים של נחום היימן. זאת הייתה מלאכה מאוד מאַתגרת* ואולי בלתי אפשרית. כדי לשמור בו זמנית על מַהות המקור*, התחשבתי גם בתקופה הספרותית שבה נכתב השיר, בדִיקְצְיָה ובסדר המיוחד של מילים במשפט בשפה האנגלית.

מהי הפרשנות שלך לשיר ולמקומו בקאנון התרבותי של ישראל?

כמו לרוב השירים הטובים, אין לשיר "חופים" פירוש אחד וזהו. גם לשיר זה יש הרבה אספקטים. כנקודת התחלה, ניתוח צוּרָני* יכול לתרום להבנה יותר מלאה של השיר. אם שמים לב למשקל ולחריזה*, מגלים שלשיר יש משקל סדיר של יאמבים (הברה לא מוטעמת* ואחריה הברה מוטעמת*) ושאפשר להמשיך ולחלק מחדש את השורות שכתב נתן יונתן כך שהן מקבלות צורה של "שיר זהב", שזה סוֹנֶטָה – אבל סונטה מקוטעת* – לא מושלמת, שאיננה מגיעה לסיומה ה"טבעי". נתן יונתן אהב וגם תרגם משוררים אנגליים חשובים שכתבו סונטות. הוא הבין כמוהם שהסונטה מתאימה במיוחד לשירי אהבה ונוסטלגיה (געגועים). המילה "נוסטלגיה" מורכבת משתי מילים ביוונית: "לשוב (לחזור) הביתה" ומ"כאב". ואכן, קוראים רבים מבינים את "חופים" כשיר אישי, שיש בו ביטוי לגעגועים פרטיים ולסֶנטימֶנטים אישיים. שיר של אהבה רומנטית נכזבת* ושל אהבה וגעגועים לבית, למשפחה ולימי הילדות.

בשיר יש דימוי* אחד שמתפתח למטָפורה שמובעת במבע "חופים הם... געגועים". השיר מתחיל באמירה על חופים וממשיך בתיאור של חוף שנפרד מהמקור שלו, "שֶׁעֲזָבוֹ הַנַּחַל וּשְׁכֵחוֹ". השיר מתקדם באמצעות*

*תופעה – phenomenon
*על פי רוב - בדרך כלל
*פזמון – song, tune
*להיט – hit
*דו-לשוני – bilingual
*לפצוח ב... – burst into
*להתאים – to fit
*לשתף פעולה – to cooperate
*מקורי – אורגינלי
*לעקוב אחרי... – to follow
*מאתגר/ת – challenging
*מַהות המָקור – the essential character of the original text
*ניתוח צורני – formal analysis
*משקל וחריזה – meter and rhyming
*הברה לא מוטעמת – unstressed syllable
*הברה מוטעמת – stressed syllable
*מקוטע/ת – fragmented
*נכזב/ת – unrequited
*דימוי – metaphor
*באמצעות – through, by

פרטים רבים שכולם קשורים לנוף הזה. הדימוי מוביל את הקורא צעד צעד אל המילים והרעיון שלדעתי הם החשובים ביותר: "שר", "שיריו", "שרים" – הפעולה והמושג "לשיר". באמצעות הצדף המוצמד לאוזננו, הים שר. גם נעוריו של האדם, אינם בוכים מכאב אלא "שרים לו" – גם כאשר הוא במצב של אפיסת כוחות*.

בנוסף לאישי, יש לדעתי להבין את השיר על רקע לאומי-היסטורי. כמו לרוב המשוררים בני תקופתו, היה לו קשה להפריד* בין האישי והלאומי. למעשה הלאומי היה לאישי. "בית שהיה" יכול גם להזכיר לנו שנתן יונתן אומנם עלה לארץ בגיל שלוש אבל להוריו בטח היו געגועים לבית שהם עזבו באוקריינה לפני שעלו לישראל. הגעגועים "לשם" היה מוטיב חוזר אצל יוצרים בני דורו – מהגרים* ובנים של מהגרים. כמו הרבה צעירים שעבדו כמדריכים בתנועות הנוער בתקופה ההיא, הוא גם פגש נוער שעלה לארץ - וגם להם היו געגועים לבית שעזבו.

נתן יונתן כתב את השיר בשנת 1943. בתקופה קשה מאוד לעם היהודי, ושירים אחרים שהוא כתב בשנים האלו, כדוגמת השיר "כשספינות הולכות הימה" שפורסם ב-1940 בהיותו בן 16, רומזים על התחושות שלו לגבי גורל* העם היהודי. השיר הזה הוקדש למפעל ההעפלה*, מבצע שקם בעקבות עלייתה של המפלגה הנאצית לשלטון בגרמניה.

לכן את השיר "חופים" אפשר להבין גם כשיר המדבר על האֶתּוֹס של העם היהודי וביטויו לשאיפות רומנטיות המגיעות לסופן במודֶרנה המאכֲזבת*. קוראים יכולים "לראות" את האכזבה*, האוניברסלית וגם האישית, בתיאור נוף של מישור החוף או של הערבה* ששם יש "נחלי אכזב*" רבים שהם חלק מהחוויה הארץ-ישראלית. כאשר ישראלים שרים את "חופים..." – השיר המולחן – הם מרגישים את האכזבה שב"חוף שנחל עזבו" גם בלי המילה "אכזב".

בהמשך דרכו של נתן, בשיריו העתידים לבוא, יש הרבה מאוד תיאורים של יחסים בין חופים וימים ונחלים וחולות ושירה. במובן זה, השיר "חופים הם לפעמים" נהיה שיר מְכוֹנֵן* על געגועים בכלל.

*אֲפִיסַת כּוֹחוֹת – exhaustion

*להפריד – separate

*מהגרים – immigrants

*גורל – fate

*מפעל ההעפלה – illegal immigration operation (during the 1940s)

*מאכזב/ת – disappointing

*אכזבה – disappointment

*הערבה – Arava (in southern Israel)

*נחל אכזב – seasonal stream

*שיר מכוֹנֵן – formative poem

אוצר מילים – יחידה 4

פעלים

אִיחֵל (לאחל ל...)	to wish for, to bless
בִּיטֵּל (לְבַטֵּל)	to cancel
בִּיֵּים (לְבַיֵּים)	to direct
גָּזַז (לגזוז)	to shear
הוֹדִיעַ (להוֹדִיעַ ל..)	to inform, to announce
הוֹפִיעַ (להוֹפיעַ)	to perform, to appear
הִלְשִׁין (להלשין על...)	to inform on
הִמְלִיץ (להמליץ על...)	to recommend
הִסְפִּיק (להספיק)	to succeed in doing
הִסְתַּבֵּךְ (להסתבך ב...)	to get into trouble, to become entangled
הִסְתַּפֵּר (להסתפר)	to have one's hair cut
הִסִּיק (להסיק)	to conclude, to infer
הֶעֱנִיק (להעניק ל...)	to grant, to provide
הִפְחִיד (להפחיד)	to scare
הִפְקִיר (להפקיר)	to abandon
הִפְרִיד (להפריד)	to separate
הִרְחִיב (להרחיב)	to expend, to widen
הִתְאִים (להתאים)	to fit
הִתְבַּיֵּישׁ (להתבייש ב...)	to be ashamed
הִתְגַּשֵּׁם (להתגשם)	to be realized
הִתְחַיֵּיל (להתחַיֵּיל)	to become a soldier
הִתְנַגֵּד (להתנגד ל...)	to oppose, to object
הִתְנַדֵּב (להתנדב ל...)	to volunteer
הִתְקַבֵּל (להתקבל ל...)	to be accepted
הִתְרַחֵשׁ (להתרחש)	to occur, to take place
זָכַר (לזכוֹר)	to remember
חִיבֵּר (לחבר)	to connect, to write
חָקַר (לחקוֹר)	to investigate, to research
מָחָה (למחות נגד...)	to protest
נֶהֱרַג (להיהרג)	to be killed
נִיגֵּן (לנגן ב...)	to play (an instrument)
נִימֵּק (לנמק)	to explain, to justify
נִיתֵּחַ (לנתח)	to analyze, to operate on
נִמְלַט (להימלט מ...)	to escape
נִפְצַע (להיפצע)	to be wounded
נִשְׂרַט (להישרט)	to be scratched
סִיפֵּר (לסַפֵּר)	to tell, to cut hair
סֵירֵב (לסרב ל...)	to refuse
עָקַב (לעקוֹב אחרי...)	to follow
פֵּירֵק (לפרק)	to disassemble
פָּצַח (לפצוֹח ב...)	to burst into
רִיסֵּס (לרַסס)	to spray
שִׁחְרֵר (לשחרר)	to release
שָׁכַב (לשכב)	to lie down
שָׁכַב (לשכב עם...)	to sleep with
תִּרְגֵּל (לתרגל)	to practice, to drill

שמות עצם ושמות תואר

אֵבֶל	mourning
אוֹיֵב/ת	enemy
אכזבה	disappointment
אלמָן/ה	widow
בּוֹגר/ת	graduate, mature
בידוּר	entertainment
בִּיקּוֹרֶת	criticism, critique, review
בֵּית קְבָרוֹת	cemetery
בַּמַּאי/ת	director (movies, theater)
בְּרֵרָה	option, choice
גְּבוּל	border
גְּדוּד	battalion, regiment
ג'וּבְּנִיק/ית	desk jockey, noncombat soldier
גּוּר/ה	cub
גוֹרל	fate
גיוּס	draft, enlistment
גַּנָּב/ת	thief
געגוּעים	longing
דימוּי	metaphor, image
דמוּת (דמוּיוֹת)	character(s)
דרגה	rank
הוֹפעה	performance
הַכְוָונָה	guiding

הצעה	suggestion
הַקְדָּמָה	introduction, preface
זָוִוית	angle
זְרִיקָה	injection
חֲבוּרָה	small group of people
חול	sand
חוֹף, חוֹף ים	beach
חוּשׁ	sense
חזרה	returning, rehearsal
חֵיל הים	navy
חֲרִיזָה	rhyming
טהוֹר/ה	pure
טוּראי/ת	private (military rank)
טֶקֶס	ceremony
יוֹמָן	diary, journal
יתוֹם/ה	orphan
כיבוּש	occupation
כיכר לחם	loaf of bread
כְּלַבְלַב	puppy
כישרון	talent
כִּישְׁרוֹני/ת	talented
כַּמוּת	quantity, amount
כָּנָף	wing
כְּתוֹבֶת	address, inscription
לֵב שָׁבוּר	broken heart
לְהִיט	hit
לַהֲקָה	band, troupe
להקה צבאית	military troupe
לַחַץ	pressure, stress
מאַכזב/ת	disappointing
מַאֲמָץ	effort
מאַתגר/ת	challenging
מַגעיל/ה	disgusting, revolting
מְדוּרָה	bonfire
מהַגר/ת	immigrant
מוּפָע	show, performance
מוֹרֵד/ת	rebel
מְחָאָה	protest
מחזוֹר	class of ...(year), cycle
מחַנך/ת	homeroom teacher, educator
מטוּמטם/ת	stupid, foolish
מטוֹרף/ת	crazy
מכוֹנן/ת	formative
מלחמת ההתשה	the War of Attrition
מלחמת השחרור	the War of Independence
מֵמָד	dimension
ממוּצע/ת	average, mean
מִמְסָד	establishment
מנַהל/ת	principal, manager
מסיבת גיוּס	draft party
מסיבת סיוּם	graduation party
מָסָך	screen
מערכון	skit
מַפּוּחִית	harmonica
מֵפיק/ה	producer
מפעל ההעפלה	illegal immigration operation (during the 1940s)
מְפַקד/ת	commander
מַצֵּבָה	gravestone
מצב רוּח	mood
מַצחין/ה	smelly, stinky
מקוּטע/ת	fragmented
מקוֹרי/ת	original
מרכיב	component
מִשְׁקָל	weight, meter, pattern
נְאוּם	speech
נביחה	bark
נוֹדע/ת	known
נוף	view, landscape
נוֹשן/ה	very old
נַחַל	river
נחל אכזב	seasonal stream
נָטוּשׁ/ה	abandoned
נטייה	conjugation
ניתוּח	surgery, analysis
נִכזב/ת	unrequited
נְעוּרִים	youth
נִפלא/ה	wonderful, terrific
נפל במילוּי תפקידוֹ	fell in line of duty
סַדנה	workshop
סוּכרת	diabetes

סיסמה	slogan
סַמים	drugs
סרבן גיוס	conscientious objector, pacifist
עטיפה	cover
עלילה	plot, story
על פי רוֹב	generally
עֵצָה	advice
עצה שימושית	helpful tip
עריכה	editing
עשׂור	decade
פרוֹפיל צבאי	military physical profile
פַּסקוֹל	soundtrack
צֶדֶף	sea shell
צורה	shape
צְליל	sound
צְללית	silhouette
צַלם/ת	photographer
צַנחן/ית	paratrooper
קְרָבי/ת	combat
רֶמֶז	clue, hint, indication
רֶקע	background
רִשרוּש	rustling
שימושי/ת	useful
שְׁכוֹל	bereavement
תוֹכֶן	contents
תוֹפעה	phenomenon
תחושה	feeling, sensation
תֵּירוּץ	excuse
תִּספוֹרֶת	haircut
תַּסריט	script
תַּסריטאי/ת	screenplay writer

מבעים/ביטויים

אין מלחמות צודקות	there are no "just wars"
אֵין בְּרֵרָה	no choice, no alternative
אַנְטִי מִמְסָד	anti establishment
באמצעות	through, by means of
בּוֹ בַּמָּקוֹם	immediately, there and then
בוגר/ת תיכון	high school graduate

בחינת בגרות	matriculation exam
בחריפוּת	poignantly, sharply
"בֵּיצים"	balls, guts
דו-לשוֹני/ת	bilingual
הברה לא מוטעמת	unstressed syllable
הברה מוטעמת	stressed syllable
הוּצא/ה להורג	to be executed
הערבה	Arava (in southern Israel)
חוויה שירית	poetic experience
קרש קפיצה	springboard
שולט (לשלוט) בחומר	to get it covered, to know the material
שיתף (לשתף) פעולה	to cooperate
תאונת אימונים	training accident
תעלת סואץ (התעלה)	the Suez Canal
תקופת זוהר	golden era
תשומת לב	attention

דקדוק/תחביר

משקל פעלן

בַּדְרָן/ית	entertainer, comedian
בַּזְבְּזָן/ית	squanderer, lavish spender
בַּיְישָׁן/ית	shy
דייקן/ית	punctual, precise
דַעְתָן/ית	opinionated
חוצפן/ית	impertinent, cheeky
חַיְיכָן/ית	one who smiles readily
חסכן/ית	frugal, saver
מבולגן/ת	disorderly, messy
מַהפכן/ית	revolutionary
מַרְדָן/ית	rebel
סקרן/ית	curious, inquisitive
עקשן/ית	stubborn
פַּחדן/ית	coward
פַּטְפְּטָן/ית	chatterbox, babbler
פעלתן/ית	active
עצלן/ית	lazy
קשקשן/ית	chatterbox
שתלטן/ית	domineering, bossy

יחידה 5

❧

שפה, אמנות ושיר

תוכן העניינים

יחידה 5 ✵✵✵ שפה, אמנות ושיר

לקרוא תמונה

※ **א. ענו נכון/לא נכון**

1. "קריאה" של תמונה דומה לקריאה של טקסט ספרותי.   **נכון / לא נכון**

הסבירו: _____

_____

2. שפת הציור שונה משפת השירה והספרות.   **נכון / לא נכון**

הסבירו: _____

_____

※ **ב. קראו את חמשת המשפטים (למטה) על כיצד לפרש תמונה, ומיינו אותם לפי הקטגוריות הבאות:**

משפטים הקשורים לפרשנות של טקסט ספרותי	משפטים הקשורים לפרשנות של תמונה או ציור

1. היצירה בנויה מצורות, צבעים, גוונים, פרספקטיבה...
2. יש בה דימויים ויזואליים (חזותיים) ידועים.
3. כאשר מפרשים את היצירה מחפשים את הדברים או המרכיבים הבולטים לעין.
4. בתהליך הפרשנות אנחנו משווים את היצירה לדימויים אחרים שאנחנו מכירים.
5. ההשוואה הזאת עוזרת לנו להבין את היצירה ונותנת לה משמעות.

※ **ג. אילו עוד עצות שימושיות הייתם נותנים למי שרוצה "לקרוא" תמונה?**

_____

_____

_____

תמונה 1

יום העצמאות
הילה קרבלניקוב-פז

א. קראו את הקטע הבא :

אילו אֵירועי יום העצמאות מוזכרים כאן?

יום העצמאות באמנות

באילו דרכים אפשר לתאר את יום העצמאות ביצירת אמנות?

אפשר לתאר את האֵירועים הממלכתיים* בערב יום העצמאות – טקס הדלקת המשוּאות* בהר הרצל, מטס* של חיל האוויר, מוֹפָעים וזיקוקי די-נור* שיוֹזמוֹת העיריות השונות ועוד.

קרבלניקוב-פז מתארת את הפעילות הספונטאנית "העממית"* של אזרחי המדינה ביום העצמאות עצמו, ובאמצעות* תיאור זה ומציגה תמונת מצב* של החבְרָה הישראלית.

*אירוע ממלכתי – official event
*הדלקת משואות – lightning of the torches
*מַטָּס – aerial demonstration
*זיקוקי די-נור – fireworks

*עממי/ת – popular
*באמצעות – through
*תמונות מצב – "snapshot"

מתוך : הספרייה הווירטואלית של מט"ח. תיאור היצירה נכתב על ידי ענת בסר עבור אתר אזרחות, מט"ח.
http://lib.cet.ac.il/pages/item.asp?item=19213

ב. קריאה שנייה

מה המיוחד באירוע שאותו בחרה האמנית לצייר?

מה היא מבקשת להַביע (לומר) באמצעות יצירת האמנות שלה?

ג. התבוננו בתמונה והחליטו אילו מילים מהרשימה מתאימות לתמונה:

צבעונית / חג / נוף אורבָּני / נוף כפרי / פיקניק / מזג אוויר / אווירה / הַרְמוֹניה / קהילה / מכוניות / כבישים / בתים / לוחיות רישוי / אופניים / פְּרימיטיבי / עומֶק

יום העצמאות II, הילה קרבלניקוב-פז, 2006

Art.space.harmony : http://www.nzart.co.

ד. הוסיפו מילים משלכם (למילים בתרגיל ג' למעלה):

__________ __________ __________

__________ __________ __________

תיאור תמונה

ה. לפניכם תיאור התמונה. קִראו ואמרו מה הייתם מוסיפים לתיאור?

בתמונה רואים פיקניק של כמה משפחות ביום העצמאות בפארק עירוני, קרוב לוודאי בתל אביב. בצִדה השמאלי של התמונה יש נוף אוּרבני – כביש ובו מכוניות, בנייני משרדים, עסקים שונים. התמונה לא מצוירת, אלא עשויה מִקְרָעֵי ניירות ועיתונים.

ו. שאלות על התמונה

1. מהם הצבעים השולטים בתמונה – האם יש לזה משמעות?

2. אילו מהצורות הבאות ניתן לראות בתמונה: ריבוּע / משוּלש / מַלבֵּן / עיגוּל / משוּשֶׁה? האם יש לצורות משמעות?

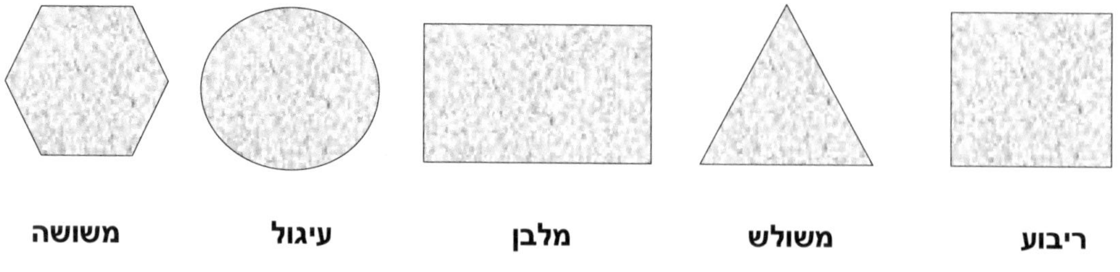

ריבוע **משולש** **מלבן** **עיגול** **משושה**

ז. אֵילו אֶלֶמֶנטים בתמונה "יום העצמאות II" מייצגים את המשמעויות הבאות:

האלמנט	פרימיטיביות	שטחיות	ישראליות
דמויות שטוחות	✓	✓	–
כיסאות פלַסטיק			
פֶּרספֶּקטיבה בלי עומק			
עץ שִקמה*			
דקלים*			
דגל ישראל			
לוחיות רישוי* צהובות			
שלטים בעברית			

*שִקְמָה – sycamore
*דקל – palm tree
*לוחית רישוי – license plate

עץ שִקמה ברחוב המלך ג'ורג' בתל אביב. צילום: בונית פורת

פרשנות תמונה

ח. קראו את הפרשנות הבאה לתמונה וענו:

הביקורת חושבת שזו יצירה בעיקר [ ] ישראלית.
[ ] אוניברסלית.

הבילוי במרחב הציבורי* ביום העצמאות, הכולל פיקניקים ומַנגָלים* בטבע (גם לצִדי הכבישים) הוא חוויה* ישראלית מוכרת. קרבלניקוב־פז עצמה משתתפת בַּהֲוַוי הזה כשהיא מציירת את דמותה בתוך הציור (הדמות מימין הלובשת חצאית שחורה וחולצה צהובה). בתמונה יש הֶיבטים (אספקטים) נוספים של ישראליות: בניין הקריה* שנמצא במרכז התמונה – דגש על הביטחון*; המגדלים הגבוהים מייצגים* עוצמה* כלכלית, חֶברה צרכנית וקפיטליזם – שהם לדעתה ערכים* מרכזיים בחברה הישראלית של ימינו. אפשר לראות טקסטים מתוך פשקווילים* מודבקים על רקע השמיים והם מייצגים את המרכיב* הדתי שקיים בחברה הישראלית. פרט אחר – סרטים כתומים הקשורים למכוניות – מזכירים את המחאה* נגד פינוי היישובים מחבל עזה*. האמנית מציגה תמונת מצב של מדינת ישראל ביום העצמאות ה-58 בשנת 2006.

*בַּמֶרחב הציבורי – in the public domain
* מַנגל – outdoor grill
* חוויה – experience

*בניין הקִרייה – military HQ building in Tel Aviv
*ביטחון – security
*לייצג – to represent
*עוֹצְמָה – כוח
*עֶרֶך – value

*פשקוויל – a wall poster in ultraorthodox neighboroods often containing polemic text
*מרכיב – component
*מחאה – protest
*חֶבֶל עזה – Gaza region

לפי: הספרייה הוירטואלית של מט"ח. תיאור היצירה נכתב על ידי ענת בסר עבור אתר אזרחות, מט"ח.
http://lib.cet.ac.il/pages/item.asp?item=19213

ט. קראו שנית את הביקורת והשלימו במילים שלכם:

האלמנטים בתמונה מראים ש________________________________

הם כוללים ________________________________

והאמנית ________________________________

איכשהו כל שנה אנחנו חוזרים לפארק לעשות "על האש", ואיכשהו כל שנה אנחנו חוזרים ואומרים ששנה [שבשנה] הבאה לא נחזור. יש בזה משהו מאוד ישראלי. אנחנו נוטים לשכוח* כל שנה את התלונות* שלנו. אנחנו נָרים טלפונים לכל החֶבר'ה, נארגן מַנגָל, שולחן מתקפל*, כלים חד פעמיים*, גֶחלים*, בשר מהקַצב* שהוא הכי טוב בכל הארץ – וזה בוַודאות, קצת בִּירות והרבה אנשים טובים.

מתמַקמים בפארק, בין כל ההמון, ובטוחים שמצאנו את המקום הכי טוב בשכנוע עצמי* מתמשך. לוקח בערך ארבעים דקות בממוצע להדליק את הגחלים. ותמיד ניגש לשכנים שלנו לבקש "מדליק"*. והגברים יתחלפו ויְיַעֲצו אחד לשני על הדרך הכי טובה להדליק את המנגל. הנשים יכינו את הסלטים וירַכלו*. ואיכשהו בין כל יִיחוד של כל אחד ואחד מהאנשים, אנחנו נראים בדיוק אותו דבר. כמו בשנה שעברה – כשאמרנו שלא נחזור.

*נוטים לשכוח – tend to forget
*תלונה – complaint
*שולחן מתקפל – folding table
*כלים חד פעמיים – disposable tableware
*גחלים – coals
*קַצָּב – butcher
*שכנוע עצמי – self conviction
*מדליק – lighter
*לרַכל – to gossip

מתוך הבלוג: איך לחגוג את יום העצמאות ולהישאר בחיים. http://cafe.themarker.com/post/2163037

י. קראו את הבלוג על יום העצמאות וענו:

1. על מה הכותבת בקטע הזה "מתלוננת"?
2. האם לדעתכם הכותבת גֵאָה בדרך שבה היא וחבריה מציינים את יום העצמאות או לא? הסבירו.
3. לפי דעתכם, מה בקטע הזה משַקף את הציור של הילה קרבלניקוב-פז?

מנגל בפארק. צילום: רותי מנטל

הביוגרפיה של האמנית

יא. קראו את הביוגרפיה של האמנית:

האם לדעתכם הביוגרפיה של האמנית עוזרת לנו להבין את המשמעות של התמונה?

הילה קרבלניקוב-פז נולדה בבני ברק, ב- 1981. חיה ויוצרת בתל אביב.
למדה במדרשה לאמנות בבית בֶּרל.
השתתפה בתערוכות בגלריות ובמוזיאונים בארץ ובחו"ל.
עבודותיה מציגות את הגבולות בין החברה הדתית לחברה החילונית בישראל.
הילה קרבלניקוב-פז משתמשת בחומרים מתחום הבנייה, התעשייה והצבא, כמו מסקינג-טֵייפּ וטַפֶּטִים, חומרים "זמניים" וחד-פעמיים, כדי להציג תרבות עכשווית.

תמונה 2

רועה ערבי
דוֹרָאר בַּכְּרִי

דוראר בכרי, פורטרט עצמי עִם עֵז

א. מתחו קו בין המילה או המבע לתמונה:

רוֹעֶה	סלע גיר
עֵז	עֲמידה מרושלת
רֶקַע	מַבָּט מנוּכָּר
צִמחִייה	לָבוּש בִּקְפִידָה
אוֹפֶק	זָקָן מטוּפָּח
ניגוּד	

ב. קראו את תיאור התמונה והשלימו:

תיאור התמונה

בתמונה רואים נוף ישראלי טיפוסי, קרוב לוודאי בגליל. ברקע צמחייה ירוקה נמוכה, עץ בודד. בחזית סלעי גיר, אדמה אדומה. במרכז עומד בחור צעיר ולידו עֵז לבנה. הבחור הצעיר לבוש בקפידה בג'ינס כחול, חגורה וחולצת טְריקו אדומה. שערו מסופר קצר ועל פניו זָקָן "מוּסלמי" מטוּפח. עמידתו של הבחור הצעיר מרוּשלת וּמתריסה גם יחד. ידיו בכיסיו הוא מביט לעבר הקרקע, ואילו הָעֵז מפנה את גבהּ אל המתבונן ומביטה לאחור לעבר אופק התמונה.

על פי התיאור (בצד ימין):

1. מקום התמונה: ________________
2. בתמונה יש ________________
3. הבחור לָבוּש ב________________
4. הַלְּבוּש שלו הוא ________________
5. הבחור מסתכל ________________
6. העז מסתכלת ________________

משמעות התמונה

ג. עם איזו הצהרה אתם מסכימים? הסבירו.

[ ] יש ניגוד בין אווירת "הפַּסטורליות" של הנוֹף לבין המַראֶה של הרועֶה.
[ ] יש דברים שהם דומים גם בנוף וגם אצל הרועה.
[ ] יש חשיבות לכיוון המבטים של העֵז ושל הרועה.
[ ] יש קשר סימבולי בין עץ הזית והרועה.

ד. עם איזו מסקנה או מסקנות אתם מסכימים?

התמונה באה לבטא את -

[ ] הקשר האורגני בין הרועה והסביבה שלו.
[ ] הרצון להראות "רועה לא טיפוסי".
[ ] השליטה שיש לרועה על הסביבה שלו.

האמן דוראר בכרי

דוראר בַּכְּרִי הוא אמן ערבי מעכו, יליד 1982, שמתגורר בדרום תל אביב ומגדיר את עצמו "לְאוּמָן פלסטיני גאה".

דוראר בכרי. צילום: אריך סולטן

מתוך ראיון עם האמן

בכרי: הציור שלי הוא לא פוטו-רֵיאליזם. אני משתמש בצילום רק כסְקיצה. ציור בעיניי הוא מראָה שבורה, המציאות משתקפת, אבל לא כמו שהיא. אצלי יש הגזמות, נוף מפוסל ודְרָמָה.

מראיין: כמה מהציורים המרשימים שלך הם דיוקנות אישיים: בכרי בשדה הפתוח, בכרי לבוש בג'ינס, בכרי עם סיגריה בפה. לעִתים עומדת לידו עֵז.

בכרי: הציור שלי, "איש המרלבורו", נותן שוֹק לאנשים. הם לא רגילים לראות ערבי שהוא סוּפֶּרְסְטָאר של עצמו. מלך האדמה, פּוֹזָה של דוגמן. לבוש בג'ינס מודרני. קרוֹקר. גם חולצת קרוֹקר. אפילו חגורת קרוֹקר. כן, יש ערבים כאלו, מתוחכמים. רציתי לשבור את הסְטִיגְמוֹת של האוֹרְיֶינְטָלִיזְם. ערבים עם עִזים, כל האֶקזוֹטיקה הזו".

דוראר בכרי, איש המרלבורו
http://www.maarav.org

מתוך: אלון הדר, "האמן דוראר בכרי הוא סופרסטאר". מעריב nrg, סופשבוע, 25/1/2009

ה. קראו וענו:

על פי הקטע

[ ] יש אלמנטים צילומיים באמנות של בכּרי.

[ ] הוא אוהב להוסיף פּוֹרְטְרֶטִים לנוף.

[ ] המטרה שלו לצאת נגד המוסכמות (נוֹרמוֹת).

ה. ציור של נחום גוטמן

התבוננו בציור של נחום גוטמן – השוו לְמה שבַּכְּרי אמר על הציור שלו וענו :

מה מתוך הדברים שאמר בכרי (בראיון למעלה) רֶלֶוַונְטִי לציור הזה?

ציור שמן של נחום גוטמן (1926)

נחום גוטמן, רועה עדים, או לפני הסער

ו. השוואה בין שני הציורים

התבוננו בציור של גוטמן הנקרא "רועה העיזים" או "לפני הסער".
השוו את תיאור הרועֶה הערבי בציור של גוטמן לבין תיאור הרועֶה הערבי בציור של בכרי.

	בַּכְּרִי	**גוּטְמַן**
צבעים	כחול ואדום על רקע חום בהיר	כחול אדום ולבן על רקע חום כהה
בגדים		
הצאן		
מַבטים		
תנוחת הרועה		
הנוף		
האווירה		

ז. שאלות על ההשוואה

בעקבות ההשוואה (בתרגיל ו׳) ענו:

1. מה יכולות להיות חלק מן הסיבות שבגללן בחר בכּרי בנושא כזה לציורו?
2. כיצד באה לידי ביטוי בציור של בכּרי ההשקפה שלו על הסְטִיגְמוֹת לגבי אוֹרְיֶינְטָלִיזְם?

שיר של יהודה עמיחי

רוֹעֶה עֲרָבִי מְחַפֵּשׂ גְּדִי / יהודה עמיחי

רוֹעֶה עֲרָבִי מְחַפֵּשׂ גְּדִי בְּהַר צִיּוֹן,
וּבָהָר מִמּוּל אֲנִי מְחַפֵּשׂ אֶת בְּנִי הַקָּטָן.
רוֹעֶה עֲרָבִי וְאָב יְהוּדִי
בְּכִשְׁלוֹנָם הַזְּמַנִּי.

קוֹלוֹת שְׁנֵינוּ נִפְגָּשִׁים מֵעַל
לִבְרֵיכַת הַשּׁוּלְטָן בָּעֵמֶק בָּאֶמְצַע.
שְׁנֵינוּ רוֹצִים שֶׁלֹּא יִכָּנְסוּ
הַבֵּן וְהַגְּדִי לְתוֹךְ תַּהֲלִיךְ
הַמְּכוֹנָה הַנּוֹרָאָה שֶׁל חַד גַּדְיָא.

הַחִפּוּשִׂים אַחַר גְּדִי אוֹ אַחַר בֵּן
הָיוּ תָּמִיד
הַתְחָלַת דָּת חֲדָשָׁה בֶּהָרִים הָאֵלֶּה.

יהודה עמיחי, שלווה גדולה שאלות ותשובות. ירושלים: שוקן, 1979

ח. קראו את השיר של יהודה עמיחי (1924–2000) "רועה ערבי מחפש גדי" (בעמוד הקודם).

בשיר יש דימויים רבים הלקוחים מההיסטוריה והדת היהודית.

זַהו אותם, והסבירו את הידוע לכם על הדימויים האלה:

הדימוי	ההֶקשר
רועה	מנהיג רוחני
הר ציון	

ח. דעה

1. מה לדעתכם יהודה עמיחי מנסה לומר בשיר הזה?
2. האם לדעתכם אפשר לקשור בין השיר לתמונות של דורואר ושל גוטמן? כיצד?

תמונה 3

מרכז עזריאלי, תל אביב

קריאה ראשונה

מהקטע הבא ניתן להבין שקַניון עזריאלי בתל אביב הוא מקום -

[ ] למבוגרים בלבד.
[ ] רק לאנשים שרוצים לקנות.
[ ] מרכזי בישראל.
[ ] שאפשר להגיע אליו במכונית.

קניון עזריאלי

קַניון מרכז עזריאלי, פועל משנת 1999 ונחשב לקַניון ארצי המשרת אוכלוסייה* גדולה המגיעה מכל הארץ. שִטחו המִסחרי* של הקניון 35,000 מ"ר* שבנוי בשלוש קומות. בקניון פועלים כ- 180 עסקים, ומבקרים בו כ- 30,000 איש מִדי יום.

בקניון יש חנויות, 30 מסעדות ועסקים שונים, כולל בתי קולנוע. הקניון מציע שֶפַע* אַטרקציות לילדים: מדינת הילדים, ג'ימבורי, ג'וּיְסטיק, סרט תְלת מֵמד* על העיר תל אביב, מִצְפֶּה* עזריאלי, מכוניות עם שְלַט רחוק* ועוד. לִרְשות המבקרים בקניון עומדים 3,500 מקומות חניה.

*אוכלוסייה – population
*שטח מסחרי – commercial space
*מ״ר – מטר מרובע, square meter.

*שפע – plenty
*סרט תלת ממד – 3D movie
*מִצפה – observatory
*שלט רחוק – remote control

ב. מִספרים

השלימו את המֵידע על המִספרים מהקטע למעלה:

1999 ________________________________

35,000 ________________________________

30,000 ________________________________

3,500 ________________________________

ג. שאלה

אילו אַטְרַקְציות בקַניון היו מעניינות אותך?

צילום של מגדלי עזריאלי

✖ ד. התבוננות בצילום

1. מה יש בסביבת המגדלים?

2. באילו צורות בנויים מגדלי עזריאלי?

3. מה היחס בין המגדלים והקניון לסביבה שלהם?

בעמוד הבא נמצאת תמונה מצוירת של אחד ממגדלי מרכז עזריאלי.

הצייר: אברהם פֶּסוֹ

אברהם פֶּסוֹ

נולד בחיפה ב-1959. מצייר בעיקר ציורי נוף – נופי טבע ונופים עירוניים, אבל מהראש, מהזיכרון. פֶּסוֹ לא עומד מול הנוף או מול אובייקטים ומצייר. ציוריו אינם העתקים מדויקים, אלא פרשנות שלו לזיכרון של נופים ומראות. פסו השתתף בתערוכות רבות בארץ ובעולם, גם בגלריות פרטיות וגם במוזיאונים.

V4 | 2008, oil on canvas, 200x170 cm

http://www.pessoart.com/pics_2008/page_2008.html

אוצר מילים הקשור לתמונה:

תַּקְרִיב	תמונה שצולמה מקרוב	גְּוָונִים	צבעים
מִגְדָל	בניין גבוה (גדול)	נוף אורבני	תמונת עיר
גָּלִיל	צורה עגולה וארוכה	רֵיאָלִיזְם	דומה למציאות
רִיבּוּעַ	צורה בת ארבע צלעות שוות	פִיקְטִיבִי	לא אמיתי
מְשׁוּלָש	צורה בת שלוש צלעות	חֲזוּתִי	ויזואלי
הִשְׁתַּקְפוּת	תמונה מוחזרת מִמִשטח מבריק	מֶרְכָּז	שנמצא באמצע
רֶגַע	דקה (זמן קצר)	פוֹקוּס	הדבר שעליו מתרכזים
מִסְגֶרֶת	הקווים מסביב לתמונה	יוצר תחושה	נותן הרגשה
זָוִוית	פינה או מספר המעלות	צָפוּף/דָחוּס	שאין בו רווח או מקום
פרספקטיבה	זווית הסתכלות	אָטוּם	סגור לגמרי
גוֹרֵד שְׁחָקִים	מגדל/בניין גבוה (שכמעט "נוגע בשמיים")	הַדְרָגָתִיות	תהליך בשלבים

�֍ ה. תיאור התמונה

תארו את התמונה של אברהם פֶּסוֹ, והשתמשו באוצר המילים למעלה.

�֍ ו. קראו את התיאור שכתבתם (בתרגיל ה׳) וענו:

מה דומה ומה שונה בין הצילום של מגדלי עזריאלי ובין התמונה המצויירת של המגדל?

✖ ז. התבוננו שנית בתמונה של פסו וענו:

אילו ניגודים קיימים לדעתכם בתמונה? (סמנו את כל התשובות הנכונות.)

[ ] קרוב/רחוק   [ ] גדול/קטן

[ ] גבוה/נמוך   [ ] הרבה/מעט

[ ] בהיר/כהה   [ ] חזק/חלש

[ ] שחור/לבן

[ ] עגול/מרובע

[ ] אור/צל

[ ] נשי/גברי

[ ] עתיק/מודרני

ח. התאימו את הניגודים לאלמנטים בציור:

הניגוד	האלמנט
קרוב / רחוק	המגדלים / העיר תל אביב

ט. אוניברסלי/לוקאלי

קראו את התשובות שלכם (בתרגילים ה׳, ו׳, ז׳, ח׳) והביעו את דעתכם:

- מה אוניברסלי בתמונה?
- מה לוקָלי (מקומי-ישראלי) בתמונה?

ציור ריאליסטי

י. שאלות

1. במה שונה ציור ריאלסטי מתצלום?
2. מדוע, לדעתכם, בחר אברהם פֶּסוֹ לצייר תמונה שדומה כל כך לצילום?

יא. פעילות

חפשו ציור ריאליסטי של צַייר אחר מתקופות שונות (רנסאנס, המאה ה-19, המאה ה-20).
תארו את הציור שבחרתם, וספרו על משמעות הציור.

סגנון הציור "ריאליזם"
האיכות הבולטת ביותר בתמונה היא הדמיון לצילום. ברגע הראשון, קשה לדעת אם זהו ציור או צילום. זוהי טכניקה נפוצה בציור המודרני, במיוחד לאחר המצאת הצילום.

שיר של דוד אבידן

יב. קראו את השיר ״הרחובות ממריאים לאט״ של דוד אבידן וענו:

אילו אלמנטים בשיר ״הרחובות ממריאים לאט״ משתקפים בציור של אברהם פֶּסו?

הרחובות ממריאים לאט / דוד אבידן

1 הָרְחוֹב הַיָּפֶה-הַיָּפֶה יֵעָצֵר לְבַסּוֹף בְּדַרְכּוֹ.
הַשַּׁלְוָה, אטוּמָה וְקָשָׁה, תֵּחָתֵךְ כְּמוֹ חַלָּה לְאוֹרְכּוֹ.
וְהַבּוֹקֶר הַלָּח יִתְפַּחֵם מִבָּרָק יְחִידִי. מִבְּרָקוֹ.

2 אנשִׁים יִתְנַשְּׁמוּ בִּכְבֵדוּת כְּמוֹ בְּתֹם דְּהָרָה עַתִּיקָה.
חֲגוֹרַת-הַבֶּטוֹן שֶׁל הָעִיר הֲדוּקָה, בְּהֶחְלֵט הֲדוּקָה.
הַקִּירוֹת הַכְּבֵדִים מְבִינִים מַשֶּׁהוּ וְנוֹפְלִים בִּשְׁתִיקָה.

3 עַל הָעִיר הַגּוֹסֶסֶת בַּחוּץ צוֹנֵחַ אוֹר שֶׁמֶשׁ מֻחְלָט.
בְּיוֹם שֶׁכָּזֶה מִן-הַסְּתָם בַּבָּתִּים שׁוּם תִּינוֹק לֹא נוֹלַד.
אַף לֹא מֵת שׁוּם אָדָם. וְאָכֵן, הָרְחוֹבוֹת מַמְרִיאִים לְאַט.

4 הָרְחוֹבוֹת מַמְרִיאִים אֶל הָאוֹר הַלָּבָן כְּמוֹ שְׁטִיחַ-קְסָמִים.
הַקִּירוֹת שֶׁנָּפְלוּ מוּקָמִים אֵיכְשֶׁהוּ (אֶזְרָחִים חֲכָמִים).
וְלָעִיר אֵין רֵאשִׁית וְאֵין סוֹף. וְכָל הַמְּבוֹאוֹת חֲסוּמִים.

5 וְיָדֵיךְ שָׁרוֹת מִן הַקִּיר כְּמוֹ מִלְמוּל שֶׁל אֵזוֹב יְרַקְרַק.
וְעֵינֶיךָ פּוֹרְחוֹת כְּמוֹ פְּנִינִים שֶׁל זְכוּכִית עַל צַוַּאר הַבָּרָק.
רַק רֹאשְׁךָ הֶעָיֵף צָף בָּאוֹר הֶעָמֹק. וְרַק פִּיךָ שָׁרַק.

מתוך: דוד אבידן, ברזים ערופי שפתיים. 1954

1 *אטום/ה – impregnable
*להתפחם – electrocuted, lit. turn into coal

2 *דהרה – mad rush
*חגורת בטון – concrete belt
*הדוק/ה – tight

3 *גוסס/ת – dying
*צונח – יורד

4 *להמריא – to lift
*מבואות – gateways
*חסום/ה – blocked

5 *מלמול – mumbling
*אזוב – moss
*לשרוק – to whistle

תמונה 4

עמק יזרעאל

צילום:
עמק יזרעאל

א. קראו את הקטע הבא וסמנו מה נכון:

עמק יזרעאל
[ ] היה חשוב בהיסטוריה של ארץ ישראל.
[ ] הוא מקום אסטרטגי.
[ ] האדמה של העמק טובה לגידולים.
[ ] היום יש שם בִּיצות.

בעמק יִזְרְעֶאל מחוברים יחד התנ"ך, הגאוגרפיה וההיסטוריה הקדומה והחדשה, יותר מאשר בכל מקום אחר בארץ. שטחו* של עמק יזרעאל המרכזי כ-380 קמ"ר*. מצפון לעמק נמצאים הרי נָצרת והר התבור, ממזרח ומדרום – הר הגִלבוע והרי שומרון, וממערב – הר הכרמל. למעברים בהרים* האלה הייתה חשיבות רבה בהיסטוריה העולמית. במשך אלפי שנים ארץ ישראל שימשה כגשר המקשר בין אפריקה, אסיה ואירופה. בדרך זו עברו בימי קֶדֶם שַיירות* שהובילו סחורות* וחידושים שמקורם בתרבויות רחוקות, וכן צבאות בעת מלחמה.

פירוש השם יזרעאל הוא "האל יזרע", רֶמֶז לפוריותו* של העמק. בגלל ההזנחה* בעידן המודרני העמק הפך ברוב שטחו לביצות*. אבל החלוצים שהגיעו לעמק ב-1911, יִיבשו את הביצות והִפריחו את העמק מחדש. כיום העמק הוא אסם התבואה* של ישראל, ומגדלים בו חיטה*, כותנה*, חמניות* ואפילו דגי בריכות.

*שטח – area
*קמ"ר – קילומטר מרובע, square kilometer
*מעברים בהרים – mountain paths
*שיירות – convoys
*סחורות – merchandise
*פוֹרִיוּת – fertility
*הזנחה – neglect
*ביצות – swamps
*אסם תבואה – granary
*חיטה – wheat
*כותנה – cotton
*חמניות – sunflowers

תמונה: אלי שמיר, שיר ערשׂ לעמק (2009)

אלי שמיר, שיר ערש לעמק, 2009. שמן על בד 270X180 ס"מ, אוסף פרטי רמת גן

אלי שמיר: ביוגרפיה

נולד במושב כפר יהושע בעמק יזרעאל, 1953. בין השנים1977–1981 למד במחלקה לאמנות, באקדמיה לעיצוב ואמנות "בצלאל", ירושלים. צַייר, מורה לציור, ומבקר אמנות. עבודותיו הוצגו בארץ ובעולם. זכה בפרס שר החינוך, התרבות והספורט (2005) ובפרס בנו גיטר, מוזיאון תל אביב לאמנות (2006).

ב. מצאו את הפירוש של המילים הבאות:

המילה:	**הפירוש:**
מַרְגְלוֹת	______________________
אוּפֶק	______________________
שָׂדֶה קָצוּר	______________________
דָשֵׁן	______________________
דָהוּי	______________________
שִׁיר עֶרֶשׂ	______________________
לְהַבִּיט	______________________

ג. השתמשו באוצר המילים בתרגיל ב׳ (בעמוד הקודם) כדי לתאר את התמונה ״שיר ערש לעמק״.

סַפרו: איך נראה המקום - מה יש בו? מהם הצבעים והצורות השולטים בתמונה?
מי האנשים בתמונה? איך הם נראים? מה הם עושים?

תיאור תמונה

בתמונה "שיר ערשׂ לעמק" רואים נוף טיפוסי של העמק. באופק הרי הגלבוע, למרגלותיהם קיבוץ, מגדל מים, שדות, פרדסים. את רוב התמונה בחזית תופס שדה קצור של אדמה חומה ודשנה ועליו עומדות חמש נשים צעירות בלבוש עכשווי וחגיגי משהו. הנשים מביטות קדימה ושרות. מימינן יושב על כסא איש מבוגר המביט גם הוא קדימה ומנגן באקוֹרדְיון.

ד. קראו את תיאור התמונה למעלה וכתבו:

מה חסר בתיאור למעלה? מה הייתם מוסיפים?

____

____

____

ה. עם אילו פרשנויות אתם מסכימים?

פרשנות

ביצירה ״שיר ערש לעמק״ -

[ ] המיקוד הוא נוף עמק יזרעאל.

[ ] המיקוד הוא האנשים.

[ ] יש שמחה והתלהבות בתמונה.

[ ] כל הצבעים הם דהויים.

[ ] כל האנשים הם בני אותו דור.

[ ] האַקרודיון בידי איש מבוגר.

[ ] יש איזון והרמוניה.

[ ] יש תחושה של אִידִילְיָה.

[ ] העמק פורה ופורח.

ו. על סמך התשובות שבחרתם, נַסו לפרש – מהו הרעיון שמנסה אלי שמיר לבטא בתמונה?

ז. הגיבו לפרשנות הבאה:

דורון לוריא, רסטוראטור ואוצר* במוזיאון תל אביב, כותב:

*אוצֵר – curator

"מקהלת* העמק" בציור המונומנטלי שיר ערש לעמק (2008) נראית כקבוצה של חמש נשים המחפשות דרך למבע אינדיווידואלי, ובכל זאת עדיין מְלַוֶּוה* אותן אקורדיוניסט מדור קודם, והן מנסות לשוב ולשיר את שירת העמק.

הדיוקנאות*, המנציחים* את פניהם של אנשי העמק – בני משפחה, חברים, מַכרים ופועלים, מבטאים את הרצון של שמיר להציב* מחדש במרכז את האדם ולא את האידיאל.

*מקהלה – choir

*ללוות – to accompany

*דיוקן – portrait

*להנציח – to commemorate

*להציב – to place, to position

מתוך: אלי שמיר, תערוכת ציורים, "עמק – בדרך לכפר יהושע", על התערוכה ומאמר מאת דורון לוריא
http://www.artportal.co.il/?CategoryID=127&ArticleID=1013

ח. קראו את הקטע למעלה והשלימו את המשפט:

על פי דורון לוריא, אלי שמיר רוצה להעמיד במרכז את ______________ ולא את ______________.

שיר העמק / נתן אלתרמן

שמה של התמונה "שיר ערש לעמק" מושפע מן השיר הציוני המפורסם, "שיר העמק" (המובא למטה), בעיקר מן הבית החוזר* של השיר. "שיר העמק" הוא שיר ערש* לארץ ישראל ולעבודת אדמתה. לפי השיר, קשה ומסוכן לעבד את אדמת הארץ, אך הפרס על המאמץ הוא ברכה גדולה: שדות יפים, עדרי צאן*, ועצמאות לאומית.

* בית חוזר – refrain

* שיר ערש – lullaby

* עדרי צאן – flocks

ט. שאלה

כיצד מתקשר השיר החלוצי "שיר העמק", שעל שמו קרויה התמונה, לתמונה עצמה? מה בתמונה קשור לשיר ומה לא קשור לשיר?

שיר העמק, נתן אלתרמן (1934)

בָּאָה מְנוּחָה לַיָּגֵעַ
וּמַרְגּוֹעַ לֶעָמֵל.
לַיְלָה חִוֵּר מִשְׂתָּרֵעַ
עַל שְׂדוֹת עֵמֶק יִזְרְעֶאל.
טַל מִלְּמַטָּה וּלְבָנָה מֵעַל,
מִבֵּית אַלְפָא עַד נַהֲלָל.

מַה, מַה לַיְלָה מִלֵּיל?
דְּמָמָה בְּיִזְרְעֶאל.
נוּמָה עֵמֶק, אֶרֶץ תִּפְאֶרֶת,
אָנוּ לְךָ מִשְׁמֶרֶת.

יָם הַדָּגָן מִתְנוֹעֵעַ,
שִׁיר הָעֵדֶר מְצַלְצֵל,
זוֹהִי אַרְצִי וּשְׂדוֹתֶיהָ,
זֶהוּ עֵמֶק יִזְרְעֶאל.
תְּבֹרַךְ אַרְצִי וְתִתְהַלַּל
מִבֵּית אַלְפָא עַד נַהֲלָל.

מַה, מַה לַיְלָה מִלֵּיל?...

נתן אלתרמן (1910–1970)

נולד בפולין, ונפטר בתל אביב. משורר ומחזאי ישראלי, מן המשפיעים ביותר על השירה העברית החדשה בשנות הארבעים, החמישים והשישים של המאה העשרים, ומייסד אסכולה שירית ציונית ארץ ישראלית.

מתוך: אלתרמן, נתן, פזמונים ושירי זמר, כרך ב׳, הוצאת הקיבוץ המאוחד, תל-אביב, 1979. 310–311

תמונה 5

העיר בני ברק

בְּנֵי בְּרַק היא העיר הגדולה היחידה בישראל שרוב תושביה יהודים חרדים. העיר נמצאת קרוב לתל אביב, והיא אחת מהערים הצפופות ביותר בישראל. בני ברק החלה את דרכה בשנת 1924 כיִישוב חקלאי שהוקם בידי קבוצה של חסידים מפולין. ב-1950 החלו אדמו"רים* רבים להעביר את חצרותיהם מתל אביב לבני ברק. תוך כמה שנים הפכה בני ברק למרכז החרדי הגדול בעולם. אופיה החרדי של העיר מעניק* לה צביון* מיוחד. אין בעיר חנויות של האופנה האחרונה, אין בה בתי קפה עכשוויים ומסעדות פאר, אבל יש בה פשטות, צניעות וייחודיות יוצאת דופן. בשבת המוני חסידים נוהרים* אל בתי הכנסת לקראת התפילה.

החרדים נחלקים* לחצרות חסידיות* שונות ולזרמים* שונים, וגם העיר נחלקת על פי השכונות שלהם. יש בעיר מספר גדול של ישיבות וחצרות אדמו"רים, כוללים* ומוסדות תורה אחרים. בתוך העיר ההומה הזו יש שכונה חילונית אחת – פרדס כ"ץ.

*אדמו״ר – אדונינו, מורינו ורבינו. כינוי כבוד לרבנים.

*להעניק – לתת
*צביון – אופי

*לנהור – to stream

*נחלק – divided
*חצר חסידית – Hasidic circle
*זרם – strand

*כולל – ישיבה לתלמידים נשואים

מתוך: משרד התיירות הישראלי, האתר הרשמי ישראל חוֹפֶשֶׁת, נופים ואתרים.

א. שאלה

לפי הקטע על בני ברק -

1. בני ברק היא עיר הדומה לכל הערים בישראל. **נכון / לא נכון**
2. לכל שכונה בעיר יש אופי מיוחד. **נכון / לא נכון**
3. יש בה מעט חילונים. **נכון / לא נכון**

צילום: בני-ברק 2006, פבל וולברג

✂ ב. התבוננו בתמונה וענו:

מהו הדבר הראשון ששמתם לב אליו בתמונה?

✂ ג. השלימו את המשפטים עם המילים המופיעות בצד שמאל:

הינומה
בהירים
נעדרים
תחושה
קהל
כהים
מביטה

1. לכלה יש _____ על הפנים.

2. הפנים של אבי הכלה _____ מהתמונה.

3. הָאֵם _____ קדימה.

4. בְּ_____ יש אנשים מכל הגילאים.

5. יש _____ של שמחה.

6. רוב הקהל לובש בגדים _____.

7. רק הכלה והָאֵם לובשות בגדים _____.

ד. פרטים בתמונה

כדי לפרש את משמעות התמונה יש לשים לב לפרטים. השלימו לפי התמונה. העזרו במילים בצד שמאל:

1. צִבעי הבגדים של אבי הכלה ושל הכלה הם שחור ולבן.
2. על ראש אבי הכלה יש ______________.
3. היחס הפיסי שבין אבי הכלה לכלה הוא יחס של ______________.
4. היחס הפיסי שבין הקהל והכלה הוא יחס של ______________.
5. אבי הכלה והכלה פונים ______________.
6. האב עומד ______________ אלינו.
7. בהשוואה לאבי הכלה והכלה, אצל הקהל אפשר לראות ______________.
8. בצד שמאל של הכלה יושבות בנות, ובצד ימין ______________.
9. החתונה נערכת באולם עצום ו______________.
10. האישה היושבת מאחוֹרֵי הכלה היא אולי ______________.

שחור ולבן
עם גבו
ריחוק
זה אל זה
בנים
כיסוי ראש
סגור
קירבה
פָּנים
אֵם הכלה

ה. מדרש תמונה

על סמך המידע שאספתם בתרגילים הקודמים, נסו לכתוב פרשנות לתמונה.

____

____

____

____

תרגיל השוואה – קטע ספרותי ותמונת החתונה

מתוך: "**הכנסת כלה**", ש"י עגנון, עמוד תי

ו. השוואה בין התמונה ובין קטע מסיפור של עגנון

קראו את הקטע מהסיפור "הכנסת כלה" של ש"י עגנון (המקור והשִׁכתוב).
נסו להשוות בין התיאור בקטע לבין תמונת החתונה. מה דומה ומה שונה ביניהם?

הכנסת כלה / שמואל יוסף עגנון
מקור

כיון שסִיֵּם הבדחן את דבריו עמדו כל המסובים ונטלו את החתן באמצע ויצאו להוליך אותו תחת החופה...
עמד החזן והתחיל משורר, מי אדיר על הכל יברך חתן וכלה. סיבבה הכלה את החתן שלוש פעמים על שם הכתוב נקבה תסובב גבר.

שלוש פעמים למה? כנגד שלושה דרכים שהאשה נקנית בהם וכנגד מאמרם ז"ל ביבמות ס"ב כל אדם שאין לו אשה שרוי בלא טובה בלא ברכה בלא שמחה וכנגד מאמרם ז"ל שאמרו שרוי בלא תורה בלא חומה בלא שלום.

וכנגד שלוש פעמים שהאשה מזדווגת לו לאיש, פעם ראשונה בשעה שנולדו, כמו שאמרו רבותינו זכרונם לברכה בראש מסכת סוטה, ארבעים יום קודם יצירת הולד בת קול יוצאת ואומרת בת פלוני לפלוני ומשנולדו מהלכות להן אותן שתי הנפשות כמה שנים ואינן יודעות זו על זו כלום עד שאחת מכירה את חברתה והיא מזדווגת לו, פעם שניה בשעת הנישואין.

פעם שלישית לאחר שמתה היא מזדווגת לו בעולם שכולו טוב, ושוב אינם פורשים זה מזה לעולם.

הכנסת כלה
שִׁכתוב לעברית עכשווית

אחרי שהבדחן (מספר הבדיחות) גמר לדבר, הביאו האורחים את החתן אל מתחת לחופה.

החזן התחיל לשיר: "מי אדיר על הכל יברך חתן וכלה". הכלה סובבה סביב החתן שלוש פעמים, כמו שכתוב במדרש: "נקבה תסובב גבר".

למה שלוש פעמים? בגלל שלוש דרכים שבהן "קונים" אישה, ובגלל שלושה דברים שאמרו חכמים (במסכת יבמות ס"ב): מי שאין לו אישה נמצא במצב שאין בו טובה, אין בו ברכה ואין בו שמחה. וחכמים אחרים אמרו: מי שאין לא אישה חי בלי תורה, בלי ביטחון ובלי שלום.

ועוד בגלל שלושה דברים שכתובים בתלמוד על זוגיות (בתחילת מסכת סוטה). האישה מתחברת עם האיש שלוש פעמים.
הפגישה הראשונה בין בעל לאישה היא לפני הלידה כאשר ארבעים יום לפני ההריון נשמע קול בשמיים שמודיע מי יתחתן עם מי.
הפגישה השנייה היא בחתונה.

הפגישה השלישית היא אחרי המוות בעולם הבא, שם נפגשות נשמות הבעל והאישה וחיות ביחד לעד.

ז. שאלת סיכום

האם, לדעתכם, התמונה של וולברג היא "אמונית", כלומר תמונה שמציגה את החתונה החרדית באופן אובייקטיבי, או האם זו תמונה ביקורתית ואולי אפילו אירונית? הסבירו.

שיר 1

אני חוזר הביתה

א. האזנה ראשונה

האזינו* לשיר "אני חוזר הביתה" וכתבו את המילים שאתם מבינים משמיעת השיר:
http://www.youtube.com/watch?v=9mCYdcm2ZSo

*להאזין – to listen

____

____

____

____

ב. קריאה ראשונה

קראו את השיר וסמנו בקו את המילים שהבנתם משמיעת השיר (מתרגיל א' למעלה).

אני חוזר הביתה

מילים: שמרית אור
לחן: טוטו קוטוניו

אני חוזר הביתה,
אני והגיטרה,
אני חוזר הביתה
והדרך שרה.

בתוך מטוס* בין ארץ ושמיים
קורא עיתון, הזמן עובר בינתיים,
ודיילות* שמטיילות
ושואלות בשני קולות
מה בא לי – מיץ או יין.
אני יושב בין עננים ומים
ולשעה קלה עוצם* עיניים
ומתאר ומשחזר*
ומנסה להיזכר
באנשים בבית.
לא, לא יכול יותר, אני משתגע,
פתאום אני כל כך מתגעגע*

*מטוס – אווירון
*דיילת – flight attendant
*עוצם – סוגר עיניים
*משחזר – עושה מחדש
*מתגעגע – long for, miss

רמקול מודיע – עוד מעט ונגיע*. | *נגיע – we will arrive

אני חוזר הביתה
אני חוזר אלייך,
אני חוזר הביתה
ולַשֶמֶש בעינייך.
אני חוזר הביתה,
אני והגיטרה,
אני חוזר הביתה
והדרך שרה.

אני יושב בין ארץ ושמיים
פותר תשבץ*, מיישר הרגליים,
"נא להדק חגורות*
ולתוך מאפרות*
לזרוק סיגריות בוערות*."
עכשיו נותרו* ודאי דקה או שתיים
הנה הלחץ הזה באוזניים
ליבי דוהר וממהר
איני יכול להתגבר –
עוצם עיניים.
באדמה המטוס כבר נוגע,
פתאום אני כל כך מתגעגע –
אני למטה –
הנה באתי הביתה.

אני חוזר הביתה...

*לפתור תשבץ – to solve a crossword puzzle
*נא להדק חגורות – please fasten (your) seatbelts
*מאפרה – ashtray
*בוערות – burning
*נותרו – remained

🦋 **ג. הפזמון החוזר**

1. קראו את 4 השורות הראשונות ומחאו כַּף* לפי המִקְצָב של השיר :

*מָחֲאוּ·כַּף – clap hands
*מקצב – rhythm

אני חוזר הביתה,
אני והגיטרה,
אני חוזר הביתה
והדרך שרה.

2. לפי ארבע שורות אלה, איזו אינפורמציה אנחנו מקבלים על הדובר בשיר?

_____

_____

ד. קריאה שנייה

1. קראו שוב את כל השיר ומלאו את הטבלה:

מילים ופעלים המתארים את מה שהדובר <u>עושה</u>	מילים ופעלים המתארים את מה שהדובר <u>מרגיש</u>

2. תארו את מצבו של הדובר בשיר על פי המידע שאספתם בטבלה?

____

____

3. רוב הפעלים בשיר מופיעים בזמן הווה. רק פועל אחד מופיע בזמן עבר -
   - איזה פועל הוא בזמן עבר? ____________________
   - איפה הפועל הזה מופיע בשיר? ____________________
   - מה, לדעתכם, ה"תפקיד" של הפועל הזה בשיר? ____________________

____

ה. ביטוי

בבית* האחרון כתוב:

"נא להדק חגורות / ולתוך המאפרות / לזרוק סיגריות בוערות."

*בית – stanza

*מסגירות – reveal

הסבירו כיצד השורות האלה "מסגירות"* את הזמן שבו השיר נכתב?

"להדק את החגורה" - to fasten the belt

אפשר להשתמש במילים "להדק את החגורה" גם **בהַשְׁאָלָה** (מֶטָפוֹרָה) – כשהמצב הכלכלי קשה צריך **להדק את החגורה**, לצמצם, להקטין את ההוצאות*.

*הוצאות – expenses

פזמון ופזמון חוזר

ו. פזמון

קראו את ההגדרה הבאה של **פזמון**. האם השיר ״אני חוזר הביתה״ הוא פזמון? מדוע?

פִּזְמוֹן – שיר קל וקליט*.
בפזמון יש בדרך כלל **פזמון חוזר*** –
זהו בית בשיר שחוזר יותר מפעם
אחת.

*קָלִיט – easy to remember, catchy
*פזמון חוזר – chorus

ז. דעה

בישראל הפך השיר ״אני חוזר הביתה״ להמנון של החיילים שחזרו ממלחמת לבנון הראשונה.
מדוע, לדעתכם, היה השיר הזה כל כך פופולרי בקֶרֶב (בֵּין) החיילים?

מלחמת לבנון הראשונה פרצה ביוני 1982, ונקראה בהתחלה "מבצע שלום הגליל" (של"ג). זו הייתה מלחמה בין ישראל לסוריה ולארגוני טרור פלסטינים שפעלו נגד ישראל משטח לבנון. בעקבות המלחמה עבר ארגון אש"ף (ארגון לשחרור פלסטין) לתוניס. אולם צבא סוריה לא יצא מלבנון, ובחלל שנוצר קם ארגון חיזבאללה. לצה"ל היו מאות הרוגים ובישראל היתה ביקורת על המלחמה ועל השהייה של צה"ל בלבנון. אחרי 18 שנה בלבנון, בשנת 2000 יצא צה"ל מלבנון.

ח. יוצרי השיר

1. קראו את המֵידע על שלושת האנשים אשר "אחראים לקיומו" של השיר.

שמרית אור, ילידת ירושלים, 1945. בִּתו של המשורר יעקב אורלנד. שירהּ הידוע "הללויה" זכה במקום ראשון באירוֹוִיזיון ב-1979. כתבה גם שירי ילדים ושירי מחאה. זכתה בפרסים רבים.
ב-2012 יצא ספר שיריה "ציפור האש".
ב-1984 כתבה שמרית את הגִרְסָה בעברית לשיר L'Italiano וקראה לו: "אני חוזר הביתה".

דורון מזר, יליד 1958. זמר ישראלי, שר בעברית ובצרפתית.
ב-1984 שר את השיר "אני חוזר הביתה" שהפך להמנון של החיילים שחזרו ממלחמת לבנון הראשונה.

טוטו קוטוניו

Toto Kutungno, יליד פוסדינובו, טוסְקָנָה, איטליה.
החל ללמוד מוסיקה עם אביו בגיל צעיר – נגינה בחלילית, ואח"כ לימד עצמו תופים.
בתחילת שנות ה-70 הוא פנה לכתיבת שירים. שיריו זכו בתחרויות סַן רֶמוֹ ובאֵירוֹוִיזיון.
כתב והלחין את השיר L'Italiano.

2. אילו שאלות או הערות הייתם רוצים לשאול או לומר לכל אחד מהם?

דקדוק

ה' המגמה

השיר מתחיל במשפט: "אני חוזר הביתה".
המילה "**הביתה**" בנויה מ: **ה** + בית + **ה**.
ה- ה' בסוף המילה היא **ה' המגמה** – היא מציינת כִּיוון, מגמה:
אני חוזר הבית**ה** = אני חוזר **אל** הבית.

ה' המגמה

הבית+**ה** = הבית**ה**
ימין+**ה** = ימינ**ה**
ירושלים + **ה** = ירושלימ**ה**

ט. כתבו את המילים הבאות עם ה' המגמה:

אל החוץ – החוצה
אל העיר – ______________
אל ההר – ______________
אל השמים – ______________
אל הבית – ______________
אל הצד – ______________

לימין – ימינה
לשמאל – ______________
למצרים – ______________
לארץ – ______________
לְפְנים – ______________
לאחור – ______________
למזרח – ______________
לדרום – ______________
לצפון – ______________
למערב – ______________

תרגולי מילים ופעלים

✻ **י. התאימו בין המילים למבעים הבאים:**

נותרו, לשעה קלה , לשחזר, בא לי, בבקשה

1. אני רוצה - _____

2. נא - _____

3. לקצת זמן - _____

4. לראות או לעשות מחדש - _____

5. נשארו - _____

✻ **יא. כתבו את הפעלים במשפטים הבאים בצורה הנכונה:**

לעצום, נותר, לשחזר, להדק, להאזין, לפתור

בסוף הסמסטר

1. רק יום אחד _____ עד סוף הסמסטר.

2. אתמול למדתי לבחינה במתמטיקה. כל הלילה לא _____ עין.

3. לא היה לי זמן _____ את כל התרגילים בספר.

4. ניסיתי _____ מה שעשינו בכיתה ולא הצלחתי.

5. בבוקר ביום הבחינה נכנסתי למכונית שלי _____ את חגורת הבטיחות ונסעתי לאוניברסיטה.

6. בדרך לאוניברסיטה _____ למוסיקה . אני מקווה שאצליח בבחינת הסיום.

✻ **יב. תרגמו את המשפטים הבאים:**

רונה ודן בטיול בדרום אפריקה

1. Dan was crazy about the animals.

   _____

2. Rona missed her family very much.

   _____

3. Both of them loved the rhythm of the South African's songs.

   _____

4. At the end of their trip, they were so tired, their eyes were closing.

_____

5. On the plane, they fastened their seatbelts and went to sleep.

_____

יג. ‏ נתחו את הפעלים הבאים: ✄

באנגלית	שם הפועל	גזרה	בניין	שורש	הפועל
to return	לַחֲזוֹר	שלמים	פעל	ח.ז.ר.	חוֹזֵר
					עוֹבֵר
					מוֹדִיעַ
					מְתָאֵר
					מְנַסֶּה
					מִשְׁתַּגֵּעַ
					פּוֹתֵר
					לְהַדֵּק
					מִתְגַּעְגֵּעַ
					זוֹרֵק
					נוֹגֵעַ

יד. ‏ כתיבה ✄

בדרכי הביתה אחרי היעדרות ממושכת...

שירים 2 – 3

אַל תַּשְׁלִיכֵנִי לְעֵת זִקְנָה / **תהילים / אביהו מדינה**

*אל תשליכני – do not cast me off
*לעת – בִּזְמַן

אַל תַּשְׁלִיכֵנִי / **חווה אלברשטיין / ירוסלב יעקובוביץ'**

א. האזנה ראשונה

האזינו לשני השירים הבאים. שימו לב להבדלים המוסיקליים ביניהם.

1. "אל תשליכני לעת זקנה" בביצועו* של אביהו מדינה ושימי תבורי:
http://www.youtube.com/watch?v=JOf1x-IT7xU

*ביצוע – rendition

2. "אל תשליכני" בביצועה של חוה אלברשטיין:
http://www.youtube.com/watch?v=SaesQA_kMeU

ב. האזנה שנייה

קראו את המשפטים הבאים לפני ההאזנה.

האזינו לשיר וסמנו איזה משפט מתאים לכל שיר ולכל ביצוע.

	אל תשליכני לעת זקנה ביצוע: אביהו מדינה ושימי תבורי	**אל תשליכני** ביצוע: חווה אלברשטיין
המוסיקה מְסוּלְסֶלֶת*.		
השיר נשמע כְּשִׁיר מְחָאָה*.		
השיר נשמע כמעט כמו דיבור.		
המשפטים קצרים מאד.		
יש בשיר מילים חוזרות.		
המילים מתחרזות*.		
יש בשיר פזמון חוזר.		

*מְסוּלְסֶלֶת – melismatic
*מְחָאָה – protest
*מִתְחָרֵז – rhymes

ג. שאלות

1. מהם ההבדלים המוסיקליים בין שני השירים?

____

____

____

2. אביהו מדינה הלחין את השיר "אל תשליכני לעת זקנה" בסגנון המוסיקה המזרחית או, כפי שהוא מעדיף לקרוא לה, מוסיקה ים-תיכונית. מהו לדעתכם הדבר הבולט במנגינה של השיר שעושה אותו למזרחי?

____

____

המוסיקה המזרחית בישראל הושפעה מהמוסיקה הערבית, התֵימנית, היוונית, הטורקית, העיראקית, הצפון אפריקאית ומהמוסיקה שנוצרה בישראל משנות ה-30 עד שנות ה-50. בראשית הזֶמֶר העִברי היה ניסיון לשלב את המוסיקה המערבית עם המזרחית. למרות זאת, במשך שנים המוסיקה המזרחית לא הושמעה ברדיו ובטלויזיה, והיא בּוּצְּעָה בעיקר בחוגים פרטיים.

אביהו מדינה, יְליד תל אביב, 1948. זַמר ויוצר בולט בזֶמֶר המזרחי בישראל, נאבק למען הלֶגיטימציה של הזֶמֶר המזרחי. הוא מָחָה על האַפליה* המְמֻסָדית וההִתנשׂאוּת* התרבותית שהיתה בישראל כְּלַפֵּי* המוסיקה הזאת, וביקש לראות בה מוסיקה ישראלית לכל דבר. עם הצלחתו של הזַמָּר **זוהר ארגוב** (1955–1987) בשנות השמונים, חדרה גם המוסיקה המזרחית ל"מֵיינְסְטְרים" והפכה למקובלת בקרב הספרדים והאשכנזים בישראל.

*אפליה – discrimination
*הִתְנַשְּׂאוּת – patronization
*כְּלַפֵּי – towards

ד. קראו את השיר בקול רם

אל תשליכני לעת זקנה (פיוט*)

מילים: תהילים פרק ע״א, פסוקים ח׳-ט׳

לחן: אביהו מדינה

הפיוט* הוא שיר קודש. בדרך כלל שרו אותו בבית הכנסת כחלק מהתפילה או באירועים משפחתיים. כיום מתקיימים קונצרטים ופסטיבלים של הפיוט בהם שרים גם זמרים מן השורה.

יִמָּלֵא פִּי* תְּהִילָּתֶךָ*
כָּל הַיּוֹם תִּפְאַרְתֶּךָ*
אַל תַּשְׁלִיכֵנִי* לְעֵת* זִקְנָה
כִּכְלוֹת כֹּחִי* אַל תַּעַזְבֵנִי.

*יימלא פי – my mouth is full of
*תהילה – praise
*תפארת – splendor, glory

*אל תשליכני – do not cast me off
*לעת – בזמן
*ככלות כֹּחִי– כשאין לי כוח

ה. כינויי גוף חבורים

מילות השיר ״אל תשליכני לעת זקנה״ כתובות בלשון התנ״ך ולקוחות מספר תהילים.

לשון התנ״ך תמציתית* מאד.
יש בה שימוש רב בפעלים או בשמות עצם עם כינויֵי גוף* חבורים.
למשל: **מַאֲכִילֵנִי** = מאכיל אותי; **שְׁמִי** = השם שלי

*תמציתי/ת – concise
*כינויי גוף – pronouns

כתבו את המילים הבאות בלי כינויי הגוף החבורים:

פי = הפה שלי
תְּהִילָּתֶךָ = ______
תִּפְאַרְתֶּךָ = ______
תִּקְוָתֵנוּ = ______
אַל תַּשְׁלִיכֵנִי = ______
כֹּחִי = ______
אַל תַּעַזְבֵנִי = ______
הַשְׁמִיעִינִי = ______

ו. שאלות

1. לכמה חלקים מחולק הפיוט, ומה ההבדל ביניהם?

______

______

‏2. מהי הבקשה בשיר?

_____

_____

‏✂ ז. **שכתוב**

‏כתבו את השיר ‏"אל תשליכני לעת זקנה" (מספר תהילים) בעברית מודרנית.

_____

_____

_____

_____

אל תשליכני

מילים: חווה אלברשטיין
לחן: ירוסלב יעקובוביץ'

חווה אלברשטיין

זמרת ויוצרת ישראלית.
נולדה בשצ'צן, פולין ב-1947.
שרה בעברית, ביידיש ובאנגלית.
הוציאה קרוב לשישים אלבומים.
אחת מהזמרות הידועות בישראל.

א. שיר מחאה

השיר "אל תשליכני" של חווה אלברשטיין הוא שיר מחאה שנכתב ב-1989 וחזר ב-2011.
מה, לדעתכם, אפשר למצוא בשיר מחאה?

נושאים [ ] חברתיים
[ ] פוליטיים
[ ] אישיים

דרישה* ל: [ ] שינוי
[ ] חופש
[ ] אהבה
[ ] צדק
[ ] שִׁוויון

*דרישה - demand

ב. קראו את השיר קריאה ראשונה (בעמוד הבא), וענו על השאלות:

1. מה מתוך הרשימה (בתרגיל א' למעלה) יש בשיר?

___

___

2. אילו אלמנטים נוספים הקשורים למחאה יש בו?

___

___

אל תשליכני / חווה אלברשטיין, ירוסלב יעקוביץ'

1
אל תשליכֵני,
אל תשליכני,
לא לא לא,
לא לא לא.

2
אל תשליכני,
אל תשליכני,
מן המיטה,
מן העבודה.

3
אל תשליכני,
אל תשליכני,
מן הדירה,
מן המשפחה.

4
תן לי עוד דקה תוספת,
הזדמנות אחת נוספת,
אל תזרוק אותי.
אל תמחוק אותי.

5
אל תגיד אנ'לא קובע,
רק מקשיב ומבַצע.
אל תצחיק אותי.

6
אל תשליכני,
אל תשליכני,
מן המִפעל,
מן המדינה.

7
אל תשליכני,
אל תשליכני,
מן הבמה,
מן הלהקה.

8
גם אתה קטן מאד,
גם אותך ישליכו עוד.
אל תהיה שחצן.
אל תבוז לזמן.

9
אל תביט אל השמיים,
הסתכל לי בעיניים,
כאן אני עומד,
כאן אני רועד.

10
אל תשליכני,
אל תשליכני,
לא לא לא,
לא לא לא.

11
מי אתה? אדם כמוני!
אל תהיה שופט עליון לי.
אל תשבור אותי.

12
זמן לַכל, עת לְכל חֵפֶץ,
אך אני אינני חפץ,
אל תשבור אותי.

13
אל תביט אל השמיים,
הסתכל לי בעיניים,
כאן אני עומד,
כאן אני רועד.

14
אל תשליכני,
אל תשליכני,
לא לא לא,
לא לא לא.

מתוך האלבום "לונדון" של חווה אלברשטיין שהוקלט ב-1989.

ב. קריאה שנייה

קראו את השיר שנית וענו:

1. אל מי פונה הדמות בשיר?

2. כתבו שמונה דברים שהדמות בשיר מבקשת.
השתמשו בתשובתכם בצורה: **אני רוצה/מבקש ש....** או **אני מבקש/ת שלא...**

דוגמה: אני מבקש שלא תשליך אותי מן העבודה.

3. הסבירו את המשפט: "**אל תצחיק אותי**" בסוף בית* 5.
למה הדמות בשיר אומרת את זה?

*בית – stanza

4. מה, לדעתכם, הכוונה במשפטים: "**כאן אני עומד, כאן אני רועד**". (בבית 9 ובבית 13)

5. בשיר הזה יש שימוש במילות השלילה **לא** ו-**אַל**. מה ההבדל ביניהן? תנו דוגמא מהשיר.

ג. קונוטציות

1. קראו את ההבזק על השיר **באב אל וואד** של חיים גורי – איך המידע הזה מוסיף להבנת השיר?

השיר "**באב אל וואד**" (שער הגיא) של חיים גורי נכתב לזִכְרם של החיילים שלחמו על הדרך לירושלים בימי מלחמת העצמאות. שירו מתחיל במילים:

"פה אני עובר
ניצב* ליד האבן".

ובהמשך השיר נאמר:

"כאן לחמנו יחד על צוקים וטרש*,
כאן היינו יחד משפחה אחת"

*ניצב – עומד
*טרש (טרשים) – rocky ground

2. בבית 12 נאמר: **"זְמַן לַכֹּל, עֵת לְכָל חֵפֶץ / אַךְ אֲנִי אֵינֶנִּי חֵפֶץ"**
איזו משמעות נותנת חווה אלברשטיין למילה "חפץ"?

3. איך האִזְכּוּר של הפסוק מִסֵפר קוהלת תורם להבנת השיר של חווה אלברשטיין?

"לַכֹּל זְמָן וְעֵת לְכָל חֵפֶץ תַּחַת הַשָּׁמָיִם
עֵת לָלֶדֶת וְעֵת לָמוּת ...
עֵת לִבְכּוֹת וְעֵת לִשְׂחוֹק "
קוהלת, ג, 1-4

*עת – time
*חפץ – wish, object
*ללדת – to give birth, being born
*לשחוק – לצחוק
*קוהלת – Ecclesiastes

ד. שאלה

יש אִמרה האומרת: "**הרוצה להכיר עַם, שיֵלֵך אֶל שיריו**".
מה אפשר ללמוד על המצב של החברה הישראלית מהשיר של חווה אלברשטיין?

ה. תרגיל סיכום

פעילי מחאה חברתית מכינים הפגנה – עליכם לעזור להם לחבֵּר טקסט "מחאתי" בסגנון השיר "אל תשליכני".

מאהל מחאה, תל אביב, אוגוסט 2012. צילום: בונית פורת

שיר 4

אומרים ישנה ארץ

מילים: שאול טשרניחובסקי
לחן: יואל אנגל, שלמה ארצי, נעמי שמר

א. קראו את המידע על המשורר וסמנו את התשובות הנכונות:

[ ] המשורר נולד בישראל.
[ ] הוא כתב שירים בשפות שונות.
[ ] הוא משורר ידוע.
[ ] הוא כתב את ״אומרים ישנה ארץ״ בגרמניה.

על המשורר שאול טשרניחובסקי, 1943–1875

*מתרגם – translator
*מסורתית – traditional

*נחשף – was exposed
*אירועים – events

*נוסח – version

*סימן שאלה – question mark

*הכנס העולמי של תנועת החלוץ –
The international convention
of the "Chalutz" movement

*הטעמה – accent

שאול טשרניחובסקי - משורר, מתרגם* ורופא.
נולד ברוסיה למשפחה מסורתית*. קיבל חינוך יהודי וחינוך כללי. מגיל
צעיר הוא נחשף* לאֵירוּעִים* היסטוריים ותרבות העולם שהשפיעו על
כתיבתו. בשנת 1931 עלה שאול טשרניחובסקי לארץ. לשירו "אומרים
ישנה ארץ", אשר כתב בברלין בשנת 1923, יש שני נוסחים*.
בנוסח הראשון של השיר מרובים סימני השאלה* בקשר לארץ המובטחת.
את הנוסח השני הוא כתב לכבוד הכנס העולמי של תנועת "החלוץ"*
שהתקיים בברלין. בכנס הזה הוא הקריא את הנוסח השני שהוא יותר
אופטימי.

בישראל כתב טשרניחובסקי רק בעברית, ועבר מכתיבה בהטעמה*
אשכנזית לכתיבה בהטעמה ספרדית.
שאול טשרניחובסקי זכה בפרסים שונים, שימש כנשיא אגודת הסופרים
העבריים והיה חבר ב"וועד הלשון העברית" .

ב. קראו שנית את הקטע על המשורר שאול שטרניחובסקי וענו:

על פי הקטע, מה היו ההבדלים בין הנוסח הראשון לנוסח השני של השיר?

ג. האזנה

שלושה מלחינים (קומפוזיטורים) שונים הלחינו את הגִרסות השונות של השיר הזה בתקופות שונות: יואל אנגל ב-1924, שלמה ארצי ב-1973 ונעמי שמר בסוף שנות ה-70. נעמי שמר בחרה לשלב את שני הנוסחים של השיר.

האזינו לשלושת הביצועים של השיר "אומרים ישנה ארץ", וכִתבו בטבלה הבאה את המילים שזיהיתם מההאזנה לכל אחד מהזמרים.

1. **יואל אנגל** הלחין, **נגה אשד** שרה: http://www.zemereshet.co.il/song.asp?id=334&artist=113
2. **שלמה ארצי** הלחין ושר: http://www.youtube.com/watch?v=SKMdUcDV0CA
3. **נעמי שמר** הלחינה ושרה: http://www.youtube.com/watch?v=fSINskcBJsY

אומרים ישנה ארץ שרה: **נגה אשד**, הלחין: **יואל אנגל**	**אומרים ישנה ארץ** שר והלחין: **שלמה ארצי**	**אומרים ישנה ארץ** שרה והלחינה: **נעמי שמר**

נגה אשד
ילידת ת"א 1951. זמרת, יוצרת ומנחה שירה בציבור.

שלמה ארצי
נולד ב- 1949, זמר, מוסיקאי ופזמונאי. שר פופ, רוק וזֶמר ישראלי.

נעמי שמר **(1930 – 2004)**
פזמונאית, מלחינה ומבצעת. כלת פרס ישראל לזמר העברי.

ד. קראו את נוסח ב׳ של השיר.

סמנו בקו את המילים שהצלחתם לזהות מההאזנה לשלושת הביצועים.

אומרים ישנה ארץ / שאול טשרניחובסקי
נוסח ב׳

1. אוֹמְרִים : יֶשְׁנָהּ* אֶרֶץ,
אֶרֶץ רְוַת* שֶׁמֶשׁ --
אַיֵּה* אוֹתָהּ אֶרֶץ,
אֵיפֹה אוֹתוֹ שֶׁמֶשׁ?

2. אוֹמְרִים: יֶשְׁנָהּ אֶרֶץ.
עַמּוּדֶיהָ שִׁבְעָה,
שִׁבְעָה כּוֹכְבֵי-לֶכֶת*
צָצִים* עַל כָּל גִּבְעָה.

3. אֶרֶץ – בָּהּ יְקֻיַּם*
כָּל אֲשֶׁר אִישׁ קִוָּה,
נִכְנַס כָּל הַנִּכְנָס –
פָּגַע* בּוֹ עֲקִיבָא.

4. "שָׁלוֹם לְךָ, עֲקִיבָא!
שָׁלוֹם לְךָ, רַבִּי!
אֵיפֹה הֵם הַקְּדוֹשִׁים,
אֵיפֹה הַמַּכַּבִּי?"

5. עוֹנֶה לוֹ עֲקִיבָא,
אוֹמֵר לוֹ הָרַבִּי :
"כָּל יִשְׂרָאֵל קְדוֹשִׁים,
אַתָּה הַמַּכַּבִּי!"

*ישנה – יש (נקבה)

*רְוַת שמש – יש בה הרבה שמש, רוויה בשמש

*איה – איפה

*כוכבי לכת – planets

*צצים – נראים

*יקוים – יהיה, יקרה

*פגע – פגש

יואל אנגל (1927–1868)
מלחין ומבקר מוסיקה. יליד רוסיה. למד משפטים ומוסיקה.
ב-1908 הקים את האגודה לשימור המוסיקה היהודית העממית.
ב-1912 אסף לחנים יהודיים עממיים.
יואל אנגל עבר לבֶּרלין ב-1922 ושם הלחין מנגינות לשיריהם של חיים נחמן ביאליק ושאול טשרניחובסקי. בברלין הוא גם הקים בשנת 1923 את "יובל" – חברה להוצאה לאור של תווים.
ב-1924, עלה לארץ, חי בתל אביב, ובה המשיך להלחין וללמד מוסיקה.

ה. האזנה שנייה

הטעמה

המשורר שאול טשרניחובסקי כתב את השיר "אומרים ישנה ארץ" **בהטעמה* אשכנזית, מִלְעֵילִית**, שבה הטעם הוא בהברה* שלפני האחרונה.
לדוגמה: במילה "יֶשְׁנָהּ" ההטעמה היא על "**יש**" ולא על "**נה**".

*הטעמה – accent
*הברה – syllable

הקשיבו שוב לבית הראשון בשלושת הביצועים וענו:

מי משלושת הזמרים שר את השיר בהטעמה ספרדית?

הטעמה ספרדית

ההטעמה הספרדית, הנקראת גם **הטעמה מִלְּרָעִית**, שָׂמָה את הטעם בהברה האחרונה של המילה.

למשל, במילה "יֶשְׁנָהּ", הטעם הוא על "**נה**" ולא על "**יש**". בישראל מדברים בהטעמה ספרדית.

ו. קריאה בקול (בית 1)

קראו את הבית הראשון בקול רם – פעם **בהטעמה אשכנזית** ופעם נוספת **בהטעמה ספרדית**.

אוֹמְרִים: יֶשְׁנָהּ אֶרֶץ,
אֶרֶץ רְוַת שֶׁמֶשׁ--
אַיֵּה אוֹתָהּ אֶרֶץ,
אֵיפֹה אוֹתָהּ שֶׁמֶשׁ?

ז. השוואה בין שני הנוסחים/שתי הגרסות*

*נוסח/גרסה – version

בעמוד הבא נמצאות שתי הגרסות של השיר שכתב המשורר שאול טשרניחובסקי בברלין בשנת 1923.

קראו את שתי הגרסות וסמנו ב- x מה נכון לכל גרסה.

	גרסה א׳	גרסה ב׳
1. גְרסה ארוכה יותר.	______	______
2. יש בה הרבה סימני שאלה. (סימן שאלה = ?)	______	______
3. גרסה קצרה יותר.	______	______
4. יש בה פחות סימני שאלה.	______	______
5. יש בה סימני קריאה. (סימן קריאה = !)	______	______

אומרים ישנה ארץ (1923)

נוסח א

1. אוֹמְרִים: יֶשְׁנָהּ* אֶרֶץ,
אֶרֶץ שְׁכוּרַת שֶׁמֶשׁ*--
אַיֵּה אוֹתָהּ אֶרֶץ,
אֵיפֹה אוֹתָהּ שֶׁמֶשׁ?

2. אוֹמְרִים: יֶשְׁנָהּ אֶרֶץ.
עַמּוּדֶיהָ שִׁבְעָה,
שִׁבְעָה כּוֹכְבֵי-לֶכֶת
צָצִים עַל כָּל גִּבְעָה*.

3. אֶרֶץ --בָּהּ יִתְקַיֵּם
כָּל אֲשֶׁר אִישׁ קִוָּה--
אֵיפֹה הִיא הָאָרֶץ?
אַיֵּה אוֹתָהּ גִּבְעָה?

4. נִכְנַס כָּל הַנִּכְנָס
פָּגַע* בְּאָח כְּהִגָּמְלוֹ
פּוֹרֵשׂ* אֵלָיו שָׁלוֹם--
וְאוֹר לָאִישׁ וְחָם לוֹ

5. אַיָּם*: אוֹתָהּ אֶרֶץ,
כּוֹכְבֵי אוֹתָהּ גִּבְעָה?
מִי יַנְחֵנוּ* דֶּרֶךְ
יַגִּיד לִי הַנְּתִיבָה*?

6. כְּבָר עָבַרְנוּ כַּמָּה
מִדְבָּרוֹת וְיַמִּים,
כְּבָר הָלַכְנוּ כַּמָּה
כּוֹחוֹתֵינוּ תַּמִּים*.

7. כֵּיצַד* זֶה תָּעִינוּ?
טֶרֶם* הוּנַח לָנוּ?
אוֹתָהּ אֶרֶץ שֶׁמֶשׁ,
אוֹתָהּ לֹא מָצָאנוּ.

8. אוּלַי -- כְּבָר אֵינֶנָּה?
וַדַּאי נִטַּל* זִיוָהּ*!
דָּבָר בִּשְׁבִילֵנוּ
אֲדֹנָי לֹא צִוָּה*---

נוסח ב

1. אוֹמְרִים: יֶשְׁנָהּ אֶרֶץ,
אֶרֶץ רְוַת* שֶׁמֶשׁ--
אַיֵּה אוֹתָהּ אֶרֶץ,
אֵיפֹה אוֹתוֹ שֶׁמֶשׁ?

2. אוֹמְרִים: יֶשְׁנָהּ אֶרֶץ.
עַמּוּדֶיהָ שִׁבְעָה,
שִׁבְעָה כּוֹכְבֵי-לֶכֶת*
צָצִים* עַל כָּל גִּבְעָה.

3. אֶרֶץ – בָּהּ יְקֻיַּם
כָּל אֲשֶׁר אִישׁ קִוָּה,
נִכְנַס כָּל הַנִּכְנָס –
פָּגַע בּוֹ עֲקִיבָא.

4. "שָׁלוֹם לְךָ, עֲקִיבָא!
שָׁלוֹם לְךָ, רַבִּי!
אֵיפֹה הֵם הַקְּדוֹשִׁים,
אֵיפֹה הַמַּכַּבִּי?"

5. עוֹנֶה לוֹ עֲקִיבָא,
אוֹמֵר לוֹ הָרַבִּי:
"כָּל יִשְׂרָאֵל קְדוֹשִׁים,
אַתָּה הַמַּכַּבִּי!"

נוסח א

1 *ישנה – יש (נקבה)
*שכורת שמש – drunk of sun
*איה – איפה
2 *גבעה – hill
4 *פגע – פגש
*פורש – אומר
5 *אים – איפה הם
*ינחנו – ידריך אותנו
*הנתיבה – הדרך
6 *תמים – נִגמָרים
7 *כיצד – איך
*טרם – עדיין לא
8 *נִטל – נלקח,
*זיוהּ – האור שלה

נוסח ב

1 *רות – saturated
2 *כוכבי לכת – planets
*צצים – נראים

שתי הגרסות לקוחות מתוך: טשרניחובסקי, שאול ,שירים, כרך א, הוצאת 'דביר', ת"א , 1966. עמודים 274—276

ח. גרסה א׳ וגרסה ב׳

השוו שוב את שתי הגרסות (בעמוד הקודם) והקיפו בעיגול את מה שיש בשיר בגרסה א׳ ואין בגרסה ב׳.

ט. קריאה נוספת של שתי הגרסות

קראו שנית את שתי הגרסות של השיר (בעמוד הקודם).

סמנו ב-X את הגרסה שבה שואלים או אומרים:

	גרסה א׳	גרסה ב׳
1. איפה נמצאת הארץ שבה יש הרבה שמש?	✓	✓
2. איפה האנשים הקדושים בארץ?	______	______
3. מי יכול לומר לנו את הדרך לארץ?	______	______
4. למה אנחנו עדיין לא יכולים לנוח?	______	______
5. איך הלכנו לאיבוד ולא ידענו את הדרך?	______	______
6. אולי הארץ הזאת כבר לא קיימת?	______	______
7. איפה הגיבור?	______	______
8. כבר הלכנו הרבה, במדבר ובים.	______	______
9. אין לנו כח יותר ללכת.	______	______
10. לא מצאנו את ארץ השמש.	______	______
11. אולי ה׳ לא ציווה לנו את הארץ.	______	______
12. אתה הלוחם כמו המכבי.	______	______

י. שאלה

קראו שוב את שתי הגרסות של השיר.

איזו גרסה לדעתכם היא יותר **אופטימית**? הסבירו.

____

____

____

____

"אומרים ישנה ארץ", שר והלחין: שלמה ארצי

�֎ **יא. האזינו שוב לשיר כפי שהלחין ושר אותו שלמה ארצי.**

איזו גרסה של השיר הוא הלחין?   [ ]   גרסה א'

                                               [ ]   גרסה ב'

✖ **יב. קראו מתוך הבלוג של איתמר זוהר (למטה) והשלימו על פי הבלוג:**

שלמה ארצי הלחין את השיר "אומרים ישנה ארץ" לכבוד _____.

לדעת כותב הבלוג, ללחן של השיר יש תכונות של _____.

הגרסה שבה בחר שלמה ארצי שונה מ_____.

אומרים ישנה ארץ – מחווה* לשיריו של שאול טשרניחובסקי

itamarzo71 **יולי 18, 2011 מאת איתמר זוהר**

*מחווה – gesture

שלמה ארצי הלחין את "אומרים ישנה ארץ" לפסטיבל שירי משוררים ב-
1973. הוא היה אז חייל צעיר, שהשתחרר מלהקה צבאית ובחר להלחין
ולהגיש את השיר. בהרמוניות הקוליות, שלו ושל זמרי הליווי*, יש חיבור
תרבותי בין מזרח למערב. כך הוא הצליח, להגניב* אל הבמה מעט פופ.
הגרסה שלו גם שונה מבחינת הטקסט מהגרסה שהלחינה נעמי שמר.
היא בחרה בגרסה הציונית והאופטימית יותר, אף על פי שהלחן שלה
נשמע קצת חסידי, עצוב ונוסטלגי, הרי שהוא העדיף את הגרסה
הפסימית יותר, זו שיש בה יותר סימני שאלה מסימני קריאה.

*ליווי – accompaniment

*להגניב – to sneak

✖ **יג. קראו שנית את הבלוג של איתמר זוהר (למעלה) וענו:**

על פי הבלוג – שלמה ארצי הלחין את השיר בשנת 1973, שנת מלחמת יום כיפור, בהיותו חייל
משוחרר. האם אתם חושבים שיש קשר בין הבחירה שלו בגרסה הפסימית לרקע האישי שלו
ולאירועים של אותה שנה? הסבירו.

_____

_____

_____

_____

לשון השיר

אומרים...

יד. משפט סתמי

במשפט הראשון של השיר חסר הנושא*: "**אומרים ישנה ארץ**".

מי הם ה"אומרים"?

*נושא – subject

משפט סתמי

משפט שהנושא בו בלתי מוגדר נקרא משפט סתמי (impersonal sentence).

לעתים קרובות יש במשפט הסתמי פועל בזמן הווה רבים:

- **אוכלים** הרבה חומוס בישראל.
- **מדברים** רוסית ברוסיה.

אומרים ש...

אפשר גם לומר: אומרים **ש**ישנה ארץ

טו. כתבו משפטים המתחילים ב"אומרים ש..."

1. אומרים שהעולם מתחמם.
2. אומרים שבריא לאכול אוכמניות*.
3. אומרים ש___________________________
4. אומרים ש___________________________
5. אומרים ש___________________________

*אוכמניות – blueberries

ישנו/ישנה

המילה "יֶשְׁנָהּ" פירושה "**יש**" והיא מתייחסת לנקבה יחידה.

- **ישנו** רבי עקיבא.
- **ישנה** גבעה.
- **ישנם** שבעה עמודים.
- **ישנן** שתי גרסות של השיר.

יֶשְׁנוֹ
יֶשְׁנָהּ
יֶשְׁנָם
יֶשְׁנָן

בעברית המדוברת משתמשים בעיקר ב-"יש".

מילים נרדפות

מילה נרדפת* היא מילה שדומה במשמעותה למילה אחרת.

*מילה נרדפת – synonym

לדוגמה:

- המילים "**גִּרְסָה**" ו"**נוּסַח**" הן מילים נרדפות.
- מילות השאלה "**אַיֵּה**" ו"**אֵיפֹה**" הן מילים נרדפות.

טז. מצאו בשיר בגרסה א׳ את המילים הנרדפות למילים הבאות:

איך – ____________________ פגש – ____________________

ידריך אותנו – ____________________ נגמרים – ____________________

נלקח – ____________________ היכן – ____________________

יז. שמש

בשורה האחרונה בבית הראשון של השיר כתוב בגרסה א׳: "איפה **אותה** שמש" ובגרסה השנייה כתוב: "איפה **אותו** שמש". מדוע?

יח. תוכן השיר, הטעמת מילים וקולות שירה

כשכותבים לחן לשיר, חשוב שהמנגינה תתאים לתוכן השיר, להטעמת המילים ולְקולות שירה.

1. סמנו למטה איזה לחן משלושת הלחנים שנכתבו לשיר "אומרים ישנה ארץ" מתאים ביותר (לפי דעתכם) לתוכן השיר, להטעמת המילים ולקולות שירה?

	יואל אנגל	**שלמה ארצי**	**נעמי שמר**
- הלחן מתאים להטעמה האשכנזית שבה נכתב השיר.	______	______	______
- המנגינה מתאימה לתוכן השיר.	______	______	______
- המנגינה נוחה לְשִירה.	______	______	______

2. הסבירו את מה שכתבתם בתרגיל יח׳.

____

____

____

3. איזו מנגינה של השיר אתם אוהבים יותר ולמה?

____

____

____

____

יט. סיכום – מצב/כתיבה

האוניברסיטה שלכם מארגנת פסטיבל שירי משוררים.
אתם רוצים להציע למארגני הפסטיבל לכלול בתוכנית את השיר "אומרים ישנה ארץ".
כתבו למארגנים מכתב וספרו על -

1. תוכן השיר והרקע לכתיבתו.
2. מיהו שאול טשרניחובסקי.
3. איזו גרסה כדאי להשמיע בפסטיבל ומדוע.

הקבר של שאול טשרניחובסקי, בית-הקברות טרומפלדור, תל אביב. צילום: בונית פורת

אוצר מילים – יחידה 5

פעלים

בִּיצֵּעַ (לבצע)	to execute
בָּעַר (לבעור)	to burn
גָּסַס (לגסוס)	to be dying
דָּרַשׁ (לדרוש)	to demand
הֶאֱזִין (להאזין ל...)	to listen
הִבִּיט (להביט ב...)	to look at
הִגְדִּיר (להגדיר)	to define
הִגְזִים (להגזים)	to exaggerate
הִגְנִיב (להגניב)	to sneak
הוֹדִיעַ (להודיע ל...)	to inform
הִידֵּק (להדק)	to fasten
הִלְחִין (להלחין)	to compose
הִמְרִיא (להמריא)	to lift off
הִנְחָה (להנחות)	to instruct
הִנְצִיחַ (להנציח)	to commemorate
הִסְגִּיר (להסגיר)	to give away, to extradite
הֶעֱמִיד (להעמיד)	to place
הֶעֱנִיק (להעניק ל...)	to bestow, to grant
הִצִּיב (להציב)	to place, to position
הִקִּיף (להקיף)	to encircle
הִשְׁלִיךְ (להשליך)	to throw
הִשְׁתַּגֵּעַ (להשתגע)	to go crazy
הִתְבּוֹנֵן (להתבונן ב...)	to observe
הִתְגּוֹרֵר (להתגורר ב...)	to reside, to live
הִתְגַּעֲגֵעַ (להתגעגע ל...)	to long for, to miss
הִתְחָרֵז (להתחרז)	to rhyme
הִתְלוֹנֵן (להתלונן על...)	to complain
הִתְמַקֵּם (להתמקם ב...)	to take one's place
הִתְפַּחֵם (להתפחם)	electrocuted, lit, turned into coal
הִתְרִיס (להתריס נגד...)	to protest, to oppose
חָדַר (לחדור ל...)	to penetrate
יָזַם (ליזום)	to initiate
יִיעֵץ (לייעץ ל...)	to advice
יִיצֵּג (לייצג)	to represent
יָלַד (ללדת)	to give birth
כִּלָּה (לכלות)	to finish
לִיוָּה (ללוות)	to accompany, escort
מָחָא (למחוא) כַּף	to clap hands
מָחָה (למחות)	to protest
נָהַר (לנהור ל...)	to stream, to flow
נוֹצַר (להיווצר)	to be created
נוֹתַר (להיוותר)	to remain
נֶחֱלַק (להחלק ל...)	to be divided
נֶחְשַׂף (להחשף)	to be exposed
נִיטַּל (להינטל)	to be taken
נִיצָּב/ת	to stand
נִמְלָא (להימלא)	will be filled
נֶעְדַּר (להיעדר מ...)	to be missing
עָצַם (לעצום)	to close (eyes)
פָּגַע (לפגוע ב...)	to injure, to hurt, to meet
פֵּירֵשׁ (לפרש)	to explain
פָּרַץ (לפרוץ ל...)	to break into, to burst into
פָּתַר (לפתור)	to solve
צָץ (לצוץ)	to pop up
שִׁחְזֵר (לשחזר)	to reconstruct
רִיכֵּל (לְרַכֵל על...)	to gossip
שָׂחַק (לשחוק)	to laugh
שִׁילֵּב (לשלב)	to combine, to integrate
שִׁיקֵּף (לשקף)	to reflect
שָׁרַק (לִשְׁרוֹק)	to whistle
תֵּיאֵר (לתאר)	to describe
תַּם (לָתוֹם)	to be completed

שמות עצם ושמות תואר

אֲוִוירָה	atmosphere
אוּכְלוּסִיָּיה	population
אוּכְמָנִיּוֹת	blueberries
אוֹפֶק	horizon

אֵזוֹב	moss
אטוּם/ה	impregnable, sealed
אַיֵּה	where
אֵיכְשֶׁהוּ	somehow
אֵירוּע	event
אִמְרָה	saying, expression
אַפְלָיָה	discrimination
אשכנזים	Ashkenazic (European Jewry)
באמצעוּת	by means of, through
בהיר/ה	bright, light
בּוֹלט/ת	noticeable, prominent
בוודאוּת	certainly
בֶּטוֹן	concrete
ביטחוֹן	security, confidence
בִּיצָה	swamp
בִּיצוּעַ	rendition
בִּיקוֹרת	criticism, review
בַּיִת	house, stanza
בְּקֶרֶב	among
גֵּאֶה	proud
גִּבְעָה	hill
גַּבְרִי/ת	masculine, male
גָּוֶון	color shading
גֶּחָלִים	coals
גָּליל	cylinder
גִּרְסָה	version
דָּגֵשׁ	emphasis
דהוּי/ה	faded, dull
דוּגמן/ית	model
דָּחוּס/ה	packed, compressed
דיוֹקָן	portrait
דַּייל/ת	flight attendant
דימוּי	metaphor
דֶּקֶל	palm tree
דְּרִישָׁה	demand
דתי/ת	religious
הֲבָרָה	syllable
הַגְזָמָה	exaggeration
הדוּק/ה	tight
הדרגתִיוּת	gradualness
הֲוַוי	way of life, local color
הוֹמה	noisy, busy, crowded
הזנחה	neglect
הַטְעָמָה	accent
הֶיבֵּט	aspect
הינוּמה	bridal veil
הֵיעָדְרוּת	absence
הָמוֹן	crowd, plenty
הִמְנוֹן	anthem
המצאה	invention
הפגנה	demonstration
הֶעָרָה	remark, comment
העתק	copy
הצהרה	declaration
השקפה	outlook
השתקפוּת	reflection
הִתְנַשְּׂאוּת	patronization
זַוִית	angle
זִיו	brightness
זְמַנִּי/ת	temporary
זָקָן	beard
זִקְנָה	old age
זֶרֶם	strand, flow
חֲוָויָה	experience
חוֹמֶר	material
חזוּתי/ת	visual
חיטה	wheat
חילוֹני/ת	secular
חֲלִילִית	recorder
חָלָל	vacuum, space
חַמָּנִיָּיה	sunflower
חסוּם/ה	blocked
חֵפֶץ	object
חָתָן	bridegroom
טיפוּסי/ת	typical
טֶרֶם	not yet
טרשים	rocky ground
יִיחוּד	uniqueness
יְצִירָה	work of art/music/literature
כהה	dark

כּוֹלֵל	Kolel (advanced Judaic studies program for married students)
כותנה	cotton
כֵּיצַד	how
כישָׁלוֹן	failure
כַּלָּה	bride
כְּלַפֵּי	towards
לַחַן	tune, melody
ליווי	accompaniment
מַאֲפֵרָה	ashtray
מְבוֹאוֹת	gateways
מַבָּט	gaze, view
מִגְדָּל	tower
מוּסְכָּמָה	convention
מְחָאָה	protest
מֶחֱוָוה	gesture
מטופח/ת	well-groomed
מַטָּס	aerial demonstration
מֵידַע	information, knowledge
מַלְבֵּן	rectangle
מלחין/ה	composer
מִלְמוּל	mumbling
ממושך/ת	prolonged
מַנְגָּל	outdoor grill
מנוכר/ת	estranged, alienated
מִסְגֶּרֶת	frame
מְסוּלְסל/ת	melismatic
מסופר/ת	coifed
מְסוֹרְתִי/ת	traditional
מַסְקָנָה	conclusion
מפוסל/ת	sculptured
מִצְפֶּה	observatory
מקהלה	choir
מִקְצָב	rhythm
מַרְאָה	mirror
מַרְאֶה	sight, appearance
מרושל/ת	sloppy
מַרְכִּיב	component
מַשּׂוּאָה	torch
משולש/ת	triangle
משושה	hexagon
מַשְׁמָעוּת	meaning, significance
מתוחכם/ת	sophisticated
מתקפל/ת	folding
מתרגם/ת	translator
מַתְרִיס/ה	oppose, protest
נָא	please
נוּסָח	version
נוֹשֵׂא	subject
נִיגוּד	contrast
נשי/ת	feminine
סִגְנוֹן	style
סחורה	merchandise
ספרדים	Sepharadic (Oriental Jewry)
עוֹמֶק	depth
עוֹצְמָה	might, strength
עֵז	goat
עִיגוּל	circle
עִידָּן	era, period
עכשווי/ת	contemporary
עממי/ת	popular
עֵמֶק	valley
עֵרֶךְ	value
עֵת	time
פוֹקוּס	focus
פוֹרִיוּת	fertility
פִּזְמוֹן	chorus, short song
פִּיוּט	liturgic poetry
פִּיקְטִיבִי	fictitious
פֵּירוּשׁ	interpretation, explanation, meaning
פשקוויל	a wall poster in ultraorthodox neighborhoods often containing polemic text
צֹאן	sheep and/or goats
צֵל	shadow, shade
צִמְחִיָּה	vegetation
צְנִיעוּת	modesty
צָפוּף/ה	crowded
קָהָל	audience
קוֹהֶלֶת	Ecclesiastes

קליט/ה	catchy, easy to remember
קַצָּב/ית	butcher
רָווּי	saturated
רועה	shepherd
ריבוע	square
רֶקַע	background
שְׁהִיָּה	stay
שטוח/ה	flat
שֶׁטַח	area, territory
שַׁיירה	convoy
שִׁיכּוֹר	drunk
שיר ערש	lullaby
שִׁכְתוּב	revision, rewriting
שֶׁלֶט	sign
שֶׁפַע	plenty, abundance
שִׁקְמָה	sycamore
תְּהִילָּה	glory
תַּהֲלִיךְ	process
תּוֹף (תּוּפִּים)	drum(s)
תְּחוּם	area, field
תְּחוּשָׁה	feeling, hunch
תַּחֲרוּת	competition
תְּלוּנָה	complaint
תְּנוּחָה	pose, position, posture
תַּעֲרוּכָה	exhibition
תַּקְרִיב	close-up
תַּשְׁבֵּץ	crossword puzzle

מבעים/ביטויים

אדמו"ר אדוננו, מורנו ורבנו. כינוי כבוד לרבנים.
"our master, our teacher and rabbi"

אֵירוּע ממלכתי	official event
אסם תבואה	granary
אש"ף	PLO (Palestinian Liberation Organization)
בָּא לִידֵי בִיטּוּי	realizes, expresses itself
בית חוזר	chorus, refrain
בַּמֶּרְחָב הַצִּיבּוּרִי	in the public domain
בעקבות	following, as a result of

בְּקֶרֶב	among
גורד שחקים	skyscraper
הדלקת משואות	beacon lightening
זיקוּקֵי דִּי-נוּר	fireworks
זָקָן מְטוּפָּח	groomed beard
חֶבֶל עַזָּה	Gaza Strip
חֶברה צרכנית	consumer society
חגורת בטיחות	seatbelt
חולצת טְרִיקוֹ	T-shirt, tricot shirt
חייל/ת משוחרר/ת	discharged soldier, veteran
חצר חסידית	Hasidic circle
יוֹצֵר תְּחוּשָׁה	creates a feeling
יצירת אמנות	work of art
כּוֹכַב לֶכֶת	planet
כלים חד פעמיים	disposable tableware
לָבוּשׁ בִּקְפִידָה	well-dressed
לוּחִית רִישׁוּי	license plate
מוסיקה מזרחית	oriental music
מילה נרדפת	synonym
מעברים בהרים	mountain paths
משפט סתמי	impersonal sentence
נוֹטֶה לִשְׁכּוֹחַ	tend to forget
נוֹף אוּרְבָּנִי	urban scenery
סימן קריאה	exclamation mark
סימן שאלה	question mark
סלע גיר	lime rock
סרט תְּלַת מְמַדִּי	3D movie
עֵדֶר צֹאן	flock of sheep (or goats)
עַל סְמַךְ	based on
פִּזְמוֹן חוֹזֵר	repeated chorus
שֶׁטַח מִסְחָרִי	commercial space
שְׁלַט-רָחוֹק	remote control
שִׁכְנוּעַ עַצְמִי	self-conviction
שָׂם לֵב	to pay attention
תמונת מצב	snapshot, situation report

יחידה 6

❧❧

שפה ותקשורת

תוכן העניינים

יחידה 6 &&& שפה ותקשורת

כתבה 1

בעלי זכות הבחירה בישראל – 5.1 מיליון
עלייה של 7 אחוז

א. קריאה ראשונה

הידיעה הזאת מדברת על
[ ] הבוחרים בישראל.
[ ] עלייה וירידה מן הארץ.
[ ] דתות בישראל.

מספר בעלי זכות הבחירה המתגוררים בישראל הוא 5.1 מיליון, כך עולה מנתוני הלשכה המרכזית לסטטיסטיקה (למ"ס) שהתפרסמו אתמול. המספר אינו כולל כ-560 אלף ישראלים השוהים בחו"ל ואינם רשומים בפנקס הבוחרים.

מאז הבחירות הקודמות גדל מספר בעלי זכות הבחירה ב-333 אלף (כ-7 אחוז). 81 אחוז מבעלי זכות הבחירה הם יהודים, 15 אחוזים מיעוטים (מוסלמים, נוצרים ודרוזים) ו-4 אחוז אינם רשומים במשרד הפנים כיהודים, רובם עולים מחבר המדינות.

אריק בנדר

מתוך: מעריב, 27.12.2012

ב. נסו להסביר את המבעים (מהשורש ב.ח.ר.):

1. זכות הבחירה – ______
2. בעלי זכות בחירה – ______
3. פנקס הבוחרים – ______

ג. שאלה

מהן הקבוצות השונות של הבוחרים בישראל? ______

______

______

ד. ראשי תיבות (ר״ת)

חַברו בין ראשי התיבות להסבר שלהם:

למ״ס	ראש הממשלה
חו״ל	מנהל כללי
יו״ר	יושב ראש
רה״מ	האומות המאוחדות
צה״ל	הלשכה המרכזית לסטטיסיקה
מנכ״ל	צבא הגנה לישראל
נתב״ג	חוץ לארץ
או״ם	נמל התעופה בן-גוריון

כתבה 2

התגלתה חותמת עתיקה עם סמל המנורה

מאת עמית גרינברג

א. קריאה ראשונה

מהטקסט הזה אפשר ללמוד על [ ] מנהגים של אופים בעת העתיקה.
[ ] סוגי לחם שונים בעת העתיקה.

בחודש שעבר, התגלתה בחפירה* ארכאולוגית חותמת* עתיקה עם סמל של המנורה. החותמת נמצאה בישוב עתיק ליד עכו.

הארכאולוגים חושבים שהחותמת הייתה שייכת לאופה* יהודי. על פי מה שהיה נהוג באותם הימים, לכל אופה הייתה חותמת משלו. על החותמת היה השם שלו והסמל של הדת שלו. כך, ליהודים היו חותמות עם מנורות, ולנוצרים חותמות עם צלבים. האופים היו מטביעים את החותמות שלהם על הבצק* לפני האפייה*.

"בעזרת החותמות האלה, היו האופים היהודים מסמנים שהלחם שלהם ומראים שהלחם כשר", מסבירים הארכאולוגים.

אגב, הארכאולוגים בדקו את הצורה של המנורה שעל החותמת וראו שהקנים* שלה מעוגלים. יש אנשים שחושבים שהקנים של המנורה במקדש היו ישרים ולא מעוגלים. אולם, החותמת הזאת, יחד עם ממצאים ארכאולוגיים אחרים שהתגלו במהלך השנים, מלמדת על הצורה האמיתית של המנורה במקדש.

*חפירה – dig
*חותמת – seal
*אופה – baker
*בָּצֵק – dough
*אפייה – baking
*קָנִים – branches

מתוך: ינשוף

ב. קריאה שנייה

1. החותמות העתיקות של האופים היו [ ] לפי סוגי הלחם השונים.
[ ] לפי הדתות השונות.

2. השלימו לפי הקטע:
החותמת נמצאה בחפירה ב______________ עתיק ליד עכו. החותמת היתה שייכת ל__________ יהודי. על החותמת היה ______________ האופה וסמל הדת שלו. האופים היו מטביעים את החותמת על ה____________ לפני האפייה.

3. מה החותמת מלמדת על צורת המנורה במקדש?

כתבה 3

מה הקשר בין איינשטיין ותחפושות?
מאת רונן גליק

א. קריאה ראשונה

לפי הידיעה, האוניברסיטה העברית בירושלים
[ ] משתמשת בדמות של איינשטיין.
[ ] חוקרת את כתבי היד של איינשטיין.
[ ] בעלת הזכויות על הדמות של איינשטיין.

חברה* אמריקנית רצתה לייצר* תחפושות* בדמותו* של המדען* המפורסם, אלברט איינשטיין. אולם, האוניברסיטה העברית לא הרשתה* להם לעשות את זה.
"כדי להשתמש בדמותו של איינשטיין, אתם צריכים לשלם לנו כסף", אמרו באוניברסיטה העברית. "אתם גם חייבים להשתמש בדמות בצורה מכובדת".
אולם*, החברה האמריקנית לא מוכנה לשלם את הכסף.
"לאוניברסיטה יש זכויות רק על כתבי היד* של איינשטיין ולא על הדמות שלו. כל אחד יכול להשתמש בדמות של איינשטיין", הם אומרים.
"החברה האמריקנית טועה* – יש לנו זכויות גם על הדמות שלו", אומרים באוניברסיטה העברית.
"אם הם לא ישלמו על התחפושות של איינשטיין, אנחנו נתבע* אותם בבית המשפט".

*חֶברה – company
*לייצר – to produce
*תחפושות – costumes
*דמות – image
*מַדען – scientist
*להרשות (הרשתה) – to permit
*אולם – however
*כְּתבי יד – manuscripts
*לטעות – to be wrong, mistaken (of)
*לתבוע – to sue

מתוך: ינשוף

ב. שאלות

1. על מה המחלוקת בין החֶברה האמריקאית ובין האוניברסיטה העברית?
2. מה דעתך על המחלוקת?

כתבה 4

הטבה* לגימלאים*: קולנוע ישראלי בחצי מחיר

*הֲטָבָה – benefit
*גִימְלָאִים – retirees

א. קריאה ראשונה

לפי הידיעה ההנחות לקולנוע יעזרו (סמנו את כל התשובות הנכונות) -

[ ] לבתי הקולנוע.
[ ] לבריאות של הגימלאים.
[ ] לתרבות הישראלית.

הטבה חדשה לאזרחים ותיקים: הנחה* של חמישים אחוזים ברכישת כרטיסים לסרטי קולנוע ישראליים. ההטבה תקפה* גם בסופי שבוע ומחייבת את בתי הקולנוע בכל רחבי הארץ.

היוזמה* להטבה הגיעה מקרן הקולנוע הישראלי, שפעלה יחד עם סגנית השר לענייני אזרחים ותיקים, ד"ר לאה נס. "יוזמה זו היא חלק ממגמה* כללית שאנו מובילים, להרחבת זכויותיהם של האזרחים הוותיקים", אומרת ד"ר נס. משנת 1989, אזרחים ותיקים (גבר מגיל 67 ואישה מגיל 62) זכאים* להטבות שונות בתחום התרבות.

עד עתה התייחס החוק להנחות של חמישים אחוז במוזיאונים ובמוסדות תרבות המציגים מופעים. כעת נכללים בחוק גם סרטים ישראליים.

מוסיפה ד"ר נס: "מחקרים חדשים מוכיחים, כי יש השפעה ישירה של פעילות תרבותית בחיי הוותיקים על מצב בריאותם, ולפיכך אני מאמינה כי מופעי תרבות וקולנוע הם פעילות הכרחית ולא מותרות*, ומחובתנו לפעול להנגשה* מְרַבִּית* של פעילויות אלה לכל האזרחים הוותיקים. מובן שכך נקַדם גם מטרה חשובה נוספת – עידוד* היצירה הישראלית".

*הֲנָחָה – discount
*תָקֵף/ה – valid
*יוזמה – initiative
*מְגמה – trend
*זַכאי – eligible
*מותרות – luxury
*הנגשה – accessibility
*מרבי/ת – מַקסימָלי/ת
*עידוד – encouragement

מתוך: שער למתחיל, תרבות ואמנות, 13 במרץ 2012.

ב. שאלות

1. אילו הטבות (חדשות וישנות) יש לגימלאים בתחום התרבות? (שורות 1–12)
2. האם אתם מסכימים עם הדעה של ד״ר נס שפעילות תרבותית היא ״הכרחית ולא מותרות״? (13–18)

ג. כתיבה

כתבו **ראיון** עם גימלאי שמשתמש בהטבות בתחום התרבות.

השתמשו במילים: **הנחה, הטבה, יוזמה, גימלאי, אזרח ותיק, מגמה, פעילות תרבותית, הנגשה/להנגיש.**

כתבה 5

דיקור* חולים

*דיקור – Acupuncture

כתב: ארי גלהר

א. קריאה ראשונה

לפי הידיעה, הדיקור עוזר ל (סמנו את כל התשובות הנכונות) -

[ ] מֶתח.
[ ] כאֵבים.
[ ] חרדה.
[ ] חבֵרות וידידוּת.
[ ] התנהגות.

הרפואה המשלימה* מגיעה למרכז הרפואי שיבא: הילדים זוכים לקבל טיפול בדיקור סיני לפני ניתוחים* ואחריהם. ד"ר דניאל שינהר, רופא בכיר בבית החולים: "זה לא דבר של מה בכך* להכניס רפואה משלימה למחלקה קונבנציונלית, אבל בפיילוט שערכנו הוכחה יעילות* הטיפול, שנועד להפחית חרדה* ומתח לפני ניתוחים ולמנוע כאב אחריהם, ובכך להפחית את השימוש בתרופות הרגעה* ובתרופות נוגדות כאבים*. הכנסנו תקן* של מטפל בדיקור סיני למחלקה, והוא עובר בין הילדים ומציע לכל מי שרוצה את הטיפול באופן ידידותי, וההצלחה רבה.

*רפואה משלימה – רפואה אלטרנטיבית
*ניתוח – surgery
*דָּבָר שֶׁל מַה בְּכָךְ – a thing of no importance
*הוּכְחָה יְעִילוּת הטיפול– the effectiveness of the treatment was proved
*חרדה – anxiety
*תרופת הרגעה – tranquilizing medication
*תרופה נוגדת כאבים – pain killer
*תֶּקֶן – position, allotment

מתוך : מעריב, 27 בדצמבר 2012.

ב. קריאה שנייה

השלימו את המשפט לפי הידיעה :

זה לא דבר של מה בכך ל____

ג. מצבים לשיחה/כתיבה

1. אתם רופאים בבית החולים שיבא. שכנעו את מנהלי המרכז הרפואי להכניס תקן של מטפל בדיקור במחלקת הילדים.
2. אתם עובדים בבית החולים שיבא. נסו לשכנע ילד חולה לעשות דיקור סיני.

כתבה 6

יום ללא קניות

א. ניחוש מילים

לפני קריאת הכתבה – נסו לנחש את השורש ואת המשמעות של המילים:

המילה	השורש	המשמעות
1. קניות	ק.נ.ה.	שופינג. ללכת לחנויות לקנות דברים.
2. צריכה	______	______
3. רֵיקנוּת	______	______
4. כניעה	______	______
5. להסתפק	______	______
6. הפרדה	______	______
7. הימָנעוּת	______	______
8. הוצאה	______	______
9. נָסוב	______	______
10. רכישוֹת	______	______

ב. הכותרת

קראו את הכותרת ונסו לנחש – מה רוצה כותב הכתבה לומר לקוראים שלו?

דעה: יום ללא קניות - בשביל מה צריך את זה?

______

______

______

ג. נושא הכתבה

קראו את הכתבה בעמוד הבא וענו: האם ניחשתם נכון את נושא הכתבה (בתרגיל ב')?

דעה: יום ללא קניות - בשביל מה צריך את זה?

'יום ללא קניות' שצוין ביום שישי בעולם ובקמפוסים ברחבי הארץ הוא הזדמנות מצוינת להשאיר את הארנק בבית ליום אחד, ולגרום לנו להרהר בתרבות הצריכה הקפיטליסטית השלטת בחיינו.

באתר אינטרנט מרכזי בנושא "יום ללא קניות", כתוב: *"תרבות הצריכה שלנו יצאה משליטה. בעבר, קנינו את מה שהיינו צריכים, נקודה. כעת, גם כשאנחנו כבר לא צריכים הרבה, אנו קונים מסיבות אחרות: להרשים חברים, למלא הרגשת ריקנות, להרוג זמן."*

למעשה, רוב הזמן אין אנו קונים את מה ש"אנחנו באמת צריכים", כלומר, בהקשר של 'יום חופשי מקניות' נהוג לזהות חלק מתרבות הצריכה העכשווית עם כניעה לתשוקות, במקום להסתפק בצרכים האמיתיים שלנו... בעוד צרכים הם בדרך כלל 'הכרחיים' התשוקות הן מותָרות. אך מהם בעצם אותם 'צרכים' בהם יש להסתפק?

ישנו קונצֶנזוס כי כל אדם צריך לאכול. האכילה היא צורך! אולם שאלות כמו 'מה לאכול, כמה לאכול, מתי לאכול ואיך לאכול?' תלויות בהקשר התרבותי. בתרבות אחת אכילה מסביב לשולחן היא הכרח – ובתרבות אחרת היא נחשבת למותרות. בתרבות מסוימת אכילה במסעדה היא צורך של אנשים עובדים – ובתרבות אחרת יציאה למסעדה נחשבת למותרות. יש תרבויות המסתפקות במנה אחת בכל ארוחה – ויש תרבויות המקפידות על הגשה של שלוש מנות. הדוגמאות האלו מראות עד כמה ההבחנה בין תשוקות ובין צרכים היא פיקטיבית ותלוית הקשר תרבותי.

לכן לדעתי אין דבר כזה 'צורך אמיתי' – כי זה שונה בכל חברה ואצל כל אחד – לכן אני לא יכול להסכים שהסיבה לא לקנות ב"יום ללא קניות" צריכה להיות קשורה ל"הימנעות מתשוקות' – או להבחנה בין קניות 'נחוצות' ל'בלתי נחוצות'.

לדעתי, הימנעות ליום אחד מכל הוצאה כספית שהיא, מכל קנייה, הליכה ברחוב ללא ארנק, תמחיש לנו טוב יותר את הרעיון כי חיינו מסתובבים ללא הפסקה סביב קניות ורכישות.

מתוך: דעה – יום ללא קניות /http://www.student.universities-colleges.org.il/P32204

ד. קראו את הכתבה שנית וענו:

האם לדעתכם הכותב -

[ ] מסכים שיש הבדל בין צרכים ותשוקות.

[ ] חושב שלכולם יש צרכים ותשוקות דומים.

[ ] מסכים עם המטרה של ״יום ללא קניות״.

ה. השלימו את המשפטים על פי הכתבה למעלה:

1. יום ללא קניות מתרחש _____

2. ביום ללא קניות אנשים _____

3. כותב המאמר חושב שיום ללא קניות צריך להיות _____

ולא צריך להיות _____

ו. מצבים

1. כתבו מכתב לראש העיר וספרו לו מדוע חשוב לקיים יום ללא קניות – בעירכם.

2. אתם עובדי העירייה, וביקשו מכם לחבֵּר מודעה המכריזה על יום ללא קניות בעיר.

הקַניון הראשון בישראל, קַניון דיזנגוף סנטר, תל אביב. צילום: בונית פורת

כתבה 7

אני, אתה ואתא

עכבר העיר, יום שלישי 18 במאי 2010, מאת: שחר אטואן | תצלומים: עמית ישראלי

http://www.mouse.co.il/CM.articles_item,1018,209,49712,.aspx

א. קריאה ראשונה

קראו את חלק א׳ של הכתבה וענו:

על פי קטע זה, בגדי אתא

[ ] גרמו למהפכה חברתית.

[ ] ביטאו את רוח התקופה.

[ ] ייצגו את השלטון הישראלי.

חלק א

בית החרושת לבגדים "אתא" נוסד ב-1934 על ידי משפחת מוֹלֶר. בסוף שנות ה-30 אתא היה מִפעל הטֶקסטיל הגדול ביותר בארץ. בגדי אתא נלבשו לא רק בשעות העבודה אלא גם בשעות הפנאי, בכל הזדמנות ומקום על ידי בני-נוער וכלל הציבור. הסופר מנחם תלמי כותב במעריב בשנת 1983: "אתא בשבילנו, ילדֵי שנות ה-30 וה-40, היה קטע בלתי נפרד מתמונת ארץ-ישראל של אותם הימים. אתא בשבילנו זה מכנסי חָאקי, זה חולצות שמתגאים בהן בשבתות, וזה גם בגדי עבודה גסים ..."

תוך זמן קצר בגדי אתא נהפכו לסמל של "התחדשות העָם בארצו". בספרהּ "חליפות העתים – מאה שנות אופנה בארץ-ישראל" (1996), טוענת המחברת אילה רז שבגדי החאקי חוללו בארץ מהפכה חברתית. הם טִשטשו את ההבדלים בין המעמדות, כי חאקי לא היה רק צבע אלא גם תפישת עולם שמבטאת פשטות וחסכנות, יחד עם גאווה לאומית ונכוֹנוּת לעמוד במבצעים צבאיים.

בן גוריון – ראש הממשלה הראשון של מדינת ישראל – היה מוֹדֶל לרבים אחרים בעת שלבש מִכְנָסֵי חאקי וחולצה תואמת מתוצרת אתא.

בתקופת מלחמת העולם השנייה אתא סיפקה מַדים לכוחות הצבאיים שהיו בארץ וגם יִיצאה בגדים לכל המזרח התיכון.

ב. קראו שנית את חלק א׳.

בחרו את התשובה הנכונה:

[ ] במפעל ״אתא״ ייצרו רק בגדי חאקי.

[ ] חאקי היה צבע פופולארי תקופה ארוכה.

[ ] לצבע החאקי הייתה משמעות סמלית (סימְבולית).

[ ] רק חלק מהאוכְלוסיה לבש את בגדי ״אתא״.

ג. בחרו בפירוש המילה המתאים למילה:

1. מִפעל — **בית חרושת / עבודה / פעולה**
2. חוללו — **עשו / חלל / היו**
3. מהפֵּכה — **ההפך / שינוי / מלחמה**
4. טִשטשו — **בלבלו / מחקו / הפרידו**
5. מעמד — **מקומות / סטטוס / עמדה**
6. תפישׂה — **פילוסופיה / החזקה / פשטות**
7. חסכנות — **צניעות / קמצנות / חשבונות**

ד. מילה ושורש

מצאו את השורש של המילים הבאות, ותרגמו אותן לאנגלית:

נִלְבְּשוּ — ל.ב.ש. — were worn

בִּלְתִּי נִפְרָד — ________ — ________

מִתְגָּאִים — ________ — ________

מְבַטֵּאת — ________ — ________

נֶהֶפְכוּ — ________ — ________

נְכוֹנוּת — ________ — ________

פַּשְׁטוּת — ________ — ________

תּוֹצֶרֶת — ________ — ________

סִיפְּקָה ______________ ______________________________
יִיצְאָה ______________ ______________________________
מִבְצָעִים ______________ ______________________________

ה. קראו את חלק ב׳ וענו:

כותבי הכתבה טוענים שסגירתו של מפעל ״אתא״ הִכאיבה כי [ ] הוא הפסיד הרבה כספים.
[ ] הוא עבר לבעלים חדשים.
[ ] זה ציין סיום של תקופה.

חלק ב

אלא שבסוף שנות ה-50 בעקבות שינויים בהרגלי הצריכה של הציבור הישראלי שהחל לחפש מוצרים אופנתיים יותר – נקלע המפעל לקשיים כלכליים. כדי להמשיך ולהתקיים היה המפעל חייב להעלות את מחירי המוצרים, וכן מנהלי אתא הוסיפו מוצרים המתאימים לטעמו המשתנה של הלקוח הישראלי – נפתחה מחלקה לבגדי נשים ופותחו סוגי אריגים חדשים. במחצית שנות השישים המפעל הציע מִגוון רחב של בגדים כמו שמלות, חולצות לגברים, מכנסיים לנשים ולגברים בהתאם לקווי האופנה הבינלאומיים. מוֹלֶר קיווה שהמוצרים החדשים יימָכרו לצד מוצריה הקבועים והמוכרים. אבל הוא סירב בתוקף להֵיעָזר בפִרסום או בתצוגות אוֹפנה לעידוד המכירות. הוא טען ש"סחורה טובה מדברת בעד עצמה". לא היה לו עניין להשתלב בתחום שבו האופנה משתנה תכופוֹת.

אבל למעשה "מפעל אתא לא הצליח לעשות את המעבר מביגוד לאופנה", אומרת רז שהייתה אחת ממעצבות הבגדים של המפעל. עם מותו של הַנס מוֹלֶר בשנת 1961 ניסו הבעלים החדשים לאמץ שיטות שיווק עדכניות יותר, אלא שאז אתא איבד מהוֹנוֹ וכוחו הסימבולי, ותוצרת המפעל קסמה בעיקר לקהל בוגר שהיה רגיל אליו. בשנת 1985 המפעל נקלע לקשיים והיה מאבק להציל אותו. הוא נאלץ להיסָגר. "סגירתו של אתא הִכאיבה לכל הציבור, מאחר שזה היה אובדן של סמל לאומי מרכזי שהֵיעָלמותו ציינה את סופו של פרק מיוחד בתולדות המדינה הציונית. אתא היה הרבה מעל לבגדים ומעל לכלכלה. למעשה, מפעל אתא לא הצליח להשלים את המעבר מביגוד לאופנה", אומרת רז. "הוא לא היה בנוי לתחרות בשוק החופשי. בסוף שנות ה-60 הוא החל לעשות את המעבר לאופנה כשהבין שתקופת החלוציות בארץ תמה. קולֶקציות ההלבשה שייצר היו רחבות הרבה יותר, וקרובות יותר ברוחן לאופנה העולמית. המפעל גם החל להציג את תוצרתו בשבועות האופנה שהתקיימו אז בישראל".

ו. מילים והגדרות מחלק ב'

קראו שנית ומצאו את המילים המתאימות להגדרות. העזרו במילים למטה.

1. נעשה אחרת ______________
2. קנייה ______________
3. דברים שקונים ______________
4. ברוח הזמן ______________
5. מה שהוא אוהב ______________
6. כל מיני סוגים ______________
7. לא משתנה ______________
8. לא הסכים ______________
9. מכירה ______________
10. חדשני ______________
11. נכנס ______________
12. היה מוכרח ______________
13. כספו ______________
14. אריגים ______________

בנק מילים: **רכישה / עדכני / סירב / נקלע / מוצרים / שינוי / אופנתי / מִגְוָון / טעמו / הונו / קבוע / שיווק / בדים / נאלץ**

ז. ביטוי: מדבר בעד עצמו

בכתבה נאמר שמולר סירב לפרסם את מוצרי "אתא" משום ש"**סחורה טובה מדברת בעד עצמה**". הסבירו למה הוא התכוון.

ח. עם אילו הצהרות אתם מסכימים? הסבירו.

ההצהרה	מסכימים כי...	לא מסכימים כי...
"אתא" נסגר בגלל ניהול לא מוצלח.		
"אתא" הוא נֶכֶס היסטורי.		
חשוב למדינה שיהיה לה מִפעל בגדים כמו "אתא".		

ט. תגובה

כתבו תגובה למערכת העיתון על המאמר "אני אתה ואתא".

כתבה 8

דיור

א. כותרת המאמר

קראו את הכותרת וענו על השאלה שאחריה:

> # מצוקת דיור בישראל? בואו לראות איך גרים ברחבי העולם

המילה "**מצוקה**" בהקשר הזה פירושה: בעיה או קושי.

איזו דעה, לדעתכם, מבטאת הכותרת?

[ ] יש יותר בעיות דיור בישראל בהשוואה לעולם.

[ ] לא רק בישראל יש בעיית דיור.

ב. כותרת המשנה

1. קראו את כותרת המשנה וענו:

באיזו דעה מהדעות שהוזכרו למעלה (בתרגיל א') היא תומכת?

> # ביפן מעדיפים* שלא לנקר עיניים* ובהודו אין כבישים כדי להגיע לבתים החדשים ■ בארה"ב ובאוסטרליה עדיין בונים בענק, אולם מחירי האנרגיה כבר גורמים לרבים לפקפק* ביתרון הבתים הרהבתניים*
>
> גיל שלמה, גלובס, 23/09/2012

*להעדיף – to prefer
*לנקר עיניים – ביטוי: לגרום לקנאה אצל האחר (להוציא לאחר את העיניים מהמקום)
*לפקפק – לא להיות בטוח
*רהבתני – מפואר, מרשים

גיל שלמה, גלובס, זירת העסקים של ישראל. חדשות - מדור נדל"ן. 23/09/2012
http://www.globes.co.il/news/article.aspx?did=1000786187

2. נסו לכתוב את כותרת המשנה במילים שלכם :

_____

_____

_____

3. איזה מקום ״מנקר עיניים״ אתם מכירים – מדוע הוא ״מנקר עיניים״?

_____

_____

_____

_____

4. מה הקשר של מחירי האנרגיה לכתבה על הדיור?

_____

_____

ג. קטע ההקדמה למאמר

קראו את קטע ההקדמה למאמר וענו :

האם לדעתכם הכותב חושב שמי שמשפיע על תנאי מגורים במקומות שונים בעולם הוא -

[ ] הממשלה.

[ ] הכלכלה.

לפי פִּרסום מַדד (סולם) אֵיכות (טיב) החיים של ה-OECD תנאי מגורים לא נאותים (מספיקים, טובים) קשורים לבעיות בריאות פיזית ונפשית גם יחד, וכן לקשיים בתִפקוד המשפחה ובהתפתחות הילדים. המשתנים (האֶלֶמנטים) שכולל הארגון במַדָּד הדיור הם צְפיפות – היחס בין מִספר החדרים למִספר הנפשות (האנשים) – יחד עם קיומם של שירותים ומקלחת בתוך הבית.

לפי הארגון המַלכותי הבריטי לארכיטקטורה (RIBA) הטיפול בנושא הצפיפות החל כבר בעידן (בתקופה) הוויקטוריאני בגלל התַחלוּאה (מחלות) הגוברת. בשנות הארבעים נקבע שם שטח מִזערי (קטן מאוד) לחדרים, ולאחר מכן צורכי המשפחה הם שהכתיבו אותו. במקרה של הסלון נכתב בתקנות (בחוק) האנגליות: "עליו לאַפשר מקום לשתיים-שלוש כורסאות, ספה, טלוויזיה, מכונת תפירה, ארגז משחקים, תיבת רדיו וכוננית ספרים".

בשנות השמונים בוטלו התקנות (החוקים) בבריטניה כדי לתת לשוק החופשי לפעול, אבל עדיין הבתים החדשים באנגליה הם הקטנים במערב.

במקומות אחרים, חוקי הביקוש וההֶיצע הביאו לתוצאות אחרות; בארה"ב ובאוסטרליה רחבות הידיים התנפחו (גדלו) הבתים לממדי ענק, ואילו בשוקי הענק המתפתחים של סין, הודו ורוסיה הרצון לשַפר (לעשות טוב יותר) את תנאֵי המגורים נמשך, ושטח הדירות גדל. מערב אירופה נמצאת היכן-שהוא באמצע מבחינת שטח הדירות, וביפן כרגיל הסיפור קצת אחר.

ד. מילה ושורש

חברו בין המילה לשורש שלה ותרגמו אותה לאנגלית.

בנק שורשים : **ח.ל.ה., ש.נ.ה., נ.פ.ח., נ.פ.ש., נ.א.ה.**

המילה	השורש	תרגום
התנפחו		
נאותים		
משתנים		
נפשות		
תחלואה		

ה. מצאו בטקסט (ההקדמה למאמר - בעמוד הקודם) את המילה המתאימה:

סולם - ______________________

טיב - ______________________

טובים - ______________________

אנשים - ______________________

תקופה - ______________________

מחלות - ______________________

קטן - ______________________

חוקים - ______________________

גדלו - ______________________

לעשות טוב יותר - ______________________

ו. הסבירו במילים שלכם:

"בִּיקּוּשׁ וְהֶיצֵּעַ" - ____

ז. קראו שנית את קטע ההקדמה, ובחרו את המילה הנכונה:

1. אִרגון ה- OCED פרסם **איכות / מדד / נפשות.**
2. בבריטניה הבתים הכי **נפוחים / מזעריים / תחלואות.**
3. בהווה שוק הבתים תלוי ב- **תקנות / נאותים / ביקוש והיצע.**

ח. ענו נכון/לא נכון:

1. בסין תנאי המגורים משתפרים. **נכון / לא נכון**
2. בכל העולם שטח הבתים גדל. **נכון / לא נכון**
3. שוק הבתים בהווה שונה משוק הבתים בעבר. **נכון / לא נכון**
4. אופי הדירות באנגליה בהווה דומה לזה שבעבר. **נכון / לא נכון**
5. לפי ה- OCED לתנאי המגורים אין השפעה על בריאות האדם. **נכון / לא נכון**

ט. קראו את הקטע על הודו וענו נכון/לא נכון: ✼

1.	שטח דירת פאר גדול פי שניים מדירה סטנדרטית.	**נכון / לא נכון**
2.	בכל המבנים החדשים יש מרכז שירותים לדיירים.	**נכון / לא נכון**
3.	יש ביקוש רב לדירות במרכז העיר.	**נכון / לא נכון**

הודו

שטחן של דירות סטנדרטיות חדשות בערים הראשיות של הודו – מומביי, בנגלור, דלהי ועוד – הוא בערך 70 מ"ר. ברובן ניתן למצוא שני חדרי שינה, סלון, מטבח ושני חדרי אמבטיה. שטחן של דירות מפוארות יותר כבר יטפס ל-90 מ"ר, שיתחלקו בין שלושה וארבעה חדרי שינה.

בניינים חדשים רבים כוללים 4-6 דירות בקומה, ורובם <u>עומדים בפני עצמם</u>. עם זאת, אפשר למצוא מספר גדל והולך של <u>מקבצים</u> של 2-10 בניינים וביניהם גינות, גני ילדים, שטחי משחק, מכון כושר ולפעמים אפילו בריכה, וכן מרכז קהילתי.

מחיר הדירות בלב הערים <u>מרקיע שחקים</u> ביחס <u>לכוח הקנייה</u>, ולכן יש <u>גידול</u> עצום בביקוש <u>במיקומים</u> רחוקים מאוד מהמרכז. הבעיה היא שה<u>רשויות</u> מתקשות לבנות את ה<u>תשתיות הנחוצות</u>, כך שהתושבים סובלים מכבישים <u>רעועים</u> וה<u>יעדר מוסדות חינוך</u> אבל כנראה שזה עדיף על מגורים בשכירות או בבנייני chawls שבהם השירותים משותפים.

בנייה חדשה בהודו

י. נסו לנחש את פירוש המבעים והמילים:

בנק פירושים: **יכולֶת לשלם / נהיה יותר גדול / מקום / בתי ספר / העירייה / ריכוז של בתים / שבור / חוסר / יקר מאוד – "המחיר עַד השמיים" / עצמאיים / כבישים–מים–חשמל / דרושות – שצריך אותן.**

1. עומדים בפנֵי עצמם - ____________________
2. כוח קְנייה - ____________________
3. מַרקיע שְחָקִים - ____________________
4. הֵיעָדֵר - ____________________
5. רָעוּעַ - ____________________
6. מוֹסְדות חינוך - ____________________
7. רָשוּיוֹת - ____________________
8. תַשתיות - ____________________
9. נחוצות - ____________________
10. גידול - ____________________
11. מיקומים - ____________________
12. מִקְבָּצִים - ____________________

יא. השלימו את הקטע (הודו) והשתמשו במילים בתרגיל י':

בניינים חדשים רבים [בהודו] כוללים 4-6 דירות בקומה, ורובם ____________________. עם זאת, אפשר למצוא מספר גדל והולך של ______________ של 2-10 בניינים וביניהם גינות, גני ילדים, שטחי משחק, מכון כושר ולפעמים אפילו בריכה, וכן מרכז קהילתי.

מחיר הדירות בלב הערים ______________ ביחס ל______________, ולכן יש ______________ עצום בביקוש לדירות ב______________ רחוקים מאוד מהמרכז. הבעיה היא שה______________ מתקשות לבנות את ה______________ ה______________, כך שהתושבים סובלים מכבישים ______________ והיעדר______________, אבל כנראה שזה עדיף על מגורים בשכירות או בבנייני chawls שבהם השירותים משותפים.

יב. קראו את הקטע הבא (אוסטרליה) וסמנו את התשובות הנכונות:

לפי הקטע [ ] לכל האוסטרלים יש שטח מגורים גדול.

[ ] הצעירים האוסטרלים משפיעים על שוק המגורים.

[ ] בעתיד – שטח הבתים באוסטרליה ימשיך לגדול.

אוסטרליה

האוסטרלים בונים בגדול. השטח הממוצע של בתים ודירות הוא לא פחות מ-214 מ"ר. למעשה, הגידול בשטח בתי המגורים נמשך כבר 25 שנה, כאשר ב-1985 שטח בית ממוצע היה כ-150 מ"ר.

יחד עם זאת בשנתיים האחרונות נבנות באוסטרליה יותר דירות קטנות יחסית, שיותר ויותר ילידי שנות השמונים והתשעים רוכשים אותן .

קרייג ג'יימס, הכלכלן הראשי של חברת CommSec, אמר לעיתון שהצעירים מעדיפים לקנות דירות קטנות יחסית שסמוכות למרכזי העסקים: "הם שונים מאוד משני הדורות הקודמים שחיפשו מגרש של דונם. הצעירים לא מחפשים בית ענק". לפי דעתו שטחו הממוצע של בית המגורים לא יגדל עוד, גם מפני שמחירי האנרגיה יהפכו בתים קטנים ליותר אטרקטיביים.

בית באוסטרליה

✕ **יג. קראו שנית (אוסטרליה) ונחשו מה פירוש המילה:**

1. ממוצע - ____________________
2. גידול - ____________________
3. יחסית - ____________________
4. רוכש - ____________________
5. סמוך - ____________________

✕ **יד. קראו את הקטע הבא (יפן) וענו:**

לפי הקטע [ ] תרבות הדיור ביפן דומָה לתרבות הדיור במערב.
[ ] היפנים אוהבים לְהַראות את העושר שלהם.
[ ] היפנים מתאימים את אורַח החיים שלהם לסביבה.

יפן

היפנים אינם מתבלטים; אפשר לשבת ברכבת או לצעוד ברחוב לצד מוּלטי-מיליונרים, ולעולם לא לדעת שהם כָּאלה. אם תשכור בַּלש פרטי שיעקוב אחרי עשיר יפני ידוע עד לִמְעונו, קרוב לוודאי ששני דברים יפתיעו אותך – המכונית הפשוטה והבית הצנוע.

היפנים זכו להכרה עולמית בזכות החיסכון הפרטי שלהם, שהוא הגבוה בעולם. עד לשנים האחרונות ממש, כרטיסי אשראי ביפן לא נחשבו נחוצים במיוחד. עד אז הם היו פתרון לשעת חירום, והכרטיסים נשמרו בדרך קבע בתוך ארון הבגדים לצד הכסף המזומן.

הגישה השלטת כאן היא שאדם לא צריך לנפנף בעושר שצבר. בניגוד למערב – העובדה שיש לך כסף לא אומרת שכל העולם צריך לדעת מזה.

כמובן שאפשר לראות בטוֹקיו אנשים שנוהגים ברכבי יוקרה, אבל זה משהו יוצא מן הכלל. בעיני היפנים חשוב לאנשים לחיות ולצרוך פחות, או בעיקר לחיות בדומה לחוג החברתי שלהם. ולכן, למרות העושר, אם כולם סביבך נוהגים בטוֹיוֹטָה משפחתית, אתה תנהג ברכב מסוג דומה.

שוק הדיור היפני אינו יוצא דופן מבחינה זו – יש מעט מאוד ארמונות ואחוזות ענק שתפורות לפי מידה, כפי שאפשר למצוא בארה"ב ובקנדה. בעיר, היפני הטיפוסי יקנה דירה או יבנה בית שמתאים ומשתלב עם סביבתו.

חוץ מהנקודה הכלכלית-חברתית, גם למחסור בשטח יש השפעה. שְטחה של ארץ השמש העולה קטן מזה של קליפורניה, בה בשעה שאוכלוסייתה מונה כ-125 מיליון בני אדם – שזה בערך 40% מאוכלוסיית ארה"ב כולה – רק 30% מהשטח היבשתי של המדינה ראוי למגורים, מאחר שהיא ארץ הררית. לסיכום, התרבות והגֵאוגרפיה לא דוחפים לבניית בתי מגורים רק כדי להרשים את השכנים.

טו. איך כתוב בטקסט:

1. אף פעם לא - לעולם לא
2. בטח - ______________
3. כולם יודעים עליהם - ______________
4. בדרך כלל - ______________
5. אסף - ______________
6. לא רגיל - ______________
7. לפי דעתם - ______________
8. לקנות - ______________
9. בנוי לפי הגודל והצורך - ______________
10. יפן - ______________

טז. השלימו עם המילים:

מזומן / מתבלטים / להרשים / לצרוך / כרטיס אשרַאי / משתלבים / בְּדוֹמֶה

היפנים לא ______________.

הם משתמשים בעיקר בכסף ______________ ולא ב______________.

לדעתם צריך______________ פחות.

הם חיים ______________ לחוג החברתי שלהם.

הבתים שלהם ______________ עם הסביבה.

הם לא חושבים שצריך ______________ את השכנים.

יז. לְמַה קשור הביטוי?

1. לעולם אין לדעת — **העושר / גודל הבתים / החברה**
2. זכו להכרה עולמית — **חיסכון / הבגדים / המערב**
3. לא נחשב — **כרטיס אשראי / גודל הבתים / רכב**
4. שעת חירום — **כרטיס אשראי / בַּלָּש / רכבת**
5. הגישה השלטת — **כסף / צניעות / נהיגה**
6. יוצא מן הכלל — **בגדים / רכב יוקרתי / חוג חברתי**
7. יוצא דופן — **המגורים / סביבה גיאוגרפית / שכנים**
8. תפור לפי מידה — **בגדים / בתים / סביבה**

יח. קראו את הקטע הבא (סין) וענו:

היכן נמצאות הדירות המוזכרות בכתבה (שני סוגי ערים)?

סין

אם יש משהו שאפשר להגיד לגבי שוק הדיור הסיני, זה שצפיפות המגורים נמוכה יחסית, בעיקר בגלל מדיניות "הילד האחד".

בערים המרכזיות – דירות רבות נמכרות למשקיעים. לרוב שטחן יגיע ל-120 מ"ר עם רמת גימור גבוהה. לעומת זאת, בערי המעגל השני - קונים לשימוש אישי. הדירות קטנות יותר, ושטחן נע בטווח של 70–90 מ"ר, ובדרך כלל ברמת גימור נמוכה.

הדירה הסינית, קטנה יחסית ותכלול שני חדרים, ולעתים עוד חדר עבודה. לרוב אזור המטבח ואזור האירוח קטנים, משום שרוב הפעילות החברתית מתרכזת במסעדות ומחוץ לבית. הבישול נעשה על הכיריים, כך שאין צורך בתנור אפייה. צריכה מועטה של מוצרי חלב מאפשרת מקררים קטנים, ולעתים קרובות המקרר נמצא בסלון.

בשנים האחרונות יש יותר דירות עם מכונת כביסה, מערכת מיזוג, ולעתים ריהוט. גם בדירות פשוטות יחסית ולא רק בכאלה שנמכרות לקונים אמידים (עשירים). יש אפילו מקומות שבהם יחד עם הדירה תקבלו רֶכֶב חדש או חֲברוּת במועדוני גולף/כושר.

דירה בסין

יט. קראו את הקטע (סין) שנית והשלימו:

יש דירות עם ______________ ברמה גבוהה ויש דירות עם רמת ______________ נמוכה.

בעיר הגדולה רוב הקונים הם ______________.

ברוב הדירות יש ______________ קטן, כי הם לא אוכלים מוצרי חלב.

כדי לעודד אנשים לקנות דירות נותנים להם ______________________________.

כ. מצב (סיטואציה)

אילו שאלות שואל לדעתכם אדם מהמערב, כאשר הוא רואה דירה למכירה בסין?

____

____

____

כא. קראו את הקטע הבא (ארה"ב) וענו נכון/לא נכון:

על פי הקטע – בעתיד הבית האמריקאי יהיה דומה לבית האמריקאי בהווה. **נכון / לא נכון**

ארה"ב

הבתים הפרטיים בפרברים, ולא הדירות הזעירות במנהטן או בסַן פְרנסיסקו, הם העיקר של שוק הדיור האמריקני. מתוך 130 מיליון יחידות דיור במדינה, 82 מיליון הם בתים פרטיים. שִטחו הממוצע של הבית הפרטי גדֵל כמעט שנה אחרי שנה מאז 1973.

בטווח הארוך יותר, אנשים ירצו לקנות בתים קטנים יותר, מה שיוריד את הממוצע הארצי.

העלייה במחירי האֶנרגיה הופכת נסיעה ארוכה במיוחד לַפרברים, שם נמצאים הבתים הגדולים, ליקרה ולא כְּדָאית. בנוסף לכך, כאשר יקר לחַמם ולקרר את הבית, הקונים ירצו שטח בית קטן יותר.

ומסתבר שלא כולם בארה"ב חסידים של בתים גדולים. האדריכלית שרה סוּסַנְקָה, אומרת שלפחות 50 מיליון אמריקנים לא חולמים את חלום הבית הענק.

סוסנקה, ילידת בריטניה, ממשיכה לקרוא לאמריקנים להעדיף אֵיכות על כַּמות ולהדגיש שהרגשת בֵּיתִיות אינה קשורה לשטח הבית, אלא לעיצוב חכם, להתאמה אישית ולהקפדה על פרטים. החזון שלה הוא בתים שכל החדרים בהם מנוצלים מִדי יום ביומו.

כב. ניחוש מילים בהקשר

נסו לנחש את משמעות המילה – סַמנו את המילה המתאימה (על פי ההקשר בקטע).

פַּרְבָּר	**מרכז העיר / מחוץ לעיר**
זָעִיר	**גדול / קטן / בינוני**
יחידת דִיור	**בניין / דירה**
ממוּצע	**בהתחלה / בסוף / באמצע**
טְוַוח רחוק	**הווה / עתיד**
להעדיף	**לרצות / לרצות דבר יותר מדבר אחר**
עיצוּב	**סידור / ריהוט**
מנוּצל	**שמשתמשים בו / שזורקים אותו**

כג. השלימו את המשפטים במילים שלכם:

1. בעתיד הדירות והבתים בארצות הברית יהיו ____________________
2. אנשים לא רוצים להוציא כסף על ____________________________
3. להרבה אנשים אין חשק לגור ב____________________________
4. האדרכלית סוּסַנְקָה אומרת שכדי להרגיש טוב בבית צריך לשים לב ל____________ ולא לכמות.

סלון בארצות הברית

כד. **שאלות סיכום לכתבה על מצוקת הדיור** ✄

1. איזו מדינה עשתה, לדעתכם, שינוי משמעותי בתרבות הדיור שלה?

2. באיזו מדינה הייתם רוצים לגור? הסבירו.

3. באיזו מדינה לא הייתם רוצים לגור? הסבירו.

כתבה 9

חינוך פוליטי

הקריאה בפרק זה (חינוך פוליטי) מתרכזת בזיהוי חלקי המאמר –

- נושא המאמר
- השאלה המרכזית
- הטיעונים (נימוקים בעד ונגד)
- המסקנה

א. קריאה ראשונה – נושא המאמר

קראו את המאמר וענו:

1. הנושא הספציפי של המאמר מופיע לראשונה בַּ [ ] כותרת.
[ ] פִּסקה הראשונה.

2. העתיקו את המשפט שמַציג לראשונה את נושא המאמר.

____

חינוך פוליטי בבתי הספר

הבחירות* הופכות את הרחוב הישראלי ל״כיכר שוק פוליטית״. הסיסמאות* של המפלגות השונות מופיעות בחוצות* והן חודרות (*נכנסות*) גם אל תוך מוסדות החינוך*. השאלה היא: האם מורים רשאים (*מותר להם, יש להם רשות*) להביע עֶמדות (*דעות*) פוליטיות בפני תלמידיהם?

מחקרים שנערכו בתחום החינוך הֶראו שבית הספר מְשַמש עבור הילדים והצעירים כ״סוכן חִברות* משמעותי״. כלומר, התכנים* אשר נלמדים בבית הספר משפיעים על תפיסותיהם (*מחשבותיהם*) הפוליטיות והתרבותיות. לכן, לא אחת עולה השאלה – האם יש מקום להכניס פוליטיקה לבית הספר והאם מורים רַשאים, בתור מחַנכים, להציג את דֵעותיהם הפוליטיות בפני תלמידיהם.

בתי המשפט בישראל עסקו מספר פעמים בַּקשר שבין הוראה*

*בחירות – elections
*סיסמאות – slogans
*בחוצות – בחוץ, ברחוב
*מוסדות חינוך – educational institutions
*חִברות – סוציאליזציה
*תְּכָנים – content, school subjects
*הוראה – teaching

ופוליטיקה. כבר בשנות ה-50 שופט בית המשפט העליון שְנֵיאור זַלמן חֵשִין טען* כי "יש להפריד בין הפוליטיקה והחינוך". בשנת 1953 נחקק חוק שאוסר על מורה או עובד במוסד חינוך לנהל תעמולה* לטובת אִרגון פוליטי או מפלגה*.

*לטעון – to argue, to claim

*תעמולה – propaganda
*מפלגה – political party

כעבור שנתיים*, בשנת 1955, בית המשפט אישר את פיטוריה של מורה בעלת דעות קומוניסטיות אשר עשתה תעמולה פוליטית בבית הספר. וכן נאסר על מורה להביע דֵעות פוליטיות בפני תלמידיו, גם כאשר הדברים אינם מכוּונים לארגון או מפלגה מסוימים.

*כעבור שנתיים – after two years passed

עם זאת, כאשר בית המשפט בחן את פיטוריו של מנהל בית ספר אשר פרסם עצומה פוליטית כנגד "מורשת* רבין" בחדר המורים, השופט מינץ עמד על כך "שמוֹרים הם גם אֶזרחים", ולכן החוק אוסר רק על פעילות פוליטית שנעשית מול תלמידים, ולא מול מורים. בפסק הדין* נכתב ש"מדינת ישראל היא בין המדינות הדמוקרטיות הנְאורות* בעולם, בהן חופש הביטוי* הינוֹ ערך כמעט מקודש*".

*מוֹרֶשֶת – heritage

*פסק דין – verdict
*נָאור – enlightened, progressive
*חופש ביטוי – freedom of expression
*ערך מקודש – core value

מעובד מתוך: חינוך פוליטי – האם מורה רשאי להביע דעות פוליטיות בפני תלמידים?
LawGuide, מדריך עורכי דין ומידע משפטי בישראל. מאמרים, דיני עבודה. פורסם ב-30 באפריל 2012

ב. קריאה שנייה – השאלה המרכזית

קראו את המאמר שנית וענו:

1. היכן מופיעה השאלה המרכזית במאמר?

____

2. היכן עוד אפשר לשים אותה?

____

ג. קריאה שלישית – הטיעונים

קראו את המאמר בשלישית.

לפניכם רשימה של טיעונים. אילו מבין הטיעונים הבאים מופיעים במאמר?

[ ] בית הספר מעצב את דרך החשיבה של התלמידים.

[ ] הקומוניזם מסַכן את הדמוקרטיה.

[ ] תפקידם של המורים בבית הספר לעצֵב את התודעה הפוליטית של התלמיד.

[ ] בית המשפט קבע – להפריד בין בית-הספר והפוליטיקה.

[ ] בדמוקרטיה חופש הביטוי חשוב.

[ ] תלמידי בית ספר הם צעירים מדי מכדי להבין תעמולה פוליטית.

ד. המסקנות

מהן המסקנות של המאמר? בחרו מהרשימה הבאה את המשפטים הנכונים:

[ ] תלמידים יכולים לדבר על פוליטיקה בבית הספר.

[ ] חופש הביטוי חשוב לדמוקרטיה.

[ ] מורים צריכים לדבר רק עם מורים על פוליטיקה.

מאמר 10

הערבית והשילוט העירוני בתל אביב

א. קריאה ראשונה

בכתבה הבאה מֵיטַל פינטו מביעה דעה על ראש העיר תל אביב-יפו.

קראו את הכתבה ואמרו האם לדעתכם היא -

[ ] בעד ההחלטה של ראש העיר?

[ ] נגד ההחלטה של ראש העיר?

ראש העיר תל אביב-יפו דחה* את בקשת חברי מועצת העיר* לדון* בהוספת הערבית לסמל העיר

*לדחות – to reject
*מועֶצֶת העיר – city council
*לָדון – to discuss

מאת מיטל פינטו
יום חמישי, 9 באוגוסט 2012

ביום שלישי התפרסמה הודעה שמועצת עיריית תל אביב-יפו דחתה הצעה לשינוי סמל העיר כך שיכלול* כיתוב* בערבית בנוסף לכיתוב בעברית ובאנגלית. ראש העירייה הנוכחי*, רון חולדאי, חושב שאין כל סיבה או היגיון* להוסיף כיתוב בערבית לסמל העיר כי בני הקהילה הערבית מונים* רק 4% מתושבי* העיר.

*לכלול – to include
*כיתוב – writing
*נוכחי – current
*היגָיון – logic
*מונים – comprise
*תושָבים – residents

חולדאי טועה.

יש להוסיף כיתוב בערבית לסמל העיר כי היא חלק חשוב מזהותם* התרבותית של תושבי העיר הערבים. בעבר בית המשפט העליון* קבע* כי הוספת כיתוב בערבית לכלל השילוט* העירוני בעיר, כולל בשכונות היהודיות, מתחייבת -

*זֶהוּת – identity
*בית המשפט העליון – supreme court
*לקבוע – to stipulate
*שילוט – signage

1. מכוח* הזכות לשוויון
2. מכוח הזכות לחופש הלשון
3. מכוח העובדה שגם השפה העברית וגם השפה הערבית הן שפות רשמיות* של ישראל.

*מכוֹח – based on
*רִשמי – official

בית המשפט העליון קבע זאת, אף על פי שהיה לו ברור שלרוב ערביי ישראל יש שליטה מספקת* בשפה העברית המאפשרת להם להיעזר בשילוט

*שְליטה מַספקת – in commend of, fluent in

העירוני בעברית. השיקולים* שהִנחו* את בית המשפט היו עֶרכיים*, ונגעו למעמדה* החברתי והאזרחי* הראוי של השפה הערבית בישראל.

חולדאי טועה.

לערבים זכות שווה במרחב העירוני

החלטת בית המשפט העליון עולָה בקנה אחד* עם שתי המטרות העיקריות שבגללן צריך להגן על השפה הערבית.

המטרה הראשונה היא פונקציונאלית*:
להבטיח כי לאזרחים ערבים תהיה הזדמנות שווה להבין את השילוט העירוני בעיר מגוריהם ולהשתתף באופן שווה במרחב הציבורי* העירוני.

המטרה השנייה היא מהותית*:
ייצוג* השפה הערבית במרחב הציבורי מאפשר לערביי ישראל תנאים מינימליים לשימור זהותם* התרבותית. יש לזכור כי השפה הערבית היא הגורם המאחד* בין ערביי ישראל המוסלמים, הנוצרים והדרוזים. בניגוד לדבריו של חולדאי, יש הגיון רב בסמל עיר ש"מדבר", הן ברמה הפונקציונאלית והן ברמה המהותית, לכל תושבי העיר – יהודים וערבים כאחד. הרעיון להוסיף כיתוב בשפה הערבית בא מחברי מועצת-העיר, המייצגים את המיעוט* הערבי, ויש להבינו כרצון אמיתי לקחת חלק פעיל במרחב הציבורי העירוני. אם ראש העיר מבקש להצטייר* כראש עיר סובלני* עליו להבין שהשפה הערבית ודובריה הם חלק מהותי ממרקם* העיר, ששמה תל אביב–יפו.

*שיקול – argument
*להנחות – to guide
*עֶרכִּי – principled
*מעמד – status
*חֶברתי ואֶזרחי – social and civic
*עולה בקָנֶה אחד – correspond to
*פונקציונלית – functional
*מֶרחב ציבורי – public space
*מהותי – essential
*ייצוג – representation
*שימור זֶהות – preserving identity
*גורם מאַחד – unifying factor
*מיעוט – minority
*להצטייר – to appear as
*סובְלני – tolerant
*מִרקם – fabric

ד"ר מיטל פינטו, מרצה למשפטים במרכז האקדמי כרמל, חיפה

לפי: הערבית - מהותית לשילוט העירוני בתל אביב
http://news.walla.co.il/?w=/2952/2556894

סמלי עיריית תל אביב-יפו

חלק ראשון

ב. קראו שוב את החלק הראשון של הכתבה:

ראש העיר תל אביב-יפו דחה את בקשת חברי מועצת העיר לדון בהוספת הערבית לסמל העיר

ביום שלישי התפרסמה הודעה שמועצת עיריית תל אביב-יפו דחתה הצעה לשינוי סמל העיר כך שיכלול כיתוב בערבית בנוסף לכיתוב בעברית ובאנגלית. ראש העירייה הנוכחי, רון חולדאי, חושב שאין כל סיבה או היגיון להוסיף כיתוב בערבית לסמל העיר כי בני הקהילה הערבית מונים רק 4% מתושבי העיר.

ג. העתיקו את ההסברים הנכונים (למטה) למילים והמבעים:

המילה / המבע	ההסבר
דחה	
מועצת העיר	
לדון	
יכלול	
כיתוב	
נוכחי	
היגיון	
מונים	
תושבים	

ההסברים: **לוגי / המִספר שלהם / אנשים שגרים במקום / מסרב, לא רוצה / עכשווי / מנהלי העירייה / לשוחח על / יש בו הכל / כתוביות**

ד. מיינו את המילים מתרגיל ג' לפי הקטגוריות:

תושבי העיר	שלטים	חברי העירייה	ראש העיר

ה. השלימו:

ראש העיר תל אביב–יפו ______ את בקשת חברי ______ העיר ______ בהוספת הערבית לסמל העיר.

ביום שלישי התפרסמה הודעה שמועצת עיריית תל אביב-יפו ______ הצעה לשינוי סמל העיר כך ש______ כיתוב בערבית בנוסף ל______ בעברית ובאנגלית. ראש העירייה ______, רון חולדאי, חושב שאין כל סיבה או ______ להוסיף כיתוב בערבית לסמל העיר כי בני הקהילה הערבית ______ רק 4% מ______ העיר.

חלק שני

ו. קראו שוב את חלק ב:

חולדאי טועה.

יש להוסיף כיתוב בערבית לסמל העיר כי היא חלק חשוב מזהותם התרבותית של תושבי העיר הערבים. בעבר בית המשפט העליון קבע כי הוספת כיתוב בערבית לכלל השילוט העירוני בעיר, כולל בשכונות היהודיות, מתחייבת -

1. מכוח הזכות לשוויון
2. מכוח הזכות לחופש הלשון
3. מכוח העובדה שגם השפה העברית וגם השפה הערבית הן שפות רשמיות של ישראל.

בית המשפט העליון קבע זאת, אף על פי שהיה לו ברור שלרוב ערביי ישראל יש שליטה מספקת בשפה העברית המאפשרת להם להיעזר בשילוט העירוני בעברית. השיקולים שהנחו את בית המשפט היו ערכיים, ונגעו למעמדה החברתי והאזרחי הראוי של השפה הערבית בישראל.

ז. מצאו את המילים והמבעים בטקסט המתאימות למילים ולמבעים הבאים:

המילה / המבע	בטקסט
החליט	
גבוה	
פוסטרים	
יכולת טובה	ש ל י ט ה
סְטָטוּס	
"מי שאני"	
נחשבות	
פורמלי	

הסיבות	
הובילו	
אידאלי	

※ **ח. ביטוי: מכוח ה...**

הביטוי **מכוח ה...**- חוזר על עצמו מספר פעמים:

• **מכוח** הזכות לשוויון
• **מכוח** הזכות לחופש הלשון
• **מכוח** העובדה שגם השפה העברית וגם השפה הערבית הן שפות רשמיות של ישראל.

באיזו מילית ניתן לדעתכם להחליף את הצירוף **מכוח ה-**

[ ] בגלל
[ ] אפשרות
[ ] לכן

מסגד חסן בק בדרום תל אביב, נבנה ב-1916. צילום: בונית פורת

ט. אילו משפטים מציינים אירועים שקרו בעבר ואילו בהווה (בקיץ 2012)?

	הווה	עבר
1. בית המשפט העליון קבע: הוספת כיתוב בערבית לכלל השילוט העירוני.		
2. ראש העיר תל אביב-יפו דחה את בקשת חברי מועצת העיר לדון בהוספת הערבית לסמל העיר.		
3. ראש העירייה הנוכחי, רון חולדאי, חושב שאין כל סיבה או היגיון להוסיף כיתוב בערבית לסמל העיר.		
4. בני הקהילה הערבית מונים רק 4% מתושבי העיר.		
5. לְרוב ערביי ישראל יש שליטה מספקת בשפה העברית.		
6. השפה העברית וגם השפה הערבית הן שפות רִשמיות של ישראל.		

שלטי רחוב בתל אביב-יפו – בשתי שפות ובשלוש שפות. צילום: בונית פורת

חלק שלישי

י. קראו שוב את חלק ג' של הכתבה:

החלטת בית המשפט העליון עולה בקנה אחד עם שתי המטרות העיקריות שבגללן צריך להגן על השפה הערבית.

המטרה הראשונה היא פונקציונאלית:

להבטיח כי לאזרחים ערבים תהיה הזדמנות שווה להבין את השילוט העירוני בעיר מגוריהם ולהשתתף באופן שווה במרחב הציבורי העירוני.

המטרה השנייה היא מהותית:

ייצוג השפה הערבית במרחב הציבורי מאפשר לערביי ישראל תנאים מינימליים לשימור זהותם התרבותית. יש לזכור כי השפה הערבית היא הגורם המאחד בין ערביי ישראל המוסלמים, הנוצרים והדרוזים.

בניגוד לדבריו של חולדאי, יש היגיון רב בסמל עיר ש"מדבר", הן ברמה הפונקציונאלית והן ברמה המהותית, לכל תושבי העיר – יהודים וערבים כאחד. הרעיון להוסיף כיתוב בשפה הערבית בא מחברי מועצת העיר, המייצגים את המיעוט הערבי, ויש להבינו כרצון אמיתי לקחת חלק פעיל במרחב הציבורי העירוני. אם ראש העיר מבקש להצטייר כראש עיר סובלני עליו להבין שהשפה הערבית ודובריה הם חלק מהותי ממרקם העיר, ששמה תל אביב-יפו.

יא. מצאו את השורש של המילים הבאות ונסו לנחש את המשמעות שלהן:

המילה	השורש	המשמעות בטקסט
מֶרחב		
ייצוג		
שימור		
מיעוט		
סובלני		
מִרקם		
להצטייר		

יב. חברו בין המבע להסבר שלו (בצד שמאל):

המבע	ההסבר
שייך לכולם	עולה בקנה אחד
מתאים	מרחב ציבורי
גורם מאחד	מביא אנשים לפעול ביחד

יג. ענו נכון/לא נכון

הכותבת חושבת ש -

1. ראש העיר פועל לפי החוק. **נכון / לא נכון**
2. בית המשפט מתחשב רק בתושבים היהודיים בעיר. **נכון / לא נכון**

יד. שאלה

לדעת הכותבת, חשוב להוסיף כיתוב לשילוט העירוני -

[ ] כי צריך לעזור לתושבים הערבים לתפקד בעיר.
[ ] כדי לא לעבור על החוק.
[ ] כדי לחזק את הזהות הערבית של המיעוט הערבי בעיר.
[ ] כי ראש העיר צריך להיות סובלני לכל התושבים.

טו. הכותרת

הכותרת לחלק השני היא: **"לערבים זכות שווה במרחב העירוני"**

האם הכותרת הזאת מבטאת את כל הרעיונות בחלק זה? הסבירו.

טז. שמות תואר

השלימו עם שמות התואר בצד שמאל (חלק שלישי):

שתי מטרות ____________	**עירוני**
הזדמנות ____________	**ציבורי**
השילוט ה____________	**פעיל**
באופן ____________	**תרבותית**
במרחב ה____________	**עיקריות**
זהותם ה____________	**סובלני**
חלק ____________	**שָׁוֶה**
ראש עיר ____________	**שָׁוָה**
לקחת חלק ____________	**מהותי**

יז. תרגיל חזרה – אוצר מילים

השלימו :

לדעת הכותבת, ראש העיר של תל אביב יפו אינו ___________. הוא ___________ את ההצעה להוסיף ___________ בערבית לסמל העיר.

היא חושבת שראש העיר פועל בניגוד להחלטת בית המשפט ש___________ שיש להוסיף ___________ בערבית לכל ה___________ בעיר. וזאת מכוח העובדה שיש ל___________ הערבית ___________ לשוויון ולחופש-הלשון, וגם מ___________ שהערבית היא אחת מהשפות ה___________ של ישראל. ה___________ הערבי רוצה להשתתף ב___________ הציבורי של העיר.

הכותבת חושבת שראש העיר טועה. היא גם רוצה להזכיר לו שהוספת השפה הערבית לסמל זה לא רק עניין פונקציונאלי אלא גם עניין ___________, כי השפה היא הגורם ה___________ בין כל קבוצות המיעוט הערבי בישראל .

יח. תגובה

כתבו מכתב למערכת כתגובה על המאמר הזה.

אוצר מילים – יחידה 6

פעלים

אִישֵּׁר (לאשר)	to confirm, to verify
דָּן (לָדוּן ב...)	to discuss, to judge
דָּחָה (לדחות)	to reject, to postpone
הִבְחִין (להבחין ב...)	to notice, to discern
הִטְבִּיעַ (להטביע)	to imprint, to sink
הִמְחִישׁ (להמחיש)	to illustrate
הִנְחָה (להנחות)	to guide
הֶעֱדִיף (להעדיף)	to prefer
הִצְטַיֵּיר (להצטייר)	to appear as
הִקְפִּיד (להקפיד על...)	to make sure something is done properly
הִרְשִׁים (להרשים)	to impress
הִשְׁתַּלֵּב (להשתלב ב...)	to become part of
הִתְבַּלֵּט (להתבלט)	to stand out
הִתְגָּאָה (להתגאות ב...)	to be proud of
חָדַר (לחדור ל...)	to penetrate
טָעַן (לטעון)	to argue, to claim, to charge
טִשְׁטֵשׁ (לטשטש)	to blur
יִיצֵּא (לייצא)	to export
כָּלַל (לכלול)	to include
מָנָה (לִמְנוֹת)	to comprise, to count
נֶאֱלַץ (להיאלץ)	to be forced
נִמְנַע (להימנע מ...)	to abstain, to avoid
סִיפֵּק (לספק)	to supply
סֵירֵב (לְסָרֵב)	to refuse
פּוּתַּח	to be developed
פִּקְפֵּק (לפקפק ב...)	to doubt
צָבַר (לצבור)	to accumulate
צָרַךְ (לצרוך)	to consume
קָבַע (לקבוע)	to stipulate, to determine
קָסַם (לקסום ל...)	to charm, attract
רָכַשׁ (לרכוש)	to purchase
שָׁהָה (לשהות ב...)	to stay, to remain
שִׁכְנֵעַ (לשכנע)	to convince
תָּבַע (לתבוע)	to demand, to prosecute

שמות עצם ושמות תואר

אוֹפֶה	baker
אֶזרחִי/ת	civic
אמיד/ה	wealthy, well-to-do
אפייה	baking
אָרִיג	fabric, cloth
ארנק	pocketbook
בְּחִירוֹת	elections
בית חרושת	factory
בַּלָּשׁ/ית	detective
בָּצֵק	dough
גידוּל	growth
גימלאי/ת	retiree
דיקוּר	acupuncture
הבחנה	distinction, perception
הגשה	presentation, serving
הוֹן	capital
הוֹצָאָה	expense
הוֹרָאָה	teaching
הֲטָבָה	benefit
הִיגָּיוֹן	logic
הימנעות מ...	abstention, avoidance
הֵיעָדֵר	lack of
הֶכְרֵחַ	a must
הֲנָחָה	discount
זֶהוּת	identity
זַכַּאי/ת ל...	eligible for
זעיר/ה	tiny
חֶבְרָתִי/ת	social
חו"ל (חוץ לארץ)	abroad
חוֹתמת	seal
חִבְרוּת	socialization
חסכנוּת	thriftiness
חפירה	dig
חֲרָדָה	anxiety
טיעוּן	an argument
יוֹזְמָה	initiative

יחסי/ת	proportional
ייצוג	representation
כּוֹתֶרֶת	headline
כִּירַיים	cooking stove
כיתוּב	writing
כניעה	surrender
מאזניים	scales
מִגְוָון	array, diverse, variety
מגמה	trend, tendency
מַדָּד	measure, index, criteria
מְדִינִיוּת	policy
מַהוּתִי/ת	essential
מוּצָר	product
מוֹרֶשֶׁת	heritage
מוֹתָרוֹת	luxury
מִזְעָרִי/ת	tiny, minimal
מַחֲלוֹקֶת	debate, dispute
מיעוּט	minority
מיקוּם	location
מֵמַד	dimension
ממוּצע/ת	average
מנוּצל/ת	used, exploited
מעוּגל/ת	rounded
מעמד	social class ,status
מְעַצֵּב/ת	designer
מִפְלָגָה	political party
מִפְעָל	industrial plant
מצוּקה	trouble, distress
מִקְבָּץ	cluster
מֶרְחָב	spaceopen-wide space,
מִרְקָם	fabric, texture
משקיע	investor
משתנים	variables
נאוֹת/ה	proper
נדנדה	a swing
נוֹכְחִי/ת	current
נחוּץ/ה	necessary
נחשב/ת	is considered
נִיתּוּחַ	operation, analysis, surgery
נְכוֹנוּת	willingness

נסוֹב/ה	centered on, deals with
נְתוּנִים	data
סוֹבְלָנִי/ת	tolerant
סיסמא/סיסמה	slogan
סמוּך/ה	adjacent
עדכני/ת	updated
עִידָּן	era
עיצוּב	design
עֶמְדָּה	position
עצוּם/ה	great, huge
עֶרֶךְ	value
עֶרְכִּי/ת	principled
פוּנקציוֹנלי/ת	functional
פְּסַק דִּין	verdict
פרבר, פרוור	suburb
צְלָב	cross, crucifix
צפיפוּת	density
קָנֶה	cane, branch, reed
ראוּי/ה	deserving, worthy
רהבתני/ת	pretentious
רֵיקָנוּת	emptiness
רכישה	purchase
רעוּע/ה	dilapidated
רשאי/ת	allowed
רָשׁוּת	authority
רִשְׁמִי/ת	formal, official
שיווּק	marketing
שֶׁטַח	area, territory
שילוּט	signage
שיקוּל	consideration, argument
שְׁלִיטָה	command, control
תוֹאם/ת	matching
תוֹכן	content
תוֹשב/ת	resident
תַּחֲלוּאָה	morbidity (in medicine)
תחפוֹשׂת	costume
תכוּפוֹת	frequently
תעמוּלה	propaganda
תִּפְקוּד	function
תפיסה	perception

תֶּקֶן	standard, rank
תַּקָּנָה	regulation
תקֵף/ה	valid
תשוקה	desire
תַּשְׁתִּית	infrastructure

מבעים/ביטויים

אזרח ותיק	senior citizen
בדרך קבע	regularly
בחוצות	in the streets, outside
בית המשפט העֶליון	supreme court
בכל רחבי הארץ	country-wide
בעוד	while, whereas
בעלי זכות בחירה	eligible to vote
גאווה לאומית	national pride
גוֹרֵם מְאַחֵד	unifying factor
דבר של מה בכך	a thing of no importance
היצע וביקוש	supply and demand
הכרה עולמית	world recognition
הלשכה המרכזית לסטטיסטיקה (למ"ס)	central bureau of statistics
הרגלי צריכה	buying habits
הרגשת ריקנות	feeling of emptiness
חבר המדינות	the former USSR
חוג חברתי	social circle
חולל מהפכה	start/cause a revolution
חופש ביטוי	freedom of expression
יוצא/ת דופן	exceptional, unusual, odd
יוצא/ת מן הכלל	exceptional, outstanding
יחידת דיור	dwelling unit
יצא משליטה	went out of control
כוח קנייה	buying power
כרטיס אשראי	credit card
כתב יד	manuscript, handwriting
לטווח רחוק	for the long run
מבצע צבאי	military operation
מהפכה חברתית	social revolution
מוסדות חינוך	educational institutions
מוֹעֶצֶת הָעִיר	city council
מְכּוֹח	based on
מכון כושר	gym
מכונת תפירה	sewing machine
ממדי ענק	gigantic
מעגל שני	second tier
לעיתים	from time to time, sometimes
מערכת מיזוג	air-conditioning system
מֶרְחָב צִיבּוּרִי	public space
מרקיע שחקים	sky rocketing
משרד הפנים	ministry of the interior
נהוג לזהות	it's customary to identify
ניקר עיניים	to stick out provocatively
נקלע לקשיים	got into difficulties
סגן/ית שר	deputy secretary
סירב בתוקף	strongly refuse
עולה בקָנֶה אֶחָד	corresponds to
ערך מקודש	core/sacred value
קרוב לוודאי	probably
רחב/ת ידיים	wide, broad
רכב יוקרתי	luxury car
רמת גימור גבוהה	high end finishing
רפואה משלימה	complementary medicine
שִׁימּוּר זֶהוּת	identity preservation
שעות הפנאי	leisure time
שעת חירום	time of emergency
תלוי/ת הֶקשר	context based
תנאי מגורים	living conditions
תפור/ה לפי מידה	bespoke, custom made
תפישת עולם	world view
תצוגת אופנה	fashion show
תרבות צריכה	culture of consumption
תרופה נוגדת כאבים	anti-pain medication
תרופת הרגעה	sedative, tranquilizer

לוחות פעלים

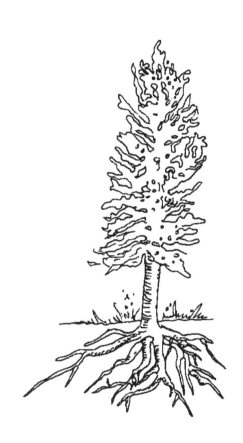

פ.   ע.   ל.

תוכן העניינים

לוחות פעלים ❧

הבניינים הפעילים (אקטיביים) - פעל, פיעל, הפעיל, התפעל, נפעל

1	2	3	4	5
בניין: פָּעַל	**בניין: פִּיעֵל**	**בניין: הִפְעִיל**	**בניין: הִתְפַּעֵל**	**בניין: נִפְעַל**
גזרה: שלמים	**גזרה: שלמים**	**גזרה: שלמים**	**גזרה: שלמים**	**גזרה: שלמים**
שורש:	**שורש**:	**שורש**:	**שורש**:	**שורש**:
כ.ת.ב.	ד.ב.ר.	ד.ל.ק.	ל.ב.ש.	כ.נ.ס.
שם הפועל:	**שם הפועל:**	**שם הפועל:**	**שם הפועל:**	**שם הפועל:**
לִכְתּוֹב	לְדַבֵּר	לְהַדְלִיק	לְהִתְלַבֵּשׁ	לְהִיכָּנֵס
עבר	**עבר**	**עבר**	**עבר**	**עבר**
כָּתַבְתִּי	דִּיבַּרְתִּי	הִדְלַקְתִּי	הִתְלַבַּשְׁתִּי	נִכְנַסְתִּי
כָּתַבְתָּ	דִּיבַּרְתָּ	הִדְלַקְתָּ	הִתְלַבַּשְׁתָּ	נִכְנַסְתָּ
כָּתַבְתְּ	דִּיבַּרְתְּ	הִדְלַקְתְּ	הִתְלַבַּשְׁתְּ	נִכְנַסְתְּ
כָּתַב	דִּיבֵּר	הִדְלִיק	הִתְלַבֵּשׁ	נִכְנַס
כָּתְבָה	דִּיבְּרָה	הִדְלִיקָה	הִתְלַבְּשָׁה	נִכְנְסָה
כָּתַבְנוּ	דִּיבַּרְנוּ	הִדְלַקְנוּ	הִתְלַבַּשְׁנוּ	נִכְנַסְנוּ
כְּתַבְתֶּם	דִּיבַּרְתֶּם	הִדְלַקְתֶּם	הִתְלַבַּשְׁתֶּם	נִכְנַסְתֶּם
כְּתַבְתֶּן	דִּיבַּרְתֶּן	הִדְלַקְתֶּן	הִתְלַבַּשְׁתֶּן	נִכְנַסְתֶּן
כָּתְבוּ	דִּיבְּרוּ	הִדְלִיקוּ	הִתְלַבְּשׁוּ	נִכְנְסוּ
הווה	**הווה**	**הווה**	**הווה**	**הווה**
כּוֹתֵב	מְדַבֵּר	מַדְלִיק	מִתְלַבֵּשׁ	נִכְנָס
כּוֹתֶבֶת	מְדַבֶּרֶת	מַדְלִיקָה	מִתְלַבֶּשֶׁת	נִכְנֶסֶת
כּוֹתְבִים	מְדַבְּרִים	מַדְלִיקִים	מִתְלַבְּשִׁים	נִכְנָסִים
כּוֹתְבוֹת	מְדַבְּרוֹת	מַדְלִיקוֹת	מִתְלַבְּשׁוֹת	נִכְנָסוֹת
עתיד	**עתיד**	**עתיד**	**עתיד**	**עתיד**
אֶכְתּוֹב	אֲדַבֵּר	אַדְלִיק	אֶתְלַבֵּשׁ	אֶכָּנֵס
תִּכְתּוֹב	תְּדַבֵּר	תַּדְלִיק	תִּתְלַבֵּשׁ	תִּיכָּנֵס
תִּכְתְּבִי	תְּדַבְּרִי	תַּדְלִיקִי	תִּתְלַבְּשִׁי	תִּיכָּנְסִי
יִכְתּוֹב	יְדַבֵּר	יַדְלִיק	יִתְלַבֵּשׁ	יִיכָּנֵס
תִּכְתּוֹב	תְּדַבֵּר	תַּדְלִיק	תִּתְלַבֵּשׁ	תִּיכָּנֵס
נִכְתּוֹב	נְדַבֵּר	נַדְלִיק	נִתְלַבֵּשׁ	נִיכָּנֵס
תִּכְתְּבוּ	תְּדַבְּרוּ	תַּדְלִיקוּ	תִּתְלַבְּשׁוּ	תִּיכָּנְסוּ
יִכְתְּבוּ	יְדַבְּרוּ	יַדְלִיקוּ	יִתְלַבְּשׁוּ	יִיכָּנְסוּ
ציווי	**ציווי**	**ציווי**	**ציווי**	**ציווי**
כְּתוֹב	דַּבֵּר	הַדְלֵק	הִתְלַבֵּשׁ	הִיכָּנֵס
כִּתְבִי	דַּבְּרִי	הַדְלִיקִי	הִתְלַבְּשִׁי	הִיכָּנְסִי
כִּתְבוּ	דַּבְּרוּ	הַדְלִיקוּ	הִתְלַבְּשׁוּ	הִיכָּנְסוּ
פעלים נוספים	**פעלים נוספים**	**פעלים נוספים**	**פעלים נוספים**	**פעלים נוספים**
פָּגַשׁ שָׁמַע	קִיבֵּל שִׁילֵּם	הִלְבִּישׁ הִבְטִיחַ	הִתְחַתֵּן הִתְרַגֵּל	נִשְׁאַר נִגְנַב
זָכַר שָׁאַל	סִיפֵּר בִּיקֵּר	הִרְגִּישׁ הִקְשִׁיב	הִתְנַשֵּׁק הִתְרַכֵּז	נִפְגַּשׁ נֶאֱכַל
רָקַד לָבַשׁ	צִיֵּיר נִיגֵּן	הִצְלִיחַ הִצְחִיק	הִתְפַּלֵּל הִתְבַּסֵּס	נִלְחַם נִפְצַע
גָּמַר לָמַד	טִיֵּיל טִיפֵּס	הִתְחִיל הִפְחִיד	הִתְרַגֵּשׁ הִתְנַפֵּל	נִמְשַׁךְ נִמְכַּר
בָּדַק צָחַק	חִיפֵּשׂ	הִפְסִיק הִמְשִׁיךְ	הִתְקַשֵּׁר הִתְעַצֵּל	נִרְדַּם נֶהֱרַג
גָּנַב פָּחַד	בִּיקֵּשׁ צִלְצֵל	הִסְבִּיר הִסְתִּיר	הִתְגַּלֵּחַ הִתְאַבֵּד	נִפְרַד נִכְתַּב
סָגַר בָּחַן	לִימֵּד תִּרְגֵּם	הֶחְלִיט הִפְצִיץ	הִתְאַהֵב הִתְאַמֵּן	נִכְשַׁל נִתְפַּס
הָרַג טָעַן	טִיפֵּל טִלְפֵּן	הִסְכִּים הִזְמִין	הִסְתַּתֵּר הִתְפַּתֵּחַ	נֶאֱנַח נִשְׁאַל

הבניינים הסבילים (פסיביים) - נפעל, פועל, הופעל

1	2	3
בניין: נִפְעַל **גזרה: שלמים**	**בניין: פּוּעַל** **גזרה: שלמים**	**בניין: הוּפְעַל** **גזרה: שלמים**
שורש : כ.ת.ב.	**שורש :** כ.ב.ד.	**שורש :** פ.ס.ק.
שם הפועל: לְהִיכָּתֵב	**שם הפועל:** ---	**שם הפועל:** ---
עבר	**עבר**	**עבר**
נִכְתַּבְתִּי	כּוּבַּדְתִּי	הוּפְסַקְתִּי
נִכְתַּבְתָּ	כּוּבַּדְתָּ	הוּפְסַקְתָּ
נִכְתַּבְתְּ	כּוּבַּדְתְּ	הוּפְסַקְתְּ
נִכְתַּב	כּוּבַּד	הוּפְסַק
נִכְתְּבָה	כּוּבְּדָה	הוּפְסְקָה
נִכְתַּבְנוּ	כּוּבַּדְנוּ	הוּפְסַקְנוּ
נִכְתַּבְתֶּם	כּוּבַּדְתֶּם	הוּפְסַקְתֶּם
נִכְתַּבְתֶּן	כּוּבַּדְתֶּן	הוּפְסַקְתֶּן
נִכְתְּבוּ	כּוּבְּדוּ	הוּפְסְקוּ
הווה	**הווה**	**הווה**
נִכְתָּב	מְכוּבָּד	מוּפְסָק
נִכְתֶּבֶת	מְכוּבֶּדֶת	מוּפְסֶקֶת
נִכְתָּבִים	מְכוּבָּדִים	מוּפְסָקִים
נִכְתָּבוֹת	מְכוּבָּדוֹת	מוּפְסָקוֹת
עתיד	**עתיד**	**עתיד**
אֶכָּתֵב	אֲכוּבַּד	אוּפְסַק
תִּיכָּתֵב	תְּכוּבַּד	תּוּפְסַק
תִּיכָּתְבִי	תְּכוּבְּדִי	תּוּפְסְקִי
יִיכָּתֵב	יְכוּבַּד	יוּפְסַק
תִּיכָּתֵב	תְּכוּבַּד	תּוּפְסַק
נִיכָּתֵב	נְכוּבַּד	נוּפְסַק
תִּיכָּתְבוּ	תְּכוּבְּדוּ	תּוּפְסְקוּ
יִיכָּתְבוּ	יְכוּבְּדוּ	יוּפְסְקוּ
ציווי	**ציווי**	**ציווי**
הִיכָּתֵב	---	---
הִיכָּתְבִי	---	---
הִיכָּתְבוּ	---	---
פעלים נוספים	**פעלים נוספים**	**פעלים נוספים**
נִבְדַּק נִשְׁמַר נִגְמַר נִמְצָא נִגְנַב נִסְגַּר נִשְׁלַח (עתיד: אֶשָּׁלַח)	דּוּבַּר חוּנַּךְ טוּפַּל אוּשַּׁר סוּפַּר תּוּקַּן צוּיַּר פּוּטַּר צוּלַּם כּוּבַּד שׁוּלַּם	הוּבְטַח הוּרְגַּשׁ הוּדְלַק הוּחְלַט הוּגְדַּל הוּתְקַף הוּחְזַר הוּשְׂכַּר הוּלְבַּשׁ הוּכְרַז הוּשְׁלַם הוּמְלַץ

בניין פעל: שלמים (אפעול, אפעַל), ע״ו/ע״י, ל״ה, פ״י, פ״נ

1	2	3	4	5	6
בניין: **פָּעַל** גזרה: **שלמים** **עתיד אֶפְעוֹל**	בניין: **פָּעַל** גזרה: **שלמים** **עתיד אֶפְעַל**	בניין: **פָּעַל** גזרה: **ע״ו/ע״י**	בניין: **פָּעַל** גזרה: **ל״ה**	בניין: **פָּעַל** גזרה: **נחי פ״י**	בניין: **פָּעַל** גזרה: **פ״נ**
שורש: כ.ת.ב.	**שורש**: ל.מ.ד.	**שורש**: ק.ו.ם.	**שורש**: ק.נ.ה.	**שורש**: י.ש.ב.	**שורש**: נ.ס.ע.
שם הפועל: לִכְתּוֹב	**שם הפועל:** לִלְמוֹד	**שם הפועל:** לָקוּם	**שם הפועל:** לִקְנוֹת	**שם הפועל:** לָשֶׁבֶת	**שם הפועל:** לִנְסוֹעַ
עבר	**עבר**	**עבר**	**עבר**	**עבר**	**עבר**
כָּתַבְתִּי	לָמַדְתִּי	קַמְתִּי	קָנִיתִי	יָשַׁבְתִּי	נָסַעְתִּי
כָּתַבְתָּ	לָמַדְתָּ	קַמְתָּ	קָנִיתָ	יָשַׁבְתָּ	נָסַעְתָּ
כָּתַבְתְּ	לָמַדְתְּ	קַמְתְּ	קָנִית	יָשַׁבְתְּ	נָסַעַתְּ
כָּתַב	לָמַד	קָם	קָנָה	יָשַׁב	נָסַע
כָּתְבָה	לָמְדָה	קָמָה	קָנְתָה	יָשְׁבָה	נָסְעָה
כָּתַבְנוּ	לָמַדְנוּ	קַמְנוּ	קָנִינוּ	יָשַׁבְנוּ	נָסַעְנוּ
כְּתַבְתֶּם	לְמַדְתֶּם	קַמְתֶּם	קְנִיתֶם	יְשַׁבְתֶּם	נְסַעְתֶּם
כְּתַבְתֶּן	לְמַדְתֶּן	קַמְתֶּן	קְנִיתֶן	יְשַׁבְתֶּן	נְסַעְתֶּן
כָּתְבוּ	לָמְדוּ	קָמוּ	קָנוּ	יָשְׁבוּ	נָסְעוּ
הווה	**הווה**	**הווה**	**הווה**	**הווה**	**הווה**
כּוֹתֵב	לוֹמֵד	קָם	קוֹנֶה	יוֹשֵׁב	נוֹסֵעַ
כּוֹתֶבֶת	לוֹמֶדֶת	קָמָה	קוֹנָה	יוֹשֶׁבֶת	נוֹסַעַת
כּוֹתְבִים	לוֹמְדִים	קָמִים	קוֹנִים	יוֹשְׁבִים	נוֹסְעִים
כּוֹתְבוֹת	לוֹמְדוֹת	קָמוֹת	קוֹנוֹת	יוֹשְׁבוֹת	נוֹסְעוֹת
עתיד	**עתיד**	**עתיד**	**עתיד**	**עתיד**	**עתיד**
אֶכְתּוֹב	אֶלְמַד	אָקוּם	אֶקְנֶה	אֵשֵׁב	אֶסַּע
תִּכְתּוֹב	תִּלְמַד	תָּקוּם	תִּקְנֶה	תֵּשֵׁב	תִּסַּע
תִּכְתְּבִי	תִּלְמְדִי	תָּקוּמִי	תִּקְנִי	תֵּשְׁבִי	תִּסְּעִי
יִכְתּוֹב	יִלְמַד	יָקוּם	יִקְנֶה	יֵשֵׁב	יִסַּע
תִּכְתּוֹב	תִּלְמַד	תָּקוּם	תִּקְנֶה	תֵּשֵׁב	תִּסַּע
נִכְתּוֹב	נִלְמַד	נָקוּם	נִקְנֶה	נֵשֵׁב	נִסַּע
תִּכְתְּבוּ	תִּלְמְדוּ	תָּקוּמוּ	תִּקְנוּ	תֵּשְׁבוּ	תִּסְּעוּ
יִכְתְּבוּ	יִלְמְדוּ	יָקוּמוּ	יִקְנוּ	יֵשְׁבוּ	יִסְּעוּ
ציווי	**ציווי**	**ציווי**	**ציווי**	**ציווי**	**ציווי**
כְּתוֹב	לְמַד	קוּם	קְנֵה	שֵׁב	סַע
כִּתְבִי	לִמְדִי	קוּמִי	קְנִי	שְׁבִי	סְעִי
כִּתְבוּ	לִמְדוּ	קוּמוּ	קְנוּ	שְׁבוּ	סְעוּ
פעלים נוספים	**פעלים נוספים**	**פעלים נוספים**	**פעלים נוספים**	**פעלים נוספים**	**פעלים נוספים**
פָּגַשׁ שָׁטַף זָכַר חָסַךְ רָקַד שָׁמַר גָּמַר סָבַל בָּדַק סָגַר גָּנַב שָׂכַר בָּגַד חָשַׁשׁ	לָבַשׁ פָּחַד שָׁכַב שָׁאַל סָלַח כָּאַב גָּדַל (הווה: גָּדֵל) נָעַל (ע׳ גרונית) טָעַן רָעַד נָהַג שָׂמַח	גָּר טָס רָץ צָם זָז נָח מֵת (עבר: מַתִּי) שָׁר (לָשִׁיר) שָׂם (לָשִׂים) רָב (לָרִיב)	רָצָה שָׁתָה רָאָה בָּנָה בָּכָה חַי (הווה: חַי)	יָרַד יָדַע (ע׳ גרונית) (לָדַעַת, אֵדַע) יָצָא (לָצֵאת) הָלַךְ (לָלֶכֶת)	נָפַל (לִפּוֹל / לִנְפּוֹל) (עתיד: אֶפּוֹל) נָגַע (עתיד: אֶגַּע)

בניין פעל : גזרת ע״ו/ע״י

1	2	3	4	5
בניין: **פָּעַל**	בניין: **פָּעַל**	בניין: **פָּעַל**	בניין: **פָּעַל**	בניין: **פָּעַל**
גזרה: ע״ו	גזרה: ע״ו	גזרה: ע״ו ל׳ גרונית (א)	גזרה: ע״י	גזרה: ע״י
שורש:	**שורש:**	**שורש:**	**שורש:**	**שורש:**
ג.ו.ר.	ק.ו.ם.	ב.ו.א	שׁ.י.ר.	שׂ.י.ם.
שם הפועל:	**שם הפועל:**	**שם הפועל:**	**שם הפועל:**	**שם הפועל:**
לָגוּר	לָקוּם	לָבוֹא	לָשִׁיר	לָשִׂים
עבר	**עבר**	**עבר**	**עבר**	**עבר**
גַּרְתִּי	קַמְתִּי	בָּאתִי	שַׁרְתִּי	שַׂמְתִּי
גַּרְתָּ	קַמְתָּ	בָּאתָ	שַׁרְתָּ	שַׂמְתָּ
גַּרְתְּ	קַמְתְּ	בָּאת	שַׁרְתְּ	שַׂמְתְּ
גָּר	קָם	בָּא	שָׁר	שָׂם
גָּרָה	קָמָה	בָּאָה	שָׁרָה	שָׂמָה
גַּרְנוּ	קַמְנוּ	בָּאנוּ	שַׁרְנוּ	שַׂמְנוּ
גַּרְתֶּם	קַמְתֶּם	בָּאתֶם	שַׁרְתֶּם	שַׂמְתֶּם
גַּרְתֶּן	קַמְתֶּן	בָּאתֶן	שַׁרְתֶּן	שַׂמְתֶּן
גָּרוּ	קָמוּ	בָּאוּ	שָׁרוּ	שָׂמוּ
הווה	**הווה**	**הווה**	**הווה**	
גָּר	קָם	בָּא	שָׁר	שָׂם
גָּרָה	קָמָה	בָּאָה	שָׁרָה	שָׂמָה
גָּרִים	קָמִים	בָּאִים	שָׁרִים	שָׂמִים
גָּרוֹת	קָמוֹת	בָּאוֹת	שָׁרוֹת	שָׂמוֹת
עתיד	**עתיד**	**עתיד**	**עתיד**	
אָגוּר	אָקוּם	אָבוֹא	אָשִׁיר	אָשִׂים
תָּגוּר	תָּקוּם	תָּבוֹא	תָּשִׁיר	תָּשִׂים
תָּגוּרִי	תָּקוּמִי	תָּבוֹאִי	תָּשִׁירִי	תָּשִׂימִי
יָגוּר	יָקוּם	יָבוֹא	יָשִׁיר	יָשִׂים
תָּגוּר	תָּקוּם	תָּבוֹא	תָּשִׁיר	תָּשִׂים
נָגוּר	נָקוּם	נָבוֹא	נָשִׁיר	נָשִׂים
תָּגוּרוּ	תָּקוּמוּ	תָּבוֹאוּ	תָּשִׁירוּ	תָּשִׂימוּ
יָגוּרוּ	יָקוּמוּ	יָבוֹאוּ	יָשִׁירוּ	יָשִׂימוּ
ציווי	**ציווי**	**ציווי**	**ציווי**	**ציווי**
גּוּר	קוּם	בּוֹא	שִׁיר	שִׂים
גּוּרִי	קוּמִי	בּוֹאִי	שִׁירִי	שִׂימִי
גּוּרוּ	קוּמוּ	בּוֹאוּ	שִׁירוּ	שִׂימוּ

בניין פעל : גזרת ל״ה

1	2	3	4	5
בניין: פָּעַל	**בניין: פָּעַל**	**בניין: פָּעַל**	**בניין: פָּעַל**	**בניין: פָּעַל**
גזרה: ל״ה	**גזרה: ל״ה**	**גזרה: ל״ה**	**גזרה: ל״ה**	**גזרה: ל״ה**
				פ׳ גרונית (ה)
שורש:	**שורש**:	**שורש**:	**שורש**:	**שורש**:
ר.צ.ה.	ע.שׂ.ה.	שׁ.ת.ה.	ק.נ.ה.	ה.י.ה.
שם הפועל:	**שם הפועל:**	**שם הפועל:**	**שם הפועל:**	**שם הפועל:**
לִרְצוֹת	לַעֲשׂוֹת	לִשְׁתּוֹת	לִקְנוֹת	לִהְיוֹת
עבר	**עבר**	**עבר**	**עבר**	**עבר**
רָצִיתִי	עָשִׂיתִי	שָׁתִיתִי	קָנִיתִי	הָיִיתִי
רָצִיתָ	עָשִׂיתָ	שָׁתִיתָ	קָנִיתָ	הָיִיתָ
רָצִית	עָשִׂית	שָׁתִית	קָנִית	הָיִית
רָצָה	עָשָׂה	שָׁתָה	קָנָה	הָיָה
רָצְתָה	עָשְׂתָה	שָׁתְתָה	קָנְתָה	הָיְתָה
רָצִינוּ	עָשִׂינוּ	שָׁתִינוּ	קָנִינוּ	הָיִינוּ
רְצִיתֶם	עֲשִׂיתֶם	שְׁתִיתֶם	קְנִיתֶם	הֱיִיתֶם
רְצִיתֶן	עֲשִׂיתֶן	שְׁתִיתֶן	קְנִיתֶן	הֱיִיתֶן
רָצוּ	עָשׂוּ	שָׁתוּ	קָנוּ	הָיוּ
הווה	**הווה**	**הווה**	**הווה**	**הווה**
רוֹצֶה	עוֹשֶׂה	שׁוֹתֶה	קוֹנֶה	---
רוֹצָה	עוֹשָׂה	שׁוֹתָה	קוֹנָה	---
רוֹצִים	עוֹשִׂים	שׁוֹתִים	קוֹנִים	---
רוֹצוֹת	עוֹשׂוֹת	שׁוֹתוֹת	קוֹנוֹת	---
עתיד	**עתיד**	**עתיד**	**עתיד**	**עתיד**
אֶרְצֶה	אֶעֱשֶׂה	אֶשְׁתֶּה	אֶקְנֶה	אֶהְיֶה
תִּרְצֶה	תַּעֲשֶׂה	תִּשְׁתֶּה	תִּקְנֶה	תִּהְיֶה
תִּרְצִי	תַּעֲשִׂי	תִּשְׁתִּי	תִּקְנִי	תִּהְיִי
יִרְצֶה	יַעֲשֶׂה	יִשְׁתֶּה	יִקְנֶה	יִהְיֶה
תִּרְצֶה	תַּעֲשֶׂה	תִּשְׁתֶּה	תִּקְנֶה	תִּהְיֶה
נִרְצֶה	נַעֲשֶׂה	נִשְׁתֶּה	נִקְנֶה	נִהְיֶה
תִּרְצוּ	תַּעֲשׂוּ	תִּשְׁתּוּ	תִּקְנוּ	תִּהְיוּ
יִרְצוּ	יַעֲשׂוּ	יִשְׁתּוּ	יִקְנוּ	יִהְיוּ
ציווי	**ציווי**	**ציווי**	**ציווי**	**ציווי**
רְצֵה	עֲשֵׂה	שְׁתֵה	קְנֵה	הֱיֵה
רְצִי	עֲשִׂי	שְׁתִי	קְנִי	הֲיִי
רְצוּ	עֲשׂוּ	שְׁתוּ	קְנוּ	הֲיוּ

בניין פעל : גזרת פ״י

1	2	3	4	5
בניין: פָּעַל	**בניין: פָּעַל**	**בניין: פָּעַל**	**בניין: פָּעַל**	**בניין: פָּעַל**
גזרה: פ״י	**גזרה: פ״י**	**גזרה: פ״י**	**גזרה: פ״י**	**גזרה: פ״י**
		ל׳ גרונית (ע)	**(ל״א)**	
שורש :	**שורש :**	**שורש :**	**שורש :**	**שורש :**
י.שׁ.ב.	י.ר.ד.	י.ד.ע.	י.צ.א.	ה.ל.ך./י.ל.ך.
שם הפועל:	**שם הפועל:**	**שם הפועל:**	**שם הפועל:**	**שם הפועל:**
לָשֶׁבֶת	לָרֶדֶת	לָדַעַת	לָצֵאת	לָלֶכֶת
עבר	**עבר**	**עבר**	**עבר**	**עבר**
יָשַׁבְתִּי	יָרַדְתִּי	יָדַעְתִּי	יָצָאתִי	הָלַכְתִּי
יָשַׁבְתָּ	יָרַדְתָּ	יָדַעְתָּ	יָצָאתָ	הָלַכְתָּ
יָשַׁבְתְּ	יָרַדְתְּ	יָדַעְתְּ	יָצָאת	הָלַכְתְּ
יָשַׁב	יָרַד	יָדַע	יָצָא	הָלַךְ
יָשְׁבָה	יָרְדָה	יָדְעָה	יָצְאָה	הָלְכָה
יָשַׁבְנוּ	יָרַדְנוּ	יָדַעְנוּ	יָצָאנוּ	הָלַכְנוּ
יְשַׁבְתֶּם	יְרַדְתֶּם	יְדַעְתֶּם	יְצָאתֶם	הֲלַכְתֶּם
יְשַׁבְתֶּן	יְרַדְתֶּן	יְדַעְתֶּן	יְצָאתֶן	הֲלַכְתֶּן
יָשְׁבוּ	יָרְדוּ	יָדְעוּ	יָצְאוּ	הָלְכוּ
הווה	**הווה**	**הווה**	**הווה**	**הווה**
יוֹשֵׁב	יוֹרֵד	יוֹדֵעַ	יוֹצֵא	הוֹלֵךְ
יוֹשֶׁבֶת	יוֹרֶדֶת	יוֹדַעַת	יוֹצֵאת	הוֹלֶכֶת
יוֹשְׁבִים	יוֹרְדִים	יוֹדְעִים	יוֹצְאִים	הוֹלְכִים
יוֹשְׁבוֹת	יוֹרְדוֹת	יוֹדְעוֹת	יוֹצְאוֹת	הוֹלְכוֹת
עתיד	**עתיד**	**עתיד**	**עתיד**	**עתיד**
אֵשֵׁב	אֵרֵד	אֵדַע	אֵצֵא	אֵלֵךְ
תֵּשֵׁב	תֵּרֵד	תֵּדַע	תֵּצֵא	תֵּלֵךְ
תֵּשְׁבִי	תֵּרְדִי	תֵּדְעִי	תֵּצְאִי	תֵּלְכִי
יֵשֵׁב	יֵרֵד	יֵדַע	יֵצֵא	יֵלֵךְ
תֵּשֵׁב	תֵּרֵד	תֵּדַע	תֵּצֵא	תֵּלֵךְ
נֵשֵׁב	נֵרֵד	נֵדַע	נֵצֵא	נֵלֵךְ
תֵּשְׁבוּ	תֵּרְדוּ	תֵּדְעוּ	תֵּצְאוּ	תֵּלְכוּ
יֵשְׁבוּ	יֵרְדוּ	יֵדְעוּ	יֵצְאוּ	יֵלְכוּ
ציווי	**ציווי**	**ציווי**	**ציווי**	**ציווי**
שֵׁב	רֵד	דַּע	צֵא	לֵךְ
שְׁבִי	רְדִי	דְּעִי	צְאִי	לְכִי
שְׁבוּ	רְדוּ	דְּעוּ	צְאוּ	לְכוּ

בניין פעל : גזרת פ״נ

1	2	3	4	5
בניין: **פָּעַל**	בניין: **פָּעַל**	בניין: **פָּעַל**	בניין: **פָּעַל**	בניין: **פָּעַל**
גזרה: פ״נ	גזרה: פ״נ	גזרה: פ״נ	גזרה: פ״נ	גזרה: פ״נ
עתיד אפעול	**עתיד אפעַל**		**ל׳ גרונית (ע)**	**ל׳ גרונית (ח)**
שורש :	**שורש** :	**שורש** :	**שורש** :	**שורש** :
נ.פ.ל.	נ.ס.ע.	נ.ת.נ.	נ.ג.ע.	ל.ק.ח.
שם הפועל:	**שם הפועל:**	**שם הפועל:**	**שם הפועל:**	**שם הפועל:**
לִפּוֹל / לִנְפּוֹל	לִנְסוֹעַ	לָתֵת	לִנְגוֹעַ / לָגַעַת	לָקַחַת
עבר	**עבר**	**עבר**	**עבר**	**עבר**
נָפַלְתִּי	נָסַעְתִּי	נָתַתִּי	נָגַעְתִּי	לָקַחְתִּי
נָפַלְתָּ	נָסַעְתָּ	נָתַתָּ	נָגַעְתָּ	לָקַחְתָּ
נָפַלְתְּ	נָסַעַתְּ	נָתַתְּ	נָגַעַתְּ	לָקַחַתְּ
נָפַל	נָסַע	נָתַן	נָגַע	לָקַח
נָפְלָה	נָסְעָה	נָתְנָה	נָגְעָה	לָקְחָה
נָפַלְנוּ	נָסַעְנוּ	נָתַנּוּ	נָגַעְנוּ	לָקַחְנוּ
נְפַלְתֶּם	נְסַעְתֶּם	נְתַתֶּם	נְגַעְתֶּם	לְקַחְתֶּם
נְפַלְתֶּן	נְסַעְתֶּן	נְתַתֶּן	נְגַעְתֶּן	לְקַחְתֶּן
נָפְלוּ	נָסְעוּ	נָתְנוּ	נָגְעוּ	לָקְחוּ
הווה	**הווה**	**הווה**	**הווה**	**הווה**
נוֹפֵל	נוֹסֵעַ	נוֹתֵן	נוֹגֵעַ	לוֹקֵחַ
נוֹפֶלֶת	נוֹסַעַת	נוֹתֶנֶת	נוֹגַעַת	לוֹקַחַת
נוֹפְלִים	נוֹסְעִים	נוֹתְנִים	נוֹגְעִים	לוֹקְחִים
נוֹפְלוֹת	נוֹסְעוֹת	נוֹתְנוֹת	נוֹגְעוֹת	לוֹקְחוֹת
עתיד	**עתיד**	**עתיד**	**עתיד**	**עתיד**
אֶפּוֹל	אֶסַּע	אֶתֵּן	אֶגַּע	אֶקַּח
תִּפּוֹל	תִּסַּע	תִּתֵּן	תִּגַּע	תִּקַּח
תִּפְּלִי	תִּסְּעִי	תִּתְּנִי	תִּגְּעִי	תִּקְּחִי
יִפּוֹל	יִסַּע	יִתֵּן	יִגַּע	יִקַּח
תִּפּוֹל	תִּסַּע	תִּתֵּן	תִּגַּע	תִּקַּח
נִפּוֹל	נִסַּע	נִתֵּן	נִגַּע	נִקַּח
תִּפְּלוּ	תִּסְּעוּ	תִּתְּנוּ	תִּגְּעוּ	תִּקְּחוּ
יִפְּלוּ	יִסְּעוּ	יִתְּנוּ	יִגְּעוּ	יִקְּחוּ
ציווי	**ציווי**	**ציווי**	**ציווי**	**ציווי**
נְפוֹל	סַע	תֵּן	גַּע	קַח
נִפְלִי	סְעִי	תְּנִי	גְּעִי	קְחִי
נִפְלוּ	סְעוּ	תְּנוּ	גְּעוּ	קְחוּ

בניין פעל : פ׳ גרונית, פ״א, ל״א, יכול

3 **בניין: פָּעַל** **גזרה: שלמים** **פ׳ גרונית (ע)**	2 **בניין: פָּעַל** **גזרה: פ״א**	3 **בניין: פָּעַל** **גזרה: פ״א**	4 **בניין: פָּעַל** **גזרה: ל״א**	5 **בניין: פָּעַל** **גזרה:** **נטייה בודדת**
שורש : ע.ב.ד.	**שורש** : א.מ.ר.	**שורש** : א.ה.ב.	**שורש** : ק.ר.א.	**שורש** : י.כ.ל.
שם הפועל: לַעֲבוֹד	**שם הפועל:** לוֹמַר / לֵאמוֹר	**שם הפועל:** לֶאֱהוֹב	**שם הפועל:** לִקְרוֹא	**שם הפועל:** ---
עבר	**עבר**	**עבר**	**עבר**	**עבר**
עָמַדְתִּי	אָמַרְתִּי	אָהַבְתִּי	קָרָאתִי	יָכוֹלְתִּי
עָמַדְתָּ	אָמַרְתָּ	אָהַבְתָּ	קָרָאתָ	יָכוֹלְתָּ
עָמַדְתְּ	אָמַרְתְּ	אָהַבְתְּ	קָרָאת	יָכוֹלְתְּ
עָמַד	אָמַר	אָהַב	קָרָא	יָכוֹל
עָמְדָה	אָמְרָה	אָהֲבָה	קָרְאָה	יָכְלָה
עָמַדְנוּ	אָמַרְנוּ	אָהַבְנוּ	קָרָאנוּ	יָכוֹלְנוּ
עֲמַדְתֶּם	אֲמַרְתֶּם	אֲהַבְתֶּם	קְרָאתֶם	יְכוֹלְתֶּם
עֲמַדְתֶּן	אֲמַרְתֶּן	אֲהַבְתֶּן	קְרָאתֶן	יְכוֹלְתֶּן
עָמְדוּ	אָמְרוּ	אָהֲבוּ	קָרְאוּ	יָכְלוּ
הווה	**הווה**	**הווה**	**הווה**	**הווה**
עוֹמֵד	אוֹמֵר	אוֹהֵב	קוֹרֵא	יָכוֹל
עוֹמֶדֶת	אוֹמֶרֶת	אוֹהֶבֶת	קוֹרֵאת	יְכוֹלָה
עוֹמְדִים	אוֹמְרִים	אוֹהֲבִים	קוֹרְאִים	יְכוֹלִים
עוֹמְדוֹת	אוֹמְרוֹת	אוֹהֲבוֹת	קוֹרְאוֹת	יְכוֹלוֹת
עתיד	**עתיד**	**עתיד**	**עתיד**	**עתיד**
אֶעֱמוֹד	אוֹמַר	אֹהַב	אֶקְרָא	אוּכַל
תַּעֲמוֹד	תֹּאמַר	תֹּאהַב	תִּקְרָא	תּוּכַל
תַּעַמְדִי	תֹּאמְרִי	תֹּאהֲבִי	תִּקְרְאִי	תּוּכְלִי
יַעֲמוֹד	יֹאמַר	יֹאהַב	יִקְרָא	יוּכַל
תַּעֲמוֹד	תֹּאמַר	תֹּאהַב	תִּקְרָא	תּוּכַל
נַעֲמוֹד	נֹאמַר	נֹאהַב	נִקְרָא	נוּכַל
תַּעַמְדוּ	תֹּאמְרוּ	תֹּאהֲבוּ	תִּקְרְאוּ	תּוּכְלוּ
יַעַמְדוּ	יֹאמְרוּ	יֹאהֲבוּ	יִקְרְאוּ	יוּכְלוּ
ציווי	**ציווי**	**ציווי**	**ציווי**	**ציווי**
עֲמוֹד	אֱמוֹר	אֱהוֹב	קְרָא	---
עִמְדִי	אִמְרִי	אֶהֱבִי	קִרְאִי	---
עִמְדוּ	אִמְרוּ	אֶהֱבוּ	קִרְאוּ	---
פעלים נוספים	**פעלים נוספים**	**פעלים נוספים**	**פעלים נוספים**	**פעלים נוספים**
עָבַד עָרַךְ עָצַם	אָכַל (לֶאֱכוֹל) אָחַז (לֶאֱחוֹז) אָבַד (לֶאֱבוֹד)		מָצָא	--- *יָכֹלְתִּי / יָכוֹלְתִּי

בניין פיעל : שלמים, מרובעים, ע׳ גרונית, ל״ה

1	2	3	4
בניין: פִּיעֵל **גזרה: שלמים**	**בניין: פִּיעֵל** **גזרה: שלמים מרובעים**	**בניין: פִּיעֵל** **גזרה: ע׳ גרוניות**	**בניין: פִּיעֵל** **גזרה: ל״ה**
שורש: ד.ב.ר.	**שורש**: צ.ל.צ.ל.	**שורש**: ת.א.ר.	**שורש**: ג.ל.ה.
שם הפועל: לְדַבֵּר	**שם הפועל:** לְצַלְצֵל	**שם הפועל:** לְתָאֵר	**שם הפועל:** לְגַלּוֹת
עבר	**עבר**	**עבר**	**עבר**
דִּיבַּרְתִּי	צִלְצַלְתִּי	תֵּיאַרְתִּי	גִּילִּיתִי
דִּיבַּרְתָּ	צִלְצַלְתָּ	תֵּיאַרְתָּ	גִּילִּיתָ
דִּיבַּרְתְּ	צִלְצַלְתְּ	תֵּיאַרְתְּ	גִּילִּית
דִּיבֵּר	צִלְצֵל	תֵּיאֵר	גִּילָּה
דִּיבְּרָה	צִלְצְלָה	תֵּיאֲרָה	גִּילְּתָה
דִּיבַּרְנוּ	צִלְצַלְנוּ	תֵּיאַרְנוּ	גִּילִּינוּ
דִּיבַּרְתֶּם	צִלְצַלְתֶּם	תֵּיאַרְתֶּם	גִּילִּיתֶם
דִּיבַּרְתֶּן	צִלְצַלְתֶּן	תֵּיאַרְתֶּן	גִּילִּיתֶן
דִּיבְּרוּ	צִלְצְלוּ	תֵּיאֲרוּ	גִּילּוּ
הווה	**הווה**	**הווה**	**הווה**
מְדַבֵּר	מְצַלְצֵל	מְתָאֵר	מְגַלֶּה
מְדַבֶּרֶת	מְצַלְצֶלֶת	מְתָאֶרֶת	מְגַלָּה
מְדַבְּרִים	מְצַלְצְלִים	מְתָאֲרִים	מְגַלִּים
מְדַבְּרוֹת	מְצַלְצְלוֹת	מְתָאֲרוֹת	מְגַלּוֹת
עתיד	**עתיד**	**עתיד**	**עתיד**
אֲדַבֵּר	אֲצַלְצֵל	אֲתָאֵר	אֲגַלֶּה
תְּדַבֵּר	תְּצַלְצֵל	תְּתָאֵר	תְּגַלֶּה
תְּדַבְּרִי	תְּצַלְצְלִי	תְּתָאֲרִי	תְּגַלִּי
יְדַבֵּר	יְצַלְצֵל	יְתָאֵר	יְגַלֶּה
תְּדַבֵּר	תְּצַלְצֵל	תְּתָאֵר	תְּגַלֶּה
נְדַבֵּר	נְצַלְצֵל	נְתָאֵר	נְגַלֶּה
תְּדַבְּרוּ	תְּצַלְצְלוּ	תְּתָאֲרוּ	תְּגַלּוּ
יְדַבְּרוּ	יְצַלְצְלוּ	יְתָאֲרוּ	יְגַלּוּ
ציווי	**ציווי**	**ציווי**	**ציווי**
דַּבֵּר	צַלְצֵל	תָּאֵר	גַּלֵּה
דַּבְּרִי	צַלְצְלִי	תָּאֲרִי	גַּלִּי
דַּבְּרוּ	צַלְצְלוּ	תָּאֲרוּ	גַּלּוּ
פעלים נוספים	**פעלים נוספים**	**פעלים נוספים**	**פעלים נוספים**
קִיבֵּל שִׁילֵּם סִיפֵּר בִּיקֵּר צִיֵּיר נִיגֵּן טִיֵּיל טִיפֵּס חִיפֵּשׂ לִימֵּד בִּיקֵּשׁ טִיפֵּל חִינֵּךְ גִּידֵּל	קִשְׁקֵשׁ פִּטְפֵּט בִּזְבֵּז תִּרְגֵּם טִלְפֵּן פִּקְסֵס אִרְגֵּן	גֵּירֵשׁ (ר׳ גרונית) בֵּירֵךְ (ר׳ גרונית) סֵירֵב (ר׳ גרונית) פֵּיאֵר (א׳ גרונית) טִיהֵר (ה׳ גרונית, לְטַהֵר) שִׂיחֵק (ח׳ גרונית, לְשַׂחֵק)	נִיקָּה בִּילָּה קִיוָּוה שִׁינָּה נִיסָּה חִיכָּה צִיוָּוה

בניין הפעיל: שלמים, ל״ה, ע״ו, פ״נ, פ״י

1	2	3	4	5
בניין: **הִפְעִיל** גזרה: **שלמים**	בניין: **הִפְעִיל** גזרה: **ל״ה**	בניין: **הִפְעִיל** גזרה: **ע״ו**	בניין: **הִפְעִיל** גזרה: **פ״נ**	בניין: **הִפְעִיל** גזרה: **פ״י**
שורש: ד.ל.ק.	**שורש**: שׁ.ו.ה.	**שורש**: ק.ו.ם.	**שורש**: נ.ג.ע.	**שורש**: י.ר.ד.
שם הפועל: לְהַדְלִיק	**שם הפועל:** לְהַשְׁווֹת	**שם הפועל:** לְהָקִים	**שם הפועל:** לְהַגִּיעַ	**שם הפועל:** לְהוֹרִיד
עבר	**עבר**	**עבר**	**עבר**	**עבר**
הִדְלַקְתִּי	הִשְׁוֵויתִי	הֵקַמְתִּי	הִגַּעְתִּי	הוֹרַדְתִּי
הִדְלַקְתָּ	הִשְׁוֵויתָ	הֵקַמְתָּ	הִגַּעְתָּ	הוֹרַדְתָּ
הִדְלַקְתְּ	הִשְׁוֵוית	הֵקַמְתְּ	הִגַּעַתְּ	הוֹרַדְתְּ
הִדְלִיק	הִשְׁוָוה	הֵקִים	הִגִּיעַ	הוֹרִיד
הִדְלִיקָה	הִשְׁווֹתָה	הֵקִימָה	הִגִּיעָה	הוֹרִידָה
הִדְלַקְנוּ	הִשְׁוֵוינוּ	הֵקַמְנוּ	הִגַּעְנוּ	הוֹרַדְנוּ
הִדְלַקְתֶּם	הִשְׁוֵויתֶם	הֲקַמְתֶּם	הִגַּעְתֶּם	הוֹרַדְתֶּם
הִדְלַקְתֶּן	הִשְׁוֵויתֶן	הֲקַמְתֶּן	הִגַּעְתֶּן	הוֹרַדְתֶּן
הִדְלִיקוּ	הִשְׁווּ	הֵקִימוּ	הִגִּיעוּ	הוֹרִידוּ
הווה	**הווה**	**הווה**	**הווה**	**הווה**
מַדְלִיק	מַשְׁוֶוה	מֵקִים	מַגִּיעַ	מוֹרִיד
מַדְלִיקָה	מַשְׁוָוה	מְקִימָה	מַגִּיעָה	מוֹרִידָה
מַדְלִיקִים	מַשְׁווִים	מְקִימִים	מַגִּיעִים	מוֹרִידִים
מַדְלִיקוֹת	מַשְׁווֹת	מְקִימוֹת	מַגִּיעוֹת	מוֹרִידוֹת
עתיד	**עתיד**	**עתיד**	**עתיד**	**עתיד**
אַדְלִיק	אַשְׁוֶוה	אָקִים	אַגִּיעַ	אוֹרִיד
תַּדְלִיק	תַּשְׁוֶוה	תָּקִים	תַּגִּיעַ	תּוֹרִיד
תַּדְלִיקִי	תַּשְׁווִי	תָּקִימִי	תַּגִּיעִי	תּוֹרִידִי
יַדְלִיק	יַשְׁוֶוה	יָקִים	יַגִּיעַ	יוֹרִיד
תַּדְלִיק	תַּשְׁוֶוה	תָּקִים	תַּגִּיעַ	תּוֹרִיד
נַדְלִיק	נַשְׁוֶוה	נָקִים	נַגִּיעַ	נוֹרִיד
תַּדְלִיקוּ	תַּשְׁווּ	תָּקִימוּ	תַּגִּיעוּ	תּוֹרִידוּ
יַדְלִיקוּ	יַשְׁווּ	יָקִימוּ	יַגִּיעוּ	יוֹרִידוּ
ציווי	**ציווי**	**ציווי**	**ציווי**	**ציווי**
הַדְלֵק	הַשְׁוֵוה	הָקֵם	הַגַּע	הוֹרֵד
הַדְלִיקִי	הַשְׁווִי	הָקִימִי	הַגִּיעִי	הוֹרִידִי
הַדְלִיקוּ	הַשְׁווּ	הָקִימוּ	הַגִּיעוּ	הוֹרִידוּ
פעלים נוספים	**פעלים נוספים**	**פעלים נוספים**	**פעלים נוספים**	**פעלים נוספים**
הִלְבִּישׁ הִבְטִיחַ הִרְגִּישׁ הִקְשִׁיב הִצְלִיחַ הִצְחִיק הִתְחִיל הִפְחִיד הִפְסִיק הִמְשִׁיךְ הִסְבִּיר הִסְתִּיר הֶחְלִיט הִפְצִיץ הִסְכִּים הִזְמִין	לְהַרְאוֹת לְהַגְלוֹת לְהַעֲלוֹת לְהַפְנוֹת לְהַפְלוֹת לְהַלְווֹת	הֵבִיא הֵשִׁיב הֵבִין הֵכִין הֵטִיס הֵזִיז הֵעִיר הֵרִים	לְהַכִּיר לְהַגִּישׁ לְהַסִּיעַ לְהַשִּׂיג לְהַפִּיל לְהַבִּיט לְהַצִּיעַ (י.צ.ע.) לְהַצִּיג (י.צ.ג.)	לְהוֹשִׁיב לְהוֹסִיף לְהוֹפִיעַ לְהוֹדִיעַ לְהוֹצִיא לְהוֹכִיחַ לְהוֹלִיךְ

בניין התפעל: שלמים, פ׳ שורקת, מרובעים

1	2	3	4	5
בניין: **הִתְפַּעֵל** גזרה: **שלמים**	בניין: **הִתְפַּעֵל** גזרה: **שלמים** **פ׳ שורקת (ס)**	בניין: **הִתְפַּעֵל** גזרה: **פ׳ שורקת (שׁ, שׂ)**	בניין: **הִתְפַּעֵל** גזרה: **שלמים** **פ׳ שורקת (צ)** **ע׳ גרונית (ע)**	בניין: **הִתְפַּעֵל** גזרה: **שלמים** **מרובעים**
שורש: ל.ב.שׁ.	**שורש**: ס.כ.ל.	**שורש**: שׁ.מ.שׁ.	**שורש**: צ.ע.ר.	**שורש**: ב.ל.ב.ל.
שם הפועל: לְהִתְלַבֵּשׁ	**שם הפועל:** לְהִסְתַּכֵּל	**שם הפועל:** לְהִשְׁתַּמֵּשׁ	**שם הפועל:** לְהִצְטַעֵר	**שם הפועל:** לְהִתְבַּלְבֵּל
עבר	**עבר**	**עבר**	**עבר**	**עבר**
הִתְלַבַּשְׁתִּי	הִסְתַּכַּלְתִּי	הִשְׁתַּמַּשְׁתִּי	הִצְטַעַרְתִּי	הִתְבַּלְבַּלְתִּי
הִתְלַבַּשְׁתָּ	הִסְתַּכַּלְתָּ	הִשְׁתַּמַּשְׁתָּ	הִצְטַעַרְתָּ	הִתְבַּלְבַּלְתָּ
הִתְלַבַּשְׁתְּ	הִסְתַּכַּלְתְּ	הִשְׁתַּמַּשְׁתְּ	הִצְטַעַרְתְּ	הִתְבַּלְבַּלְתְּ
הִתְלַבֵּשׁ	הִסְתַּכֵּל	הִשְׁתַּמֵּשׁ	הִצְטַעֵר	הִתְבַּלְבֵּל
הִתְלַבְּשָׁה	הִסְתַּכְּלָה	הִשְׁתַּמְּשָׁה	הִצְטַעֲרָה	הִתְבַּלְבְּלָה
הִתְלַבַּשְׁנוּ	הִסְתַּכַּלְנוּ	הִשְׁתַּמַּשְׁנוּ	הִצְטַעַרְנוּ	הִתְבַּלְבַּלְנוּ
הִתְלַבַּשְׁתֶּם	הִסְתַּכַּלְתֶּם	הִשְׁתַּמַּשְׁתֶּם	הִצְטַעַרְתֶּם	הִתְבַּלְבַּלְתֶּם
הִתְלַבַּשְׁתֶּן	הִסְתַּכַּלְתֶּן	הִשְׁתַּמַּשְׁתֶּן	הִצְטַעַרְתֶּן	הִתְבַּלְבַּלְתֶּן
הִתְלַבְּשׁוּ	הִסְתַּכְּלוּ	הִשְׁתַּמְּשׁוּ	הִצְטַעֲרוּ	הִתְבַּלְבְּלוּ
הווה	**הווה**	**הווה**	**הווה**	**הווה**
מִתְלַבֵּשׁ	מִסְתַּכֵּל	מִשְׁתַּמֵּשׁ	מִצְטַעֵר	מִתְבַּלְבֵּל
מִתְלַבֶּשֶׁת	מִסְתַּכֶּלֶת	מִשְׁתַּמֶּשֶׁת	מִצְטַעֶרֶת	מִתְבַּלְבֶּלֶת
מִתְלַבְּשִׁים	מִסְתַּכְּלִים	מִשְׁתַּמְּשִׁים	מִצְטַעֲרִים	מִתְבַּלְבְּלִים
מִתְלַבְּשׁוֹת	מִסְתַּכְּלוֹת	מִשְׁתַּמְּשׁוֹת	מִצְטַעֲרוֹת	מִתְבַּלְבְּלוֹת
עתיד	**עתיד**	**עתיד**	**עתיד**	**עתיד**
אֶתְלַבֵּשׁ	אֶסְתַּכֵּל	אֶשְׁתַּמֵּשׁ	אֶצְטַעֵר	אֶתְבַּלְבֵּל
תִּתְלַבֵּשׁ	תִּסְתַּכֵּל	תִּשְׁתַּמֵּשׁ	תִּצְטַעֵר	תִּתְבַּלְבֵּל
תִּתְלַבְּשִׁי	תִּסְתַּכְּלִי	תִּשְׁתַּמְּשִׁי	תִּצְטַעֲרִי	תִּתְבַּלְבְּלִי
יִתְלַבֵּשׁ	יִסְתַּכֵּל	יִשְׁתַּמֵּשׁ	יִצְטַעֵר	יִתְבַּלְבֵּל
תִּתְלַבֵּשׁ	תִּסְתַּכֵּל	תִּשְׁתַּמֵּשׁ	תִּצְטַעֵר	תִּתְבַּלְבֵּל
נִתְלַבֵּשׁ	נִסְתַּכֵּל	נִשְׁתַּמֵּשׁ	נִצְטַעֵר	נִתְבַּלְבֵּל
תִּתְלַבְּשׁוּ	תִּסְתַּכְּלוּ	תִּשְׁתַּמְּשׁוּ	תִּצְטַעֲרוּ	תִּתְבַּלְבְּלוּ
יִתְלַבְּשׁוּ	יִסְתַּכְּלוּ	יִשְׁתַּמְּשׁוּ	יִצְטַעֲרוּ	יִתְבַּלְבְּלוּ
ציווי	**ציווי**	**ציווי**	**ציווי**	**ציווי**
הִתְלַבֵּשׁ	הִסְתַּכֵּל	הִשְׁתַּמֵּשׁ	הִצְטַעֵר	הִתְבַּלְבֵּל
הִתְלַבְּשִׁי	הִסְתַּכְּלִי	הִשְׁתַּמְּשִׁי	הִצְטַעֲרִי	הִתְבַּלְבְּלִי
הִתְלַבְּשׁוּ	הִסְתַּכְּלוּ	הִשְׁתַּמְּשׁוּ	הִצְטַעֲרוּ	הִתְבַּלְבְּלוּ
פעלים נוספים	**פעלים נוספים**	**פעלים נוספים**	**פעלים נוספים**	**פעלים נוספים**
הִתְגַּלֵּחַ הִתְפַּלֵּל הִתְנַשֵּׁק הִתְקַשֵּׁר הִתְרַחֵץ הִתְרַגֵּשׁ הִתְאַמֵּן הִתְעַלֵּם הִתְחַתֵּן הִתְרַגֵּל הִתְכַּוֵּן הִתְעַמֵּת	הִסְתַּגֵּל הִסְתָּרֵק (ע׳ גרונית: ר) הִסְתַּתֵּר הִסְתַּדֵּר הִסְתַּיֵּם	הִשְׁתַּכֵּר הִשְׁתַּתֵּף הִשְׁתַּגֵּעַ הִשְׁתַּזֵּף הִשְׁתַּפֵּר	הִצְטַיֵּן הִצְטָרֵף הִצְטַלֵּם הִצְטַנֵּן הִצְטַנֵּעַ הִצְטָרֵךְ (הווה: צָרִיךְ)	הִתְפַּרְסֵם הִתְאַרְגֵּן הִתְאַקְלֵם הִשְׁתַּחְרֵר הִתְגַּלְגֵּל הִתְעַנְיֵין

בניין נפעל: שלמים, ל״ה, פ״י

1	2	3
בניין: נִפְעַל	**בניין: נִפְעַל**	**בניין: נִפְעַל**
גזרה: שלמים	**גזרה: ל״ה**	**גזרה: פ״י**
שורש:	**שורש:**	**שורש:**
שׂ.א.ר.	ר.א.ה.	י.ל.ד.
שם הפועל:	**שם הפועל:**	**שם הפועל:**
לְהִישָּׁאֵר	לְהֵירָאוֹת	לְהִיוָּולֵד
עבר	**עבר**	**עבר**
נִשְׁאַרְתִּי	נִרְאֵיתִי	נוֹלַדְתִּי
נִשְׁאַרְתָּ	נִרְאֵיתָ	נוֹלַדְתָּ
נִשְׁאַרְתְּ	נִרְאֵית	נוֹלַדְתְּ
נִשְׁאַר	נִרְאָה	נוֹלַד
נִשְׁאֲרָה	נִרְאֲתָה	נוֹלְדָה
נִשְׁאַרְנוּ	נִרְאֵינוּ	נוֹלַדְנוּ
נִשְׁאַרְתֶּם	נִרְאֵיתֶם	נוֹלַדְתֶּם
נִשְׁאַרְתֶּן	נִרְאֵיתֶן	נוֹלַדְתֶּן
נִשְׁאֲרוּ	נִרְאוּ	נוֹלְדוּ
הווה	**הווה**	**הווה**
נִשְׁאָר	נִרְאֶה	נוֹלָד
נִשְׁאֶרֶת	נִרְאֵית	נוֹלֶדֶת
נִשְׁאָרִים	נִרְאִים	נוֹלָדִים
נִשְׁאָרוֹת	נִרְאוֹת	נוֹלָדוֹת
עתיד	**עתיד**	**עתיד**
אֶשָּׁאֵר	אֵרָאֶה	אִיוָּולֵד
תִּישָּׁאֵר	תֵּרָאֶה	תִּיוָּולֵד
תִּישָּׁאֲרִי	תֵּרָאִי	תִּיוָּולְדִי
יִישָּׁאֵר	יֵרָאֶה	יִיוָּולֵד
תִּישָּׁאֵר	תֵּרָאֶה	תִּיוָּולֵד
נִישָּׁאֵר	נֵרָאֶה	נִיוָּולֵד
תִּישָּׁאֲרוּ	תֵּרָאוּ	תִּיוָּולְדוּ
יִישָּׁאֲרוּ	יֵרָאוּ	יִיוָּולְדוּ
ציווי	**ציווי**	**ציווי**
הִישָּׁאֵר	הֵרָאֵה	הִיוָּולֵד
הִישָּׁאֲרִי	הֵרָאִי	הִיוָּולְדִי
הִישָּׁאֲרוּ	הֵרָאוּ	הִיוָּולְדוּ
פעלים נוספים	**פעלים נוספים**	**פעלים נוספים**
נִכְנַס נִגְנַב	נִקְנָה	נוֹכַח (עתיד: אִיוָּוכַח)
נִפְגַּשׁ נֶאֱכַל	נִבְנָה	נוֹסַד
נִלְחַם נִפְצַע	נִהְיָה	
נִמְשַׁךְ נִמְכַּר	נִדְמָה	
נִרְדַּם נֶהֱרַג	נֶהֱנָה (שם-הפועל: לֵיהָנוֹת)	
נִפְרַד נִכְתַּב	נַעֲשָׂה	
נִכְשַׁל נִתְפַּס		
נֶאֱנַח נִשְׁאַל		

בניין פועל : שלמים, מרובעים, ע׳ גרונית, ל״ה

1 בניין: **פועל** גזרה: שלמים	2 בניין: **פועל** גזרה: מרובעים	3 בניין: **פועל** גזרה: ע׳ גרוניות	4 בניין: **פועל** גזרה: ל״ה
שורש: ח.נ.ך.	**שורש:** ת.ר.ג.ם.	**שורש:** ת.א.ר.	**שורש:** כ.ס.ה.
שם הפועל: ---	**שם הפועל:** ---	**שם הפועל:** ---	**שם הפועל:** ---
עבר	**עבר**	**עבר**	**עבר**
חוּנַּכְתִּי	תּוּרְגַּמְתִּי	תּוֹאַרְתִּי	כּוּסֵּיתִי
חוּנַּכְתָּ	תּוּרְגַּמְתָּ	תּוֹאַרְתָּ	כּוּסֵּיתָ
חוּנַּכְתְּ	תּוּרְגַּמְתְּ	תּוֹאַרְתְּ	כּוּסֵּית
חוּנַּךְ	תּוּרְגַּם	תּוֹאַר	כּוּסָּה
חוּנְּכָה	תּוּרְגְּמָה	תּוֹאֲרָה	כּוּסְּתָה
חוּנַּכְנוּ	תּוּרְגַּמְנוּ	תּוֹאַרְנוּ	כּוּסֵּינוּ
חוּנַּכְתֶּם	תּוּרְגַּמְתֶּם	תּוֹאַרְתֶּם	כּוּסֵּיתֶם
חוּנַּכְתֶּן	תּוּרְגַּמְתֶּן	תּוֹאַרְתֶּן	כּוּסֵּיתֶן
חוּנְּכוּ	תּוּרְגְּמוּ	תּוֹאֲרוּ	כּוּסּוּ
הווה	**הווה**	**הווה**	**הווה**
מְחוּנָּךְ	מְתוּרְגָּם	מְתוֹאָר	מְכוּסֶּה
מְחוּנֶּכֶת	מְתוּרְגֶּמֶת	מְתוֹאֶרֶת	מְכוּסָּה
מְחוּנָּכִים	מְתוּרְגָּמִים	מְתוֹאָרִים	מְכוּסִּים
מְחוּנָּכוֹת	מְתוּרְגָּמוֹת	מְתוֹאָרוֹת	מְכוּסּוֹת
עתיד	**עתיד**	**עתיד**	**עתיד**
אֲחוּנַּךְ	אֲתוּרְגַּם	אֲתוֹאַר	אֲכוּסֶּה
תְּחוּנַּךְ	תְּתוּרְגַּם	תְּתוֹאַר	תְּכוּסֶּה
תְּחוּנְּכִי	תְּתוּרְגְּמִי	תְּתוֹאֲרִי	תְּכוּסִּי
יְחוּנַּךְ	יְתוּרְגַּם	יְתוֹאַר	יְכוּסֶּה
תְּחוּנַּךְ	תְּתוּרְגַּם	תְּתוֹאַר	תְּכוּסֶּה
נְחוּנַּךְ	נְתוּרְגַּם	נְתוֹאַר	נְכוּסֶּה
תְּחוּנְּכוּ	תְּתוּרְגְּמוּ	תְּתוֹאֲרוּ	תְּכוּסּוּ
יְחוּנְּכוּ	יְתוּרְגְּמוּ	יְתוֹאֲרוּ	יְכוּסּוּ
ציווי	**ציווי**	**ציווי**	**ציווי**
---	---	---	---
---	---	---	---
---	---	---	---
פעלים נוספים	**פעלים נוספים**	**פעלים נוספים**	**פעלים נוספים**
פּוּטַר סוּפַּר	פּוּרְסַם שׁוּחְרַר	גּוֹרַשׁ (ע׳ הפועל ר׳)	שׁוּנָּה
סוּדַּר צוּיַּן	לוּכְלַךְ צוּחְצַח	בּוֹרַךְ (ע׳ הפועל ר׳)	צוּוָּה
דּוּבַּר קוּיַּם	גּוּלְגַּל תוּכְנַן	פּוֹאַר (ע׳ הפועל א׳)	פּוּנָּה
שׁוּדַּר תּוּקַּן	תּוּרְגַּל שׁוּדְרַג	טוֹהַר (ע׳ הפועל ה׳)	גּוּנָּה
סוּכַּן אוּמַּץ	קוּלְקַל אוּרְגַּן		נוּקָּה
גּוּדַּל טוּפַּל			

בניין הופעל: שלמים, ל״ה, ע״ו, פ״נ

1	2	3	4
בניין: הוּפְעַל	**בניין: הוּפְעַל**	**בניין: הוּפְעַל**	**בניין: הוּפְעַל**
גזרה: שלמים	**גזרה: ל״ה**	**גזרה: ע״ו/פ״י**	**גזרה: פ״נ**
שורש:	**שורש**:	**שורש**:	**שורש**:
ל.ב.ש.	ר.א.ה.	ק.ו.ם.	נ.כ.ר.
שם הפועל:	**שם הפועל:**	**שם הפועל:**	**שם הפועל:**
---	---	---	---
עבר	**עבר**	**עבר**	**עבר**
הוּלְבַּשְׁתִּי	הוּרְאֵיתִי	הוּקַמְתִּי	הוּכַּרְתִּי
הוּלְבַּשְׁתָּ	הוּרְאֵיתָ	הוּקַמְתָּ	הוּכַּרְתָּ
הוּלְבַּשְׁתְּ	הוּרְאֵית	הוּקַמְתְּ	הוּכַּרְתְּ
הוּלְבַּשׁ	הוּרְאָה	הוּקַם	הוּכַּר
הוּלְבְּשָׁה	הוּרְאֲתָה	הוּקְמָה	הוּכְּרָה
הוּלְבַּשְׁנוּ	הוּרְאֵינוּ	הוּקַמְנוּ	הוּכַּרְנוּ
הוּלְבַּשְׁתֶּם	הוּרְאֵיתֶם	הוּקַמְתֶּם	הוּכַּרְתֶּם
הוּלְבַּשְׁתֶּן	הוּרְאֵיתֶן	הוּקַמְתֶּן	הוּכַּרְתֶּן
הוּלְבְּשׁוּ	הוּרְאוּ	הוּקְמוּ	הוּכְּרוּ
הווה	**הווה**	**הווה**	**הווה**
מוּלְבָּשׁ	מוּרְאֶה	מוּקָם	מוּכָּר
מוּלְבֶּשֶׁת	מוּרְאֵית	מוּקֶמֶת	מוּכֶּרֶת
מוּלְבָּשִׁים	מוּרְאִים	מוּקָמִים	מוּכָּרִים
מוּלְבָּשׁוֹת	מוּרְאוֹת	מוּקָמוֹת	מוּכָּרוֹת
עתיד	**עתיד**	**עתיד**	**עתיד**
אוּלְבַּשׁ	אוּרְאֶה	אוּקַם	אוּכַּר
תּוּלְבַּשׁ	תּוּרְאֶה	תּוּקַם	תּוּכַּר
תּוּלְבְּשִׁי	תּוּרְאִי	תּוּקְמִי	תּוּכְּרִי
יוּלְבַּשׁ	יוּרְאֶה	יוּקַם	יוּכַּר
תּוּלְבַּשׁ	תּוּרְאֶה	תּוּקַם	תּוּכַּר
נוּלְבַּשׁ	נוּרְאֶה	נוּקַם	נוּכַּר
תּוּלְבְּשׁוּ	תּוּרְאוּ	תּוּקְמוּ	תּוּכְּרוּ
יוּלְבְּשׁוּ	יוּרְאוּ	יוּקְמוּ	יוּכְּרוּ
ציווי	**ציווי**	**ציווי**	**ציווי**
---	---	---	---
---	---	---	---
---	---	---	---
פעלים נוספים	**פעלים נוספים**	**פעלים נוספים**	**פעלים נוספים**
הוּבְטַח הוּזְמַן הוּרְגַּשׁ הוּפְסַק הוּדְלַק הוּשְׁלַם הוּחְלַט הוּכְנַס הוּגְדַּל הוּסְתַּר הוּחְזַר הוּכְרַז הוּשְׁמַע הוּזְכַּר	הוּגְלָה הוּשְׁוָוה הוּפְנָה	הוּבָא הוּשַׁב הוּטַס הוּנַח הוּרַם הוּמַת הוּזַז הוּבַן (עבר: אנחנו הוּבַנּוּ) הוּרַד הוּכַח	הוּסַּע הוּפַּל הוּגַּשׁ הוּכַּשׁ הוּצַּב (שורש: י.צ.ב.) הוּצַּע (שורש: י.צ.ע.)